Volumen 1 Temas 1 a 7

Autores

Randall I. Charles
Professor Emeritus
Department of Mathematics
San Jose State University
San Jose, California

Jennifer Bay-Williams
Professor of Mathematics Education
College of Education and Human Development
University of Louisville
Louisville, Kentucky

Robert Q. Berry, III
Associate Professor of Mathematics Education
Department of Curriculum, Instruction and Special Education
University of Virginia
Charlottesville, Virginia

Janet H. Caldwell
Professor of Mathematics
Rowan University
Glassboro, New Jersey

Zachary Champagne
Assistant in Research
Florida Center for Research in Science, Technology, Engineering, and Mathematics (FCR-STEM)
Jacksonville, Florida

Juanita Copley
Professor Emerita, College of Education
University of Houston
Houston, Texas

Warren Crown
Professor Emeritus of Mathematics Education
Graduate School of Education
Rutgers University
New Brunswick, New Jersey

Francis (Skip) Fennell
L. Stanley Bowlsbey Professor of Education and Graduate and Professional Studies
McDaniel College
Westminster, Maryland

Karen Karp
Professor of Mathematics Education
Department of Early Childhood and Elementary Education
University of Louisville
Louisville, Kentucky

Stuart J. Murphy
Visual Learning Specialist
Boston, Massachusetts

Jane F. Schielack
Professor of Mathematics
Associate Dean for Assessment and Pre K-12 Education, College of Science
Texas A&M University
College Station, Texas

Jennifer M. Suh
Associate Professor for Mathematics Education
George Mason University
Fairfax, Virginia

Jonathan A. Wray
Mathematics Instructional Facilitator
Howard County Public Schools
Ellicott City, Maryland

Matemáticos

Roger Howe
Professor of Mathematics
Yale University
New Haven, Connecticut

Gary Lippman
Professor of Mathematics
and Computer Science
California State University,
East Bay
Hayward, California

Revisoras

Debbie Crisco
Math Coach
Beebe Public Schools
Beebe, Arkansas

Kathleen A. Cuff
Teacher
Kings Park Central School District
Kings Park, New York

Erika Doyle
Math and Science Coordinator
Richland School District
Richland, Washington

Susan Jarvis
Math and Science Curriculum
Coordinator
Ocean Springs Schools
Ocean Springs, Mississippi

Copyright © 2017 by Savvas Learning Company LLC. All Rights Reserved. Printed in the United States of America.

This publication is protected by copyright, and permission should be obtained from the publisher prior to any prohibited reproduction, storage in a retrieval system, or transmission in any form or by any means, electronic, mechanical, photocopying, recording, or otherwise. For information regarding permissions, request forms, and the appropriate contacts within the Savvas Learning Company Rights Management group, please send your query to the address below.

Savvas Learning Company LLC, 15 East Midland Avenue, Paramus, NJ 07652

Savvas™ and **Savvas Learning Company®** are the exclusive trademarks of Savvas Learning Company LLC in the U.S. and other countries.

Savvas Learning Company publishes through its famous imprints **Prentice Hall®** and **Scott Foresman®** which are exclusive registered trademarks owned by Savvas Learning Company LLC in the U.S. and/or other countries.

enVisionMATH® and **Savvas Realize™** are exclusive trademarks of Savvas Learning Company LLC in the U.S. and/or other countries.

Unless otherwise indicated herein, any third party trademarks that may appear in this work are the property of their respective owners, and any references to third party trademarks, logos, or other trade dress are for demonstrative or descriptive purposes only. Such references are not intended to imply any sponsorship, endorsement, authorization, or promotion of Savvas Learning Company products by the owners of such marks, or any relationship between the owner and Savvas Learning Company LLC or its authors, licensees, or distributors.

ISBN-13: 978-0-328-90924-7
ISBN-10: 0-328-90924-6

6 2023

Recursos digitales

Visita SavvasRealize.com

PM

Animaciones de Prácticas matemáticas que se pueden ver en cualquier momento

Aprende

Más aprendizaje visual animado, con animaciones, interacción y herramientas matemáticas

Amigo de práctica

Práctica personalizada en línea para cada lección

Evaluación

Comprobación rápida para cada lección

Juegos

Juegos de Matemáticas que te ayudan a aprender mejor

ACTIVe-book

Libro del estudiante en línea, para mostrar tu trabajo

Resuelve

Resuélvelo y coméntalo, problemas y herramientas matemáticas

Glosario

Glosario animado en español e inglés

Herramientas

Herramientas matemáticas que te ayudan a entender mejor

Ayuda

Video de tareas ¡Revisemos!, como apoyo adicional

eText

Libro del estudiante en línea

SAVVAS realize™ Todo lo que necesitas para las matemáticas a toda hora y en cualquier lugar.

¡Hola! Estamos aquí para ayudarte. ¡Que tengamos un buen año escolar!

Copyright © Savvas Learning Company LLC. All Rights Reserved.

CLAVE

- Operaciones y Álgebra
- Números y cálculos
- Medición y datos
- Geometría

Recursos digitales en SavvasRealize.com

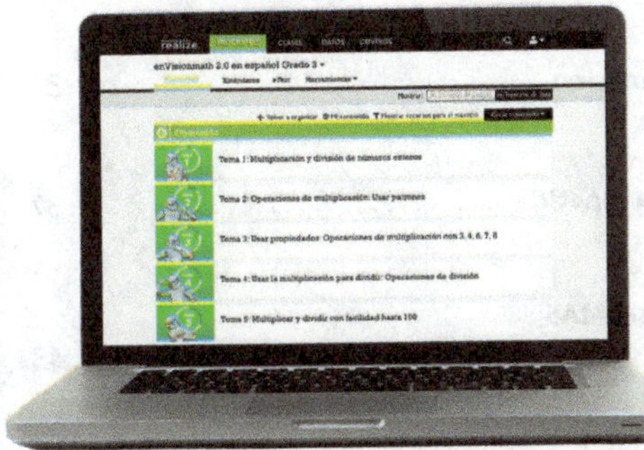

Contenido

TEMAS

TEMA 1 Multiplicación y división de números enteros

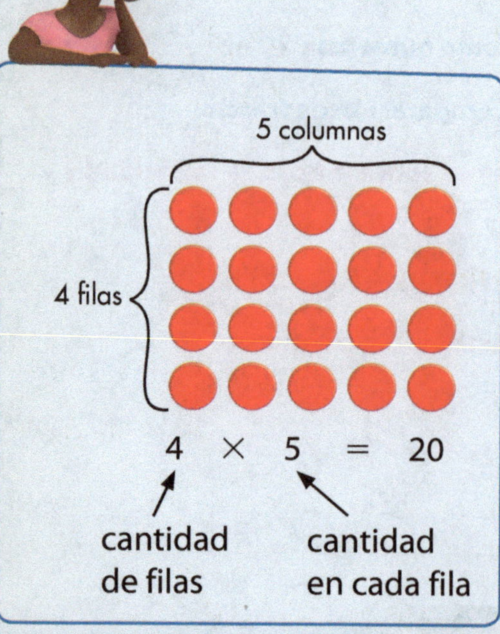

Copyright © Savvas Learning Company LLC. All Rights Reserved.

TEMA 2 Operaciones de multiplicación: Usar patrones

DATOS

Operaciones de multiplicación del 9

$0 \times 9 = 0$
$1 \times 9 = 9$
$2 \times 9 = 18$
$3 \times 9 = 27$
$4 \times 9 = 36$
$5 \times 9 = 45$
$6 \times 9 = 54$
$7 \times 9 = \square$
$8 \times 9 = \square$
$9 \times 9 = \square$

TEMA 3 Usar propiedades: Operaciones de multiplicación con 3, 4, 6, 7, 8

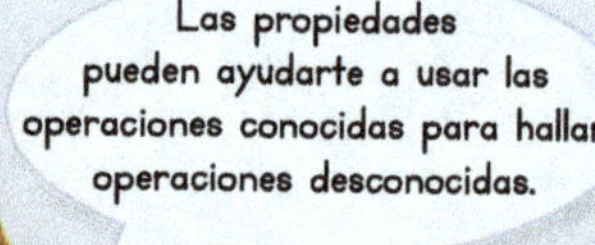

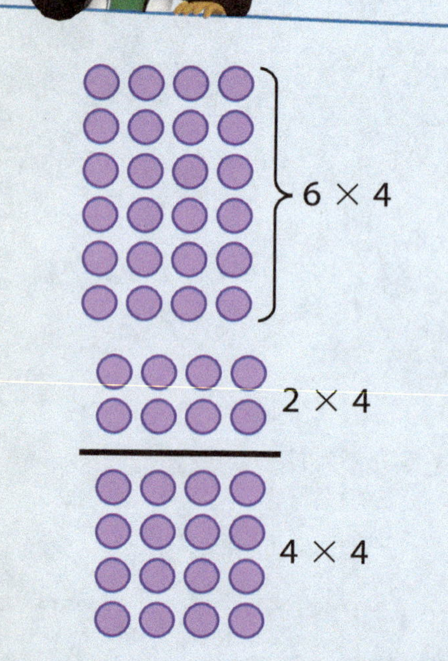

Copyright © Savvas Learning Company LLC. All Rights Reserved.

TEMA 4 Usar la multiplicación para dividir: Operaciones de división

La multiplicación
3 filas de 10 tambores
$3 \times 10 = 30$
30 tambores

La división
30 tambores en 3 filas iguales
$30 \div 3 = 10$
10 tambores en cada fila

TEMA 5 Multiplicar y dividir con facilidad hasta 100

Puedes usar una tabla de multiplicar para hallar los factores que faltan.

$3 \times 5 = 15$ $15 \div 3 = 5$

×	0	1	2	3	4	5
0	0	0	0	0	0	0
1	0	1	2	3	4	5
2	0	2	4	6	8	10
3	0	3	6	9	12	15

Copyright © Savvas Learning Company LLC. All Rights Reserved.

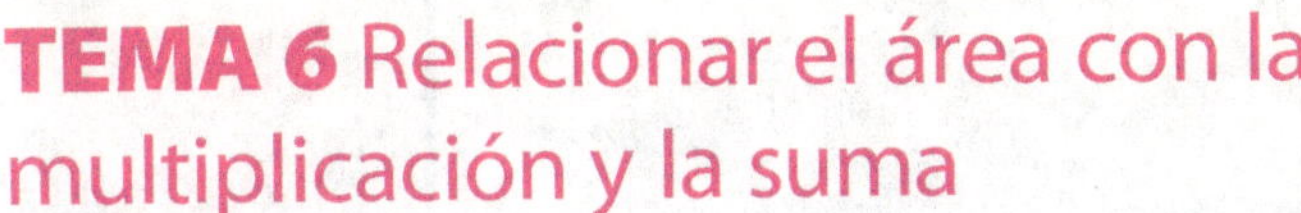

TEMA 6 Relacionar el área con la multiplicación y la suma

Puedes hallar el área de una figura contando la cantidad de unidades cuadradas que se necesitan para cubrirla.

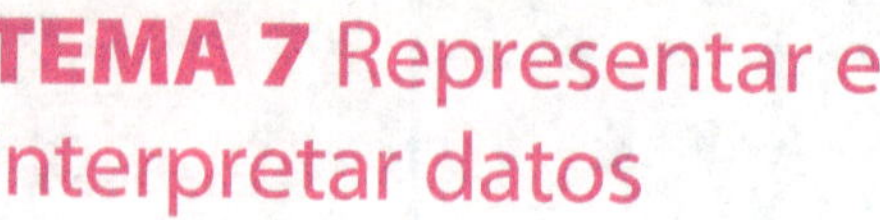

TEMA 7 Representar e interpretar datos

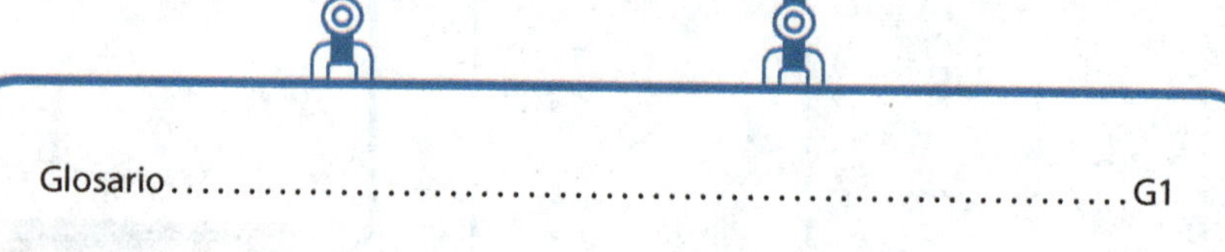

Copyright © Savvas Learning Company LLC. All Rights Reserved.

TEMA 8 en el volumen 2
Usar estrategias y propiedades para sumar y restar

TEMA 9 en el volumen 2
Sumar y restar con facilidad hasta 1,000

TEMA 10 en el volumen 2

Multiplicar por múltiplos de 10

TEMA 11 en el volumen 2

Usar operaciones con números enteros para resolver problemas

Copyright © Savvas Learning Company LLC. All Rights Reserved.

TEMA 12 en el volumen 2
Las fracciones como números

TEMA 13 en el volumen 2
Equivalencia y comparación de fracciones

TEMA 14 en el volumen 2

Resolver problemas sobre la hora, la capacidad y la masa

TEMA 15 en el volumen 2

Atributos de las figuras bidimensionales

Copyright © Savvas Learning Company LLC. All Rights Reserved.

TEMA 16 en el volumen 2

Resolver problemas sobre perímetro

Puedes hallar el perímetro de una figura sumando las longitudes de sus lados.

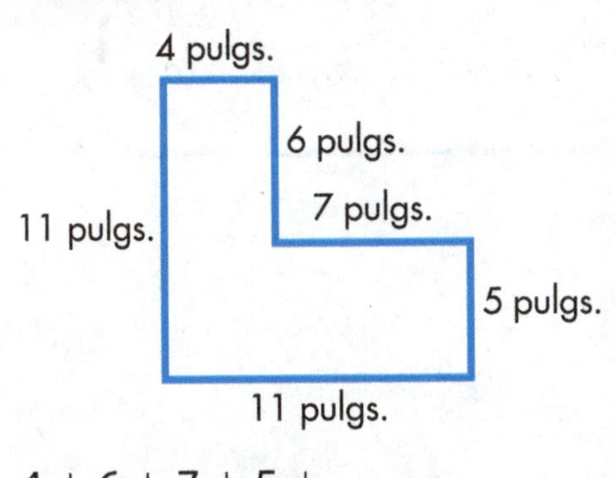

$4 + 6 + 7 + 5 +$
$11 + 11 = 44$

El perímetro de la figura es 44 pulgadas.

UN PASO ADELANTE HACIA EL GRADO 4 en el volumen 2

Estas lecciones te ayudarán a prepararte para el Grado 4.

Copyright © Savvas Learning Company LLC. All Rights Reserved.

Manual de resolución de problemas

Manual de resolución de problemas

Prácticas matemáticas

1 **Entender problemas y perseverar en resolverlos.**

2 **Razonar de manera abstracta y cuantitativa.**

3 **Construir argumentos viables y evaluar el razonamiento de otros.**

4 **Representar con modelos matemáticos.**

5 **Usar herramientas apropiadas de manera estratégica.**

6 **Prestar atención a la precisión.**

7 **Buscar y usar la estructura.**

8 **Buscar y expresar uniformidad en los razonamientos repetidos.**

Copyright © Savvas Learning Company LLC. All Rights Reserved.

Entender problemas y perseverar en resolverlos.

Los que razonan correctamente en matemáticas entienden los problemas y piensan en maneras de resolverlos.

Si se encuentran en aprietos, no se dan por vencidos.

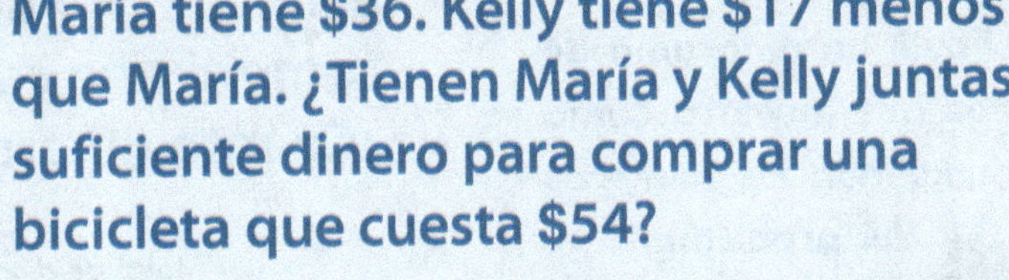

María tiene $36. Kelly tiene $17 menos que María. ¿Tienen María y Kelly juntas suficiente dinero para comprar una bicicleta que cuesta $54?

Aquí hice una lista de lo que sé y de lo que intento hallar.

Lo que sé:
- María tiene $36.
- Kelly tiene $17 menos que $36.
- La bicicleta cuesta $54.

Lo que necesito hallar:
- Si Kelly y María tienen por lo menos $54 en total.

Hábitos de razonamiento

¡Razona correctamente! Estas preguntas te pueden ayudar.

- ¿Qué necesito hallar?
- ¿Qué sé?
- ¿Cuál es mi plan para resolver el problema?
- ¿Qué más puedo intentar si no puedo seguir adelante?
- ¿Cómo puedo comprobar si mi solución tiene sentido?

Razonar de manera abstracta y cuantitativa.

Los que razonan correctamente en matemáticas saben pensar en las palabras y los números del problema para resolverlo.

Dibujé un diagrama de barras que muestra cómo se relacionan los números del problema.

Sam compró un abrigo por $47. También, compró una camisa. Sam gastó $71 en total. ¿Cuánto dinero gastó en la camisa?

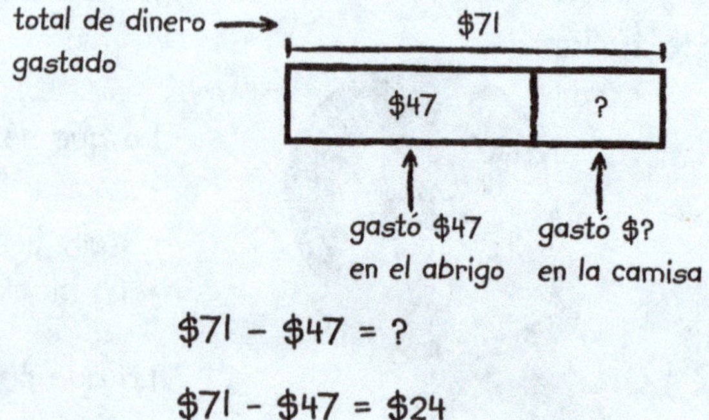

Hábitos de razonamiento

¡Razona correctamente! Estas preguntas te pueden ayudar.

- ¿Qué significan los números y los signos o símbolos del problema?
- ¿Cómo están relacionados los números o las cantidades?
- ¿Cómo puedo representar un problema verbal usando dibujos, números o ecuaciones?

Copyright © Savvas Learning Company LLC. All Rights Reserved.

Construir argumentos viables y evaluar el razonamiento de otros.

Los que razonan correctamente en matemáticas usan las matemáticas para explicar por qué tienen razón. También pueden opinar sobre los problemas de matemáticas hechos por otras personas.

Escribí un argumento claro usando palabras, números y signos o símbolos.

Lidia tiene 3 monedas. Tiene 60¢ en total. ¿Podrían ser todas las monedas de Lidia monedas de 25¢? Explica por qué.

El trabajo de Marta

Las monedas de Lidia no pueden ser todas monedas de 25¢.
3 monedas de 25¢ son 25¢, 50¢, 75¢.
75¢ > 60¢
Por tanto, 3 monedas de 25¢ es más dinero del que tiene Lidia.

Hábitos de razonamiento

¡Razona correctamente! Estas preguntas te pueden ayudar.

- ¿Cómo puedo usar números, objetos, dibujos o acciones para justificar mi argumento?
- ¿Estoy usando los números y los signos o símbolos correctamente?
- ¿Es mi explicación clara y completa?
- ¿Qué preguntas puedo hacer para entender el razonamiento de otros?
- ¿Hay errores en el razonamiento de otros?
- ¿Puedo mejorar el razonamiento de otros?

Representar con modelos matemáticos.

Los que razonan correctamente en matemáticas usan las matemáticas que saben para representar y resolver problemas de la vida diaria.

Henry tiene zanahorias en su huerto. Tiene 5 filas de zanahorias con 4 zanahorias en cada fila. ¿Cuántas zanahorias hay en el huerto de Henry?

Usé lo que sé sobre las matrices y la suma. Hice un dibujo como ayuda.

$4 + 4 + 4 + 4 + 4 = 20$

Hay 20 zanahorias en el huerto de Henry.

Hábitos de razonamiento

¡Razona correctamente! Estas preguntas te pueden ayudar.

- ¿Cómo puedo usar lo que sé de matemáticas para resolver este problema?
- ¿Cómo puedo usar dibujos, objetos y ecuaciones para representar el problema?
- ¿Cómo puedo usar números, palabras y símbolos para resolver este problema?

Copyright © Savvas Learning Company LLC. All Rights Reserved.

Usar herramientas apropiadas de manera estratégica.

Los que razonan correctamente en matemáticas saben cómo escoger las herramientas apropiadas para resolver problemas de matemáticas.

Decidí usar bloques de valor de posición como ayuda para comparar. Puedo usarlos para representar centenas, decenas y unidades.

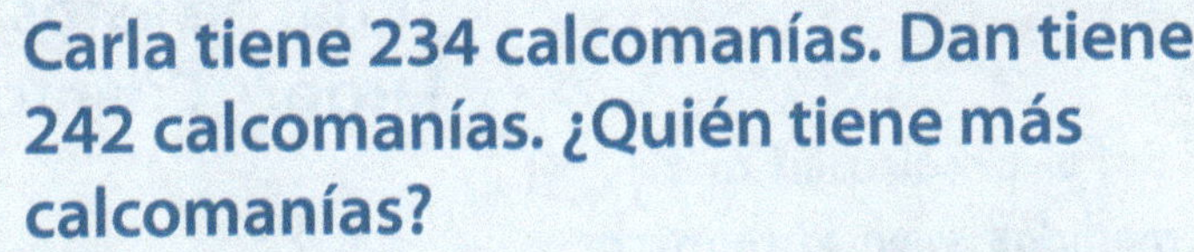

Carla tiene 234 calcomanías. Dan tiene 242 calcomanías. ¿Quién tiene más calcomanías?

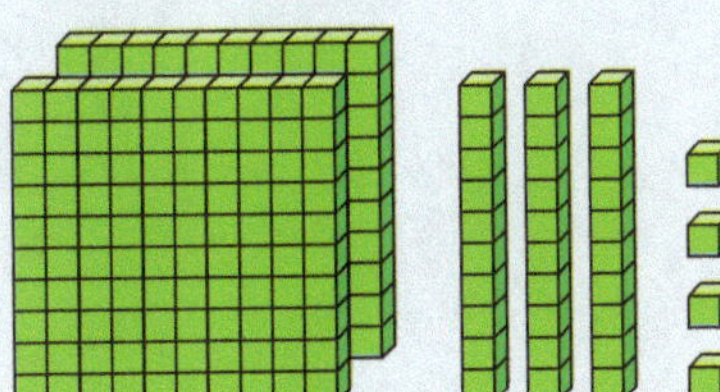

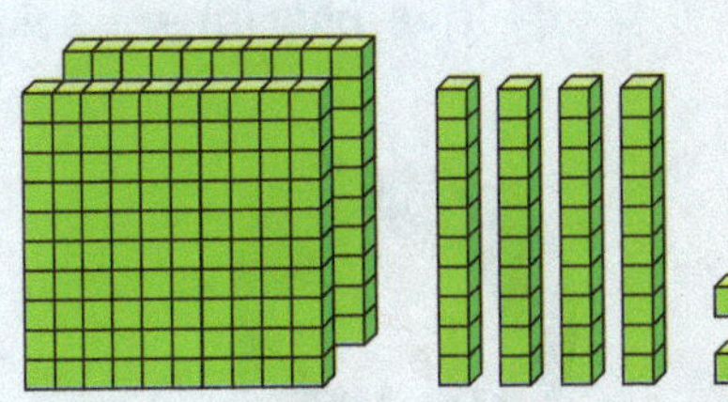

242 es mayor que 234.
Dan tiene más calcomanías.

Hábitos de razonamiento

¡Razona correctamente! Estas preguntas te pueden ayudar.

- ¿Qué herramientas puedo usar?
- ¿Por qué debo usar esta herramienta como ayuda para resolver el problema?
- ¿Hay alguna otra herramienta que podría usar?
- ¿Estoy usando la herramienta correctamente?

Prestar atención a la precisión.

Los que razonan correctamente en matemáticas son cuidadosos en lo que escriben y expresan oralmente de modo que sus ideas matemáticas sean claras.

¿Cuál de estos recorridos es más largo? ¿Cuánto más largo?

Fui preciso en mis medidas y en la manera que escribí mi solución.

Recorrido azul: 3 cm + 3 cm = 6 cm
Recorrido amarillo: 4 cm + 1 cm = 5 cm
6 cm - 5 cm = 1 cm
El recorrido azul es 1 cm más largo que el recorrido amarillo.

Hábitos de razonamiento

¡Razona correctamente! Estas preguntas te pueden ayudar.

- ¿Estoy usando los números, las unidades y los signos o símbolos correctamente?
- ¿Estoy usando las definiciones correctas?
- ¿Estoy haciendo los cálculos con precisión?
- ¿Es clara mi respuesta?

Copyright © Savvas Learning Company LLC. All Rights Reserved.

Buscar y usar la estructura.

Los que razonan correctamente en matemáticas buscan patrones o relaciones en las matemáticas como ayuda para resolver problemas.

Una tienda tiene 123 manzanas. Vende 67 manzanas. ¿Cuántas manzanas quedan en la tienda?

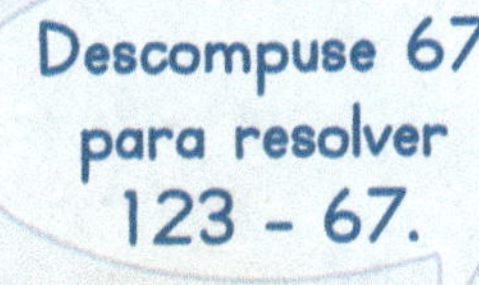

123 - 67 = ?

Sé que 67 = 60 + 7.
123 - 60 = 63
63 - 7 = 56

Por tanto, 123 - 67 = 56.
Quedan 56 manzanas en la tienda.

Hábitos de razonamiento

¡Razona correctamente! Estas preguntas te pueden ayudar.

- ¿Qué patrones puedo ver y describir?
- ¿Cómo puedo usar los patrones para resolver el problema?
- ¿Puedo ver las expresiones y los objetos de una manera diferente?

Buscar y expresar uniformidad en los razonamientos repetidos.

Los que razonan correctamente en matemáticas buscan las cosas que se repiten en un problema y hacen generalizaciones.

Usé el razonamiento para hacer generalizaciones sobre los cálculos.

Halla la suma para los siguientes sumandos.
185 + 100 = ?
? = 292 + 100
100 + 321 = ?

El trabajo de Daniel

185 + 100 = 285
392 = 292 + 100
100 + 321 = 421

Se suma 100 en cada problema. Al sumar 100, el dígito de las centenas aumenta por 1.

Hábitos de razonamiento

¡Razona correctamente! Estas preguntas te pueden ayudar.

- ¿Se repiten algunos cálculos?
- ¿Puedo hacer generalizaciones a partir de los ejemplos?
- ¿Qué métodos cortos puedo ver en el problema?

Copyright © Savvas Learning Company LLC. All Rights Reserved.

Manual de resolución de problemas

Guía para la resolución de problemas

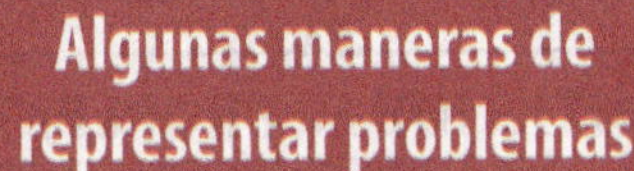

Entender el problema

Razonar de manera abstracta y cuantitativa

- ¿Qué necesito hallar?
- ¿Qué información conocida puedo usar?
- ¿Cuál es la relación entre las cantidades?

Pensar en problemas similares

- ¿He resuelto antes problemas como este?

Perseverar en resolver el problema

Representar con modelos matemáticos

- ¿Cómo puedo usar lo que sé de matemáticas?
- ¿Cómo puedo representar el problema?
- ¿Hay un patrón o estructura que pueda usar?

Usar herramientas apropiadas de manera estratégica

- ¿Qué herramientas matemáticas puedo usar?
- ¿Cómo puedo usar esas herramientas de manera estratégica?

Algunas maneras de representar problemas

- Hacer un dibujo
- Hacer un diagrama de barras
- Hacer una tabla o gráfica
- Escribir una ecuación

Algunas herramientas matemáticas

- Objetos
- Papel cuadriculado
- Reglas
- Tecnología
- Papel y lápiz

Comprobar la respuesta

Entender la respuesta

- ¿Es razonable mi respuesta?

Verificar la precisión

- ¿Revisé mi trabajo?
- ¿Es clara mi respuesta?
- ¿Construí un argumento viable?
- ¿Hice generalizaciones correctamente?

Resolución de problemas: Hoja de anotaciones

Elemento didáctico 1

Resolución de problemas: Hoja de anotaciones

Problema

Cory quiere comprar un videojuego que cuesta $60. Él ha ahorrado $48. El lunes, gastó una parte de sus ahorros para comprarse una camisa de $15. ¿Cuánto dinero más necesita ahorrar Cory para comprarse el videojuego?

ENTIENDE EL PROBLEMA

Necesito hallar

El dinero necesario para comprar un videojuego

Puesto que...

El videojuego cuesta $60
Ahorró $48
Gastó $15 de ahorros

PERSEVERA EN RESOLVER EL PROBLEMA

Algunas maneras de representar problemas

- ☐ Hacer un dibujo
- ☑ Hacer un diagrama de barras
- ☐ Hacer una tabla o una gráfica
- ☐ Escribir una ecuación

Algunas herramientas matemáticas

- ☐ Objetos
- ☐ Papel cuadriculado
- ☐ Reglas
- ☐ Tecnología
- ☑ Papel y lápiz

Solución y respuesta

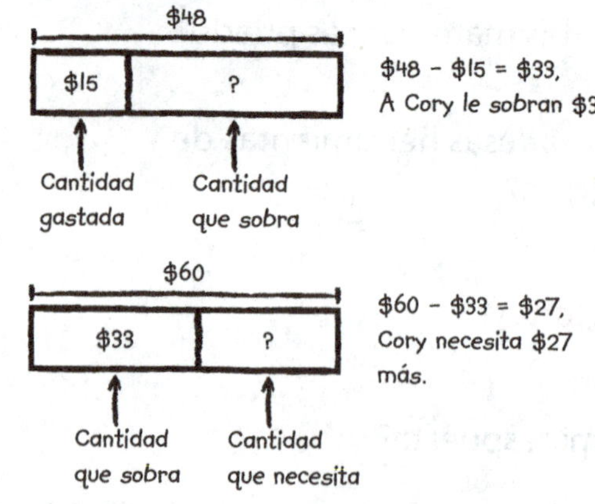

$48 - $15 = $33,
A Cory le sobran $33.

$60 - $33 = $27,
Cory necesita $27 más.

COMPRUEBA LA RESPUESTA

Estima

50 - 20 = 30 60 - 30 = 30

Comprueba

33 + 15 = 48 27 + 33 = 60

Mi respuesta es razonable y tiene sentido.
Mi respuesta es correcta.

Copyright © Savvas Learning Company LLC. All Rights Reserved.

Copyright © Savvas Learning Company LLC. All Rights Reserved.

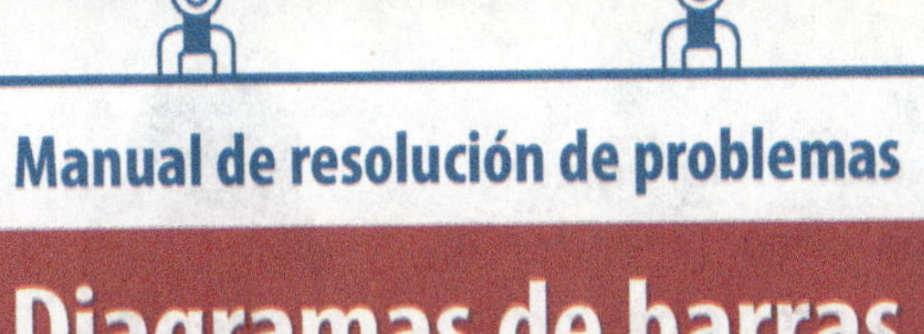

Manual de resolución de problemas

Diagramas de barras

Puedes dibujar un **diagrama de barras** para mostrar cómo se relacionan las cantidades de un problema. Luego puedes escribir una ecuación para resolver el problema.

Sumar

Dibuja este **diagrama de barras** para las situaciones en las que se necesita *sumar* algo a una cantidad.

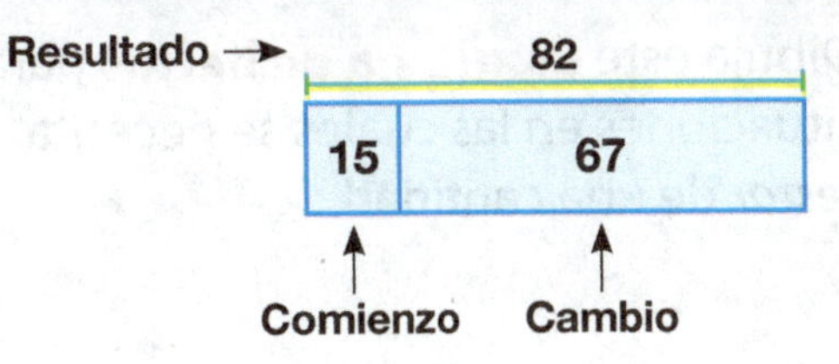

Resultado desconocido

Greg compró una pelota de beisbol y un guante de beisbol. ¿Cuánto dinero pagó por ambos?

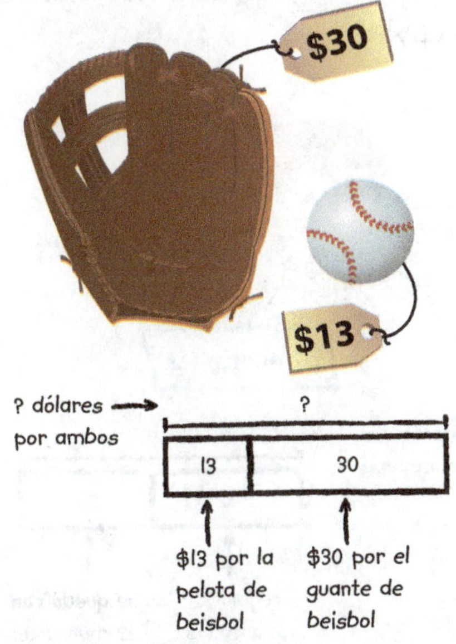

$13 + 30 = ?$

Greg gastó $43 por ambos.

Comienzo desconocido

Robin tenía varios anillos. Su hermana le dio los anillos que se ven a continuación. Después de eso, Robin tenía 90 anillos. ¿Cuántos anillos tenía Robin al comienzo?

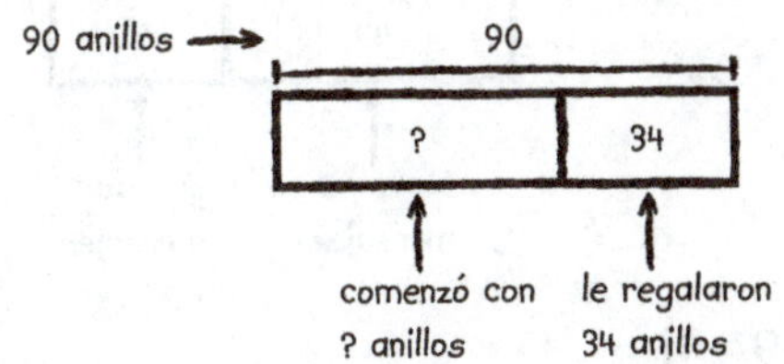

$? + 34 = 90$

Robin comenzó con 56 anillos.

Manual de resolución de problemas

Diagramas de barras

Puedes usar diagramas de barras para entender mejor los problemas de suma y resta.

Restar

Dibuja este **diagrama de barras** para situaciones en las cuales se necesita *restar* de una cantidad.

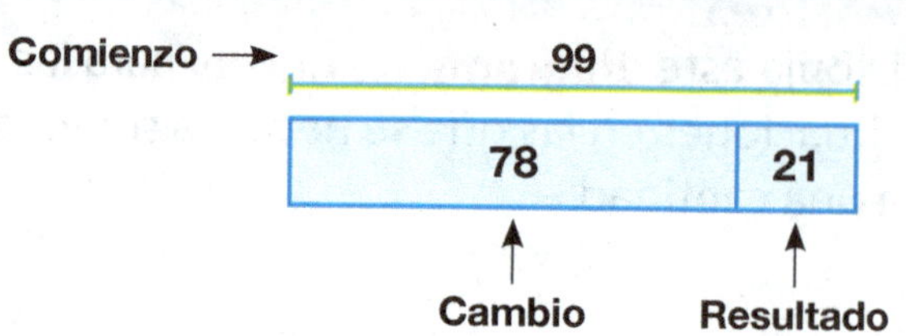

Resultado desconocido

Maurice tenía 78 mensajes de correo electrónico y borró 49. ¿Cuántos mensajes guardó Maurice?

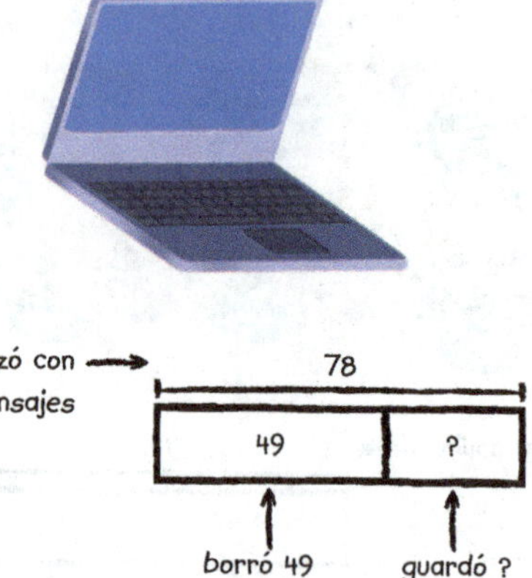

$78 - 49 = ?$

Maurice guardó 29 mensajes de correo electrónico.

Comienzo desconocido

Layla recogió manzanas en un huerto. Le regaló a su abuela las manzanas que están en el cesto. Ahora le quedan 29 manzanas a Layla. ¿Cuántas manzanas recogió Layla?

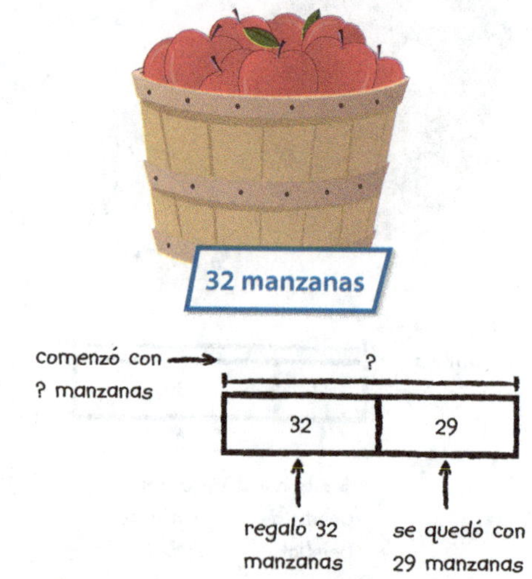

$? - 32 = 29$

Layla tenía 61 manzanas antes de regalarle parte de ellas a su abuela.

Copyright © Savvas Learning Company LLC. All Rights Reserved.

Los **diagramas de barras** de esta página pueden ayudarte a entender mejor otras situaciones de suma y resta.

Unir/Separar

Dibuja este **diagrama de barras** para situaciones en las que haya que *unir* o *separar* cantidades.

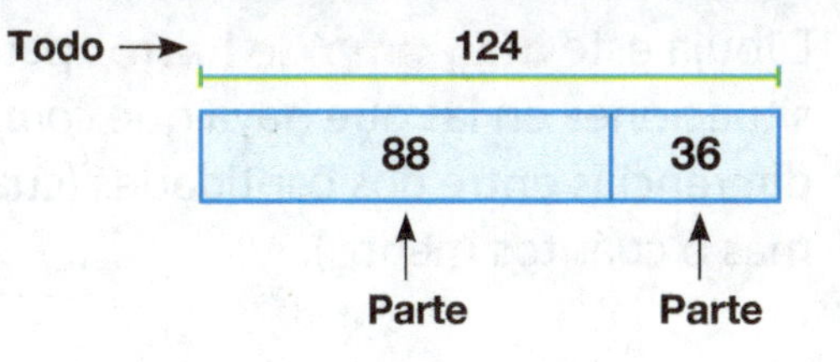

Todo desconocido

La gráfica de barras muestra cuántas millas manejó Leila en su carro durante 3 días. ¿Cuántas millas manejó en total?

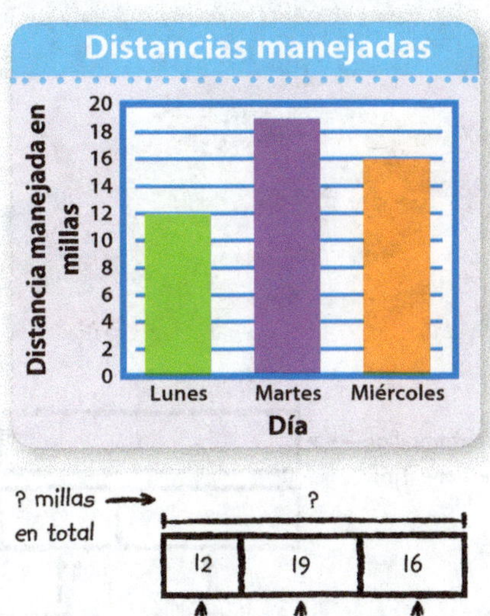

? millas en total → ?

12	19	16

12 millas 19 millas 16 millas

$12 + 19 + 16 = ?$

Leila manejó 47 millas en total.

Parte desconocida

La escuela de Pier recolectó durante dos semanas un total de 46 juguetes para una obra benéfica. ¿Cuántos juguetes recolectaron durante la segunda semana?

Se recolectaron 28 juguetes durante la primera semana.

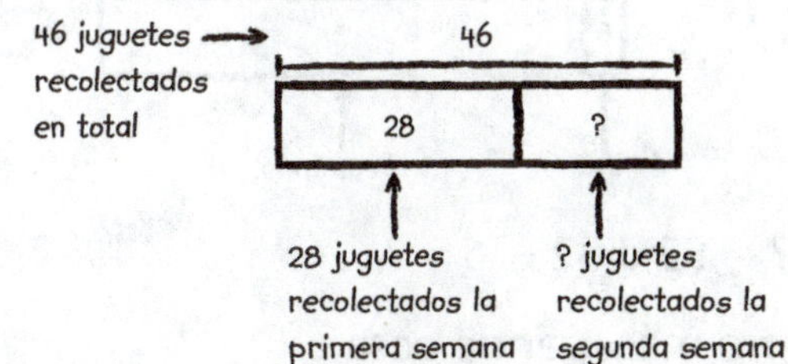

$28 + ? = 46$ o $46 - 28 = ?$

La escuela de Pier recolectó 18 juguetes durante la segunda semana.

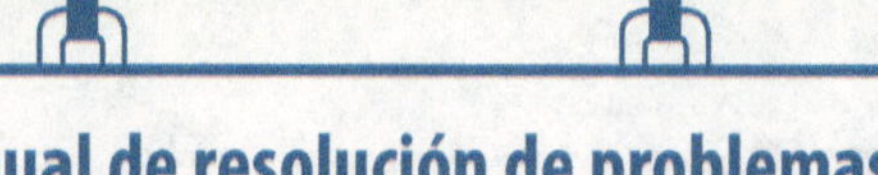

Manual de resolución de problemas

Diagramas de barras

Los dibujos te ayudan a entender un problema.

Comparar: La suma y la resta

Dibuja este **diagrama de barras** para situaciones en las que haya que *comparar* diferencias entre dos cantidades (cuántos más o cuántos menos).

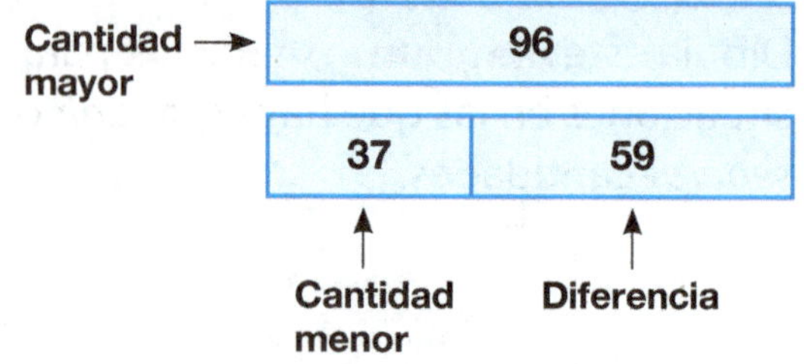

Diferencia desconocida

El perro más grande pesa 82 libras. El perro más pequeño pesa 6 libras. ¿Cuántas libras más pesa el perro más grande?

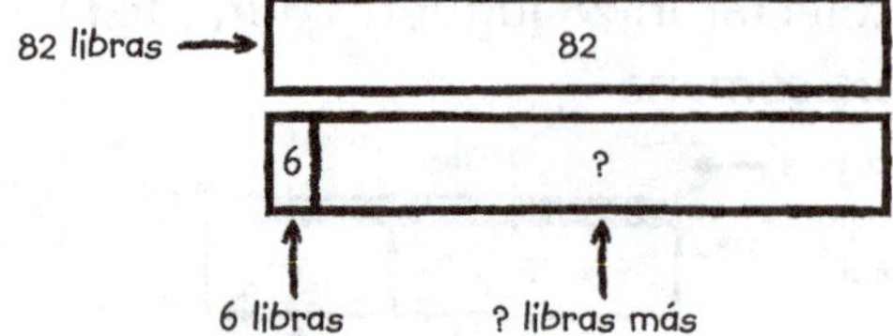

$6 + ? = 82$ o $82 - 6 = ?$

El perro más grande pesa 76 libras más.

Cantidad menor desconocida

Tim tiene 12 estampillas más que Pedro. Tim tiene 30 estampillas. ¿Cuántas estampillas tiene Pedro?

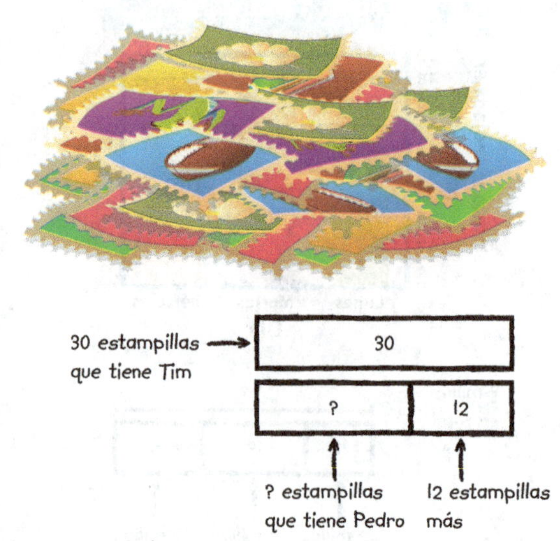

$30 - 12 = ?$ o $? + 12 = 30$

Pedro tiene 18 estampillas.

Copyright © Savvas Learning Company LLC. All Rights Reserved.

Los **diagramas de barras** de esta página pueden ayudarte a resolver problemas que incluyen la multiplicación y la división.

Grupos iguales: La multiplicación y la división

Dibuja este **diagrama de barras** para situaciones que incluyen *grupos iguales.*

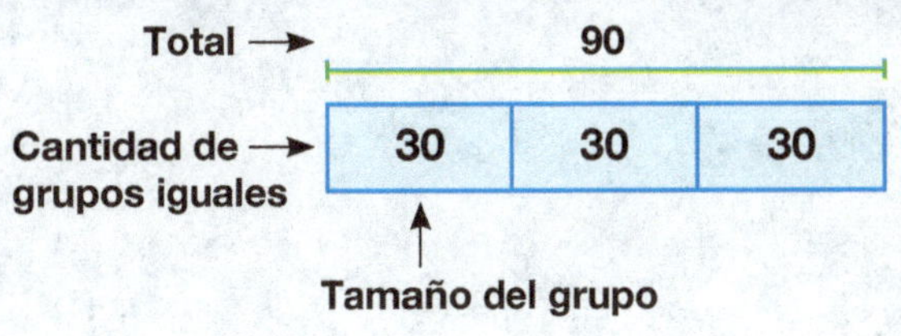

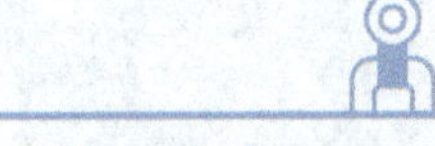

Cantidad de grupos desconocida

El sábado, Juana gastó $40 en boletos para ir al cine con algunos amigos. ¿Cuántos boletos compró Juana?

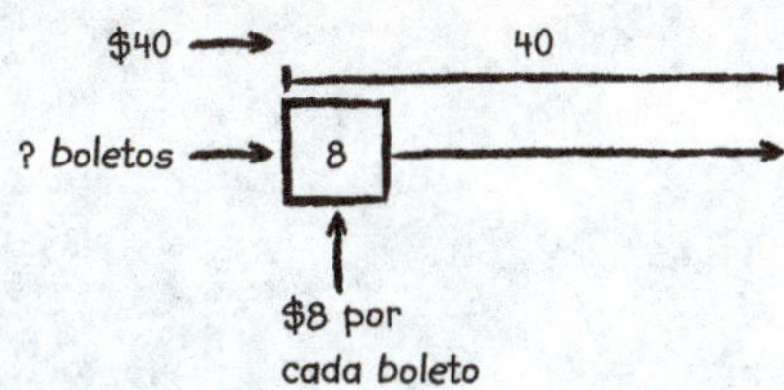

$? \times 8 = 40$ o $40 \div 8 = ?$

Juana compró 5 boletos.

Tamaño del grupo desconocido

Marie puso el mismo número de canicas en cada una de las siguientes bolsas. Ella tiene 36 canicas en total. ¿Cuántas canicas puso Marie en cada bolsa?

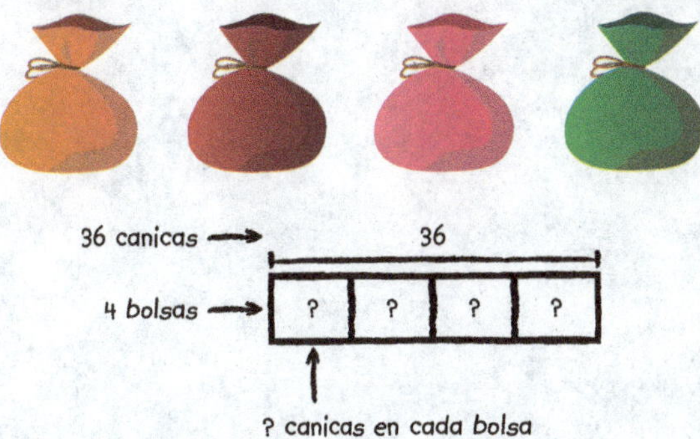

$4 \times ? = 36$ o $36 \div 4 = ?$

Marie puso 9 canicas en cada bolsa.

Multiplicación y división de números enteros

Pregunta esencial: ¿Cuáles son los diferentes significados de la multiplicación y la división?

Algunos animales forman grupos.

Ser parte de un grupo puede ayudar a que las aves sobrevivan.

¡Qué buen trabajo en equipo! Este es un proyecto sobre animales con multiplicación y división.

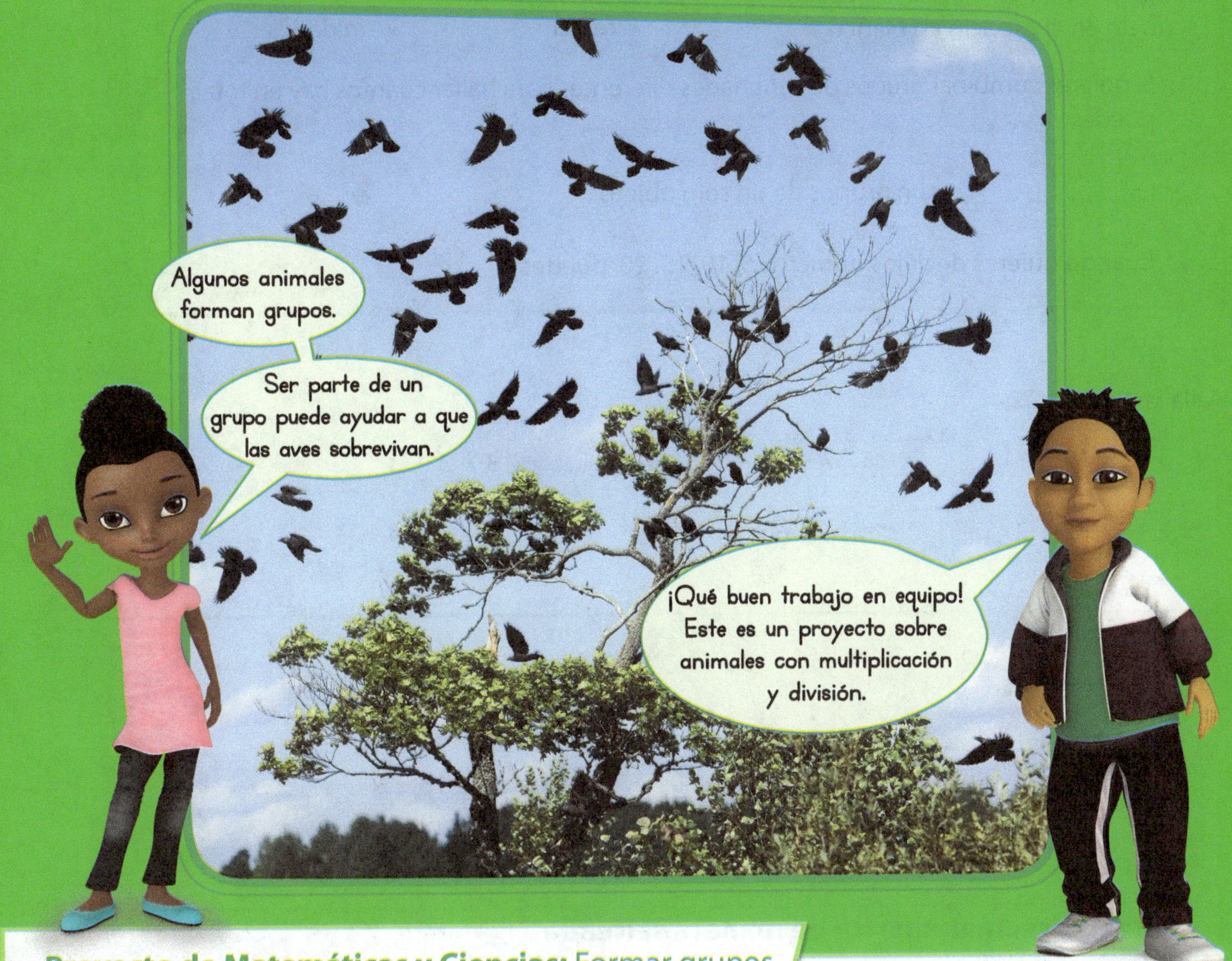

Proyecto de Matemáticas y Ciencias: Formar grupos

Investigar Muchas clases de animales forman grupos. Investiga en la Internet o en otras fuentes para descubrir qué animales forman grupos. ¿Cuándo hacen esto? ¿En qué beneficia a estos animales ser parte de un grupo?

Diario: Escribir un informe Incluye lo que averiguaste. En tu informe, también:

- haz dibujos de animales en grupos iguales. Da una razón de por qué esos animales formaron grupos.
- usa una ecuación de multiplicación para mostrar el total de animales. Usa una ecuación de división para mostrar cuántos animales hay en cada grupo.

Nombre ______________________

Repasa lo que sabes

Vocabulario

Escoge el mejor término del recuadro.
Escríbelo en el espacio en blanco.

- contar salteado
- sumar
- restar
- unidades

1. Si quieres combinar grupos de cantidades diferentes para hallar cuántos hay en total, puedes ____________.

2. Las ____________ son grupos de un solo objeto.

3. Cuando quieres decir los números 5, 10, 15, 20, puedes ____________.

Sumar

Halla las sumas.

4. 5 + 5 + 5
5. 7 + 7
6. 3 + 3 + 3
7. 2 + 2 + 2 + 2
8. 6 + 6 + 6
9. 9 + 9 + 9

Restar

Halla las diferencias.

10. 21 − 7
    14 − 7
    7 − 7
11. 15 − 5
    10 − 5
    5 − 5
12. 27 − 9
    18 − 9
    9 − 9

Contar en la recta numérica de manera salteada

13. Si continúas contando salteado, ¿cuál es el número que sigue en la recta numérica?

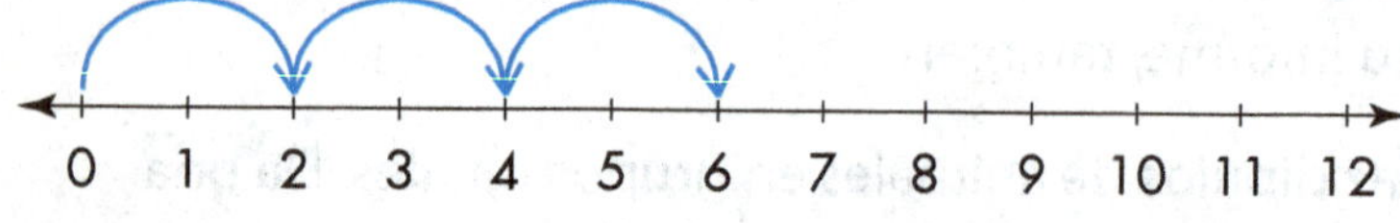

Ⓐ 8
Ⓑ 10
Ⓒ 12
Ⓓ 14

Copyright © Savvas Learning Company LLC. All Rights Reserved.

Usa los ejemplos de las palabras de las tarjetas para ayudarte a completar las definiciones que están al reverso.

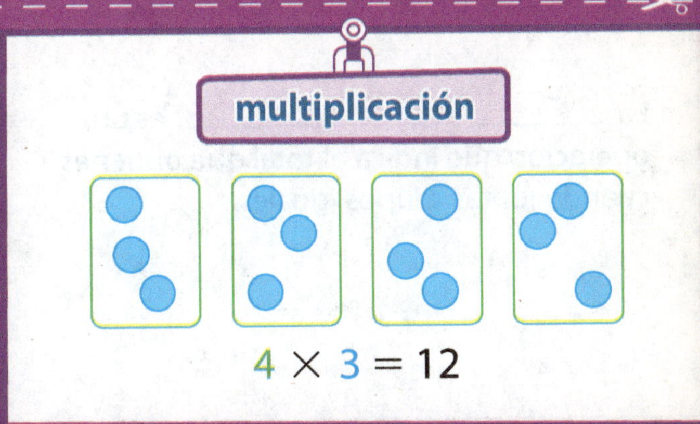

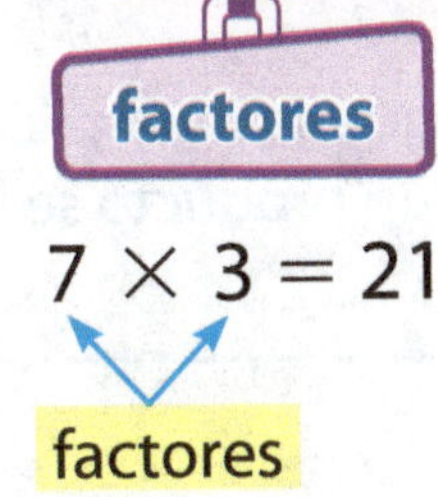

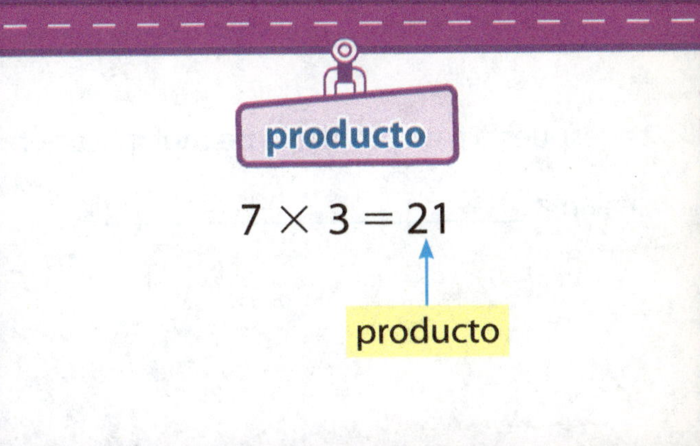

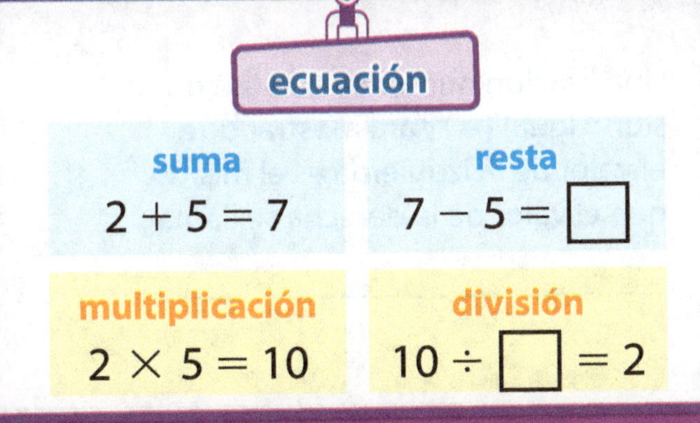

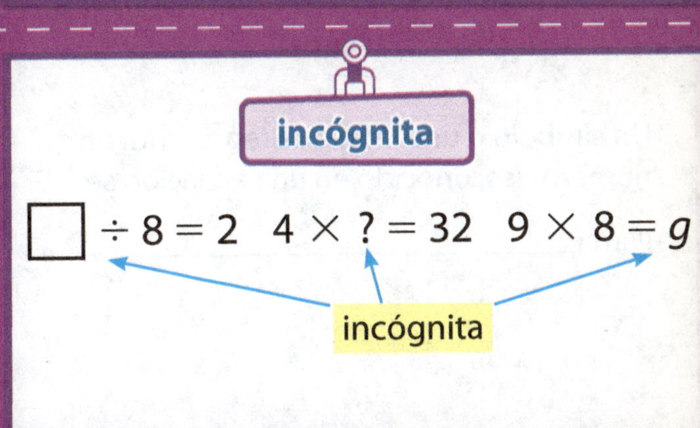

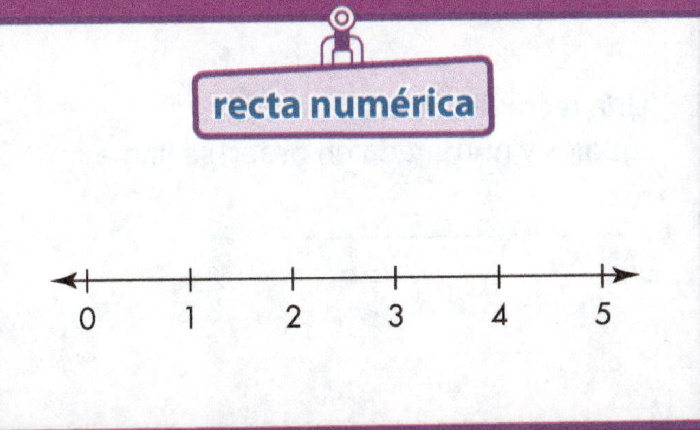

Mis tarjetas de palabras

Completa cada definición. Para ampliar lo que aprendiste, escribe tus propias definiciones.

La ____________ es una operación que indica el total que obtienes cuando juntas grupos iguales.

Los ____________ tienen la misma cantidad de objetos en cada grupo.

La respuesta a un problema de multiplicación se llama ____________.

Los números que se multiplican para obtener un producto se llaman ____________.

Un símbolo o una letra que representa un número desconocido en una ecuación se llama ____________.

Una oración numérica que usa un signo igual (=) para mostrar que el valor de la izquierda es el mismo que el valor de la derecha se llama ____________.

Una ____________ es una manera de mostrar objetos en filas y columnas iguales.

Una recta dividida en unidades iguales y numerada en orden se llama ____________.

Copyright © Savvas Learning Company LLC. All Rights Reserved.

Mis tarjetas de palabras

Usa los ejemplos de las palabras de las tarjetas para ayudarte a completar las definiciones que están al reverso.

fila

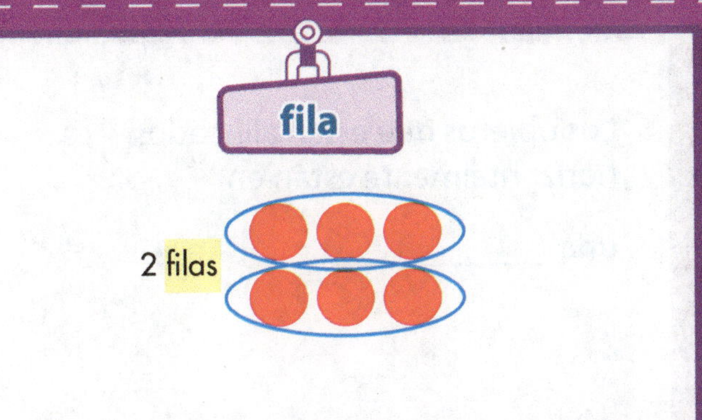

columna

3 columnas

propiedad conmutativa (o de orden) de la multiplicación

$5 \times 7 = 35$

división

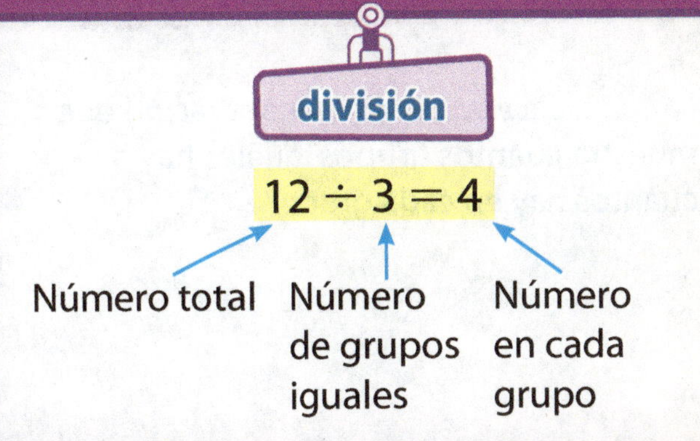

Mis tarjetas de palabras

Completa cada definición. Para ampliar lo que aprendiste, escribe tus propias definiciones.

Los objetos que están alineados de arriba hacia abajo están en una ______________.

Los objetos que están alineados horizontalmente están en una ____________.

La ______________ es una operación que muestra cuántos grupos iguales hay o cuántos hay en cada grupo.

Los números se pueden multiplicar en cualquier orden y el resultado siempre será el mismo debido a la ______________________ ______________________________________ ______________________________________.

Copyright © Savvas Learning Company LLC. All Rights Reserved.

Nombre ______________________________

Resuelve

Lección 1-1
La multiplicación como suma repetida

Puedo...
usar la suma o la multiplicación para unir grupos iguales.

También puedo entender bien los problemas.

Resuélvelo y coméntalo

La Sra. Witt compró 3 cajas de pinturas que contenían 5 frascos de pintura por caja. ¿Cuántos frascos en total compró la Sra. Witt? ***Resuelve este problema de la manera que prefieras.***

Entiende este problema. Piensa en lo que sabes y en lo que necesitas hallar.

¡Vuelve atrás! **Representar con modelos matemáticos**
¿Qué dibujos puedes hacer para mostrar la operación que usaste para resolver el problema?

¿Cómo hallas el número total de objetos en grupos iguales?

A

Jessie usó 3 bolsas para llevar a su casa los peces dorados que ganó en la feria. Puso el mismo número de peces dorados en cada bolsa. ¿Cuántos peces dorados ganó?

8 peces dorados en cada bolsa

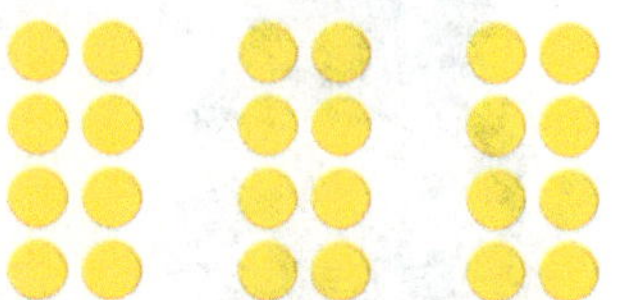

B

Las fichas muestran 3 grupos de 8 peces dorados.

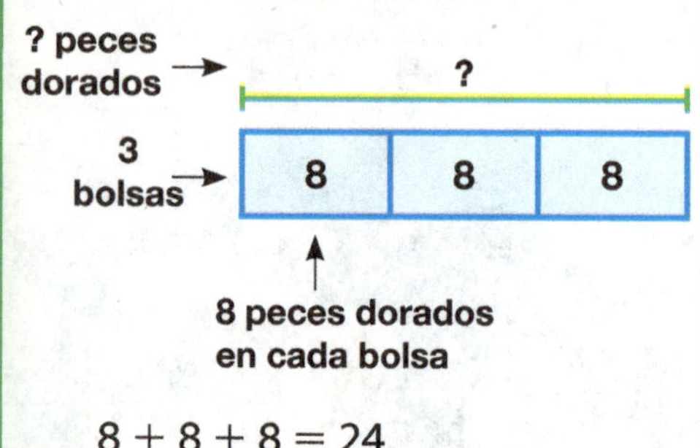

Puedes usar la suma para juntar **grupos iguales**.

? peces dorados → ?

3 bolsas → | 8 | 8 | 8 |

8 peces dorados en cada bolsa

8 + 8 + 8 = 24

C

La **multiplicación** es una operación que da el número total cuando juntas grupos iguales.

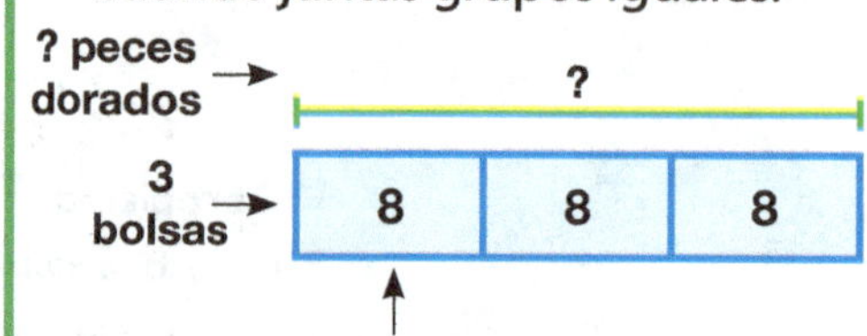

8 peces dorados en cada bolsa

3 veces 8 es igual a 24.

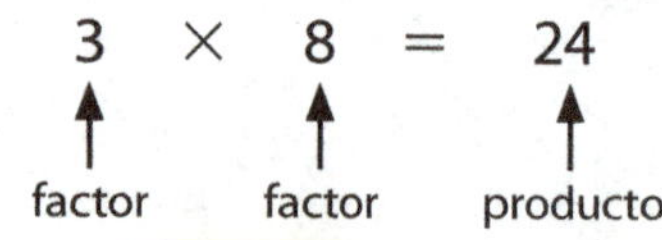

Los **factores** son los números que se multiplican. El **producto** es la respuesta de un problema de multiplicación.

D

Puedes escribir **ecuaciones**.

Usa un signo de interrogación para indicar la **incógnita** que hallas.

Ecuación de suma:
8 + 8 + 8 = ?
8 + 8 + 8 = 24

Ecuación de multiplicación:
3 × 8 = ?
3 × 8 = 24

¡Convénceme! **Representar con modelos matemáticos** Supón que Jessie se ganó 5 bolsas de 8 peces dorados. Haz un diagrama de barras y escribe una ecuación de suma y una ecuación de multiplicación para representar el problema.

Copyright © Savvas Learning Company LLC. All Rights Reserved.

Nombre ______________________________

Práctica guiada*

¿Lo entiendes?

1. **Razonar** ¿Puedes escribir 5 + 5 + 5 + 5 = 20 como una ecuación de multiplicación? Explícalo.

2. **Razonar** ¿Puedes escribir 3 + 4 + 7 = 14 como una ecuación de multiplicación? Explícalo.

3. Escribe una ecuación de suma y una ecuación de multiplicación para resolver el siguiente problema.
Jessie compró 4 paquetes de piedritas. En cada paquete había 6 piedritas. ¿Cuántas piedritas compró Jessie?

¿Cómo hacerlo?

Completa los Ejercicios **4** y **5.** Usa las ilustraciones como ayuda.

4. 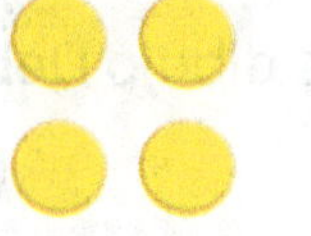 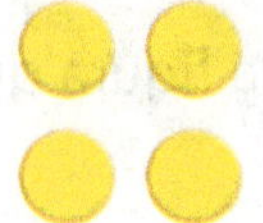

2 grupos de ____

4 + 4 = ____

2 × ____ = ____

5. 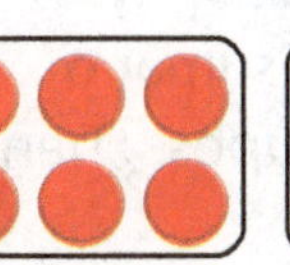  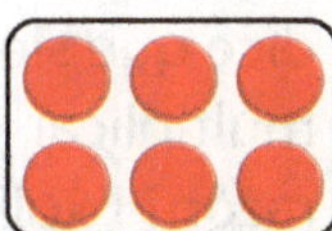

____ grupos de 6

6 + ____ + ____ = ____

3 × ____ = ____

Práctica independiente

Práctica al nivel Completa los Ejercicios **6** y **7.** Usa las ilustraciones como ayuda.

6. 

2 grupos de ____

5 + ____ = ____

2 × ____ = ____

7. 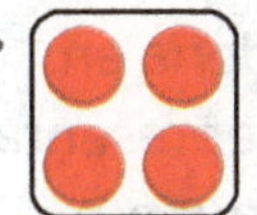 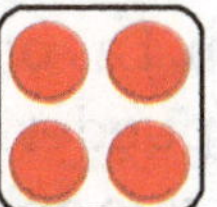 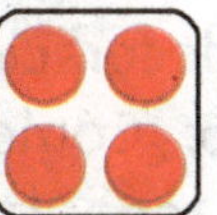 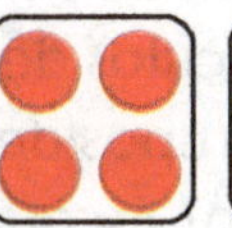 

5 grupos de ____

4 + 4 + 4 + ____ + ____ = ____

5 × ____ = ____

Completa las ecuaciones en los Ejercicios **8** a **11.** Usa fichas o haz un dibujo como ayuda.

8. 8 + 8 + 8 + 8 = 4 × ____

9. ____ + ____ + ____ = 3 × 7

10. 9 + ____ + ____ = 3 × ____

11. 6 + 6 + 6 + 6 + 6 = ____ × ____

Puedes encontrar otro ejemplo en el Grupo A, página 51.

Resolución de problemas

12. Hacerlo con precisión Debra hizo este dibujo en la parte posterior de su cuaderno.

¿Cómo se llama la figura que dibujó Debra? ¿Cómo lo sabes?

13. Representar con modelos matemáticos Salvatore recibió 50 cromos en su cumpleaños. Cambia algunos cromos con su amiga Madison. Salvatore le da 22 cromos a Madison y ella le da 18 cromos a Salvatore. Luego, la hermana de Salvatore le da 14 cromos. ¿Cuántos cromos tiene Salvatore ahora? Usa las matemáticas para representar el problema.

14. Razonamiento de orden superior Luke dice que siempre puedes sumar o multiplicar para juntar grupos. ¿Tiene razón? Explica por qué.

15. Evaluar el razonamiento Lori dice que cualquier suma en la que los sumandos son iguales se puede escribir como una ecuación de multiplicación. ¿Tiene razón? Explica por qué.

Evaluación

16. Mark tiene 12 mazorcas de maíz para hacer artículos de decoración. Las ordena en 2 grupos de 6. ¿Cómo puedes representar esto? Escoge todas las que apliquen.

- ☐ 12×2
- ☐ $2 + 2 + 2 + 2 + 2 + 2$
- ☐ $6 + 6$
- ☐ 2×6
- ☐ $12 + 2 + 6$

17. Jenna ahorra $5 cada semana. Quiere saber cuánto dinero ahorrará en 6 semanas. ¿Cómo puedes representar esto? Escoge todas las que apliquen.

- ☐ $5 + 5 + 5 + 5 + 5 + 5$
- ☐ 5×5
- ☐ $5 + 6$
- ☐ $6 + 6 + 6 + 6 + 6$
- ☐ 5×6

Copyright © Savvas Learning Company LLC. All Rights Reserved.

Nombre ____________________

Tarea y práctica 1-1

La multiplicación como suma repetida

¡Revisemos!

Cada uno de los grupos siguientes tiene el mismo número de cuadrados. Hay 5 grupos de 4 cuadrados.

20 cuadrados

4	4	4	4	4

Una ecuación de suma o una ecuación de multiplicación puede representar el número total de cuadrados.

$4 + 4 + 4 + 4 + 4 = 20$

$5 \times 4 = 20$

Completa los Ejercicios **1** y **2.** Usa las ilustraciones como ayuda.

1. 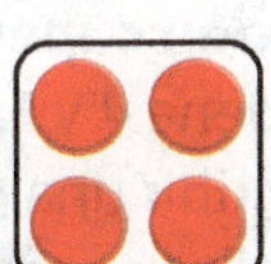 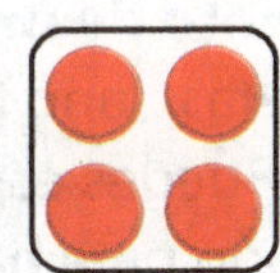 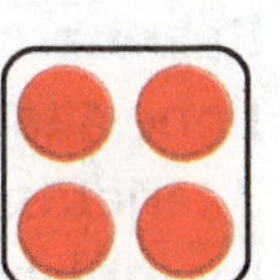 

4 grupos de ____

$4 + 4 + 4 + 4 =$ ____

$4 \times$ ____ $=$ ____

2.

32

8	8	8	8

____ grupos de 8

____ + ____ + ____ + ____ = 32

____ $\times 8 =$ ____

Escribe la ecuación de suma como una ecuación de multiplicación en los Ejercicios **3** y **4.**

3. $3 + 3 + 3 + 3 + 3 = 15$

4. $7 + 7 + 7 = 21$

Escribe la ecuación de multiplicación como una ecuación de suma en los Ejercicios **5** a **8.**

5. $5 \times 5 = 25$

6. $6 \times 2 = 12$

7. $3 \times 4 = 12$

8. $5 \times 6 = 30$

9. **Representar con modelos matemáticos** Juan compró 3 bolsas de cuentas. Cada bolsa contiene 7 cuentas. Dibuja un diagrama de barras y escribe una ecuación de suma y una ecuación de multiplicación para mostrar cuántas cuentas compró Juan. ¿Cómo se relacionan las dos ecuaciones?

10. Mateo compró 4 cajas de 6 marcadores cada una. Escribió esta ecuación de suma para mostrar cuántos marcadores compró: $6 + 6 + 6 + 6 = 24$. ¿Qué ecuación de multiplicación podría haber escrito Mateo?

11. **Matemáticas y Ciencias** Algunos científicos piensan que los gansos vuelan en grupos en forma de V para ahorrar energía. Eso les ayuda a volar más lejos contra el viento. Elena ve 3 grupos. Cada grupo tiene 9 gansos. ¿Cuántos gansos ve en total? Escribe una ecuación de suma y una ecuación de multipicación.

12. **Evaluar el razonamiento** Cindy hizo este dibujo para mostrar 3 grupos de 3.

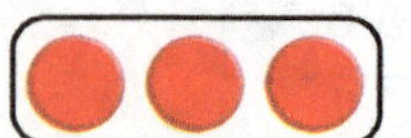 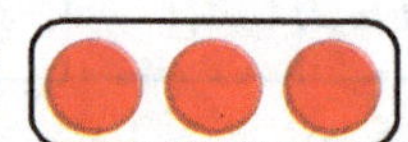 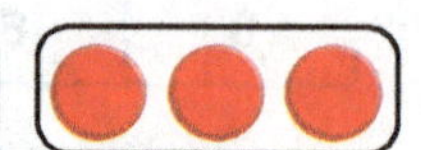

¿Es correcto el dibujo de Cindy? Explica por qué.

13. **Razonamiento de orden superior** Marion tiene 4 tarjetas, Jano tiene 4 y Sam tiene 3 tarjetas. ¿Puedes escribir una ecuación de multiplicación para hallar cuántas tarjetas tienen en total? Explica por qué.

Evaluación

14. Martín tiene 3 pilas de monedas. En cada pila hay 5 monedas de 10¢. ¿Cómo puedes representar esto? Escoge todas las que apliquen.

- ☐ $5 + 5 + 5$
- ☐ $3 + 3 + 3$
- ☐ 5×4
- ☐ 3×5
- ☐ 3×3

15. La tienda Tenis con Estilo tiene una rebaja en zapatos tenis. Antonio compra 4 pares de tenis. ¿Cómo puedes representar esto? Escoge todas las que apliquen.

- ☐ $4 + 4$
- ☐ $2 + 2 + 2 + 2$
- ☐ 4×4
- ☐ 2×2
- ☐ 4×2

Copyright © Savvas Learning Company LLC. All Rights Reserved.

Nombre

Lección 1-2

La multiplicación en la recta numérica

Puedo...
usar una recta numérica para representar y resolver operaciones de multiplicación.

También puedo representar modelos matemáticos para resolver problemas.

Resuélvelo y coméntalo Lucy, la rana saltarina, salta 4 veces en la misma dirección. Salta 5 pulgadas en cada salto. ¿Cómo muestras en una recta numérica la distancia que salta Lucy?

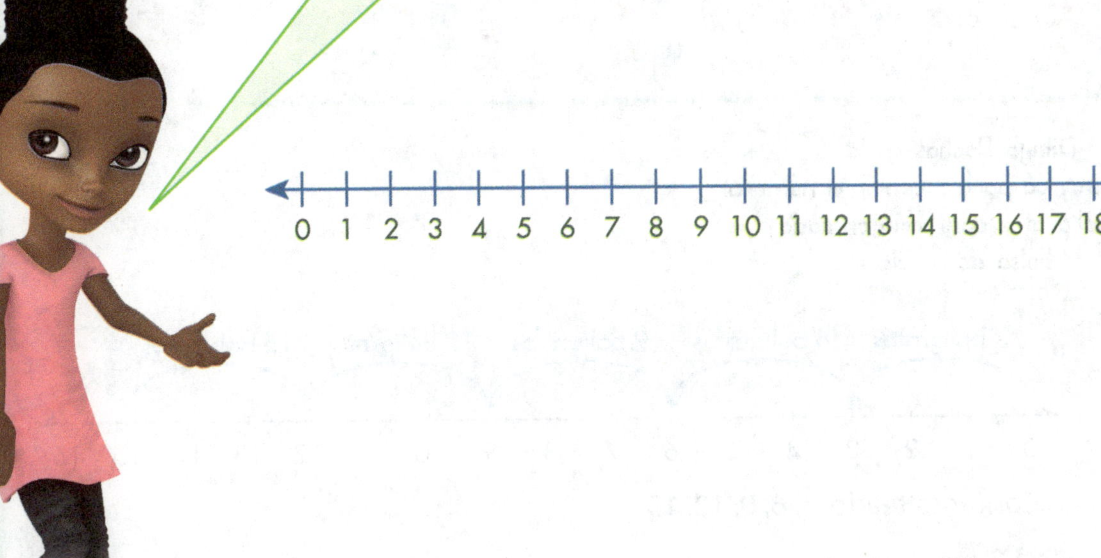

¡Vuelve atrás! Generalizar ¿En qué se parecen los saltos de Lucy en la recta numérica a la suma repetida? ¿En qué se parecen a contar salteado?

¿Cómo puedes usar una recta numérica para mostrar la multiplicación?

A

Clara está haciendo bolsas con regalos para sus 5 amigas. Quiere poner 3 bolígrafos con brillo en cada bolsa. ¿Cuántos bolígrafos con brillo necesita?

Puedes usar una recta numérica y contar salteado para mostrar la multiplicación.

B

Dibuja flechas en la recta numérica para mostrar el número de bolígrafos con brillo en cada bolsa de regalo.

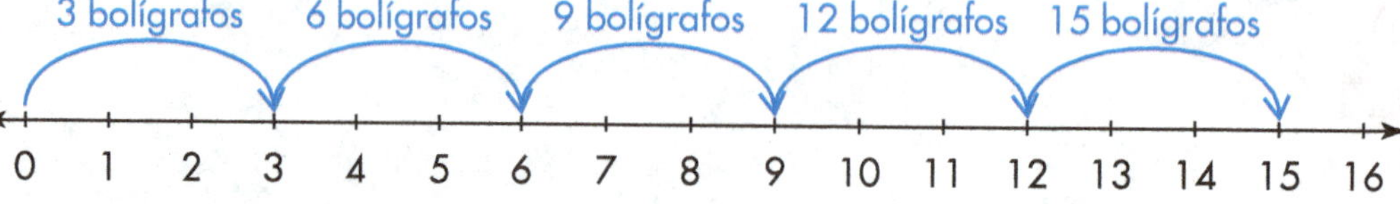

Contar salteado: 3, 6, 9, 12, 15

Multiplicación: $5 \times 3 = 15$

Clara necesita 15 bolígrafos con brillo.

¡Convénceme! **Razonar** ¿Cómo se vería en una recta numérica contar salteado de 6 en 6?

Copyright © Savvas Learning Company LLC. All Rights Reserved.

Nombre ______

Práctica guiada*

¿Lo entiendes?

1. En la página 14, ¿por qué cuentas de 3 en 3 en la recta numérica?

2. En la página 14, ¿por qué haces cinco saltos en la recta numérica?

3. **Razonar** ¿De qué manera cambiarían los saltos en la recta numérica si hubiera 4 bolígrafos en cada bolsa de regalo?

¿Cómo hacerlo?

Completa las flechas en la recta numérica y los espacios en blanco para mostrar los saltos en el Ejercicio **4.**

4. Jim corrió 3 millas por día durante 4 días seguidos. ¿Cuántas millas corrió?

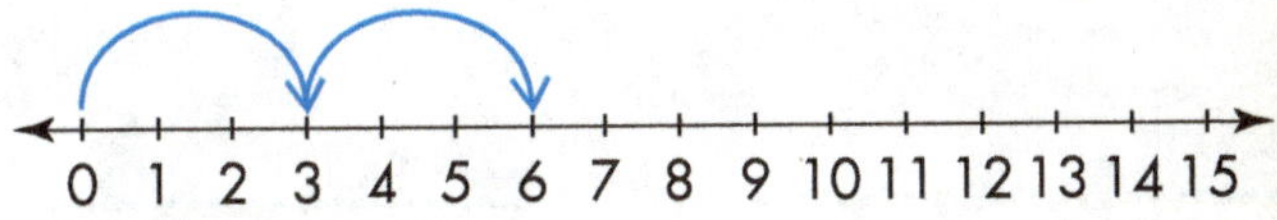

Número de saltos: ____

Conté de ____ en ____.

Jim corrió ____ millas.

____ × ____ = ____

Práctica independiente

Muestra en la recta numérica cómo hallaste la solución en el Ejercicio **5.**

5. Judy tiene 6 canastas. Quiere poner 2 manzanas en cada canasta. ¿Cuántas manzanas necesita? Dibuja los saltos que faltan en la recta numérica para mostrar cuántas manzanas necesita Judy.

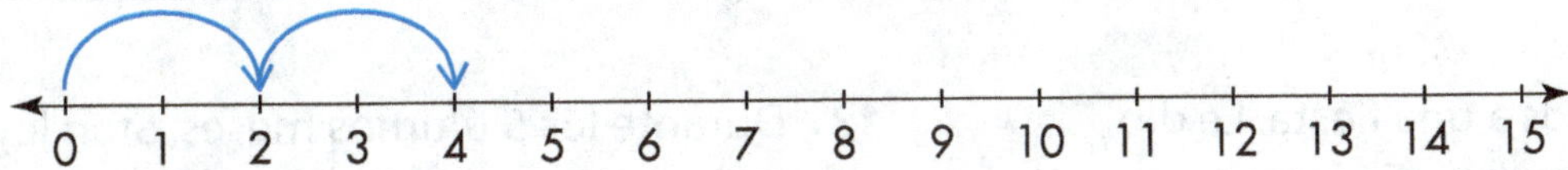

Judy necesita ____ manzanas.

Muestra la operación de multiplicación con flechas en la recta numérica en los Ejercicios **6** y **7.** Escribe el producto.

6. 7 × 2 = ____

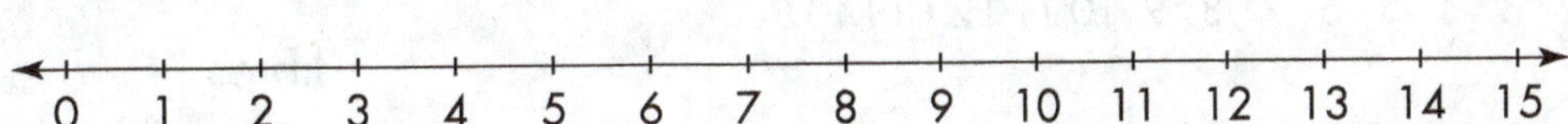

7. 3 × 3 = ____

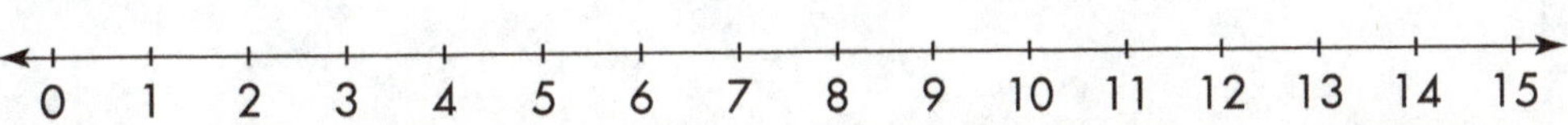

*Puedes encontrar otro ejemplo en el Grupo B, página 51.

Resolución de problemas

8. Nikki quiere usar 3 cuentas de vidrio en un collar que está haciendo. Quiere hacer 6 collares. ¿Cuántas cuentas de vidrio necesita Nikki? Escribe una ecuación de suma y una ecuación de multiplicación.

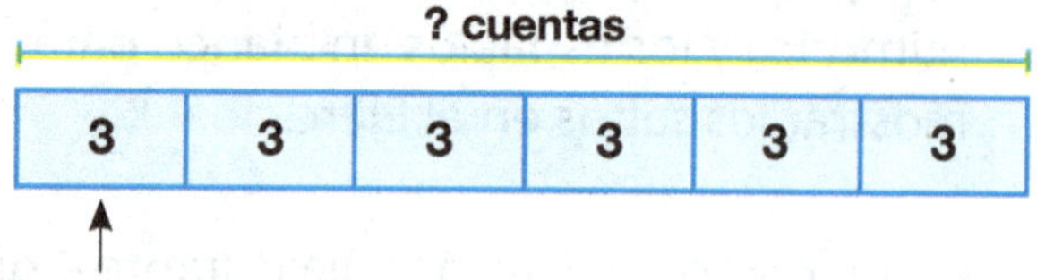

9. **Matemáticas y Ciencias** Los conejillos de Indias en su hábitat natural generalmente viven en grupos de 5 a 10. Los miembros del grupo pueden avisarse de peligros. Si hay 2 grupos de 7 conejillos de Indias, ¿cuántos conejillos de Indias hay en total? Usa la recta numérica para resolver el problema.

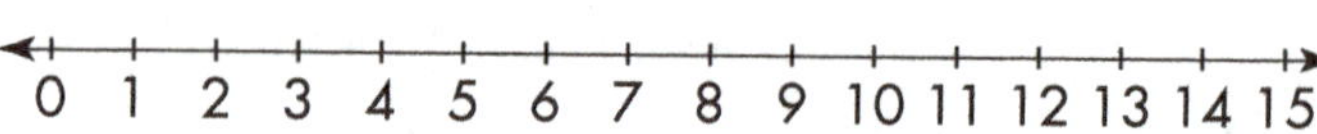

10. **Entender y perseverar** Tim dibujó esta recta numérica para mostrar la operación de multiplicación $4 \times 2 = 8$.

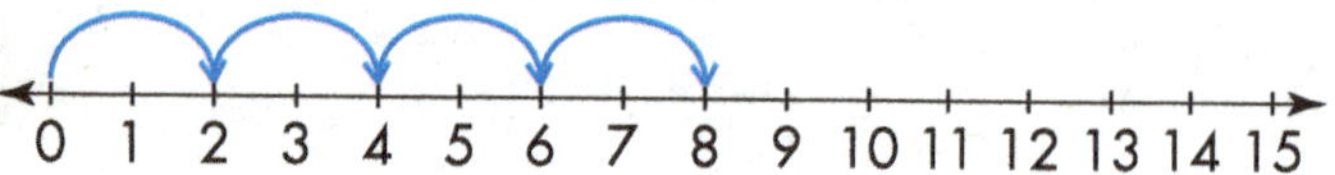

¿Qué partes de la recta numérica representan los factores? ¿Qué partes muestran el producto?

11. **Razonamiento de orden superior** Dibuja una recta numérica para hacer la comparación entre contar salteado cuatro veces de 3 en 3 y contar salteado tres veces de 4 en 4. ¿En qué se diferencian? ¿En qué se parecen?

Evaluación

12. Suki invitó a 5 amigos a una fiesta. Le dio dos sorpresas a cada uno. ¿Cuántas sorpresas dio Suki en total? Muestra cómo hallaste la respuesta usando la recta numérica.

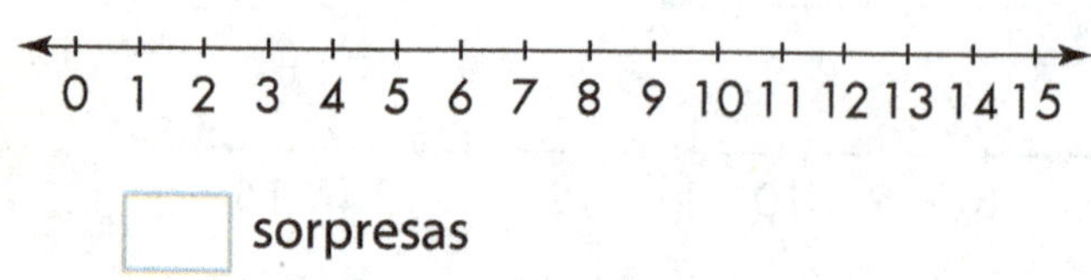

13. Durante los 5 últimos meses, Stan leyó 3 libros por mes. ¿Cuántos libros leyó en total? Muestra cómo hallaste la respuesta usando la recta numérica.

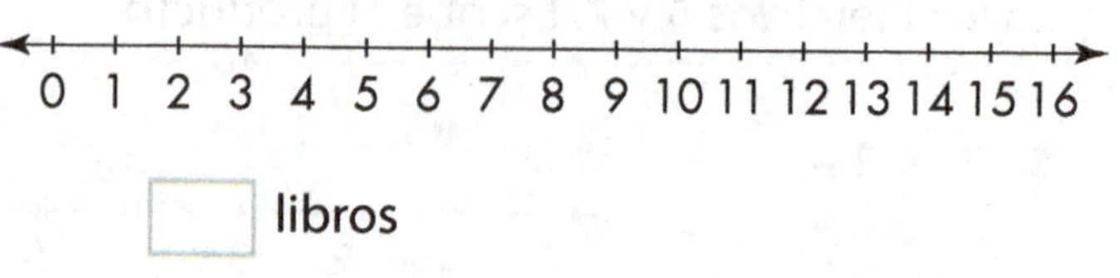

Copyright © Savvas Learning Company LLC. All Rights Reserved.

Nombre ____________________

Tarea y práctica 1-2
La multiplicación en la recta numérica

¡Revisemos!

Un paquete contiene 4 barras de frutas. Abby compra 5 paquetes. ¿Cuántas barras de fruta compra?

Usa una recta numérica. Cuenta de 4 en 4 cinco veces.

4 8 12 16 20

0 1 2 3 4 5 6 7 8 9 10 11 12 13 14 15 16 17 18 19 20 21 22 23 24 25

Número de saltos: 5 Número en cada salto: 4

$5 \times 4 = 20$ Abby compra 20 barras de fruta.

Usa la recta numérica en los Ejercicios **1** a **3**.

1. Jack puso 2 fotos en cada una de las 7 páginas de su álbum. ¿Cuántas fotos puso? Completa la recta numérica con las flechas de saltos que faltan.

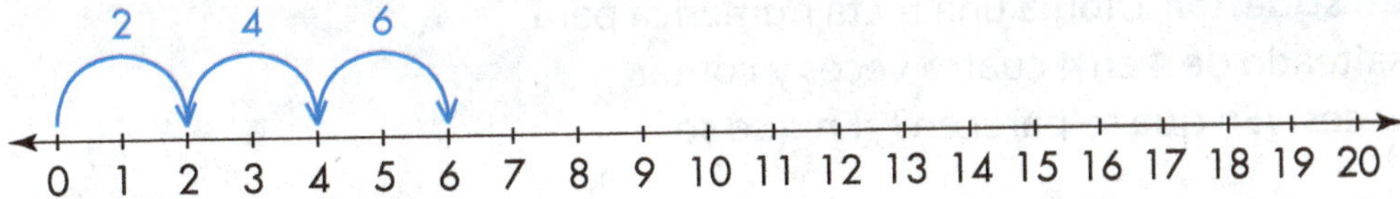

Número de saltos: ____ Número en cada salto: ____

____ × ____ = ____

Jack puso ____ fotos.

2. ¿Por qué cuentas de 2 en 2 en la recta numérica?

3. ¿Por qué haces 7 saltos en la recta numérica?

4. Tony compró 7 paquetes de pastelitos. En cada paquete hay 3 pastelitos. ¿Cuántos pastelitos compró Tony en total? Usa la recta numérica para ayudarte a hallar la respuesta.

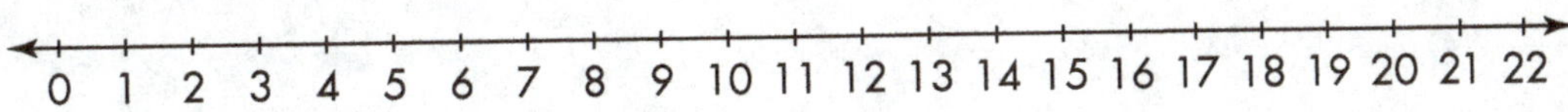

5. La clase de la Sra. Calvino tiene 6 filas de escritorios. Cada fila tiene 4 escritorios. Explica cómo contar salteado para hallar cuántos escritorios hay.

6. Alyssa ahorró $77 cortando céspedes. Gasta $34 en artículos escolares. ¿Cuánto le queda de sus ahorros?

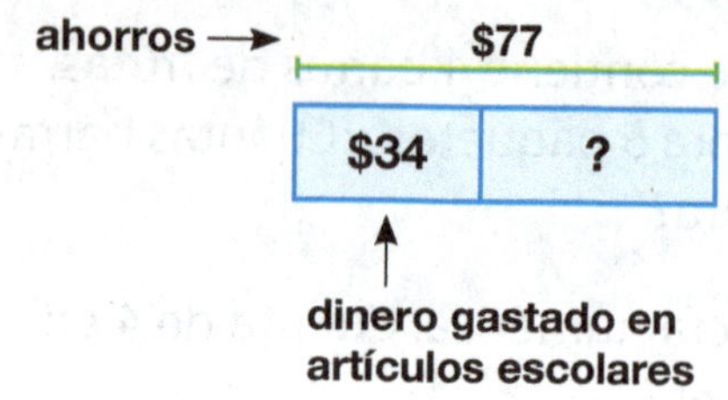

7. **Evaluar el razonamiento** Tina dibujó esta recta numérica para mostrar $5 \times 3 = 15$.

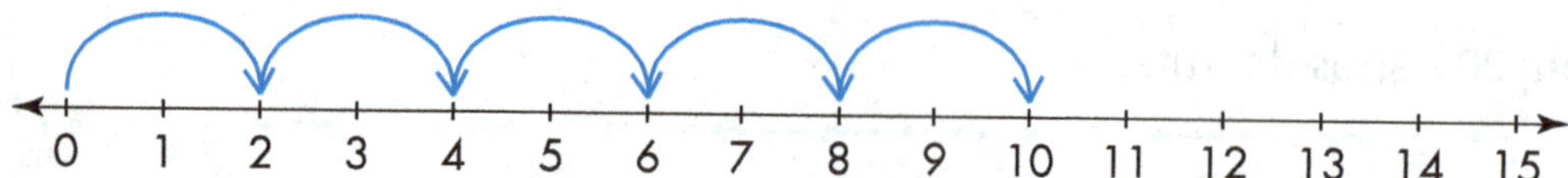

¿Está correcta su recta numérica? ¿Por qué?

8. **Razonamiento de orden superior** Dibuja una recta numérica para comparar entre contar salteado de 4 en 4 cuatro veces y contar salteado de 8 en 8 dos veces. ¿En qué se parecen? ¿En qué se diferencian? Explícalo.

Evaluación

9. Diana usó 2 pies de cinta para envolver regalos. Envolvió 7 regalos. ¿Cuántos pies de cinta usó? Muestra cómo hallaste la respuesta usando la recta numérica.

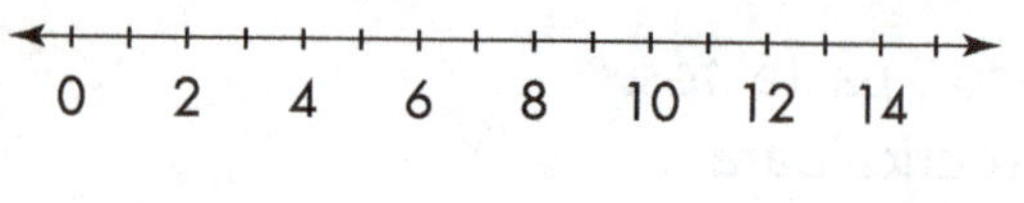

☐ pies

10. Jerry tiene un librero con 4 estantes. Colocó 4 libros en cada estante. ¿Cuántos libros hay en el librero? Muestra cómo hallaste la respuesta usando la recta numérica.

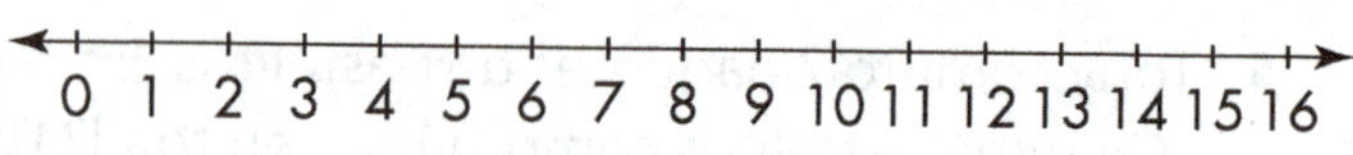

☐ libros

Copyright © Savvas Learning Company LLC. All Rights Reserved.

Nombre ______________________________

Lección 1-3

Matrices y multiplicación

Puedo...
usar matrices para mostrar y resolver problemas de multiplicación.

También puedo escoger y usar una herramienta matemática para resolver problemas.

Resuélvelo y coméntalo Mark puso tarjetas de deportes en un álbum. Puso 4 filas de tarjetas en cada página y en cada fila puso 3 tarjetas. ¿Cuántas tarjetas hay en cada página? ***Resuelve este problema de la manera que prefieras.***

Puedes usar herramientas. Algunas veces puedes usar objetos para ayudarte a resolver un problema. *¡Muestra tu trabajo en el espacio que sigue!*

¡Vuelve atrás! **Entender y perseverar** ¿Será tu respuesta la misma si Mark pone 3 filas de 4 tarjetas en cada página? Explícalo.

¿De qué manera una matriz representa una multiplicación?

A

Dana exhibe su colección de medallas de natación en una pared.

Las medallas están en 4 filas. En cada fila hay 5 medallas. ¿Cuántas medallas hay en la colección de Dana?

Las medallas están en una matriz. Una matriz muestra objetos en filas y columnas iguales.

B Las fichas muestran 4 filas y 5 columnas.

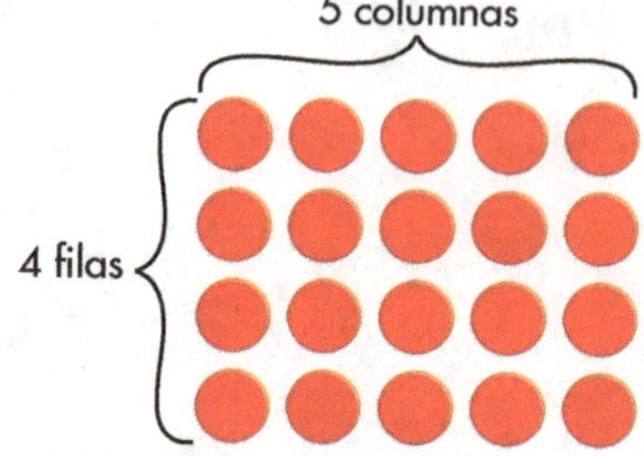

Cada fila es un grupo. Puedes sumar o contar salteado para hallar el total.

Sumar: $5 + 5 + 5 + 5 = 20$
Contar salteado: 5, 10, 15, 20

C También se puede usar la multiplicación para hallar el total en una matriz.

Dices: "4 veces 5 es igual a 20".

$$4 \times 5 = 20$$

número de filas (4) — número en cada fila (5)

Hay 20 medallas en la colección de Dana.

¡Convénceme! **Construir argumentos** Jason también tiene una colección de medallas de natación. Jason las exhibe en 5 filas de 5 medallas cada una. ¿Quién tiene más medallas, Jason o Dana? Dibuja una matriz y escribe una ecuación de suma y una ecuación de multiplicación para mostrar tu trabajo.

Copyright © Savvas Learning Company LLC. All Rights Reserved.

Nombre ______________________________

Práctica guiada*

¿Lo entiendes?

1. Mira la página 20. ¿Qué información te da el primer factor de la matriz?

2. María pone en una bandeja 4 filas de 7 pastelitos en cada fila. Dibuja una matriz para hallar el total de pastelitos.

¿Cómo hacerlo?

Escribe una ecuación de multiplicación para las matrices en los Ejercicios **3** y **4.**

3. 

4. 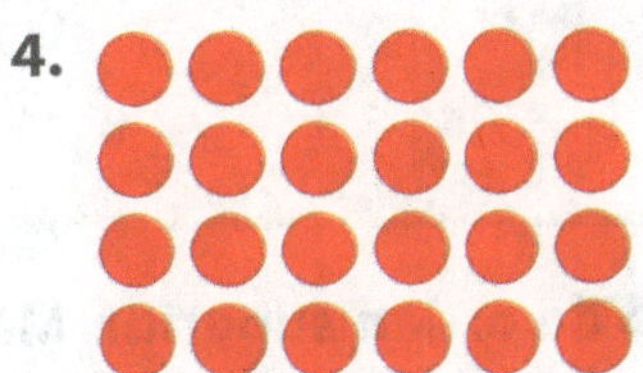

Práctica independiente

Completa los espacios en blanco para mostrar la suma, contar salteado y la multiplicación en los Ejercicios **5** a **7.**

5. 

6 + __ + __ = 18

6, __, __

3 × __ = 18

6. 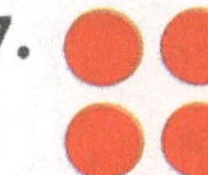

4 + __ + __ + __ = 16

4, __, __, __

4 × __ = 16

7. 

__ + __ + __ + __ + __ = 25

__, __, __, __, __

__ × __ = 25

Dibuja una matriz para mostrar las ecuaciones en los Ejercicios **8** y **9.** Escribe el producto.

8. 5 × 6 = ____

9. 2 × 9 = ____

*Puedes encontrar otro ejemplo en el Grupo C, página 51.

Resolución de problemas

10. Buscar relaciones Liza dibujó estas dos matrices. ¿En qué se parecen las matrices? ¿En qué se diferencian?

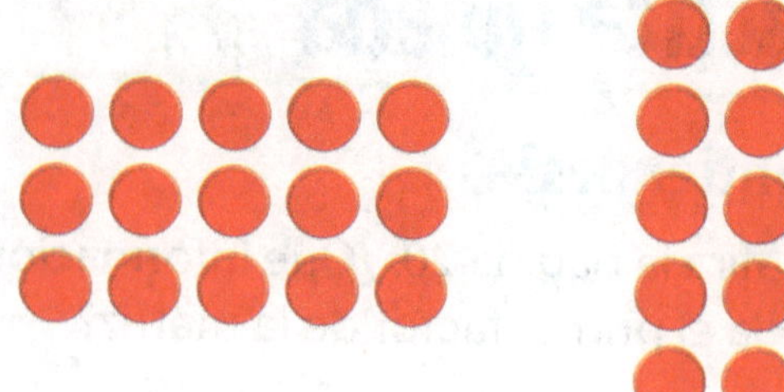

11. Constuir argumentos ¿Cuántos robles más que abedules y pinos hay en el parque? Explica cómo lo sabes.

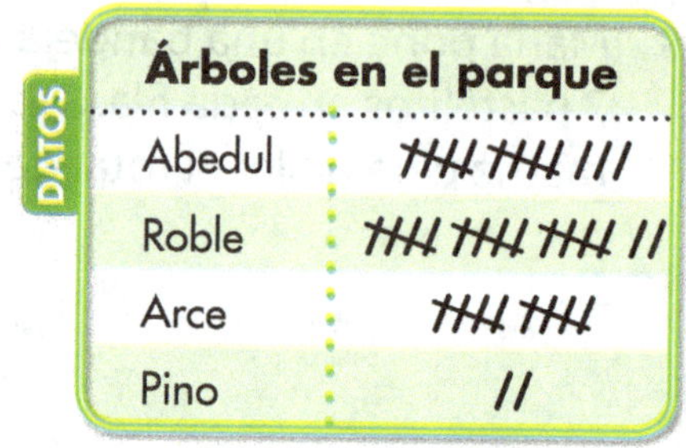

DATOS

Árboles en el parque	
Abedul	卌 卌 |||
Roble	卌 卌 卌 ||
Arce	卌 卌
Pino	||

12. Razonamiento de orden superior Margo tiene 23 dibujos. ¿Puede usar todos los dibujos para hacer una matriz que tenga exactamente 2 filas iguales? ¿Por qué?

13. Delbert coloca 5 monedas de 5¢ en cada una de sus 3 alcancías vacías. ¿Cuántas monedas de 5¢ coloca Delbert en las alcancías? Escribe una ecuación de multiplicación para mostrar cómo resolviste el problema.

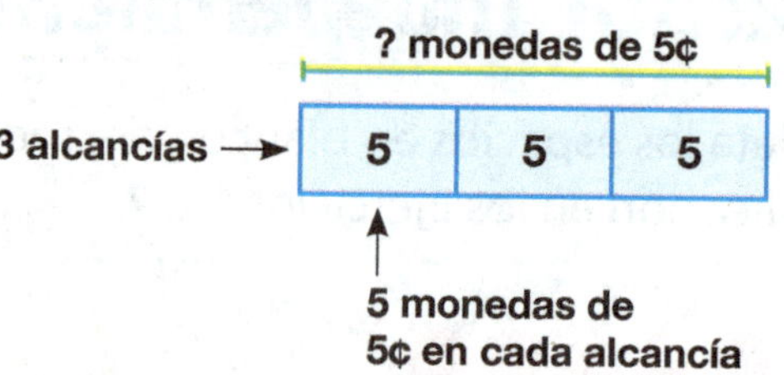

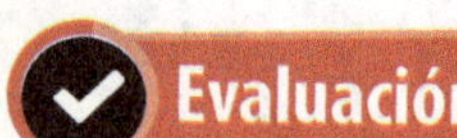

14. El Sr. López plantó 8 filas de manzanos en su granja. Los manzanos están en 5 columnas. ¿Cuántos árboles hay en total?

Ⓐ 5 árboles
Ⓑ 8 árboles
Ⓒ 13 árboles
Ⓓ 40 árboles

15. Daniel compró las calcomanías que se muestran a continuación. ¿Cuál de las siguientes opciones muestra cuántas calcomanías compró Daniel?

Ⓐ $5 + 5$
Ⓑ 5×4
Ⓒ $5 + 4$
Ⓓ $5 - 4$

Hay 5 filas. Hay 4 calcomanías en cada fila.

Copyright © Savvas Learning Company LLC. All Rights Reserved.

Nombre ______________________

Tarea y práctica 1-3

Matrices y multiplicación

¡Revisemos!

Scott ordenó algunas manzanas en una matriz. Hizo 4 filas de 3 manzanas en cada fila. ¿Cuántas manzanas tiene Scott?

La matriz muestra 4 filas de 3 manzanas.

3 + 3 + 3 + 3 = 12

3, 6, 9, 12

Di: "4 veces 3 es igual a 12".

Escribe: 4 × 3 = 12.

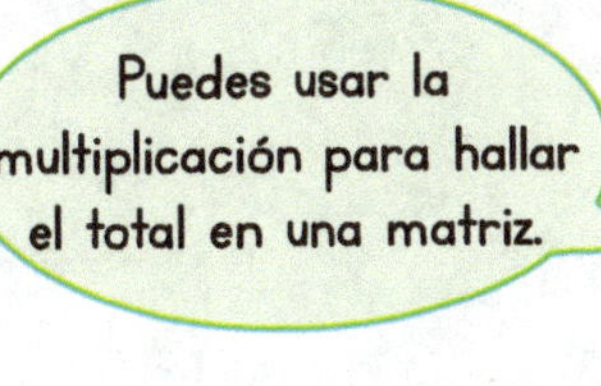

Completa los espacios en blanco para mostrar la suma, contar salteado y la multiplicación en los Ejercicios **1** a **3**.

1. 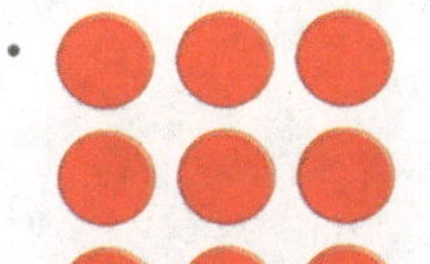

3 + ____ + ____ = 9

3, ___, ___

3 × ____ = 9

2. 

4 + ____ = ____

___, ___

2 × ____ = ____

3. 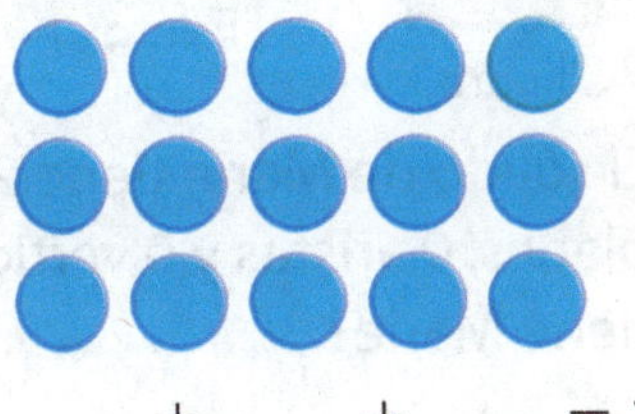

____ + ____ + ____ = 15

___, ___, 15

____ × ____ = 15

Dibuja una matriz en los Ejercicios **4** a **7.** Escribe una ecuación de suma y una ecuación de multiplicación por cada matriz.

4. 3 × 4

5. 2 × 3

6. 2 × 5

7. 3 × 6

8. **Vocabulario** Paula dice que puede dibujar una matriz con un total de 17 fichas colocadas en 3 filas. ¿Tiene razón? Si es así, dibuja la matriz. Si no, explica por qué.

9. **Entender y perseverar** Shelly quiere plantar 6 filas de flores con 7 flores en cada fila. ¿Qué ecuación de suma y qué ecuación de multiplicación puede escribir Shelly para hallar cuántas flores necesita plantar? ¿Qué ecuación es más fácil usar? ¿Por qué?

10. **Razonar** Marie tiene uno de los siguientes sólidos.

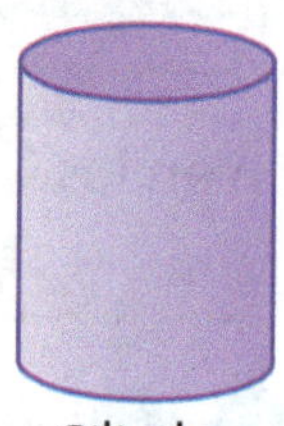
Cilindro

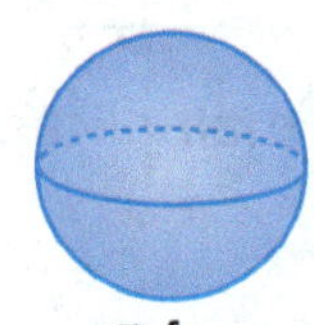
Esfera

Cono

El sólido de Marie tiene 2 superficies planas, 0 aristas y 0 vértices. ¿Qué sólido tiene Marie?

11. **Razonamiento de orden superior** Vince tiene 16 cuentas. ¿Cuántas matrices diferentes puede dibujar para representar las cuentas que tiene en total? Haz una lista de los tamaños de las matrices.

Evaluación

12. Jana hizo la siguiente matriz para mostrar cómo quiere ordenar unos dibujos. ¿Qué ecuación de multiplicación describe la matriz de Jana?

Ⓐ $3 \times 12 = 36$

Ⓑ $2 \times 18 = 36$

Ⓒ $6 \times 6 = 36$

Ⓓ $4 \times 9 = 36$

13. Carole hizo una matriz de imanes en el refrigerador. Hizo 7 filas con 8 imanes en cada fila. ¿Cuál de las siguientes opciones muestra cómo se halla el total de los imanes en la matriz de Carole?

Ⓐ 7, 14, 21, 28, 35, 42, 49

Ⓑ 7×8

Ⓒ $7 + 7 + 7 + 7 + 7 + 7 + 7$

Ⓓ $8 + 7$

Copyright © Savvas Learning Company LLC. All Rights Reserved.

Nombre ____________________

Lección 1-4
La propiedad conmutativa

Puedo...
multiplicar factores en cualquier orden para resolver problemas de multiplicación.

También puedo buscar patrones para resolver problemas.

Resuélvelo y coméntalo Cathy hizo dos matrices con conchas de mar. Una matriz tiene 2 filas con 6 conchas de mar en cada fila. La otra matriz tiene 6 filas con 2 conchas de mar en cada fila. ¿Tienen las dos matrices el mismo número de conchas? Dibuja las matrices y luego escribe una ecuación de multiplicación para cada una.

Puedes usar la estructura. ¿Observas algo que es igual en las dos matrices?

¡Vuelve atrás! Buscar relaciones Explica qué le pasó al producto cuando cambiaste el orden de los factores.

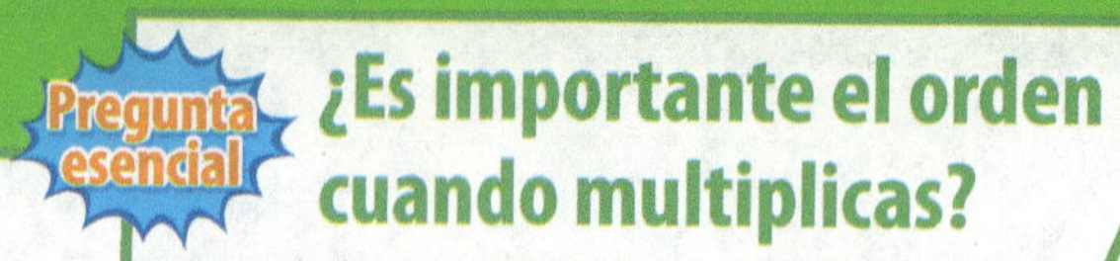

¿Es importante el orden cuando multiplicas?

A

Libby y Sydney dicen que su cartel es el que más calcomanías tiene. ¿Cuál de los carteles tiene más calcomanías?

Recuerda que una matriz muestra objetos en filas y columnas iguales.

B

El cartel de Libby

En el cartel de Libby hay 4 filas con 3 calcomanías en cada fila. Hay dos maneras de escribir esto:

$3 + 3 + 3 + 3 = 12$

y

$4 \times 3 = 12$

C

El cartel de Sydney

En el cartel de Sydney hay 3 filas con 4 calcomanías en cada fila. Hay dos maneras de escribir esto:

$4 + 4 + 4 = 12$

y

$3 \times 4 = 12$

D

Ambos carteles tienen la misma cantidad de calcomanías.

La **propiedad conmutativa (o de orden) de la multiplicación** dice que puedes multiplicar números en cualquier orden y el producto será el mismo. Por tanto, $4 \times 3 = 3 \times 4$.

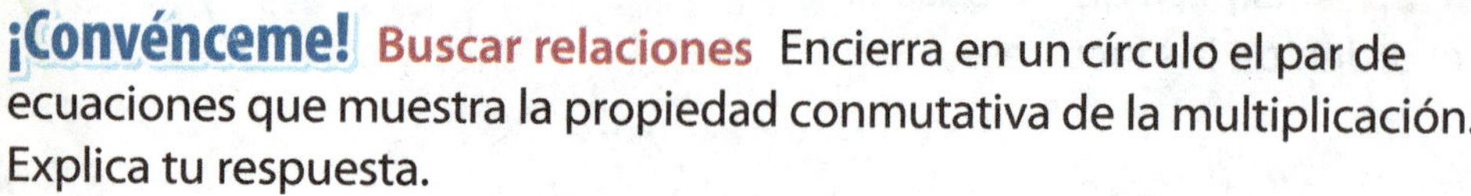

¡Convénceme! **Buscar relaciones** Encierra en un círculo el par de ecuaciones que muestra la propiedad conmutativa de la multiplicación. Explica tu respuesta.

$2 \times 4 = 8$	$2 \times 4 = 8$	$2 + 2 + 2 + 2 = 8$
$2 \times 8 = 16$	$4 \times 2 = 8$	$4 \times 2 = 8$

Copyright © Savvas Learning Company LLC. All Rights Reserved.

Nombre ____________________

Práctica guiada*

¿Lo entiendes?

1. Completa el siguiente enunciado.

   $6 \times 4 = 24$; por tanto, $4 \times 6 =$ ____.

2. **Usar la estructura** ¿Qué operación de multiplicación se puede combinar con $2 \times 8 = 16$ para formar un par de operaciones que muestren la propiedad conmutativa de la multiplicación?

3. ¿Por qué a la propiedad conmutativa de la multiplicación a veces se le llama propiedad *de orden*?

¿Cómo hacerlo?

Dibuja una matriz y da el producto de las operaciones en el Ejercicio **4.**

4. $5 \times 2 =$ ____ $2 \times 5 =$ ____

Completa la ecuación en los Ejercicios **5** y **6.**

5. $5 \times 2 =$ ____ $\times 5$

6. $6 \times 1 = 1 \times$ ____

Práctica independiente

Escribe una ecuación de multiplicación para las matrices de cada par en los Ejercicios **7** y **8.**

7. 

8.  

Dibuja una matriz para mostrar las ecuaciones en el Ejercicio **9.** Escribe los productos.

9. $5 \times 6 =$ ____ $6 \times 5 =$ ____

Completa con el número que falta en los Ejercicios **10** a **12.**

10. $5 \times 3 =$ ____ $\times 5$

11. $8 \times$ ____ $= 4 \times 8$

12. ____ $\times 6 = 6 \times 7$

*Puedes encontrar otro ejemplo en el Grupo D, página 52.

Resolución de problemas

13. Effie se ganó $26 cuidando niños y $45 cortando céspedes. Gastó $12 en el almuerzo. ¿Cuánto dinero tiene Effie ahora?

14. **Usar la estructura** Chen ordenó 32 fresas en la siguiente matriz.

¿Qué otra matriz puede usar para mostrar el mismo número de fresas?

15. **Razonamiento de orden superior** Ramón dice que puede usar la propiedad conmutativa de la multiplicación para mostrar que el producto de 4 × 6 es igual al producto de 3 × 8. ¿Tiene razón? ¿Por qué?

16. **Vocabulario** Completa los espacios en blanco. Puedes mostrar la propiedad conmutativa de la multiplicación usando 2 matrices. El número de ____________ de la primera matriz es igual al número de ____________ de la segunda matriz. El número de ____________ de la primera matriz es igual al número de ____________ de la segunda matriz.

Evaluación

17. ¿Cómo muestran las matrices de la derecha la propiedad conmutativa de la multiplicación?

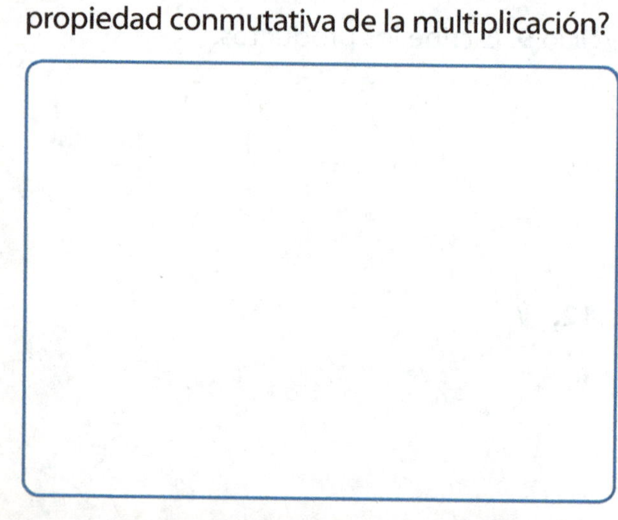

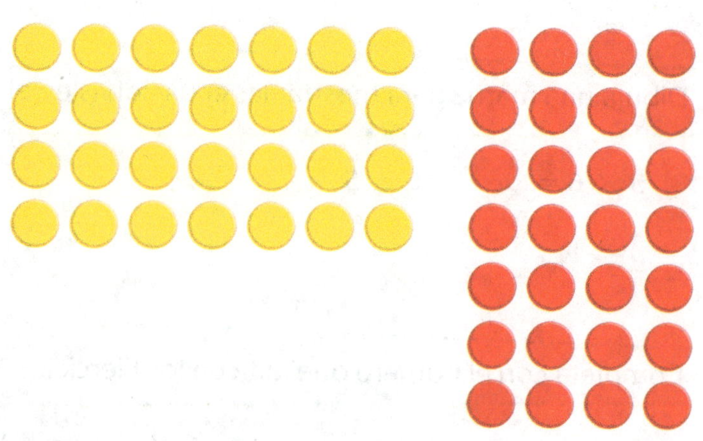

Copyright © Savvas Learning Company LLC. All Rights Reserved.

Nombre ________________

Tarea y práctica 1-4

La propiedad conmutativa

¡Revisemos!

Esta matriz muestra 2 filas de 3 monedas de 1¢.

$2 \times 3 = 6$

Esta matriz muestra 3 filas de 2 monedas de 1¢.

$3 \times 2 = 6$

Una matriz muestra objetos en filas iguales.

Puedes usar la **propiedad conmutativa de la multiplicación** para multiplicar los números en cualquier orden.

$2 \times 3 = 6$; por tanto, $3 \times 2 = 6$

Dibuja una matriz para mostrar las ecuaciones en los Ejercicios **1** y **2.** Escribe los productos.

1. $2 \times 8 =$ ____ $8 \times 2 =$ ____

2. $4 \times 4 =$ ____

Completa las ecuaciones de multiplicación en los Ejercicios **3** a **10.** Puedes usar fichas o hacer dibujos como ayuda.

3. $3 \times 4 = 12$; por tanto, ____ $\times 3 = 12$.

4. $5 \times 6 = 30$; por tanto, ____ $\times 5 = 30$.

5. $5 \times 2 = 10$; por tanto, $2 \times$ ____ $= 10$.

6. $4 \times 8 = 32$; por tanto, ____ $\times 4 = 32$.

7. $7 \times 9 = 63$; por tanto, ____ $\times$ ____ $= 63$.

8. $7 \times 8 = 56$; por tanto, ____ $\times$ ____ $= 56$.

9. $3 \times 8 = 24$; por tanto, ____ $\times$ ____ $= 24$.

10. $5 \times 3 = 15$; por tanto, ____ $\times$ ____ $= 15$.

11. Usar la estructura Usa la propiedad conmutativa de la multiplicación para dibujar la segunda matriz y completa las ecuaciones de multiplicación.

7 × 3 = ____ 3 × ____ = ____

12. Construir argumentos Scott pone unas calcomanías de deportes en filas. Hace 6 filas con 5 calcomanías en cada fila. Si pone la misma cantidad de calcomanías en 5 filas iguales, ¿cuántas calcomanías habrá en cada fila? ¿Cómo lo sabes?

Una buena explicación matemática puede incluir palabras, números y símbolos.

13. Karen puso 24 calcomanías de estrellas en la matriz siguiente.

¿Qué otra matriz se puede hacer con la misma cantidad de calcomanías?

14. Razonamiento de orden superior Ed ordenó unas fichas en dos matrices diferentes. Una matriz tiene 3 filas con 6 fichas en cada fila. La otra matriz tiene 2 filas con 9 fichas en cada fila. Ed dice que puede usar la propiedad conmutativa para mostrar que las dos matrices tienen 18 fichas. ¿Tiene razón? Explícalo.

Evaluación

15. Taylor hizo estas matrices para mostrar la propiedad conmutativa de la multiplicación. ¿Es eso lo que muestran las matrices? ¿Por qué?

Copyright © Savvas Learning Company LLC. All Rights Reserved.

Nombre

Lección 1-5
La división como repartición

Resuélvelo y coméntalo Cuatro amigos reunieron 20 manzanas. Quieren repartirlas por igual. ¿Cuántas manzanas recibirá cada uno? ***Resuelve este problema de la manera que prefieras.***

Puedo...
usar objetos o dibujos para mostrar cómo se pueden repartir los objetos en grupos iguales.

También puedo representar modelos matemáticos para resolver problemas.

Representa modelos matemáticos. Hacer un dibujo que represente el problema puede ayudarte a resolverlo. *¡Muestra tu trabajo!*

¡Vuelve atrás! **Usar herramientas apropiadas** ¿Puedes usar fichas como ayuda para resolver el problema? Explícalo.

Aprende Glosario

Pregunta esencial

¿Cuántos hay en cada grupo?

A

Tres amigos tienen 12 juguetes para repartir por igual. ¿Cuántos juguetes recibirá cada uno?

Piensa en ordenar los 12 juguetes en 3 grupos iguales.

B

Lo que piensas

Coloca los juguetes uno por uno en cada grupo.

12 juguetes

4 juguetes para cada amigo

Cuando todos los juguetes estén agrupados, habrá 4 en cada grupo.

C

Lo que escribes

Puedes escribir una división para hallar cuántos hay en cada grupo.

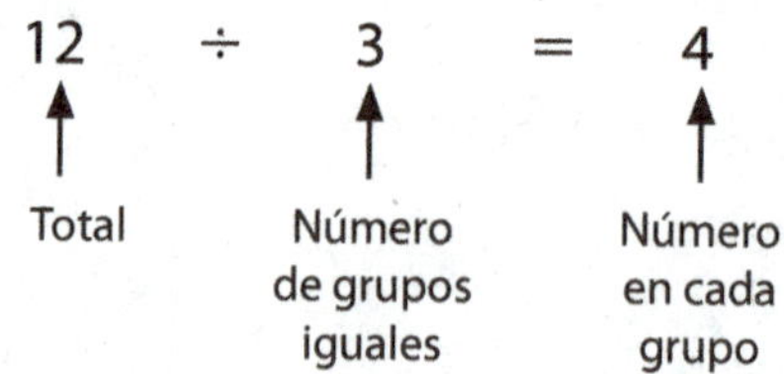

$12 \div 3 = 4$

Cada amigo recibirá 4 juguetes.

¡Convénceme! **Hacerlo con precisión** ¿Qué pasaría si 3 amigos quisieran repartir 13 juguetes por igual?

Copyright © Savvas Learning Company LLC. All Rights Reserved.

Nombre ______________________

Práctica guiada*

¿Lo entiendes?

1. Se dividen 18 huevos en 3 filas. ¿Cuántos huevos hay en cada fila? Usa el diagrama de barras para resolverlo.

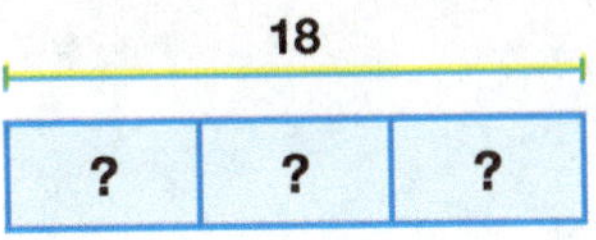

$18 \div 3 =$ ____ huevos

2. **Hacerlo con precisión** ¿Se pueden repartir 12 uvas por igual entre 5 niños sin que sobre ninguna? Explícalo.

¿Cómo hacerlo?

Haz dibujos para resolver los Ejercicios **3** y **4.**

3. Se dividen 15 plátanos en cantidades iguales entre 3 monos. ¿Cuántos plátanos recibe cada mono?

4. Se dividen 16 plantas en cantidades iguales en 4 macetas. ¿Cuántas plantas hay en cada maceta?

Práctica independiente

Haz dibujos para resolver los Ejercicios **5** y **6.**

5. Se dividen 18 canicas en cantidades iguales en 6 bolsas. ¿Cuántas canicas hay en cada bolsa?

6. Se dividen 16 crayones en cantidades iguales entre 2 personas. ¿Cuántos crayones recibe cada persona?

Completa las ecuaciones de los Ejercicios **7** a **10.**

7. $12 \div 2 =$ ☐

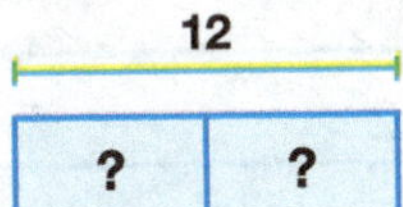

8. $16 \div 8 =$ ☐

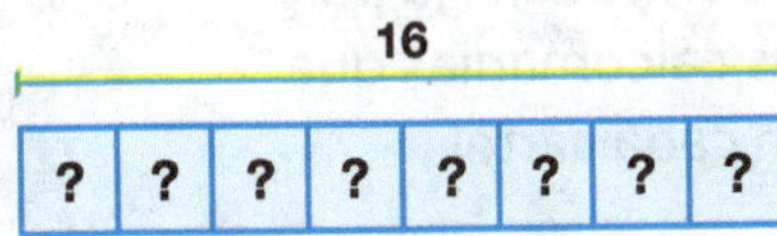

9. $9 \div 3 =$ ____

10. $14 \div 7 =$ ____

Puedes encontrar otro ejemplo en el Grupo E, página 52.

Resolución de problemas

11. **Evaluar el razonamiento** Jim separa 18 bolígrafos en grupos iguales. Dice que habrá más bolígrafos en cada uno de 2 grupos iguales que en cada uno de 3 grupos iguales. ¿Tiene razón? Explícalo.

12. **Entender y perseverar** La clase de la Sra. Terry prepara una competencia para recaudar fondos. Los estudiantes de su clase están divididos en 4 equipos. Cada equipo tiene la misma cantidad de estudiantes. ¿Tienes información suficiente para calcular cuántos estudiantes hay en cada equipo? Explícalo.

13. Erika dibuja un hexágono. María dibuja un pentágono. ¿Quién dibuja la figura con más lados? ¿Cuántos lados más tiene esa figura?

14. **Representar con modelos matemáticos** Los abanderados de un desfile marchan en 9 filas con 5 personas en cada fila. Cada persona lleva 1 bandera. Escribe una oración numérica que diga cuántas banderas hay.

15. **Sentido numérico** Jenn reparte por igual 40 caramelos entre sus amigos. ¿Es el número de caramelos que recibe cada amigo mayor que 40 o menor que 40? Explícalo.

16. **Razonamiento de orden superior** Josefina tiene 12 conchas de mar. Le da 2 a su mamá. Luego, reparte por igual con su hermana las conchas de mar que le sobran. ¿Cuántas conchas de mar recibe Josefina? ¿Cuántas conchas de mar recibe su hermana? ¿Cómo lo sabes?

Evaluación

17. Max tiene las calcomanías que se muestran a la derecha. Quiere colocar la misma cantidad de calcomanías en 2 carteles. Dibuja círculos en cada caja para representar las calcomanías que Max colocó en cada cartel.

Cartel 1

Cartel 2

Copyright © Savvas Learning Company LLC. All Rights Reserved.

Nombre ____________________

Tarea y práctica 1-5

La división como repartición

¡Revisemos!

Ale tiene 15 camisetas. Las separa en grupos iguales en 5 cestos. ¿Cuántas camisetas puso Ale en cada cesto? Puedes usar un diagrama de barras para resolver el problema.

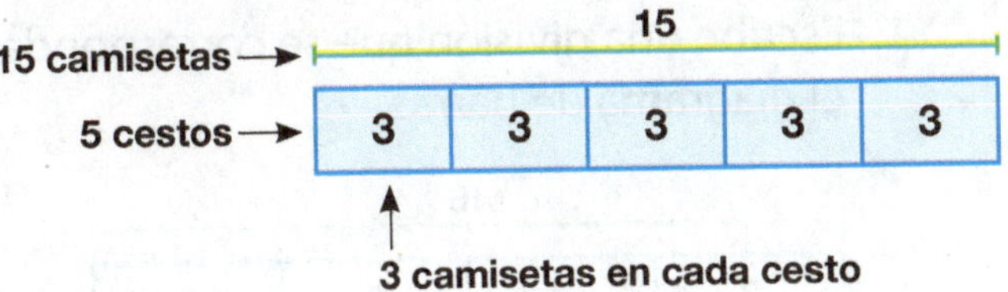

Hay 15 camisetas. Hay 5 grupos.
Hay 3 camisetas en cada grupo.
Por tanto, 15 ÷ 5 = 3.

Ale puso 3 camisetas en cada cesto.

La división puede mostrar cuántos objetos hay en grupos iguales.

Usa el diagrama de barras como ayuda para dividir en el Ejercicio **1**.

1. Hay 12 pelotas de tenis que deben ser colocadas en 4 latas en grupos iguales. ¿Cuántas pelotas de tenis habrá en cada lata?

12 pelotas de tenis → 12

4 latas → | ? | ? | ? | ? |

? pelotas de tenis en cada lata

Hay ____ pelotas de tenis.
Hay ____ grupos.
Hay ____ pelotas de tenis en cada grupo.
12 ÷ ____ = ____

Coloca el mismo número de objetos en cada grupo en los Ejercicios **2** a **7.** Usa fichas o haz un dibujo para resolverlos. Escribe la unidad en cada respuesta.

2. Separas 16 manzanas en 2 canastos en cantidades iguales. ¿Cuántas manzanas hay en cada canasto?

3. Ordenas 20 sillas en cantidades iguales alrededor de 4 mesas. ¿Cuántas sillas hay alrededor de cada mesa?

4. Hay 7 conejos que se reparten equitativamente 21 zanahorias. ¿Cuántas zanahorias recibe cada conejo?

5. 5 niños se reparten 25 monedas de 10¢. ¿Cuántas monedas de 10¢ tiene cada niño?

6. Divides 14 libros en cantidades iguales en 2 estantes. ¿Cuántos libros hay en cada estante?

7. 24 personas suben en 3 ascensores en grupos iguales. ¿Cuántas personas suben en cada ascensor?

8. **Construir argumentos** ¿Puedes dividir 14 camisas en grupos iguales? ¿Por qué?

9. En febrero de 2015, hubo 28 días en semanas completas. En una semana completa hay 7 días. ¿Cuántas semanas hubo en febrero de 2015?

10. **Hacerlo con precisión** Raúl y Pam tienen 20 monedas de 1¢ cada uno. Raúl separa sus monedas en 4 grupos iguales. Pam separa sus monedas en 5 grupos iguales. ¿Quién tiene más monedas en cada grupo? Explícalo.

11. Escribe una división que se corresponda con el diagrama de barras.

16			
?	?	?	?

12. **Álgebra** Hay 92 estudiantes de tercer grado y de cuarto grado en la Escuela Primaria Johnsonville. 47 de ellos están en cuarto grado. Escribe una ecuación para hallar cuántos estudiantes de tercer grado hay. Usa el signo de interrogación para representar la incógnita y resolver el problema.

13. **Razonamiento de orden superior** Kyra colecciona rocas. Cuando las coloca en 2 pilas iguales, no sobra ninguna roca. Cuando las coloca en 3 pilas iguales, tampoco sobra ninguna roca. Cuando las coloca en 4 pilas iguales, tampoco sobra ninguna roca. ¿Cuántas rocas tiene Kyra?

Evaluación

14. Sam, Clara y Dylan van a hacer un collar cada uno. Deciden dividir 26 cuentas en partes iguales. Haz dibujos en las cajas para mostrar cuántas cuentas recibirá cada persona. Dibuja la cantidad de cuentas restantes en la caja de Sobrantes.

Copyright © Savvas Learning Company LLC. All Rights Reserved.

Nombre ______________________________

Lección 1-6
La división como resta repetida

Resuélvelo y coméntalo Li hizo 12 tacos y desea convidar a algunos de sus amigos. Si cada amigo recibe 2 tacos y Li no se queda con ningún taco, ¿cuántos de sus amigos recibirán tacos? ***Resuelve este problema de la manera que prefieras.***

Puedo...
usar la resta repetida para entender y resolver problemas de división.

También puedo razonar sobre las matemáticas.

¡Vuelve atrás! **Usar herramientas apropiadas** ¿Cómo puedes usar fichas u otros objetos para mostrar tu trabajo?

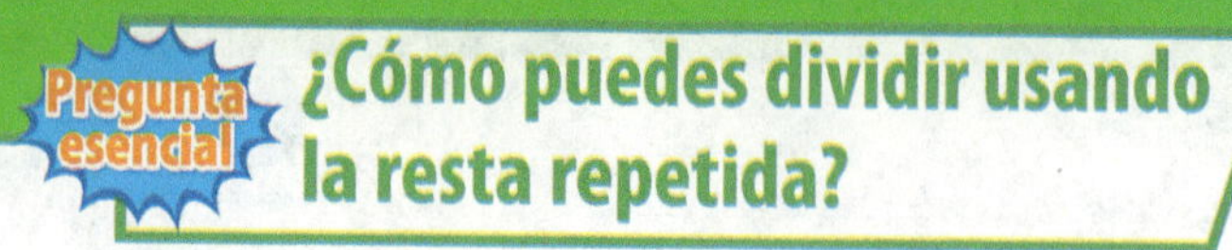

¿Cómo puedes dividir usando la resta repetida?

A

Julia tiene 10 fresas para servir a sus invitados. Si cada invitado se come 2 fresas, ¿a cuántos invitados puede servir Julia?

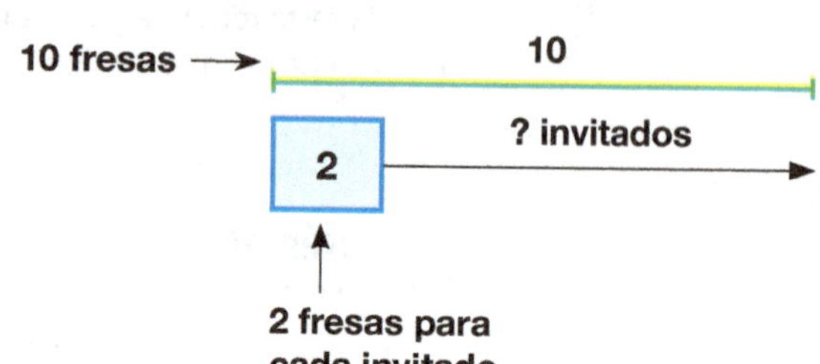

B

Puedes usar la resta repetida para hallar cuántos grupos de 2 hay en 10.

$10 - 2 = 8$

$8 - 2 = 6$

$6 - 2 = 4$

$4 - 2 = 2$

$2 - 2 = 0$

Puedes restar 2 cinco veces. Hay cinco grupos de 2 en 10.

No sobra ninguna fresa.

Julia puede servir fresas a 5 invitados.

C

Puedes escribir una ecuación de división para hallar el número de grupos.

Escribe: $10 \div 2 = ?$

Lee: ¿Diez dividido por 2 es igual a qué número?

Resuelve: $10 \div 2 = 5$

Julia puede servir fresas a 5 invitados.

¡Convénceme! **Representar con modelos matemáticos** ¿Qué pasaría si en el ejemplo de arriba cada invitado se comiera 5 fresas? Usa las matemáticas para representar el problema y para hallar a cuántos invitados podría servir Julia.

Copyright © Savvas Learning Company LLC. All Rights Reserved.

Nombre ______________________________

Práctica guiada*

¿Lo entiendes?

1. Muestra cómo puedes usar la resta repetida para hallar cuántos grupos de 4 hay en 20. Luego, escribe la división para resolver el problema.

¿Cómo hacerlo?

Usa fichas o dibujos para resolver los problemas en los Ejercicios **2** y **3.**

2. En el coro de niños usan 16 guantes. Hay 2 guantes en cada par. ¿Cuántos pares de guantes hay?

3. Ruth tiene 15 galletas para perros. Le da 3 galletas a cada uno. ¿Cuántos perros tiene Ruth?

Práctica independiente

Práctica al nivel Completa las ecuaciones en los Ejercicios **4** y **5.**

4. Ruth recogió 14 manzanas. Colocó 7 manzanas en cada bolsa. ¿Cuántas bolsas tenía Ruth?

   14 − 7 = __

   __ − 7 = __

   ____ ÷ 7 = __

   Ruth tenía __ bolsas.

5. Las carretas de la granja tienen 4 ruedas cada una. Hay 12 ruedas. ¿Cuántas carretas hay en la granja?

   12 − 4 = __

   __ − 4 = __

   __ − __ = __

   ____ ÷ __ = __

   Hay __ carretas.

Usa fichas o dibujos para resolver los problemas en los Ejercicios **6** y **7.**

6. Shirley compró 30 marcadores en paquetes de 5 marcadores cada uno. ¿Cuántos paquetes compró?

7. Marcus tenía18 lápices. Puso 2 lápices en cada escritorio. ¿Cuántos escritorios hay?

*Puedes encontrar otro ejemplo en el Grupo E, página 52.

Resolución de problemas

8. **Generalizar** La tabla muestra la cantidad de monedas de 1¢ que tres amigas tienen en sus bolsillos. Cada amiga divide el dinero en pilas de 3 monedas. Escribe divisiones para mostrar cuántas pilas iguales puede hacer cada amiga. Explica lo que se repite en cada ecuación y cómo eso te ayuda a resolver el problema.

DATOS

Dinero en los bolsillos	
Claudia	18 centavos
Zoe	12 centavos
Jenna	15 centavos

9. Si Zoe pone sus monedas de 1¢ en columnas de 6 monedas, ¿cuántas filas tendrá?

10. **Representar con modelos matemáticos** Isabella tiene \$52. Ella gasta \$21 y después encuentra \$12. ¿Cuánto dinero tiene ahora? Usa las matemáticas para representar el problema.

11. **Razonamiento de orden superior** Una heladería quiere crear 8 sabores nuevos cada año. ¿En cuántos años la heladería creará 80 sabores? Escribe y resuelve una ecuación.

Evaluación

12. Eric escribe lo siguiente:

$20 - 5 = 15$
$15 - 5 = 10$
$10 - 5 = 5$
$5 - 5 = 0$

¿Qué ecuación puede usar Eric para representar el mismo problema?

Ⓐ $5 \times 5 = 25$

Ⓑ $5 \div 5 = 1$

Ⓒ $15 \div 5 = 3$

Ⓓ $20 \div 5 = 4$

13. Jackie escribe lo siguiente:

$24 - 8 = 16$
$16 - 8 = 8$
$8 - 8 = 0$

¿Qué problema está tratando de resolver Jackie?

Ⓐ $24 \div 8$

Ⓑ $24 \div 6$

Ⓒ $24 - 16$

Ⓓ 24×3

Copyright © Savvas Learning Company LLC. All Rights Reserved.

Nombre ____________________

Tarea y práctica 1-6

La división como resta repetida

¡Revisemos!

Layla tiene 20 boletos de rifas.
Hay 5 boletos en cada talonario.
¿Cuántos talonarios de boletos tiene Layla? Halla $20 \div 5 = \square$.

$20 - 5 = 15$
$15 - 5 = 10$
$10 - 5 = 5$
$5 - 5 = 0$

} Hay cuatro grupos de 5 en 20.

Restaste 5 cuatro veces. Por tanto, $20 \div 5 = 4$.

Layla tiene 4 talonarios de rifas.

Usa la resta repetida para resolver el Ejercicio **1.**

1. Ryan tiene 10 marcadores. Hay 5 marcadores en cada caja. ¿Cuántas cajas de marcadores tiene Ryan?
Halla $10 \div 5 = \square$.

$10 - 5 =$ ____

$5 -$ ____ $=$ ____

Restaste 5 dos veces.

Por tanto, ____ $\div$ ____ $=$ ____.

Ryan tiene ____ cajas de marcadores.

Usa fichas o un diagrama de barras para resolver los problemas de los Ejercicios **2** y **3.**

2. Hay 16 libros. La bibliotecaria puso 4 libros en cada estante. ¿Cuántos estantes hay?

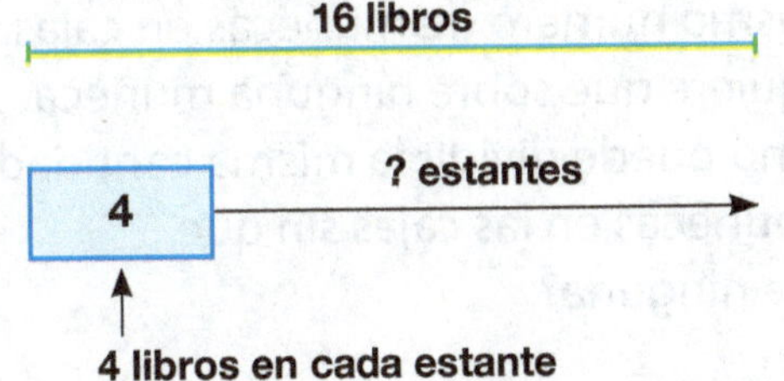

3. José tenía 28 pinceles para repartir entre 4 miembros del club de arte. Quería darle la misma cantidad de pinceles a cada miembro. ¿Cuántos pinceles recibió cada miembro?

4. Daniel tiene que llevar 32 cajas a su dormitorio. Puede llevar 4 cajas en cada viaje. ¿Cuántos viajes tendrá que hacer? Muestra tu trabajo.

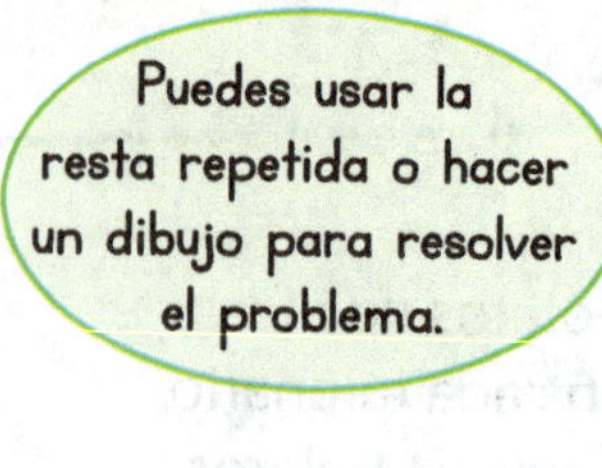

5. **Representar con modelos matemáticos** La Casa de la Moneda de los Estados Unidos acuñó monedas de 25¢ por año con el tema de cinco estados. Hay 50 estados. ¿Cuántos años se tardó en acuñar las monedas de 25¢ de todos los estados? Escribe y resuelve una ecuación.

6. Escribe una división que represente el siguiente diagrama de barras.

40				
8	8	8	8	8

7. **Sentido numérico** Compara 249 y 271. Escribe el número mayor en palabras.

8. **Razonamiento de orden superior** Un periódico tiene más de 30 páginas y menos de 40 páginas. El periódico está dividido en secciones y cada sección tiene 8 páginas. ¿Cuántas secciones tiene el periódico?

Evaluación

9. La empleada de la tienda tiene 21 tazas para exhibirlas en estantes. Quiere exhibir el mismo número de tazas en cada estante sin que sobre ninguna. ¿Qué opción muestra una manera de hacerlo?

Ⓐ $21 \div 2$

Ⓑ $21 \div 5$

Ⓒ $21 \div 7$

Ⓓ $21 \div 10$

10. Tamara tiene 20 muñecas. Quiere guardar el mismo número de muñecas en cajas. No quiere que sobre ninguna muñeca. ¿Cómo puede dividir la misma cantidad de muñecas en las cajas sin que sobre ninguna?

Ⓐ Pone 3 muñecas en cada caja.

Ⓑ Pone 4 muñecas en cada caja.

Ⓒ Pone 6 muñecas en cada caja.

Ⓓ Pone 8 muñecas en cada caja.

Copyright © Savvas Learning Company LLC. All Rights Reserved.

Nombre ______________________________________

Resolución de problemas

Lección 1-7

Usar herramientas apropiadas

Puedo...
pensar de manera estratégica para determinar qué herramienta será la más útil.

También puedo usar la multiplicación y la división para resolver problemas.

Resuélvelo y coméntalo Carolyn ganó $8 a la semana durante 2 semanas. Quiere comprar algunos libros que cuestan $4 cada uno. ¿Cuántos libros puede comprar?

Escoge una herramienta para representar y resolver el problema. Explica por qué escogiste esa herramienta.

Hábitos de razonamiento

¡Razona correctamente!
Estas preguntas te pueden ayudar.

- ¿Qué herramientas puedo usar?
- ¿Por qué debo usar esta herramienta como ayuda para resolver el problema?
- ¿Hay alguna otra herramienta que podría usar?
- ¿Estoy usando la herramienta correctamente?

¡Vuelve atrás! **Usar herramientas apropiadas** Explica cómo usaste la herramienta que escogiste.

¿Cómo puedes usar herramientas apropiadas para representar y resolver problemas?

A

Una ferretería vende cajas de focos con 18 focos en cada caja. 3 focos cuestan $4. ¿Cuánto cuesta una caja entera de focos? Escoge una herramienta para representar y resolver el problema.

A veces puedes usar más de una herramienta como ayuda para resolver problemas.

¿Qué necesito hacer?

Necesito escoger una herramienta apropiada que me ayude a hallar cuánto cuesta una caja de 18 focos.

B

¿Qué herramientas puedo usar como ayuda para resolver este problema?

Puedo

- decidir qué herramientas son apropiadas.
- usar cubos y fichas para resolver este problema.
- usar las herramientas correctamente.

C

Este es mi razonamiento...

Usaré dos herramientas. Las fichas y los cubos de unidades se pueden contar y mover fácilmente.

Cada cubo representa 1 foco.
Separaré 18 cubos en grupos de 3.

Cada ficha representa $1.
Pondré 4 fichas con cada grupo de 3 focos.

Hay 24 fichas.
Una caja de focos cuesta $24.

¡Convénceme! **Usar herramientas apropiadas** ¿Qué otras herramientas puedes usar para resolver este problema?

Copyright © Savvas Learning Company LLC. All Rights Reserved.

Nombre

Práctica guiada*

Usar herramientas apropiadas

Cada uno de 3 amigos tiene 8 libros. Colocan sus libros en 4 pilas iguales. ¿Cuántos libros hay en cada pila?

1. Escoge una herramienta para representar el problema. Explica por qué escogiste esa herramienta.

2. Resuelve el problema. Explica cómo usaste la herramienta que escogiste.

Práctica independiente

Usar herramientas apropiadas

15 estudiantes trabajan en grupos iguales para hacer carteles. Hay 5 estudiantes en cada grupo. Cada grupo necesita tener 2 adultos ayudantes. ¿Cuántos adultos se necesitan?

3. Escoge una herramienta para representar el problema. Explica por qué escogiste esa herramienta.

4. Resuelve el problema. Explica cómo usaste la herramienta que escogiste.

5. Los carteles necesitan tener una longitud de 20 pulgadas cada uno. ¿Qué herramienta pueden usar los estudiantes para comprobar si los carteles son del tamaño correcto? Explica cómo pueden usar esta herramienta.

*Puedes encontrar otro ejemplo en el Grupo F, página 52.

Resolución de problemas

Evaluación del rendimiento

Exhibición de tapas de botellas

Las tapas de botellas que se muestran en la derecha están repartidas en grupos iguales entre Kerry y Nita. Hay 4 tapas de botellas anaranjadas. Kerry quiere ordenar sus tapas de botellas en una matriz.

6. **Entender y perseverar** ¿Qué necesitas hallar antes de hacer una matriz? Muestra una manera de hallarlo. Puedes usar una herramienta como ayuda.

7. **Usar herramientas apropiadas** Escoge una herramienta para representar la matriz de tapas de botellas. Explica por qué escogiste esa herramienta.

8. **Representar con modelos matemáticos** Haz un dibujo para mostar una manera de cómo se ve la matriz. Luego, escribe una ecuación de multiplicación para la matriz.

9. **Usar la estructura** Escribe una ecuación de multiplicación diferente con los dos mismos factores que usaste en el Ejercicio **8.** ¿Ha cambiado el producto? Explícalo.

10. **Evaluar el razonamiento** Kerry dice que puede usar una barra de decenas para representar la matriz. ¿Estás de acuerdo? Explícalo.

Copyright © Savvas Learning Company LLC. All Rights Reserved.

Nombre ______________________________

Tarea y práctica 1-7

Usar herramientas apropiadas

¡Revisemos!

Max descargó 4 canciones cada semana durante 5 semanas. Luego, clasificó las canciones en grupos iguales. Cada grupo tiene 10 canciones. ¿Cuántos grupos hay?

Indica cómo puedes usar herramientas como ayuda para resolver el problema.

- Puedo decidir qué herramienta es apropiada.
- Puedo usar una herramienta para representar la situación.
- Puedo usar la herramienta correctamente.

El papel cuadriculado, fichas, cubos u otros objetos; todos pueden usarse como **herramientas** para ayudar a resolver problemas.

Resuelve el problema. Explica cómo usaste la herramienta que escogiste.

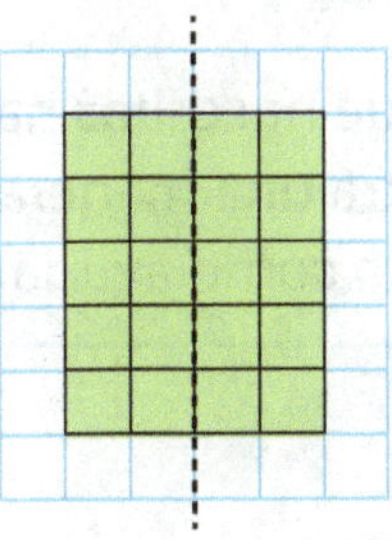

Puedo usar papel cuadriculado. Cada cuadrado coloreado representa 1 canción.

Coloreo 4 cuadrados por cada semana. Hay 20 canciones. Luego, los separo en grupos de 10. Hay 2 grupos.

Usar herramientas apropiadas

Niko compró 4 estampillas cada semana durante 3 semanas. Quiere poner 6 estampillas en cada página de su álbum. ¿Cuántas páginas usará Niko?

1. Indica cómo puedes usar herramientas como ayuda para resolver el problema.

2. Escoge una herramienta para representar el problema. Explica por qué escogiste esa herramienta.

3. Resuelve el problema. Explica cómo usaste la herramienta que escogiste.

Evaluación del rendimiento

Trabajos de verano

La tabla de la derecha muestra cuánto gana Tony por hora en sus trabajos de verano. Un día Tony pasó 3 horas haciendo mandados. Quiere usar el dinero de este trabajo para comprar dos banderines.

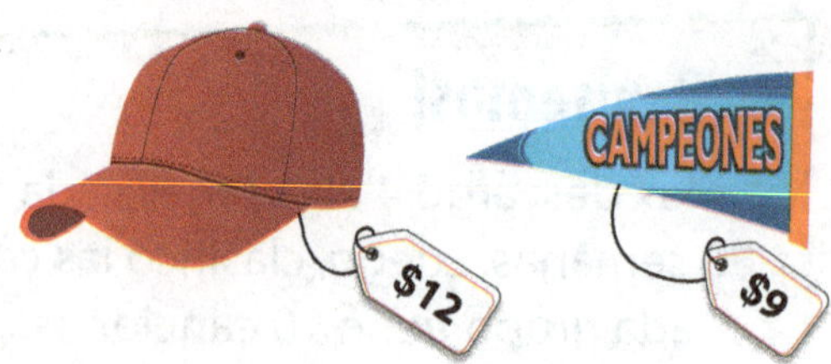

DATOS

Trabajos de verano de Tony	
Trabajo	**Pago por hora**
Pasear perros	$8
Cortar céspedes	$10
Hacer mandados	$6

4. **Usar herramientas apropiadas** Escoge una herramienta que represente el problema. Explica por qué escogiste esa herramienta.

5. **Entender y perseverar** ¿Qué necesitas hallar antes de resolver el problema? Muestra una manera de hallarlo. Puedes usar una herramienta como ayuda.

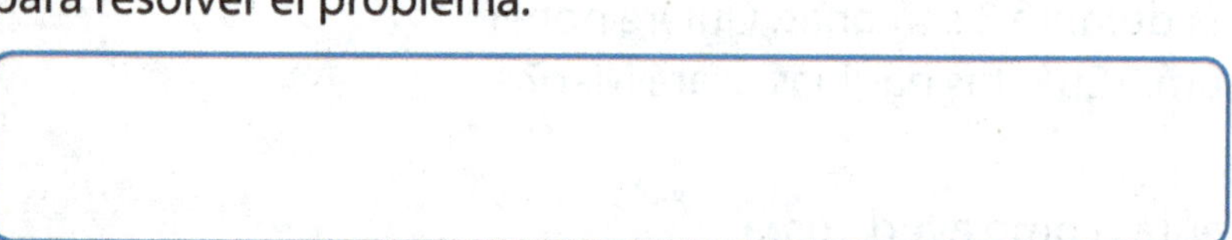

6. **Razonar** ¿Tiene Tony suficiente dinero? Usa lo que sabes para resolver el problema.

7. **Entender y perseverar** ¿Necesitaste toda la información de la tabla para resolver el problema? Explícalo.

8. **Construir argumentos** Tony decide no comprar los banderines. En cambio, ¿tiene suficiente dinero para comprar una gorra? Explica por qué.

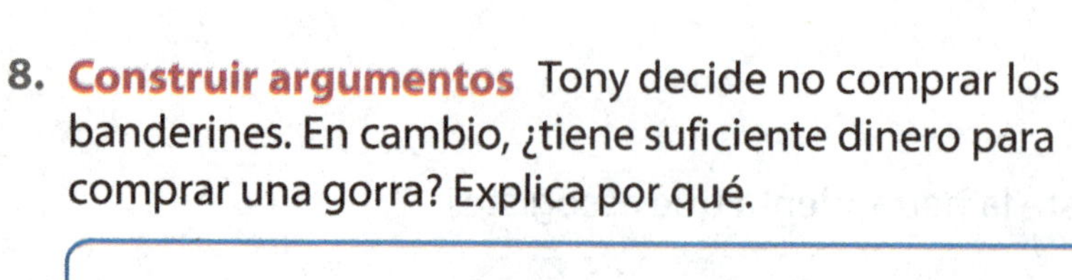

Copyright © Savvas Learning Company LLC. All Rights Reserved.

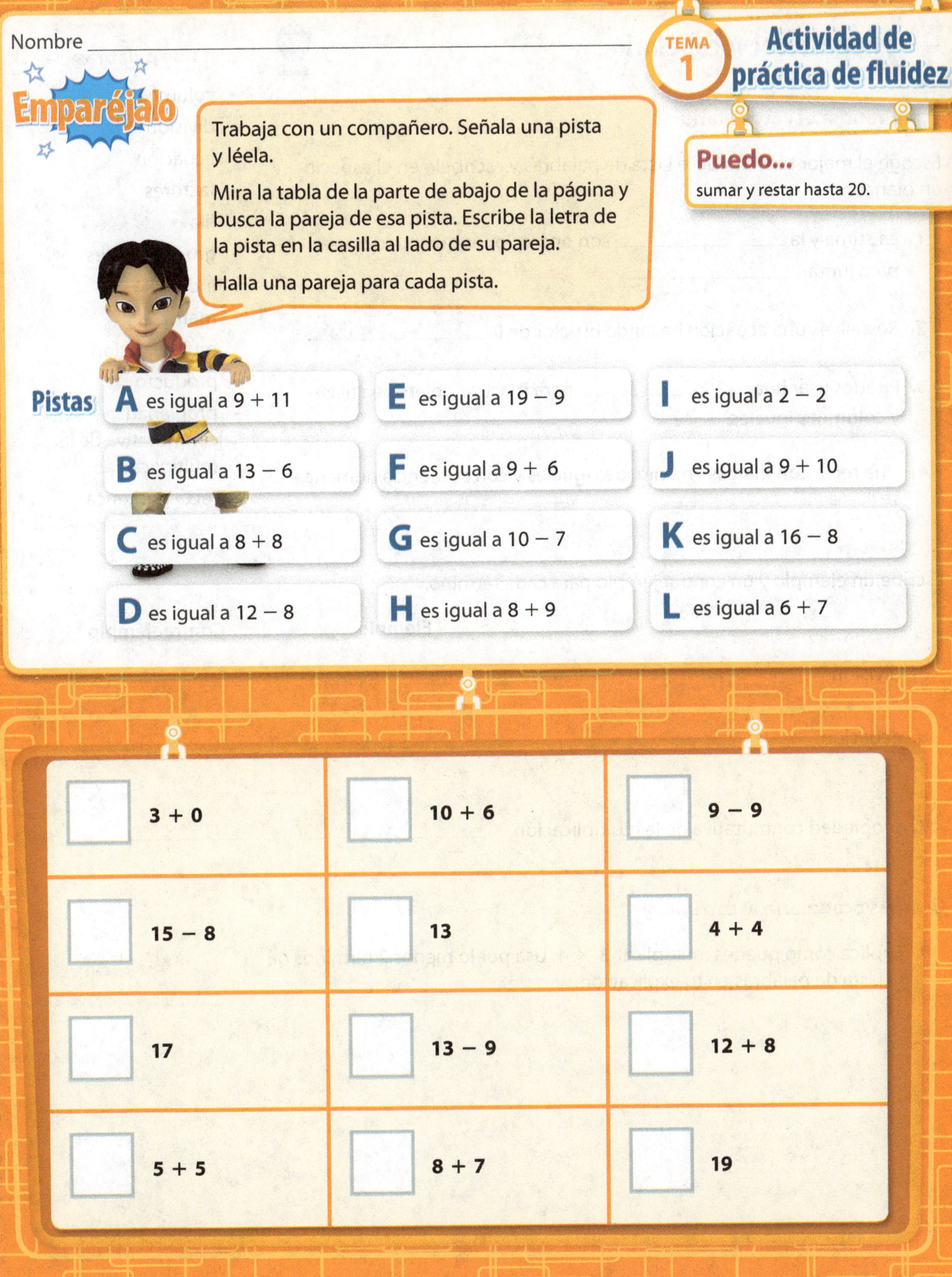

Nombre ___________________________

TEMA 1

Actividad de práctica de fluidez

Emparéjalo

Trabaja con un compañero. Señala una pista y léela.

Mira la tabla de la parte de abajo de la página y busca la pareja de esa pista. Escribe la letra de la pista en la casilla al lado de su pareja.

Halla una pareja para cada pista.

Puedo...
sumar y restar hasta 20.

Pistas

A es igual a 9 + 11	**E** es igual a 19 − 9	**I** es igual a 2 − 2
B es igual a 13 − 6	**F** es igual a 9 + 6	**J** es igual a 9 + 10
C es igual a 8 + 8	**G** es igual a 10 − 7	**K** es igual a 16 − 8
D es igual a 12 − 8	**H** es igual a 8 + 9	**L** es igual a 6 + 7

☐ **3 + 0**	☐ **10 + 6**	☐ **9 − 9**
☐ **15 − 8**	☐ **13**	☐ **4 + 4**
☐ **17**	☐ **13 − 9**	☐ **12 + 8**
☐ **5 + 5**	☐ **8 + 7**	☐ **19**

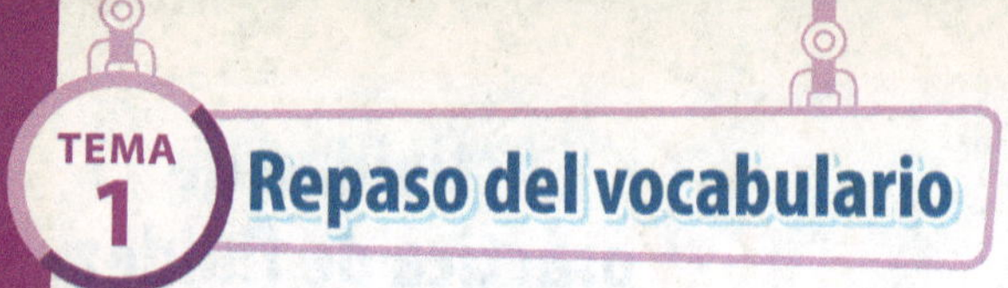

Lista de palabras

- columna
- división
- ecuación
- factores
- fila
- grupos iguales
- incógnita
- matriz
- multiplicación
- producto
- propiedad conmutativa de la multiplicación
- recta numérica

Comprender el vocabulario

Escoge el mejor término de la Lista de palabras y escríbelo en el espacio en blanco.

1. La suma y la ________________ son operaciones que puedes usar para juntar ________________.

2. Resuelves una ecuación hallando el valor de la ________________.

3. Puedes usar una ________________ para mostrar objetos en filas y columnas iguales.

4. Una recta con marcas en unidades iguales y con secuencia numérica se llama ________________.

Escribe un ejemplo y un contraejemplo para cada término.

	Ejemplo	Contraejemplo
5. división	________________	________________
6. ecuación	________________	________________
7. propiedad conmutativa de la multiplicación	________________	________________

Usar el vocabulario al escribir

8. Explica cómo puedes multiplicar 3×4. Usa por lo menos 2 términos de la Lista de palabras en tu explicación.

Copyright © Savvas Learning Company LLC. All Rights Reserved.

Nombre ______________________________

TEMA 1

Refuerzo

Grupo A páginas 7 a 12

¿Cuánto es 3 grupos de 4?

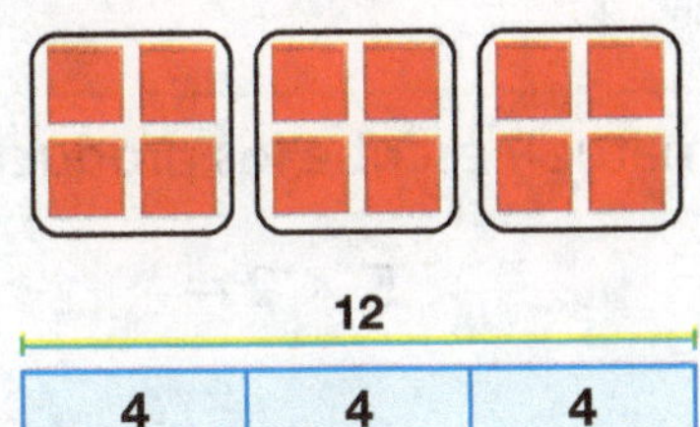

12

4	4	4

$4 + 4 + 4 = 12$

$3 \times 4 = 12$

$4 + 4 + 4 = 3 \times 4$

Recuerda que puedes usar la suma o la multiplicación para juntar grupos iguales.

Completa las ecuaciones. Usa fichas o haz un dibujo como ayuda.

1. $2 + 2 + 2 = 3 \times$ ____
2. ____ + ____ + ____ $= 3 \times 6$
3. $8 +$ ____ + ____ = ____ $\times 8$

Grupo B páginas 13 a 18

Cuenta de 4 en 4 tres veces.

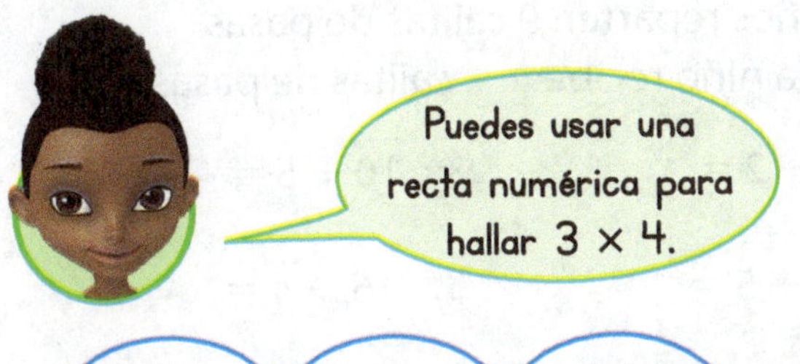

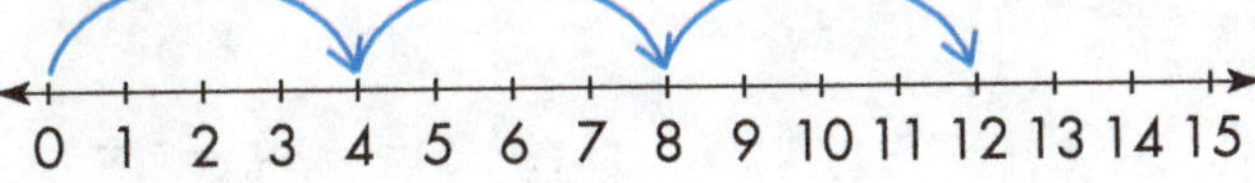

Número de saltos: 3
Número en cada salto: 4

$3 \times 4 = 12$

Recuerda que puedes contar salteado en una recta numérica.

Usa la recta numérica para completar cada ecuación de multiplicación.

1. $2 \times 3 =$ ____

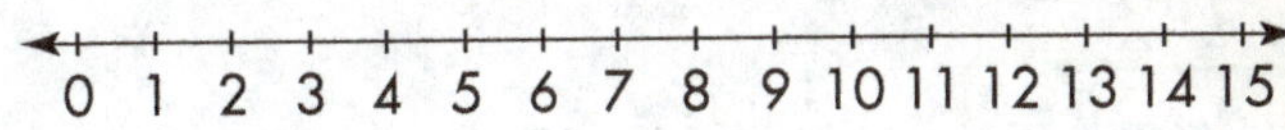

2. $4 \times 3 =$ ____

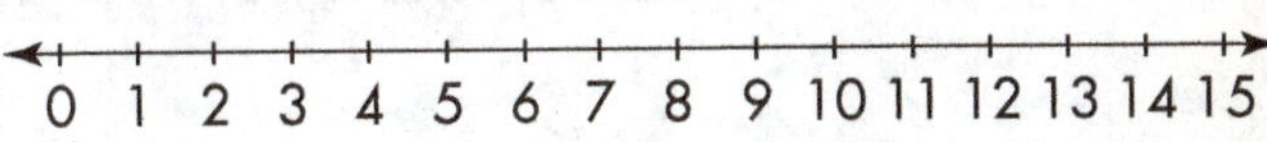

Grupo C páginas 19 a 24

Halla 4×6.
La matriz muestra 4 filas de 6 fichas.

Cada fila es un grupo igual. Puedes sumar, contar salteado o multiplicar para hallar el total.

$6 + 6 + 6 + 6 = 24$

6, 12, 18, 24

$4 \times 6 = 24$

Recuerda que una matriz muestra objetos en filas iguales.

Muestra cómo puedes sumar, contar salteado y multiplicar cuando usas matrices.

1. 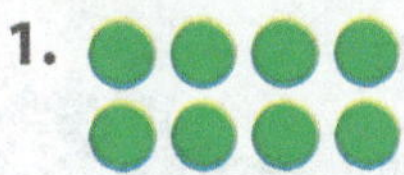

2. 

Grupo D

páginas 25 a 30

Esta matriz muestra 3 filas de 4.

$3 \times 4 = 12$

Esta matriz muestra 4 filas de 3.

$4 \times 3 = 12$

Por tanto, $3 \times 4 = 4 \times 3$.

Recuerda que la propiedad conmutativa de la multiplicación dice que puedes multiplicar factores en cualquier orden y el producto es el mismo.

Dibuja una matriz y escribe los productos.

1. $2 \times 5 =$ ____ $5 \times 2 =$ ____

Grupo E

páginas 31 a 36, 37 a 42

2 amigos reparten por igual 6 frutas. ¿Cuántas frutas recibe cada amigo?

$6 \div 2 = 3$ frutas

Puedes usar la resta repetida.

$6 - 2 = 4$ Restas 2 de 6 tres veces
$4 - 2 = 2$ para llegar a cero.
$2 - 2 = 0$

$6 \div 2 = 3$

Recuerda que la división es una operación para hallar el número de grupos iguales o el número en cada grupo igual.

1. 3 niños reparten 9 cajitas de pasas. Cada niño recibe ☐ cajitas de pasas.
2. $12 \div 2 =$ ____
3. $10 \div 5 =$ ____
4. $25 \div 5 =$ ____
5. $16 \div 4 =$ ____

Grupo F

páginas 43 a 48

Piensa en estas preguntas que te ayudan a **usar herramientas apropiadas de manera estratégica.**

Hábitos de razonamiento

- ¿Qué herramientas puedo usar?
- ¿Por qué debo usar esta herramienta como ayuda para resolver el problema?
- ¿Hay alguna otra herramienta que podría usar?
- ¿Estoy usando la herramienta correctamente?

Recuerda que puedes usar herramientas digitales.

Sam hizo pastelitos suficientes para regalar 3 pastelitos a cada uno de sus 8 amigos. En cada bandeja caben 6 pastelitos. ¿Cuántas bandejas necesita?

1. Escoge una herramienta para representar el problema. Explica por qué escogiste esa herramienta.

2. Resuelve el problema. Explica cómo te ayudó la herramienta.

Copyright © Savvas Learning Company LLC. All Rights Reserved.

Nombre ______________________________

1. Julia hizo un dibujo. Escoge todas las ecuaciones que correspondan al dibujo de Julia.

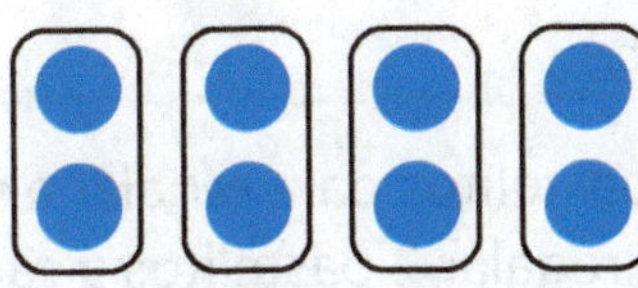

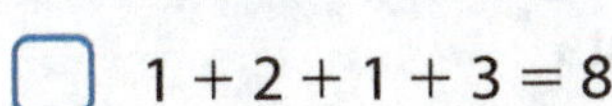

- ☐ $1 + 2 + 1 + 3 = 8$
- ☐ $2 + 2 + 8 = 12$
- ☐ $2 + 2 + 2 + 2 = 8$
- ☐ $4 + 2 + 2 = 8$
- ☐ $4 \times 2 = 8$

2. Adán colocó 2 tortugas en cada una de 4 peceras. ¿Cuántas tortugas hay en total? Muestra el problema de multiplicación en la recta numérica. Luego, escribe la respuesta.

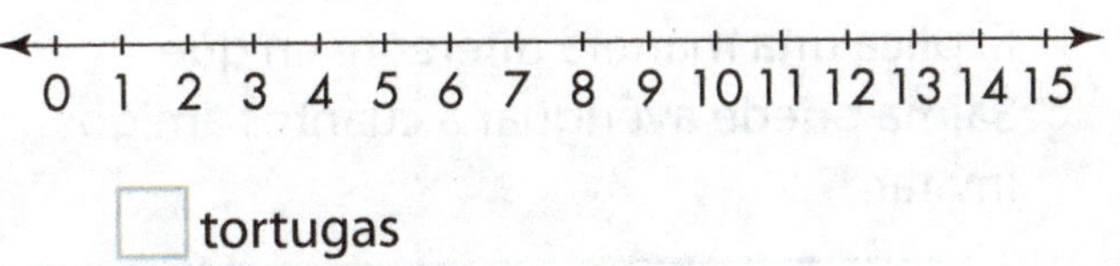

☐ tortugas

3. Mimi pinta 12 habitaciones. Necesita 2 latas de pintura para pintar 3 habitaciones. Quiere saber cuántas latas necesita en total. ¿Cuáles son las herramientas más apropiadas que Mimi debe usar para resolver el problema? Escoge todas las que apliquen.

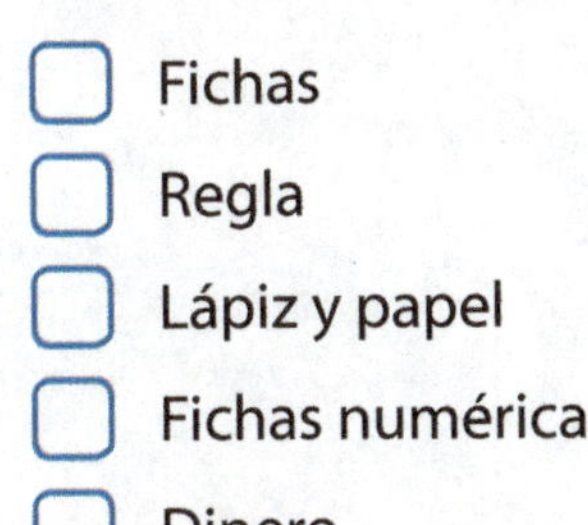

- ☐ Fichas
- ☐ Regla
- ☐ Lápiz y papel
- ☐ Fichas numéricas
- ☐ Dinero

4. Megan organizó sus fotos en una matriz. Dibuja una matriz diferente que tenga los mismos factores. Luego, escribe ecuaciones de multiplicación para cada matriz.

5. José anotó seis canastas de 3 puntos en su partido de básquetbol. Marca *Sí* o *No* en las opciones 5a a 5d para indicar si la ecuación muestra una manera de hallar el puntaje que José anotó.

5a. $6 \times 3 = 18$ ○ Sí ○ No

5b. $2 \times 6 = 12$ ○ Sí ○ No

5c. $3 + 3 + 3 + 3 + 3 + 3 = 18$ ○ Sí ○ No

5d. $6 + 6 = 12$ ○ Sí ○ No

6. Teresa está cultivando 2 filas de plantas de tomate, con 4 plantas en cada fila. Dibuja una matriz que represente las plantas. Halla el total de plantas.

7. Ann tiene 25 pelotas de tenis. Quiere ponerlas en latas de 3 pelotas cada una. ¿Puede poner la misma cantidad de pelotas sin que sobre alguna? ¿Por qué?

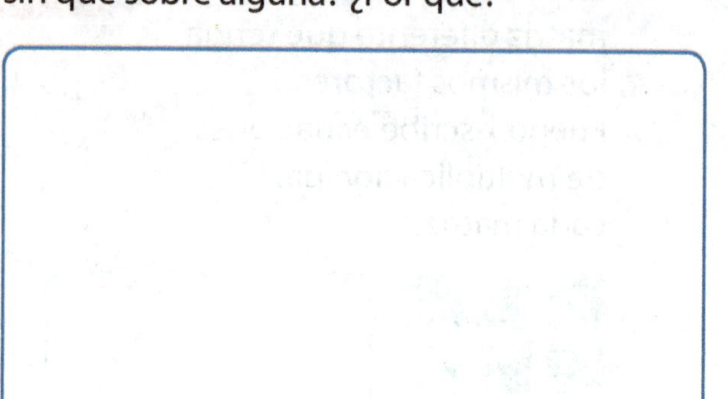

8. Crystal dibujó saltos en una recta numérica para resolver una multiplicación. ¿Qué ecuación de multiplicación muestra su recta numérica?

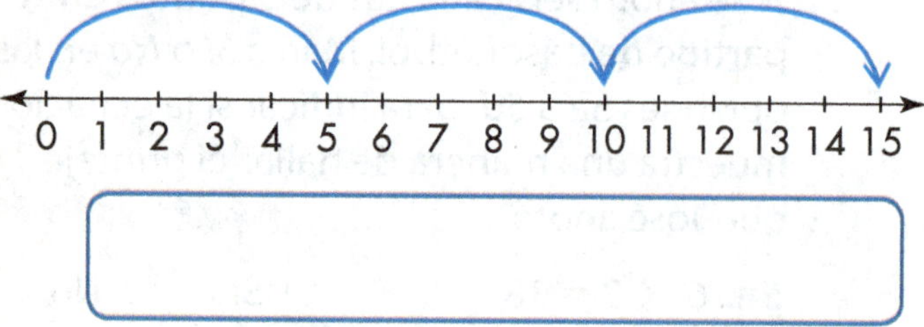

9. Alan necesita colocar 9 pelotas de básquetbol en cada recipiente. Tiene 45 pelotas de básquetbol. ¿Qué ecuación puede ayudarte para hallar cuántos recipientes puede llenar Alan?

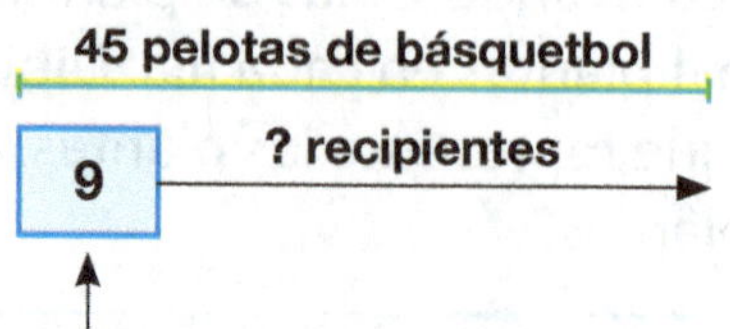

Ⓐ $9 \div 45 = \square$

Ⓑ $45 \times 5 = \square$

Ⓒ $45 \div \square = 8$

Ⓓ $45 \div \square = 9$

10. Zak usó la resta repetida para hallar $48 \div 8$. ¿Cuántos grupos de 8 restó Zak?

11. Saima hizo 14 pastelitos para regalar a sus amigos. Quiere regalar 2 pastelitos a cada amigo en su fiesta.

Parte A

Explica cómo puede Saima averiguar a cuántos amigos puede invitar.

Parte B

Explica una manera diferente en que Saima puede averiguar a cuántos amigos invitar.

Copyright © Savvas Learning Company LLC. All Rights Reserved.

Nombre ____

TEMA 1

Evaluación del rendimiento

Colección de calcomanías

Jaime ahorró dinero para comprar un álbum de calcomanías. El dinero que ahorró por semana se muestra en la tabla.

Precios de calcomanías

- Los álbumes verdes de calcomanías cuestan $6.
- Los álbumes azules de calcomanías cuestan $9.
- Los álbumes amarillos de calcomanías cuestan $12.
- Las calcomanías cuestan $1 por 3 calcomanías.

Dinero ahorrado por semana

Semana	Dólares ahorrados por semana
1	$3
2	$3
3	$3
4	$3

Usa la tabla de **Dinero ahorrado por semana** para responder a la Pregunta 1.

1. ¿Cuánto dinero ahorró Jaime después de 4 semanas? Escribe una ecuación de suma para resolverlo.

Usa la lista de **Precios de calcomanías** para responder a las Preguntas 2 a 4.

2. Jaime divide su dinero en dos partes iguales. Gasta una parte en un álbum de calcomanías. ¿Qué álbumes puede comprar Jaime?

3. Jaime gasta la otra parte de su dinero en calcomanías. ¿Cuántas calcomanías puede comprar Jaime?

4. Después de gastar su dinero, Jaime decide que quiere un segundo álbum. Piensa ahorrar $3 por semana hasta que pueda comprar también un álbum azul de calcomanías. ¿Cuántas semanas necesita Jaime para ahorrar el dinero?

Usa la tabla de **Matrices de calcomanías** para responder a la Pregunta 5.

Matrices de calcomanías

Matriz	Número de filas	Calcomanías en cada fila
Manera 1	6	3
Manera 2	2	9
Manera 3	______	______

5. Jaime quiere organizar sus calcomanías en matrices en una página del álbum. Empezó a hacer una tabla para mostrar tres maneras en las que puede hacerlo.

Parte A

Dibuja matrices para mostrar dos maneras en las que Jaime piensa organizar sus calcomanías.

Manera 1

Manera 2

Parte B

Dibuja una matriz para mostrar otra manera en la que Jaime puede organizar sus calcomanías. Completa la Manera 3 de la tabla de Matrices de calcomanías.

Manera 3

6. Escribe ecuaciones de multiplicación para las matrices y verifica si Jaime usa todas las calcomanías en cada plan. ¿Qué dos maneras muestran los mismos factores? Explícalo.

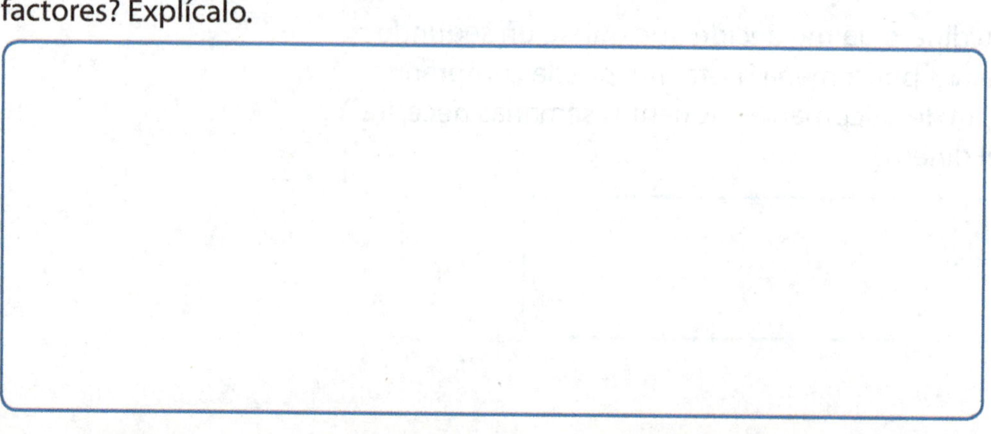

Copyright © Savvas Learning Company LLC. All Rights Reserved.

Operaciones de multiplicación: Usar patrones

Pregunta esencial: ¿Cómo se pueden hallar operaciones de multiplicación desconocidas usando patrones y propiedades?

La fuerza hace que los objetos se muevan.

¡Puedes usar patrones para predecir cómo se moverán los objetos!

¡Movamos algunos números! Este es un proyecto sobre movimiento y patrones.

Proyecto de Matemáticas y Ciencias: Patrones de movimiento

Investigar Los columpios, los subibajas y algunos otros objetos de un área de juego se mueven debido a la fuerza. Usa la Internet u otras fuentes para averiguar qué ocurre cuando estos objetos se mueven. Anota el número de veces que alguien empuja o jala para hacer que un objeto se mueva. Anota el número de veces que el objeto se mueve.

Diario: Escribir un informe Incluye lo que averiguaste. En tu informe, también:

- explica los patrones que hallaste. Indica cómo puedes usar esos patrones para predecir cómo se moverán los objetos en el futuro.
- escribe una ecuación para uno de los patrones.
- explica qué representan los números de tu ecuación.

Nombre ____________________

Repasa lo que sabes

Vocabulario

Escoge el mejor término del recuadro. Escríbelo en el espacio en blanco.

- factores
- matriz
- multiplicación
- producto

1. El ____________ es el resultado de una multipicación.
2. Los números que se multiplican son ____________.
3. Una operación que da el total al unir grupos iguales es la ____________.

La multiplicación como suma repetida

Completa las ecuaciones.

4. $2 + 2 + 2 + 2 = 4 \times$ ____
5. $9 +$ ____ $+$ ____ $=$ ____ $\times 9$
6. ____ $+$ ____ $+$ ____ $+ 5 =$ ____ $\times 5$
7. $2 \times 6 =$ ____ $+$ ____

La multiplicación en la recta numérica

8. Mateo dibujó esta recta numérica.

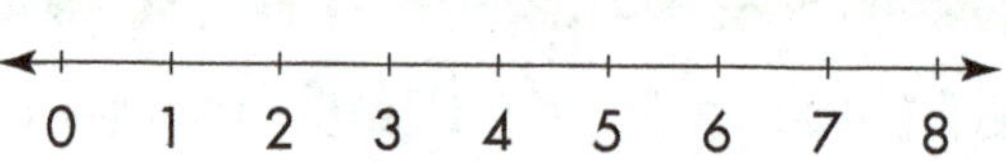

¿Qué multiplicación muestra la recta numérica?

Ⓐ $3 \times 5 = 15$ Ⓑ $3 \times 4 = 12$ Ⓒ $3 \times 3 = 9$ Ⓓ $3 \times 6 = 18$

9. Represента la multiplicación en la recta numérica. Escribe el producto.

$3 \times 2 =$ ____

0 1 2 3 4 5 6 7 8

La propiedad conmutativa

10. ¿De qué manera las matrices representan la propiedad conmutativa de la multiplicación?

Copyright © Savvas Learning Company LLC. All Rights Reserved.

Mis tarjetas de palabras

Usa los ejemplos de las palabras de las tarjetas para ayudarte a completar las definiciones que están al reverso.

A-Z Glosario

múltiplo

0, 5, 10, 15 y 20 son múltiplos de 5.

Propiedad de identidad (o del uno) de la multiplicación

$4 \times 1 = 4$

$5 \times 1 = 5$

Propiedad del cero de la multiplicación

$4 \times 0 = 0$

$5 \times 0 = 0$

Mis tarjetas de palabras

Completa cada definición. Para ampliar lo que aprendiste, escribe tus propias definiciones.

La ______________________________

____

____

dice que el producto de cualquier número y 1 es ese número.

El producto de un número dado y cualquier otro número entero se llama

______________________________.

La ______________________________

____

dice que el producto de cualquier número y cero es cero.

Copyright © Savvas Learning Company LLC. All Rights Reserved.

Nombre ____________________

Resuelve

Lección 2-1
El 2 y el 5 como factores

Puedo...
usar patrones para multiplicar por 2 y 5.

También puedo entender bien los problemas.

Resuélvelo y coméntalo Cada pollo tiene 2 patas. ¿Cuántas patas hay en un grupo de 9 pollos? Muestra cómo lo averiguaste.

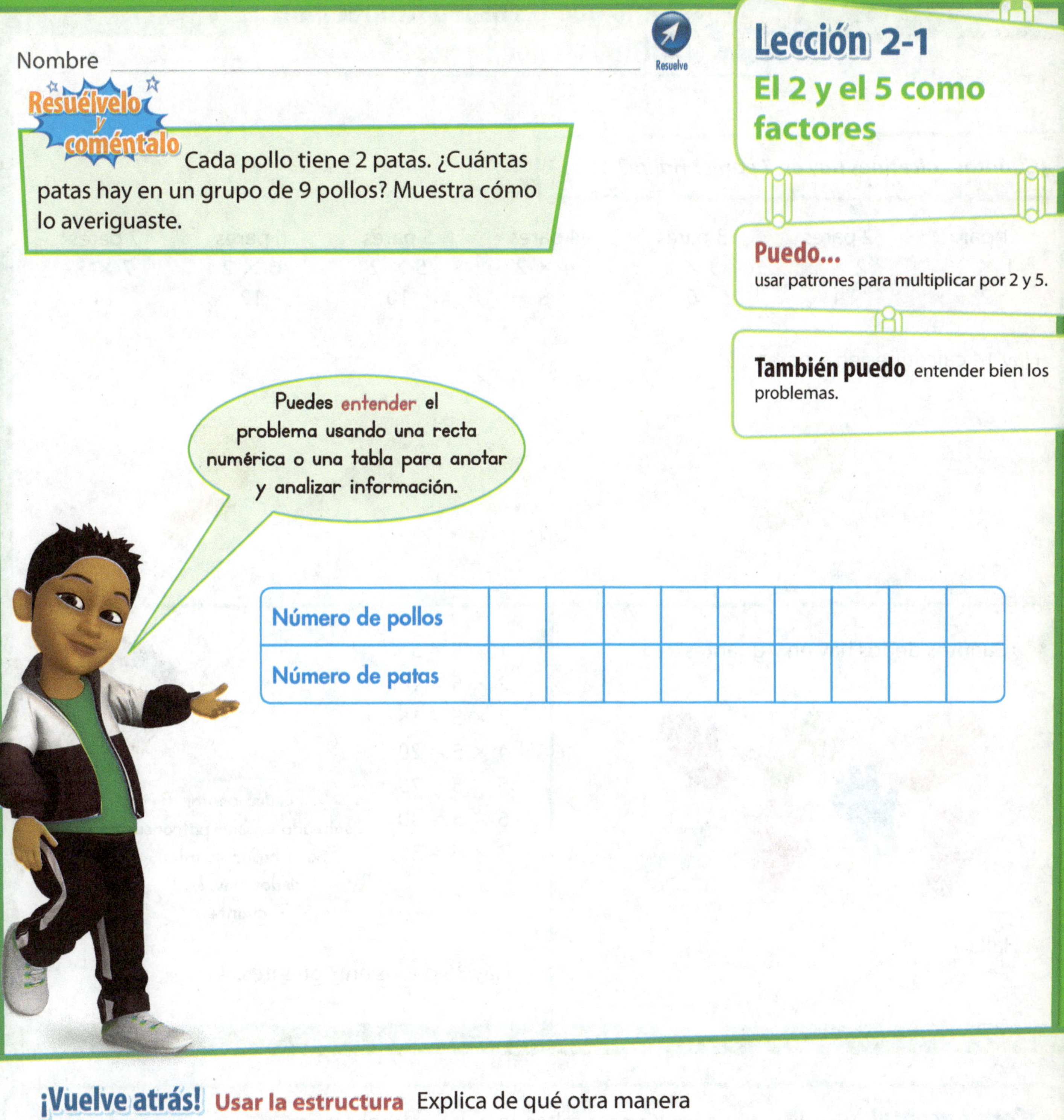

Número de pollos									
Número de patas									

¡Vuelve atrás! **Usar la estructura** Explica de qué otra manera puedes resolver el problema.

Aprende A-Z Glosario

Pregunta esencial

¿Cómo puedes usar patrones para multiplicar por 2 y por 5?

A

¿Cuántos calcetines hay en 7 pares? Halla 7 × 2.

1 par	2 pares	3 pares	4 pares	5 pares	6 pares	7 pares
1×2	2×2	3×2	4×2	5×2	6×2	7×2
2	4	6	8	10	12	14

Hay 14 calcetines en 7 pares.

B ¿Cuántos dedos hay en 7 guantes?

Halla 7×5.

C

$1 \times 5 = 5$
$2 \times 5 = 10$
$3 \times 5 = 15$
$4 \times 5 = 20$
$5 \times 5 = 25$
$6 \times 5 = 30$
$7 \times 5 = 35$

Puedes contar salteado o usar patrones para hallar cuántos dedos hay en 7 guantes.

Hay 35 dedos en 7 guantes.

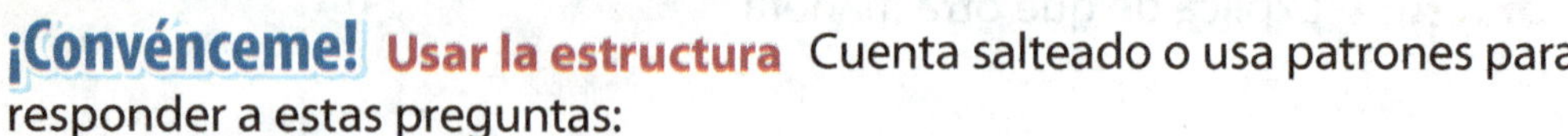

¡Convénceme! **Usar la estructura** Cuenta salteado o usa patrones para responder a estas preguntas:

¿Cuántos calcetines hay en 9 pares? ¿En 10 pares?

¿Cuántos dedos hay en 9 guantes? ¿En 10 guantes?

Copyright © Savvas Learning Company LLC. All Rights Reserved.

Nombre ______________________

Otro ejemplo

Los múltiplos son los productos de un número y otros números enteros.

DATOS

Operaciones de multiplicación del 2	
$0 \times 2 = 0$	$5 \times 2 = 10$
$1 \times 2 = 2$	$6 \times 2 = 12$
$2 \times 2 = 4$	$7 \times 2 = 14$
$3 \times 2 = 6$	$8 \times 2 = 16$
$4 \times 2 = 8$	$9 \times 2 = 18$

DATOS

Operaciones de multiplicación del 5	
$0 \times 5 = 0$	$5 \times 5 = 25$
$1 \times 5 = 5$	$6 \times 5 = 30$
$2 \times 5 = 10$	$7 \times 5 = 35$
$3 \times 5 = 15$	$8 \times 5 = 40$
$4 \times 5 = 20$	$9 \times 5 = 45$

Los productos de las operaciones de multiplicación del 2 son múltiplos de 2. Los múltiplos de 2 terminan en 0, 2, 4, 6 u 8.

Los productos de las operaciones de multiplicación del 5 son múltiplos de 5. Los múltiplos de 5 terminan en 0 o 5.

Práctica guiada*

¿Lo entiendes?

1. ¿Es 25 un múltiplo de 2 o de 5? ¿Cómo lo sabes?

2. **Usar la estructura** Bert dice que 2×9 es 19. ¿Cómo puedes usar patrones para mostrar que la respuesta de Bert no es correcta?

¿Cómo hacerlo?

Halla los productos en los Ejercicios **3** a **5.**

3. $2 \times 4 =$ ____

$2 \times 1 = 2$
$2 \times 2 = 4$
$2 \times 3 =$ ____
$2 \times 4 =$ ____

4. $\begin{array}{r} 8 \\ \times 2 \\ \hline \end{array}$

5. $\begin{array}{r} 5 \\ \times 8 \\ \hline \end{array}$

Práctica independiente

Halla el producto o factor que falta en los Ejercicios **6** a **12.**

6. $2 \times 2 =$ ____

7. $3 \times$ ____ $= 15$

8. ____ $\times 2 = 14$

9. $\begin{array}{r} 6 \\ \times 5 \\ \hline \end{array}$

10. $\begin{array}{r} 4 \\ \times 2 \\ \hline \end{array}$

11. $\begin{array}{r} 9 \\ \times 2 \\ \hline \end{array}$

12. $\begin{array}{r} 5 \\ \times 7 \\ \hline \end{array}$

**Puedes encontrar otro ejemplo en el Grupo A, página 99.*

Resolución de problemas

13. Entender y perseverar Eric tiene algunas monedas de 5¢. Dice que tiene exactamente 34 centavos. ¿Puedes decir si tiene razón o no? ¿Por qué?

14. Evaluar el razonamiento Brian dijo que 78 + 92 + 85 es mayor que 300. Explica por qué la respuesta de Brian no es razonable.

15. Sara cambió 6 monedas de 5¢ por monedas de 10¢. ¿Cuántas monedas de 10¢ recibió?

16. Matemáticas y Ciencias Miguel observa el movimiento del péndulo en su reloj. Se da cuenta de que el péndulo oscila 1 vez cada 2 segundos. ¿Cuánto tiempo tomará el péndulo en oscilar 5 veces?

17. Ana tiene las monedas que se muestran a continuación.

Ana contó el valor de sus monedas en centavos. Haz una lista de los números que Ana usó.

18. Razonamiento de orden superior Jake fue a jugar bolos. En su primer turno derribó 2 bolos. En su segundo turno derribó el doble de bolos que había derribado en su primer turno. ¿Cuántos bolos en total derribó Jake? ¿Cómo lo sabes?

Evaluación

19. Escribe los siguientes números en la columna correcta para mostrar si son múltiplos de 2 o de 5.

Múltiplo de 2	Múltiplo de 5

5 6 10 14 18 25

Copyright © Savvas Learning Company LLC. All Rights Reserved.

Nombre ____________________

Tarea y práctica 2-1

El 2 y el 5 como factores

¡Revisemos!

Cuando multiplicas por 2, puedes usar una suma de dobles. Por ejemplo, 2×6 es lo mismo que sumar $6 + 6$. Ambas son igual a 12.

Cuando multiplicas por 5, puedes usar un patrón para hallar el producto.

DATOS

Operaciones de multiplicación del 2	
$2 \times 0 = 0$	$2 \times 5 = 10$
$2 \times 1 = 2$	$2 \times 6 = 12$
$2 \times 2 = 4$	$2 \times 7 = 14$
$2 \times 3 = 6$	$2 \times 8 = 16$
$2 \times 4 = 8$	$2 \times 9 = 18$

Los múltiplos de 2 terminan en 0, 2, 4, 6 u 8.

DATOS

Operaciones de multiplicación del 5	
$5 \times 0 = 0$	$5 \times 5 = 25$
$5 \times 1 = 5$	$5 \times 6 = 30$
$5 \times 2 = 10$	$5 \times 7 = 35$
$5 \times 3 = 15$	$5 \times 8 = 40$
$5 \times 4 = 20$	$5 \times 9 = 45$

Los múltiplos de 5 terminan en 0 o en 5.

Resuelve las ecuaciones en los Ejercicios **1** a **17**.

1. $2 \times 5 = ?$

$5 + 5 =$ ____

$2 \times 5 =$ ____

2. $2 \times 4 = ?$

$4 + 4 =$ ____

$2 \times 4 =$ ____

3. $1 \times 2 = ?$

$1 + 1 =$ ____

$2 \times 1 =$ ____

4. $5 \times$ ____ $= 25$

5. $3 \times 5 =$ ____

6. $35 = 7 \times$ ____

7. ____ $\times 8 = 16$

8. $5 \times 9 =$ ____

9. $2 \times 7 =$ ____

10. $\begin{array}{r} 5 \\ \times 4 \\ \hline \end{array}$

11. $\begin{array}{r} 1 \\ \times 5 \\ \hline \end{array}$

12. $\begin{array}{r} 2 \\ \times 0 \\ \hline \end{array}$

13. $\begin{array}{r} 8 \\ \times 2 \\ \hline \end{array}$

14. ¿Cuánto es 9 por 2? ____

15. ¿Cuánto es 5 por 8? ____

16. ¿Cuánto es 6 por 2? ____

17. ¿Cuánto es 5 por 0? ____

18. Gina está haciendo títeres con calcetines. Cada par de calcetines cuesta $2. Gina compró 6 pares de calcetines. ¿Cuánto gastó? Dibuja una recta numérica para resolver el problema.

19. **Vocabulario** Escribe una ecuación que tenga 45 como producto.

20. **Razonar** Hay 5 días en la semana escolar. ¿Cuántos días de escuela hay en 9 semanas? Explícalo.

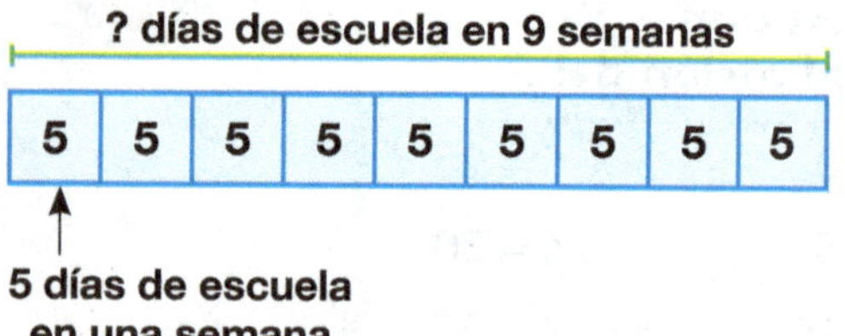

21. **Entender y perseverar** Tania camina 2 millas cada día. ¿Cuántas millas camina Tania en una semana? ¿Cómo hallaste la respuesta?

22. Micaela dibujó esta figura. ¿Cuál es el nombre de la figura que dibujó? Después, dibujó una figura que tiene 2 lados menos. ¿Cuál es el nombre de esa figura?

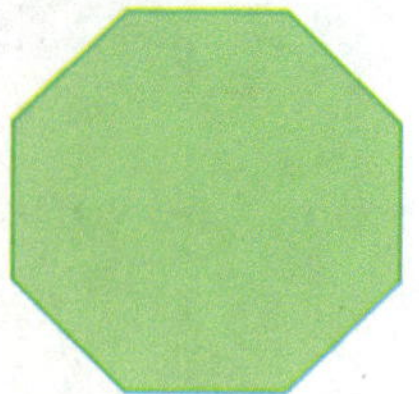

23. **Razonamiento de orden superior** ¿Cómo puedes usar dobles para ayudarte a multiplicar por 2? Da un ejemplo.

Evaluación

24. Escribe las expresiones en las columnas correctas.

El producto es 10	El producto es 12	El producto es 35

2×5 7×5 6×2 2×6 5×2 5×7

Copyright © Savvas Learning Company LLC. All Rights Reserved.

Nombre ___

Lección 2-2

El 9 como factor

Puedo...
usar patrones para multiplicar por 9.

También puedo construir argumentos matemáticos.

Resuélvelo y coméntalo María compró 4 paquetes de agua embotellada. Hay 9 botellas en cada paquete. ¿Cuántas botellas de agua compró María? Explica cómo resolviste el problema.

Una matriz o una tabla de datos puede ayudarte a construir argumentos.

¡Vuelve atrás! **Entender y perseverar** Si María compró 9 paquetes de agua embotellada y en cada paquete había 4 botellas, ¿la cantidad de botellas que María compró sería igual o sería diferente? Explícalo.

¿Cómo puedes usar patrones para hallar las operaciones de multiplicación del 9?

A

El dueño de una floristería pone 9 rosas en cada paquete. ¿Cuántas rosas hay en 8 paquetes?

DATOS

Operaciones de multiplicación del 9
$0 \times 9 = 0$
$1 \times 9 = 9$
$2 \times 9 = 18$
$3 \times 9 = 27$
$4 \times 9 = 36$
$5 \times 9 = 45$
$6 \times 9 = 54$
$7 \times 9 = 63$
$8 \times 9 = \square$
$9 \times 9 = \square$

B

Una manera

Usa estos patrones. Empieza con $1 \times 9 = 9$.

El dígito de las unidades disminuye en 1 cada vez, por tanto, el dígito de las unidades en el producto que le sigue a 63 en la anterior tabla es 2.

El dígito de las decenas aumenta en 1 cada vez, por tanto, el dígito de las decenas en el producto que le sigue a 63 en la anterior tabla es 7.

$8 \times 9 = 72$

Hay 72 rosas en 8 paquetes.

C

Otra manera

Usa estos patrones para hallar el producto.

El dígito de las decenas es 1 menos que el factor que se multiplica por 9.

$$8 - 1 = 7$$

$$8 \times 9 = 72$$

$$7 + 2 = 9$$

Los dígitos del producto suman 9 o son un múltiplo de 9.

¡Convénceme! **Usar la estructura** Usa los anteriores patrones para hallar 9×9. Explica cómo hallaste el producto.

Copyright © Savvas Learning Company LLC. All Rights Reserved.

Nombre ______________________

Práctica guiada*

¿Lo entiendes?

1. **Evaluar el razonamiento** Pablo cree que 3 × 9 es 24. Usa un patrón del 9 para demostrar que Pablo está equivocado.

2. **Buscar relaciones** Mira la tabla de las operaciones de multiplicación del 9 de la página 68. Describe un patrón numérico en los múltiplos de 9.

¿Cómo hacerlo?

Halla los productos en los Ejercicios **3** a **10.**

3. 9 × 2 = ____

4. 5 × 9 = ____

5. 7 × 9 = ____

6. 4 × 9 = ____

7. 2 × 9 = ____

8. 6 × 9 = ____

9. $\begin{array}{r} 3 \\ \times 9 \\ \hline \end{array}$

10. $\begin{array}{r} 8 \\ \times 9 \\ \hline \end{array}$

Práctica independiente

Halla el producto o factor que falta en los Ejercicios **11** a **22.**

11. 9 × 0 = ____

12. 2 × ____ = 18

13. ____ × 9 = 72

14. 9 × 9 = ____

15. $\begin{array}{r} 4 \\ \times 9 \\ \hline \end{array}$

16. $\begin{array}{r} 9 \\ \times 5 \\ \hline \end{array}$

17. $\begin{array}{r} 9 \\ \times 7 \\ \hline \end{array}$

18. $\begin{array}{r} 9 \\ \times 1 \\ \hline \end{array}$

19. ¿Cuánto es 9 × 3? ____

20. ¿Cuánto es 9 × 6? ____

21. ¿Cuánto es 0 × 9? ____

22. ¿Cuánto es 9 × 8? ____

Puedes encontrar otro ejemplo en el Grupo B, página 99.

Resolución de problemas

Usa la tabla de la derecha en los Ejercicios **23** a **25.**

23. Razonar La biblioteca organizó una venta de libros usados. ¿Cuánto cuestan 4 libros de tapa dura? Dibuja una recta numérica para mostrar la respuesta.

DATOS

Venta de libros de la biblioteca	
Libros de tapa blanda	$5
Libros de tapa dura	$9
Revistas	$2

24. Razonamiento de orden superior ¿Cuánto más gastaría Camilo si comprara 3 libros de tapa dura en lugar de 3 libros de tapa blanda? Muestra cómo hallaste la respuesta.

25. Entender y perseverar Magda compró solamente revistas. El empleado le dijo que debía pagar $15. ¿Cómo sabe Magda que el empleado se equivocó?

26. El dueño de una floristería puso 9 girasoles en cada uno de 6 jarrones. Luego, contó las flores de nueve en nueve. Haz una lista de los números que dijo.

27. Sentido numérico Chris y Jaime jugaron un videojuego. Chris anotó 437 puntos. Jaime anotó 398 puntos. ¿Quién anotó más puntos? Explica tu respuesta usando $>$, $<$ o $=$.

Evaluación

28. ¿Qué números **NO** son múltiplos de 9? Escoge todas las que apliquen.

- ☐ 9
- ☐ 16
- ☐ 18
- ☐ 21
- ☐ 23

29. ¿Qué números son múltiplos de 9? Escoge todas las que apliquen.

- ☐ 18
- ☐ 36
- ☐ 42
- ☐ 54
- ☐ 69

Copyright © Savvas Learning Company LLC. All Rights Reserved.

Nombre ______________________

Tarea y práctica 2-2

El 9 como factor

¡Revisemos!

DATOS Operaciones de multiplicación del 9
$0 \times 9 = 0$
$1 \times 9 = 9$
$2 \times 9 = 18$
$3 \times 9 = 27$
$4 \times 9 = 36$
$5 \times 9 = 45$
$6 \times 9 = 54$
$7 \times 9 =$ ▢
$8 \times 9 =$ ▢
$9 \times 9 =$ ▢

La tabla muestra los patrones de operaciones de multiplicación del 9.

- El dígito de las decenas será 1 menos que el factor que se multiplica por 9.
- La suma de los dígitos del producto siempre será 9 o múltiplo de 9, a menos que el otro factor sea cero.

Puedes usar patrones para ayudarte a recordar las operaciones de multiplicación del 9.

Halla 9×7.

El dígito de las decenas debe ser 1 menos que 7.
El dígito de las decenas es 6.

La suma de los dígitos es 9.
$6 + 3 = 9$, por tanto, el dígito de las unidades es 3.

El producto es 63.

Resuelve las ecuaciones en los Ejercicios **1** a **13**.

1. $3 \times 9 = ?$
El dígito de las decenas:
$3 - 1 =$ ____
Suma de los dígitos:
____ + ____ = 9
$3 \times 9 =$ ____

2. $2 \times 9 = ?$
El dígito de las decenas:
$2 - 1 =$ ____
Suma de los dígitos:
____ + ____ = 9
$2 \times 9 =$ ____

3. $1 \times 9 = ?$
El dígito de las decenas:
$1 - 1 =$ ____
Suma de los dígitos:
____ + ____ = 9
$1 \times 9 =$ ____

4. $9 \times 0 =$ ____

5. $9 \times$ ____ $= 54$

6. $81 = 9 \times$ ____

7. $\begin{array}{r} 9 \\ \times\ 8 \\ \hline \end{array}$

8. $\begin{array}{r} 7 \\ \times\ 9 \\ \hline \end{array}$

9. $\begin{array}{r} 4 \\ \times\ 9 \\ \hline \end{array}$

10. $\begin{array}{r} 2 \\ \times\ 9 \\ \hline \end{array}$

11. Halla 6 veces 9.

12. Halla 5 veces 9.

13. Halla 0 veces 9.

14. Razonar Paula se hizo un peinado con 9 trenzas. Cada trenza tenía 4 cuentas. ¿Cuántas cuentas tenía en total? Explica cómo hallaste el producto.

15. Álgebra Tony tiene 9 grupos de tarjetas de beisbol. Cada grupo tiene 6 tarjetas. Escribe 2 ecuaciones que Tony puede usar para hallar cuántas tarjetas tiene.

16. Evaluar el razonamiento Sara dice que si ella sabe cuál es el producto de 9×8, también sabe el producto de 8×9. ¿Tiene razón? ¿Por qué?

17. Entender y perseverar Dustin tenía $52. Recibió $49 más pero gastó un poco de dinero. A Dustin le quedan $35. ¿Cuánto dinero gastó Dustin?

18. Razonamiento de orden superior Jordan recibió 9 mensajes de texto la semana pasada. Recibió 3 veces más esta semana que la semana pasada. ¿Cuántos mensajes de texto recibió Jordan esta semana?

19. Construir argumentos Rita compró 5 pares de calcetines. Cada par costó $4. ¿Cuánto gastó Rita en calcetines? Explica cómo lo sabes.

Evaluación

20. ¿Qué números son factores de 45? Escoge todas las que apliquen.

$\_\_\_ \times \_\_\_ = 45$

- ☐ 4
- ☐ 5
- ☐ 6
- ☐ 8
- ☐ 9

21. ¿Qué números son factores de 18? Escoge todas las que apliquen.

$\_\_\_ \times \_\_\_ = 18$

- ☐ 2
- ☐ 3
- ☐ 6
- ☐ 8
- ☐ 9

Copyright © Savvas Learning Company LLC. All Rights Reserved.

Nombre ______________________

Lección 2-3

Usar propiedades: Multiplicar por 0 y 1

Resuélvelo y coméntalo Carlos dijo que 6 veces 0 es igual a 6. ¿Estás de acuerdo? Explica tu razonamiento.

Puedo...
usar patrones y propiedades para multiplicar por 0 y 1.

También puedo hacer mi trabajo con precisión.

Hazlo con precisión. ¿Qué significa multiplicar algo por cero?

¡Vuelve atrás! **Entender y perseverar** Haz un dibujo para representar $5 \times 0 = 0$.

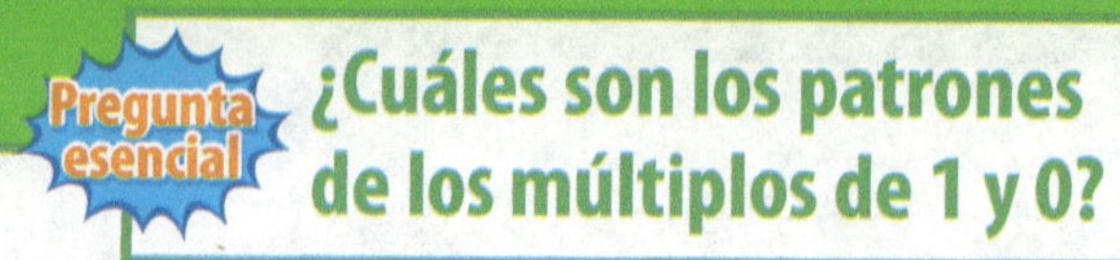

¿Cuáles son los patrones de los múltiplos de 1 y 0?

A

Kira tiene 8 platos con 1 naranja en cada plato. ¿Cuántas naranjas tiene Kira?

B 8 grupos con 1 en cada grupo es igual a 8 en total.

$8 \times 1 = 8$

Kira tiene 8 naranjas.

1 plato con 8 naranjas también es igual a 8 naranjas.

$1 \times 8 = 8$

Propiedad de identidad (del uno) de la multiplicación: Cuando multiplicas un número por 1, el producto es ese número.

C Si Kira tiene 4 platos con 0 naranjas en cada plato, tiene 0 naranjas.

$4 \times 0 = 0$

Si $4 \times 0 = 0$, por tanto, $0 \times 4 = 0$.

Propiedad del cero de la multiplicación: Cuando multiplicas un número por 0, el producto es cero.

¡Convénceme! **Usar herramientas apropiadas** ¿Cómo puedes usar fichas para mostrar 7×1? ¿Cuántas fichas tendrías en total?

Copyright © Savvas Learning Company LLC. All Rights Reserved.

Nombre ______________________

Práctica guiada*

¿Lo entiendes?

1. **Entender y perseverar** Dibuja una recta numérica para mostrar $8 \times 1 = 8$.

2. Carlos tiene 6 platos. Hay 1 manzana y 0 uvas en cada plato. ¿Cuántas manzanas hay? ¿Cuántas uvas hay?

¿Cómo hacerlo?

Halla los productos en los Ejercicios **3** a **8.**

3. 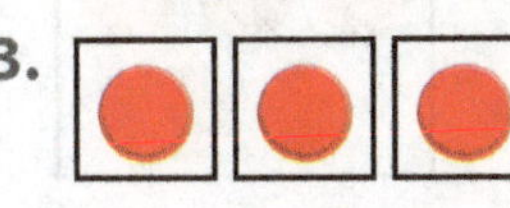

$3 \times 1 =$ ____

4. 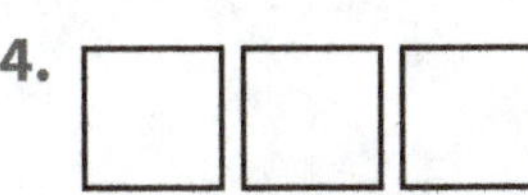

$3 \times 0 =$ ____

5. $1 \times 7 =$ ____

6. $5 \times 0 =$ ____

7. $\begin{array}{r} 4 \\ \times\ 0 \\ \hline \end{array}$

8. $\begin{array}{r} 2 \\ \times\ 1 \\ \hline \end{array}$

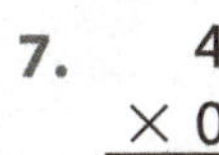

Puedes usar las propiedades de identidad y del cero de la multiplicación para hallar estos productos.

Práctica independiente

Halla los productos en los Ejercicios **9** a **15.**

9. $0 \times 4 =$ ____

10. $1 \times 6 =$ ____

11. $4 \times 1 =$ ____

12. $\begin{array}{r} 9 \\ \times\ 1 \\ \hline \end{array}$

13. $\begin{array}{r} 0 \\ \times\ 2 \\ \hline \end{array}$

14. $\begin{array}{r} 1 \\ \times\ 1 \\ \hline \end{array}$

15. $\begin{array}{r} 6 \\ \times\ 0 \\ \hline \end{array}$

En los Ejercicios **16** a **21,** escribe <, > o = en los ◯ para comparar.

16. 1×6 ◯ 8×0

17. 0×6 ◯ 6×0

18. 0×7 ◯ 5×1

19. 0×0 ◯ 0×9

20. 1×7 ◯ 5×1

21. 1×4 ◯ 4×1

**Puedes encontrar otro ejemplo en el Grupo C, página 99.*

Resolución de problemas

22. Evaluar el razonamiento Beto dibujó este modelo para mostrar que 5 grupos de 1 es lo mismo que 1 grupo de 5. ¿Tiene razón? Explica cómo lo sabes.

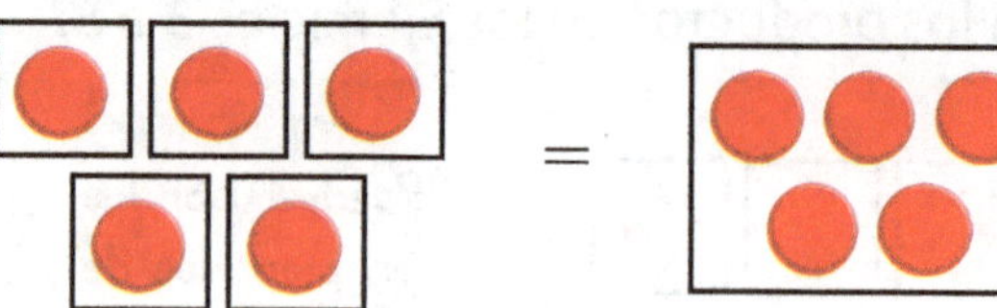

23. Entender y perseverar Un equipo de monociclos de relevos tiene 4 ciclistas. Cada ciclista tiene un monociclo. Si cada monociclo tiene 1 rueda, ¿cuántas ruedas tiene el equipo? ¿Qué propiedad de la multiplicación puedes usar para hallar la respuesta?

24. Los boletos para un concierto en la escuela son gratis para los estudiantes. El precio es $1 por adulto. ¿Cuál es el precio total de los boletos para 5 estudiantes?

25. Razonamiento de orden superior El producto de dos factores es 0. Uno de los factores es 0. ¿Puedes decir cuál es el otro factor? Explica tu respuesta.

26. Razonar Los estudiantes de la clase del tercer grado tienen un desfile de bicicletas. La clase de Bárbara tiene 18 bicicletas. La clase de Tim tiene algunas filas de bicicletas con 5 bicicletas en cada fila. La clase de Tim tiene más bicletas que la clase de Bárbara. ¿Cuántas filas de bicicletas puede tener la clase de Tim? Explícalo.

Evaluación

27. ¿Es correcta la ecuación? Marca *Sí* o *No*.

27a. $1 \times 4 = 1$ ○ Sí ○ No

27b. $4 \times 4 = 0$ ○ Sí ○ No

27c. $7 \times 1 = 7$ ○ Sí ○ No

27d. $0 \times 9 = 9$ ○ Sí ○ No

Copyright © Savvas Learning Company LLC. All Rights Reserved.

Nombre ______________________

Tarea y práctica 2-3

Usar propiedades: Multiplicar por 0 y 1

¡Revisemos!

El cero y el uno tienen propiedades de multiplicación especiales.

Propiedad de identidad (o del uno) de la multiplicación

Cuando multiplicas un número por 1, el producto es ese número.

Ejemplos:

$4 \times 1 = 4$ $\quad$ $16 \times 1 = 16$

$1 \times 9 = 9$ $\quad$ $13 \times 1 = 13$

$51 \times 1 = 51$ $\quad$ $1 \times 48 = 48$

Propiedad del cero de la multiplicación

Cuando multiplicas un número por 0, el producto es 0.

Ejemplos:

$5 \times 0 = 0$ $\quad$ $123 \times 0 = 0$

$17 \times 0 = 0$ $\quad$ $0 \times 58 = 0$

$0 \times 51 = 0$ $\quad$ $74 \times 0 = 0$

Haz un dibujo para representar la multiplicación y luego resuélvela en los Ejercicios **1** a **6**.

1. $1 \times 3 =$ ____ **2.** $0 \times 6 =$ ____ **3.** $9 \times 0 =$ ____

4. $5 \times 0 =$ ____ **5.** $1 \times 7 =$ ____ **6.** $0 \times 4 =$ ____

Halla los productos en los Ejercicios **7** a **10**.

7. 7×1 **8.** 8×0 **9.** 8×1 **10.** 10×0

Escribe <, > o = en los ◯ para comparar en los Ejercicios **11** a **13**.

11. 0×4 ◯ 0×4 **12.** 1×8 ◯ 6×1 **13.** 1×5 ◯ 5×1

14. Sentido numérico Ciro dice que el producto de 4×0 es el mismo que la suma de $4 + 0$. ¿Tiene razón? Explícalo.

15. Representar con modelos matemáticos Sara puso 7 cajas en su armario. Quiere guardar en cada caja un tipo diferente de concha de mar. Hasta ahora, hay 0 conchas de mar en cada caja. ¿Cuántas conchas de mar tiene Sara? Di qué matemáticas usaste para hallar la respuesta.

16. Bob hizo una pictografía de las canicas que él y sus amigos tienen. ¿Cuántas canicas más que Carla tiene Bob? Explica cómo hallaste la respuesta.

Canicas de amigos

Persona	Número de canicas
Bob	● ● ● ● ● ●
Mario	● ● ●
Carla	● ● ● ● ●

● = 1 canica

17. Razonar Carmen tiene 6 monedas. Pone la misma cantidad de monedas en cada uno de 3 sobres ¿Cuántas monedas puso Carmen en cada sobre?

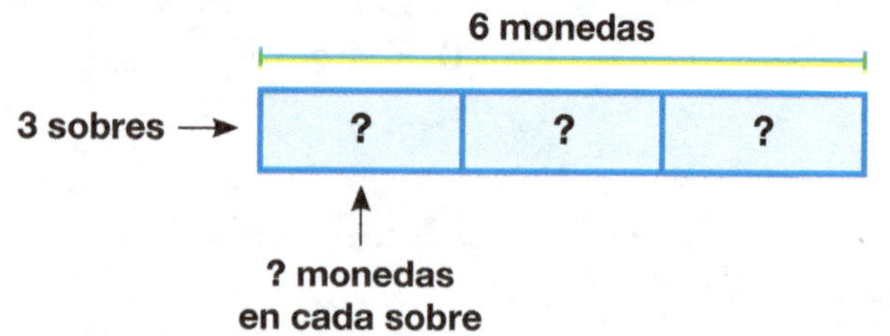

18. Razonamiento de orden superior El restaurante Chef Morgan tiene 24 mesas. Quince de las mesas tienen una flor en un pequeño jarrón. Las mesas restantes tienen 5 flores en cada jarrón. ¿Cuántas flores hay? Muestra cómo hallaste la respuesta.

Evaluación

19. ¿Puedes multiplicar los números de la izquierda del signo igual para conseguir el número de la derecha del signo igual? Marca *Sí* o *No.*

19a. $0 \times 2 = 0$ ○ Sí ○ No

19b. $1 \times 1 = 1$ ○ Sí ○ No

19c. $1 \times 4 = 5$ ○ Sí ○ No

19d. $5 \times 0 = 5$ ○ Sí ○ No

Copyright © Savvas Learning Company LLC. All Rights Reserved.

Nombre ______________________

Lección 2-4
Multiplicar por 10

Puedo...
usar patrones para multiplicar por 10.

También puedo hacer generalizaciones a partir de ejemplos.

Resuélvelo y coméntalo David corre 10 millas cada semana. ¿Cuántas millas correrá en 6 semanas? ¿En 7 semanas? ¿En 8 semanas? Describe los patrones que hallaste. ***Resuelve estos problemas de la manera que prefieras.***

¡Vuelve atrás! Buscar relaciones ¿Cómo se relacionan los patrones de la multiplicación por 10 y los patrones de la multiplicación por 5?

Aprende A-Z Glosario

Pregunta esencial ¿Cuáles son los patrones de los múltiplos de 10?

A

Greg se quiere entrenar para una carrera que tendrá lugar en 10 semanas. La tabla muestra su horario de entrenamiento. ¿Cuántas millas correrá Greg para entrenarse para la carrera?

Puedes usar patrones para hallar 10×10.

DATOS

Horario semanal de entrenamiento

Actividad	Millas
Nadar	4 millas
Correr	10 millas
Montar en bicicleta	9 millas

B

DATOS

Operaciones de multiplicación del 10

$0 \times 10 = 0$	$5 \times 10 = 50$
$1 \times 10 = 10$	$6 \times 10 = 60$
$2 \times 10 = 20$	$7 \times 10 = 70$
$3 \times 10 = 30$	$8 \times 10 = 80$
$4 \times 10 = 40$	$9 \times 10 = 90$
	$10 \times 10 = ?$

Usa patrones para hallar el producto.

- Escribe el factor que estás multiplicando por 10.
- Escribe un cero a la derecha de ese factor. Un múltiplo de 10 tendrá siempre un cero en el lugar de las unidades.

$10 \times 10 = 100$

Greg correrá 100 millas.

¡Convénceme! **Usar la estructura** ¿Cuántas millas nadará Greg en 10 semanas? Escribe una ecuación y explica cómo usas un patrón para hallar el producto.

Copyright © Savvas Learning Company LLC. All Rights Reserved.

Nombre

Amigo de práctica Herramientas Evaluación

Otro ejemplo

Puedes usar una recta numérica para hallar 3×10.

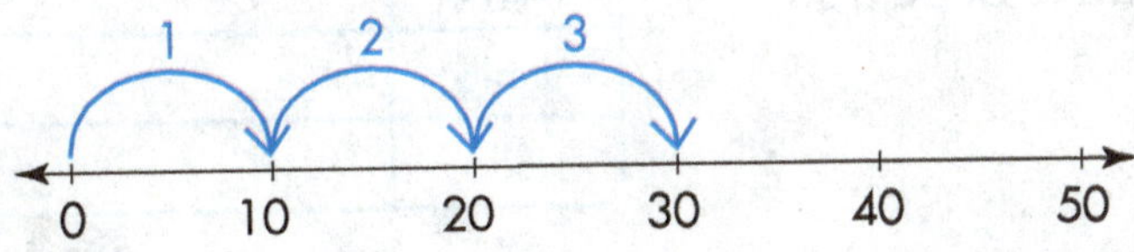

$3 \times 10 = 30$

Práctica guiada*

¿Lo entiendes?

1. **Razonar** ¿Es 91 un múltiplo de 10? Explícalo.

2. **Generalizar** Si multiplicas cualquier número de un dígito por 10, ¿qué escribes en el dígito de las decenas del producto?

¿Cómo hacerlo?

Halla los productos en los Ejercicios **3** a **6.**

3. $2 \times 10 =$ ____0

4. $6 \times 10 =$ ____0

5. $8 \times 10 =$ ____

6. $9 \times 10 =$ ____

Práctica independiente

Usa las rectas numéricas para ayudarte a hallar el producto en los Ejercicios **7** y **8.**

7. $1 \times 10 =$ ____

8. $5 \times 10 =$ ____

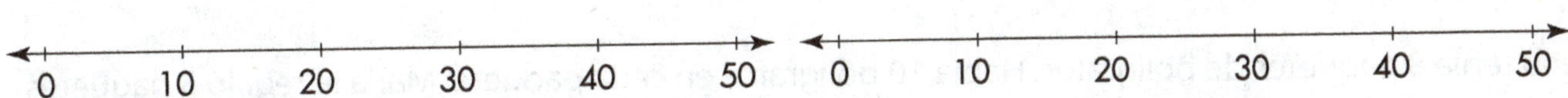

Halla el producto o factor que falta en los Ejercicios **9** a **14.**

9. $10 \times 2 =$ ____0

10. $9 \times 10 =$ ____0

11. $7 \times 10 =$ ____0

12. $3 \times 10 =$ ____

13. $5 \times$ ____ $= 50$

14. $80 = 10 \times$ ____

Puedes encontrar otro ejemplo en el Grupo D, página 100.

Resolución de problemas

15. Razonar Eduardo le pidió prestados $65 a su papá. Todos los meses, Eduardo le devuelve $12. Completa la tabla para hallar cuánto dinero Eduardo aún le debe a su papá después de 4 meses.

Mes	Cantidad que debe Eduardo
Abril	$65 − $12 = ____
Mayo	____ − $12 = ____
Junio	____ − ____ = ____
Julio	____ − ____ = ____

16. Representar con modelos matemáticos Kimmy compró 7 boletos para un concierto. Cada boleto cuesta $10. También pagó $5 por una tarifa de envío. Escribe ecuaciones para mostrar cuánto dinero gastó Kimmy en total.

17. Usar la estructura Escribe una ecuación de suma y una ecuación de multiplicación para la siguiente matriz.

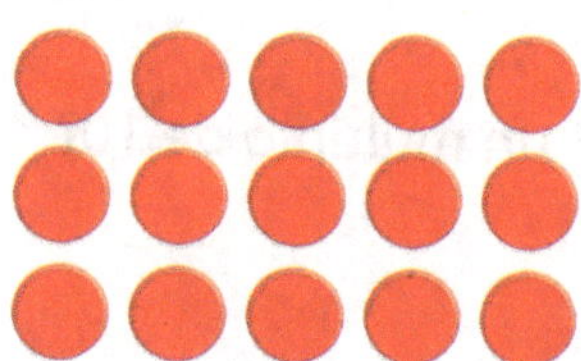

18. Usa la tabla para hallar cuántos jugos en total se compraron para un picnic escolar.

DATOS

Alimento	Cantidad de paquetes	Cantidad por paquete
Hot dogs	8	10
Panecillos	10	9
Jugos	7	10

Jugos: ____

19. Razonamiento de orden superior Observa la tabla que aparece en la parte superior de la página 80. Greg multiplicó 5×10 para saber cuántas millas más recorrió en bicicleta que las que nadó durante las 10 semanas. ¿Tiene sentido? ¿Por qué?

Evaluación

20. María tenía 8 paquetes de bolígrafos. Había 10 bolígrafos en cada paquete. María le regaló 5 paquetes a Ervin y 3 a Sara.

Parte A

¿Con cuántos bolígrafos empezó María?

Parte B

¿A quién le regaló María más bolígrafos a Ervin o a Sara? Explica cómo lo sabes.

Copyright © Savvas Learning Company LLC. All Rights Reserved.

Nombre ____________________

Tarea y práctica 2-4
Multiplicar por 10

¡Revisemos!

La tabla muestra operaciones de multiplicación del 10.

DATOS

Operaciones de multiplicación del 10	
$10 \times 0 = 0$	$10 \times 5 = 50$
$10 \times 1 = 10$	$10 \times 6 = 60$
$10 \times 2 = 20$	$10 \times 7 = 70$
$10 \times 3 = 30$	$10 \times 8 = 80$
$10 \times 4 = 40$	$10 \times 9 = 90$
	$10 \times 10 = 100$

Todos los múltiplos de 10 terminan en 0.

Halla 5×10.

Para hallar la respuesta, puedes usar una recta numérica o puedes escribir un cero después del 5.

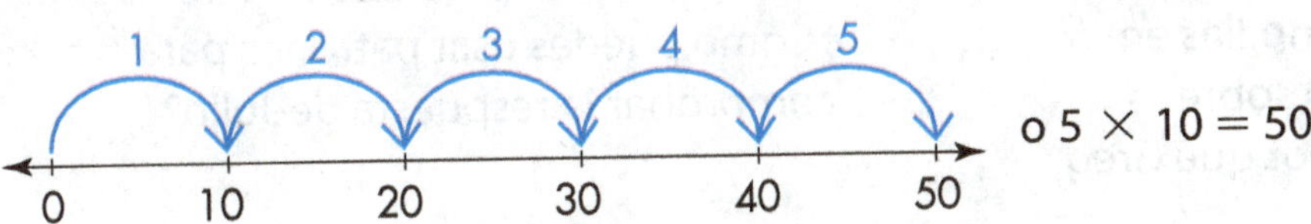

o $5 \times 10 = 50$

Usa las rectas numéricas para ayudarte a hallar el producto en los Ejercicios 1 y 2.

1. $2 \times 10 =$ ____

2. $4 \times 10 =$ ____

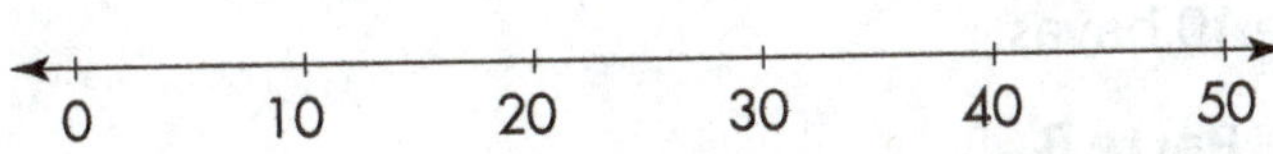

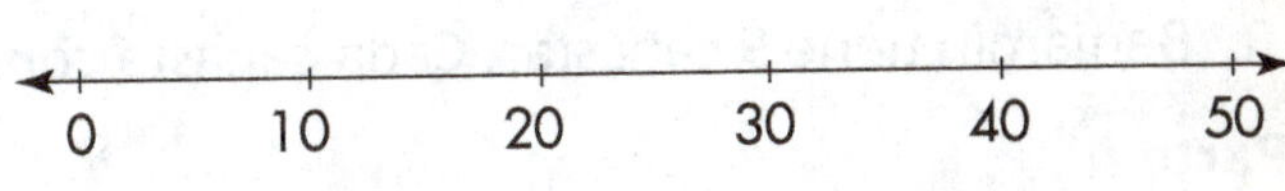

Halla los productos en los Ejercicios 3 a 12.

3. $10 \times 6 =$ ____

4. $10 \times 10 =$ ____

5. $0 \times 10 =$ ____

6. $1 \times 10 =$ ____

7. $10 \times 3 =$ ____

8. $9 \times 10 =$ ____

9. $\begin{array}{r} 10 \\ \times\ 1 \\ \hline \end{array}$

10. $\begin{array}{r} 10 \\ \times\ 3 \\ \hline \end{array}$

11. $\begin{array}{r} 10 \\ \times\ 8 \\ \hline \end{array}$

12. $\begin{array}{r} 10 \\ \times\ 7 \\ \hline \end{array}$

13. **Razonar** Juan hizo esta gráfica para mostrar cuántas respuestas incorrectas tuvieron los estudiantes en un examen. ¿Cuántos estudiantes tuvieron 3 respuestas incorrectas? ¿Cómo lo sabes?

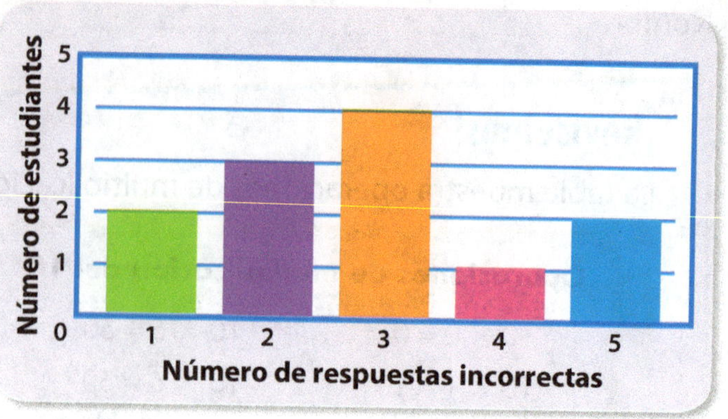

14. **Matemáticas y Ciencias** Julia observa un juego mecánico que da 10 vueltas por minuto. Dice que dará 40 vueltas en 4 minutos. ¿Tiene razón Julia? Explícalo.

15. **Vocabulario** Define *múltiplo de 10.* Da un ejemplo de un múltiplo de 10.

16. **Evaluar el razonamiento** Greg tiene 3 filas de estampillas con 10 estampillas en cada fila. Greg dice que hay 35 estampillas en total. Usa lo que has aprendido sobre múltiplos de 10 para explicar por qué Greg no tiene razón.

17. **Razonamiento de orden superior** Julio dice que el producto de 25×10 es 250. ¿Cómo puedes usar patrones para comprobar la respuesta de Julio?

Evaluación

18. Benjamín tiene 5 canastas. Cada canasta contiene 10 bayas.

Parte A

Explica cómo puedes hallar cuántas bayas tiene Benjamín.

Parte B

En cambio, si Benjamín tiene 10 canastas con 5 bayas en cada canasta, explica cómo puedes hallar cuántas bayas tiene.

Copyright © Savvas Learning Company LLC. All Rights Reserved.

Nombre ______________________

Resuelve

Lección 2-5

Operaciones de multiplicación: 0, 1, 2, 5, 9 y 10

Puedo...
usar operaciones básicas de multiplicación para resolver problemas.

También puedo escoger y usar una herramienta matemática para resolver problemas.

Resuélvelo y coméntalo Una compañía vende cajas de lápices de colores. Cada caja contiene 5 lápices. ¿Cúantos lápices hay en 5 cajas? ¿En 9 cajas? ¿En 10 cajas? Explica cómo hallaste las respuestas.

Número de cajas	1	5	9	10
Número de lápices de colores	5			

Puedes usar herramientas apropiadas para hacer una matriz que muestre la multiplicación.

¡Vuelve atrás! **Representar con modelos matemáticos** Otra compañía vende cajas que contienen 9 lápices de colores en cada caja. Si las cajas tienen 9 lápices cada una, ¿cómo cambiarías la manera en que resuelves el problema? ¿Cómo cambiaría tu respuesta?

¿Cómo usas las multiplicaciones para resolver problemas?

A

Brendan tiene práctica de tiro con arco. La diana muestra los puntos que anota al dar en una sección. ¿Cuántos puntos anotó Brendan por las flechas que dieron en el anillo negro? ¿Cuántos puntos anotó por las del anillo rojo?

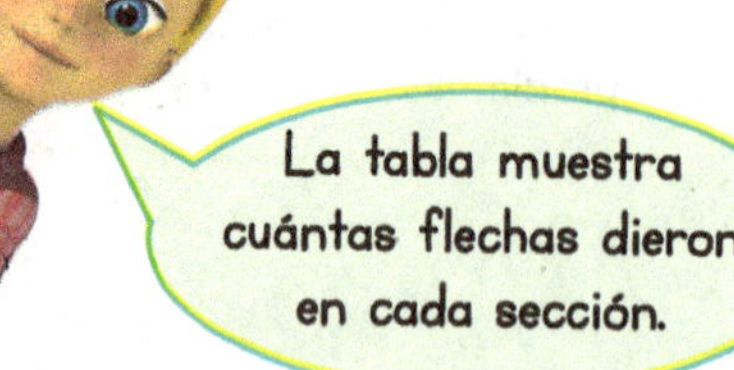

Sección de la diana	Número de flechas
10	3
9	4
5	9
2	8
1	7

B

8 flechas dieron en el anillo negro.

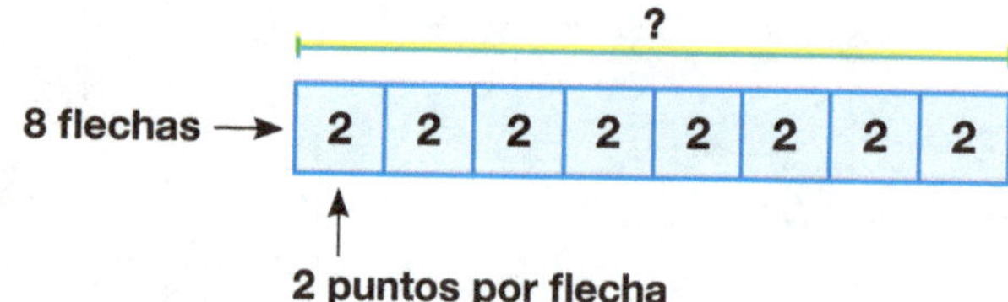

El diagrama de barras muestra 8 grupos iguales de 2. $8 \times 2 = 16$

Brendan anotó 16 puntos por las 8 flechas.

C

4 flechas dieron en el anillo rojo.

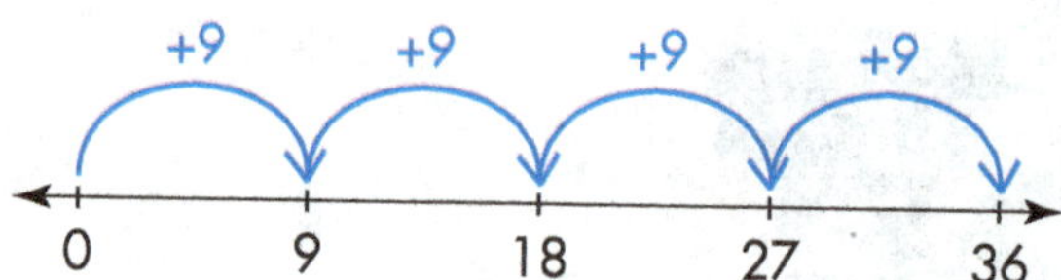

Cuenta de 9 en 9 y anota los conteos.
9, 18, 27, 36
$4 \times 9 = 36$

Brendan anotó 36 puntos por las 4 flechas.

¡Convénceme! **Hacerlo con precisión** ¿Cuántos puntos anotó Brendan por las flechas que dieron en el anillo amarillo? Explica cómo lo sabes.

Copyright © Savvas Learning Company LLC. All Rights Reserved.

Nombre ______

Amigo de práctica Herramientas Evaluación

Práctica guiada*

¿Lo entiendes?

1. ¿Cómo te puede ayudar saber que $5 \times 6 = 30$ para hallar 6×5?

2. ¿Cómo puedes hallar $8 + 8 + 8 + 8 + 8$ sin sumar?

¿Cómo hacerlo?

Halla los productos en los Ejercicios **3** a **9.**

3. $5 \times 9 =$ ____
4. $2 \times 1 =$ ____
5. $0 \times 10 =$ ____
6. $5 \times 4 =$ ____
7. 1×2
8. 2×7
9. ¿Cuánto es 4×9?

Práctica independiente

Halla los productos en los Ejercicios **10** a **26.**

10. $2 \times 5 =$ ____
11. $9 \times 0 =$ ____
12. $1 \times 4 =$ ____
13. ____ $= 6 \times 2$
14. $10 \times 6 =$ ____
15. ____ $= 7 \times 1$
16. 2×10
17. 2×1
18. 9×9
19. 7×2
20. 9×3
21. 0×7
22. 4×5
23. 5×7
24. ¿Cuánto es 1×1?
25. ¿Cuánto es 10×10?
26. ¿Cuánto es 3×9?

Puedes encontrar otro ejemplo en el Grupo E, página 100.

Resolución de problemas

27. **Evaluar el razonamiento** Arturo dice que 9×6 es menor que 10×4 porque 9 es menor que 10. ¿Estás de acuerdo con el razonamiento de Arturo? Explica por qué.

28. **Representar con modelos matemáticos** Victoria tiene 5 pares de zapatos. ¿Qué ecuación puede escribir Victoria para hallar cuántos zapatos tiene?

29. Muestra 7:50 en el reloj.

30. Robb tiene 35 fichas rojas y 39 fichas amarillas. Le da a su hermana 18 fichas rojas. ¿Cuántas fichas le quedan a Robb?

31. **Usar la estructura** Luis hizo una matriz con 4 filas y 9 columnas. Rashida hizo una matriz con 9 filas y 4 columnas? ¿De quién es la matriz con más objetos? Explícalo.

32. **Razonamiento de orden superior** Mira la tabla de la página 86. Piensa en lo que sabes sobre los puntos de Brendan. ¿Cuál fue el puntaje total que Brendan anotó?

Evaluación

33. Traza líneas para emparejar los pares de factores de la izquierda con su producto de la derecha.

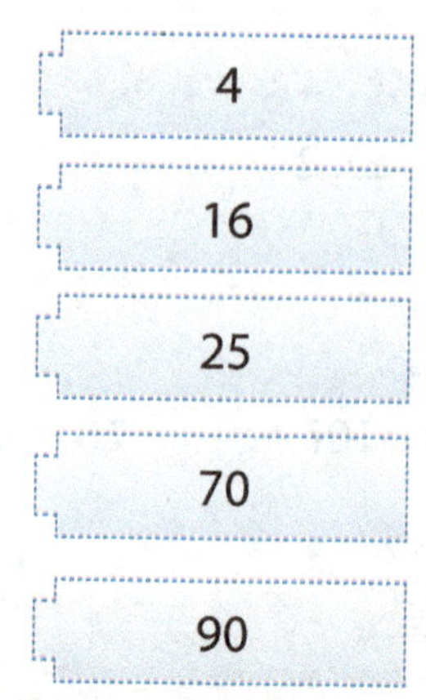

Piensa en las diferentes maneras en que sabes hallar operaciones de multiplicación.

Copyright © Savvas Learning Company LLC. All Rights Reserved.

Nombre ______________________

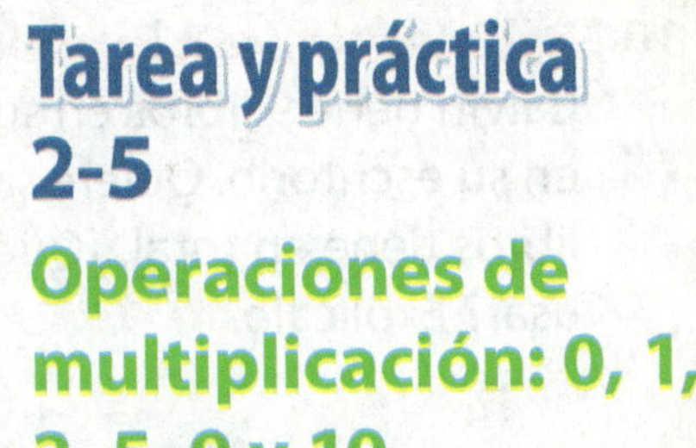

Tarea y práctica 2-5

Operaciones de multiplicación: 0, 1, 2, 5, 9 y 10

¡Revisemos!

¿Cuántas manzanas hay en 5 canastas con 3 manzanas cada una?

5 grupos de 3 y 3 grupos de 5, los dos grupos tienen la misma cantidad de objetos. $5 \times 3 = 3 \times 5$

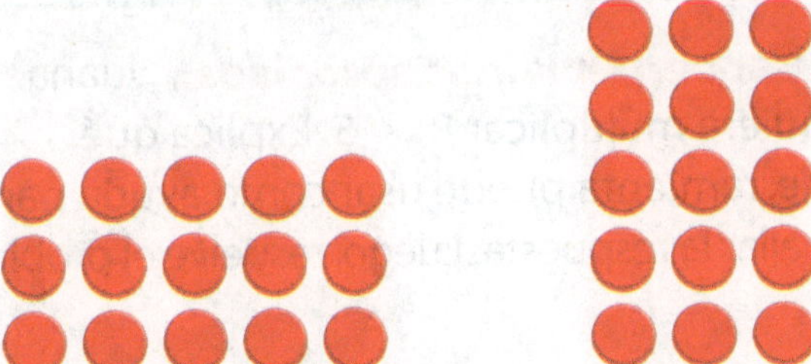

Usa un patrón para multiplicar por 5.

5, 10, 15
$3 \times 5 = 15$
También, $5 \times 3 = 15$.

Puedes multiplicar los números en cualquier orden y el producto será igual.

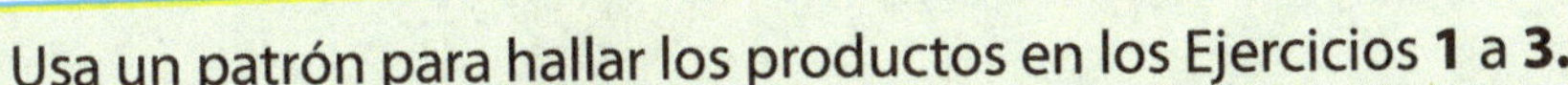

Usa un patrón para hallar los productos en los Ejercicios **1** a **3**.

1. 7×2 2, 4, ____, ____, ____, ____, ____

$7 \times 2 =$ ____

2. 10×5 ____, ____, ____, ____, ____, ____, ____, ____, ____, ____

$10 \times 5 =$ ____

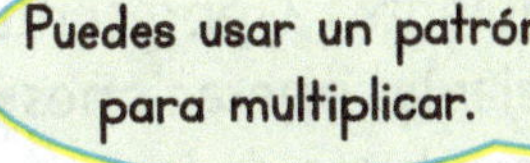

3. 5×10 ____, ____, ____, ____, ____

$5 \times 10 =$ ____

Halla los productos en los Ejercicios **4** a **9**.

4. $2 \times 9 =$ ____

5. $5 \times 8 =$ ____

6. ____ $= 3 \times 2$

7. $9 \times 1 =$ ____

8. ____ $= 10 \times 10$

9. $0 \times 0 =$ ____

10. **Representar con modelos matemáticos** Calvin tiene 9 libros en su librero y 3 libros en su escritorio. Quiere saber cuántos libros tiene en total. ¿Qué operación debe usar? Explícalo.

11. Ginger encontró 3 monedas de 25¢, 2 monedas de 10¢ y 3 monedas de 1¢. ¿Cuánto dinero encontró?

12. **Hacerlo con precisión** Norris escribió la ecuación $7 \times 9 = 63$. Bety escribió la ecuación $7 \times 9 = 9 \times 7$. ¿Quién escribió una ecuación correcta? Explícalo.

13. **Usar herramientas apropiadas** Juana quiere multiplicar 8×5. Explica qué herramienta puede usar como ayuda para hallar la respuesta. Luego, resuelve el problema.

14. **Razonamiento de orden superior** La Sra. Osorio está organizando una fiesta. A cada adulto se le darán 2 vasos y a cada niño se le dará 1 vaso. ¿Cuántos vasos necesita tener la Sra. Osorio? Muestra tu trabajo.

DATOS

Invitados a la fiesta

Adultos	8
Niños	5

Evaluación

15. Cada una de las siguientes ? representa un factor entre 1 y 9. Dibuja líneas rectas para emparejar las operaciones de multiplicación de la izquierda con un patrón para su producto de la derecha.

$? \times 0$	0 en el lugar de las unidades
$? \times 1$	0 o 5 en el lugar de las unidades
$? \times 2$	0, 2, 4, 6 u 8 en el lugar de las unidades
$? \times 5$	El otro factor en el lugar de las unidades
$? \times 9$	1 menos que el factor desconocido en el lugar de las decenas

Copyright © Savvas Learning Company LLC. All Rights Reserved.

Nombre ___________________________

Resuélvelo y coméntalo

Sam compró un hámster que costó $10 en la tienda de mascotas. También compró 5 ratoncitos a $4 cada uno. ¿Cuánto gastó Sam en total? ***Escribe para explicar las matemáticas que usaste para resolver el problema.***

Resolución de problemas

Lección 2-6

Representar con modelos matemáticos

Puedo...
usar lo que sé de matemáticas para resolver problemas.

También puedo usar la multiplicación para resolver problemas.

Hábitos de razonamiento

¡Razona correctamente! Estas preguntas te pueden ayudar.

- ¿Cómo puedo usar lo que sé de matemáticas para resolver este problema?
- ¿Cómo puedo usar dibujos, objetos y ecuaciones para representar el problema?
- ¿Cómo puedo usar números, palabras y símbolos para resolver este problema?

¡Vuelve atrás! **Representar con modelos matemáticos** ¿Cómo cambiaría tu respuesta al anterior problema si Sam solo compra 4 ratoncitos?

Aprende

Glosario

Pregunta esencial

¿Cómo puedes representar con modelos matemáticos?

A

Keisha compró 2 yardas de fieltro para hacer títeres. Tanya compró 6 yardas de fieltro. Cada yarda de fieltro cuesta lo mismo. ¿Cuánto gastaron las niñas en total?

¿Qué necesito usar de matemáticas para resolver este problema?

Necesito mostrar lo que sé y luego, escoger las operaciones que sean necesarias.

B

¿Cómo puedo representar con modelos matemáticos?

Puedo

- usar lo que sé de matemáticas para resolver el problema.
- hallar y responder a preguntas escondidas.
- usar diagramas y ecuaciones para representar y resolver este problema.

C

Este es mi razonamiento...

Usaré diagramas de barras y ecuaciones.

La pregunta escondida es: ¿Cuántas yardas de fieltro compraron las niñas?

? yardas

2 yardas	6 yardas

$2 + 6 = ?$

$2 + 6 = 8$. Las niñas compraron 8 yardas de fieltro.

Por tanto, necesito hallar el costo de 8 yardas a $2 por yarda.

? costo total

$2	$2	$2	$2	$2	$2	$2	$2

$8 \times \$2 = \$16$

$8 \times \$2 = \$16$. Las niñas gastaron $16.

¡Convénceme! **Representar con modelos matemáticos** Usa estas rectas numéricas para mostrar otra manera de representar el anterior problema.

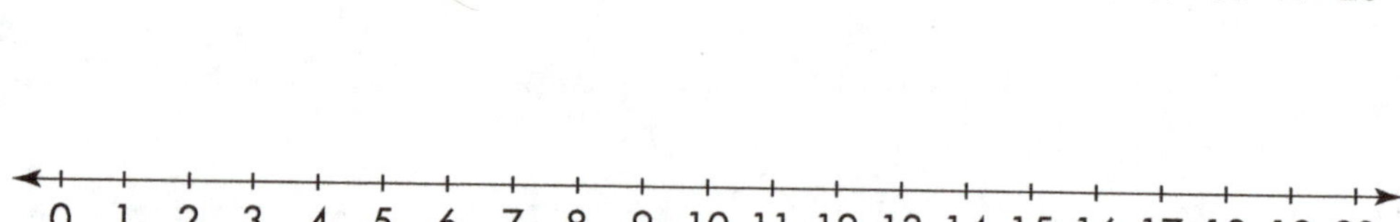

Copyright © Savvas Learning Company LLC. All Rights Reserved.

Nombre ______________________

Práctica guiada*

Representar con modelos matemáticos
Un paquete de chicles contiene 5 chicles. Pablo tenía 7 paquetes de chicles, pero se le perdieron 2 chicles. ¿Cuántas chicles tiene Pablo ahora?

1. ¿Cuál es la pregunta escondida que necesitas responder antes de que puedas resolver el problema?

2. Resuelve el problema. Completa los diagramas de barras. Muestra las ecuaciones que usaste.

Un paquete ___

Los paquetes de Pablo ___ ___ ___ ___ ___ ___ ___

? chicles

___ chicles

? | ___

Práctica independiente

Representar con modelos matemáticos
Julia compró 4 boletos. Alicia compró 5 boletos. Los boletos cuestan $2 cada uno. ¿Cuánto gastaron las niñas en total en los boletos?

3. ¿Cuál es la pregunta escondida que necesitas responder antes de que puedas resolver el problema?

4. Resuelve el problema. Completa los diagramas de barras. Muestra las ecuaciones que usaste.

5. ¿Cómo cambiarían las ecuaciones si Alicia compra solo 3 boletos? Explícalo.

*Puedes encontrar otro ejemplo en el Grupo F, página 100.

Resolución de problemas

Evaluación del rendimiento

En la cafetería

David y Juan están comprando café para sus amigos.
David compra 10 cafés grandes.
Juan compra 4 cafés grandes menos que David.
Juan paga su compra con un billete de $50.
Juan quiere saber cuánto gastó en café.

DATOS

Precios del café	
Tamaño	**Costo**
Pequeño	$2
Mediano	$4
Grande	$5

6. **Entender y perseverar** ¿Cuál es un buen plan para hallar cuánto gastó Juan en café?

7. **Representar con modelos matemáticos** Halla cuánto gastó Juan en café. Completa los diagramas de barras. Muestra las ecuaciones que usaste.

8. **Evaluar el razonamiento** Jaime dice que la ecuación $0 \times \$2 = \$0$ muestra cuánto gastó Juan en comprar cafés pequeños. ¿Tiene razón? Explícalo.

9. **Razonar** ¿Tendrá David suficiente dinero si paga su pedido con un billete de $20? Explícalo.

Representa con modelos matemáticos. Piensa en lo que sabes de matemáticas para resolver el problema.

Copyright © Savvas Learning Company LLC. All Rights Reserved.

Nombre ______________________________

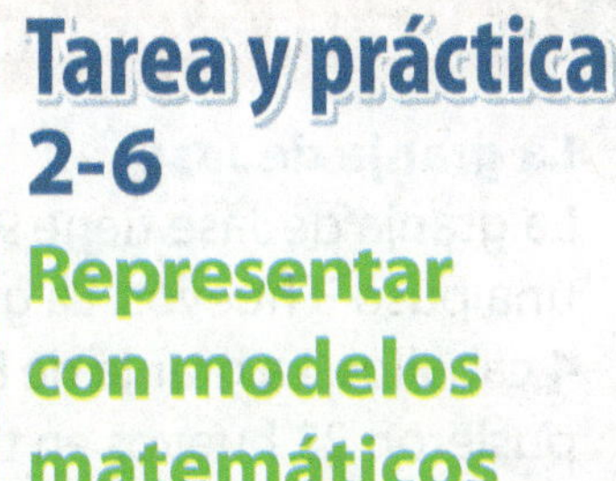

¡Revisemos!

Raúl tiene 6 bolsas. Coloca 2 canicas de color rojo, 3 de color amarillo y 4 de color azul en cada bolsa. ¿Cuántas canicas en total tiene Raúl?

Explica cómo puedes usar lo que sabes de matemáticas para resolver el problema.

- Puedo hallar y responder las preguntas escondidas.
- Puedo usar diagramas de barras y ecuaciones para representar y resolver el problema.

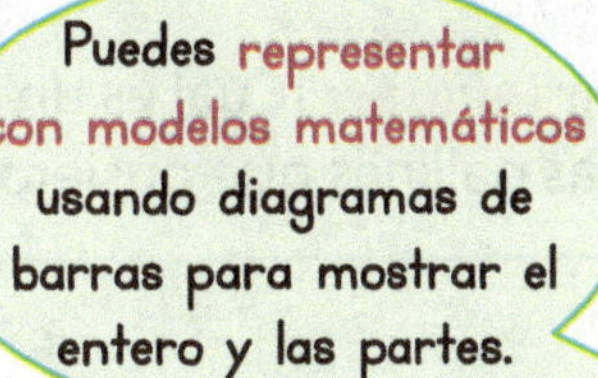

Resuelve el problema.

Halla la pregunta escondida:
¿Cuántas canicas hay en cada bolsa?

? canicas en cada bolsa

2	3	4

$2 + 3 + 4 = 9$ canicas en cada bolsa.

Usa la respuesta para resolver el problema.

? canicas

9	9	9	9	9	9

$6 \times 9 = 54$ canicas en total.

Representar con modelos matemáticos

Paul tiene 7 pilas de tarjetas de deportes. Hay 3 tarjetas de básquetbol, 3 de futbol americano y 4 de beisbol en cada pila. ¿Cuántas tarjetas de deportes en total tiene Paul?

1. Explica cómo puedes usar lo que sabes de matemáticas para resolver el problema.

2. ¿Cuál es la pregunta escondida a la que tienes que responder antes de que puedas resolver el problema?

3. Resuelve el problema. Completa los diagramas de barras. Muestra las ecuaciones que usaste.

? tarjetas de deportes en cada pila

___	___	___

? tarjetas de deportes

___	___	___	___	___	___	___

Evaluación del rendimiento

La granja de Jase

La granja de Jase tiene 9 gallinas y cada una puso 3 huevos. La granja de Jase tiene 4 caballos. La granja de Edna tiene gallinas que pusieron 23 huevos en total. Jase se pregunta de quién son las gallinas que pusieron más huevos.

? huevos de gallina en total

La granja de Jase	3	3	3	3	3	3	3	3	3

4. **Entender y perseverar** ¿Cúal es un buen plan para averiguar de quién son las gallinas que pusieron más huevos?

5. **Razonar** ¿Qué observas en los números que se muestran en el diagrama de barras de arriba?

6. **Representar con modelos matemáticos** Usa ecuaciones para mostrar si las gallinas de Jase o si las de Edna pusieron más huevos. ¿Cuántos huevos más pusieron esas gallinas?

7. **Usar herramientas apropiadas** Lucio dice que puede usar fichas para representar el número de huevos que pusieron. Explica cómo puede Lucio hacerlo para averiguar de quién son las gallinas que pusieron más huevos.

Representa con modelos matemáticos. Cuando escribes ecuaciones, piensa en qué operaciones puedes usar.

Copyright © Savvas Learning Company LLC. All Rights Reserved.

Nombre ______________________________

TEMA 2

Actividad de práctica de fluidez

Busca un compañero. Necesitas papel y lápiz. Cada uno escoge un color diferente: celeste o azul.

El Compañero 1 y el Compañero 2 apuntan a uno de los números negros al mismo tiempo. Ambos suman esos números.

Si la respuesta está en el color que escogiste, puedes anotar una marca de conteo. Sigan la actividad hasta que uno de los compañeros tenga siete marcas de conteo.

Puedo...
sumar hasta 100.

Compañero 1

55
23
37
12
41

80	54	94	36
62	25	41	57
76	30	100	82
86	50	73	68
49	67	38	63
59	81	55	51

Compañero 2

13
45
39
26
18

Marcas de conteo del Compañero 1

Marcas de conteo del Compañero 2

Repaso del vocabulario

A-Z Glosario

Lista de palabras

- diagrama de barras
- factor
- multiplicación
- múltiplos
- producto
- propiedad de identidad (o del uno) de la multiplicación
- propiedad del cero de la multiplicación

Comprender el vocabulario

Encierra en un círculo todas las respuestas correctas.

1. Encierra en un círculo cada número que es un *producto*.

   $4 \times 6 = 24$ $7 \times 3 = 21$ $8 \div 4 = 2$

2. Encierra en un círculo cada ejemplo de la *propiedad de identidad de la multiplicación*.

   $2 \times 2 = 4$ $5 \times 0 = 0$ $1 \times 6 = 6$

3. Encierra en un círculo cada ejemplo de la *propiedad del cero de la multiplicación*.

   $1 \times 0 = 0$ $0 \times 9 = 0$ $2 \times 5 = 10$

4. Encierra en un círculo cada ecuación que muestra una *multiplicación*.

   $5 + 6 = 11$ $4 \times 4 = 16$ $17 - 12 = 5$ $16 \div 2 = 8$

5. Encierra en un círculo cada número que es un *múltiplo* de 9.

   16 9 28 27 19 36 18 39

Escribe *V* si el enunciado es *verdadero* o *F* si es *falso*.

__________ 6. El número 14 es un *múltiplo* de 4.

__________ 7. La *propiedad de identidad de la multiplicación* dice que cualquier número multiplicado por 1 es igual a ese número.

__________ 8. Se puede usar un *diagrama de barras* para mostrar 3×6.

Usar el vocabulario al escribir

9. Explica cómo puedes hallar el producto de 4×2 y el producto de 8×2. Usa por lo menos 3 términos de la Lista de palabras en tu explicación.

Copyright © Savvas Learning Company LLC. All Rights Reserved.

Nombre ______________________________

TEMA 2

Refuerzo

Grupo A páginas 61 a 66

Halla 6 × 2.

Cuenta salteado. Dibuja 6 flechas curvas en una recta numérica. Cada flecha debe tener 2 unidades de ancho.

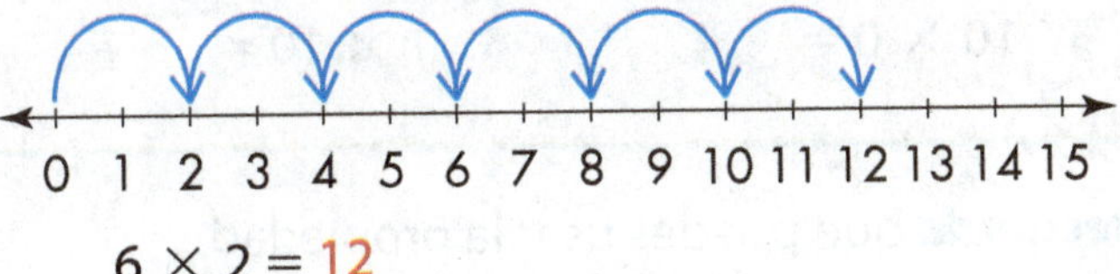

6 × 2 = 12

Halla 6 × 5.

Usa un patrón. Cuenta de cinco en cinco. El sexto número del patrón es el producto.

5, 10, 15, 20, 25, 30

6 × 5 = 30

Recuerda que los múltiplos de 2 terminan en 0, 2, 4, 6 u 8. Los múltiplos de 5 terminan en 0 o en 5.

1. 2 × 3 = ____
2. 5 × 3 = ____
3. 5 × 5 = ____
4. 2 × 6 = ____
5. 8 × 2 = ____
6. 7 × 5 = ____
7. $\begin{array}{r} 2 \\ \times\ 2 \\ \hline \end{array}$
8. $\begin{array}{r} 7 \\ \times\ 2 \\ \hline \end{array}$
9. $\begin{array}{r} 8 \\ \times\ 5 \\ \hline \end{array}$
10. $\begin{array}{r} 9 \\ \times\ 5 \\ \hline \end{array}$

Grupo B páginas 67 a 72

Halla 9 × 4.

Haz una lista con operaciones de multiplicación del 9.

9 × 1 = 9
9 × 2 = 18
9 × 3 = 27
9 × 4 = 36

Recuerda que los dígitos de los productos de 9 forman un patrón.

1. 9 × 5 = ____
2. 9 × 7 = ____
3. 6 × 9 = ____
4. 8 × 9 = ____
5. 9 × 9 = ____
6. 9 × 0 = ____

Grupo C páginas 73 a 78

Halla 0 × 7.

Propiedad del cero de la multiplicación: Cuando multiplicas un número por 0, el producto es 0.

0 × 7 = 0

Halla 1 × 7.

Propiedad de identidad (o del uno) de la multiplicación: Cuando multiplicas un número por 1, el producto es ese número.

1 × 7 = 7

Recuerda que el producto de 0 y cualquier otro número es 0. Cuando multiplicas un número por 1, el producto es ese mismo número.

1. 0 × 4 = ____
2. 1 × 9 = ____
3. 0 × 9 = ____
4. 1 × 6 = ____
5. 10 × 0 = ____
6. 9 × 0 = ____
7. 3 × 1 = ____
8. 8 × 1 = ____
9. 0 × 2 = ____
10. 1 × 0 = ____

Grupo D páginas 79 a 84

Halla 10 × 6.

Cuando multiplicas un número por 10, escribes un cero a la derecha del número.

10 × 6 = 60

Recuerda que cuando un número se multiplica por 10, el producto tiene un cero en el lugar de las unidades.

1. 10 × 7 = ____ **2.** 10 × 10 = ____

3. 3 × 10 = ____ **4.** 9 × 10 = ____

5. 10 × 0 = ____ **6.** 1 × 10 = ____

Grupo E páginas 85 a 90

Halla 5 × 10.

Hay muchos patrones y propiedades que puedes usar para multiplicar.

Cuenta salteado con operaciones del 5:
5, 10, 15, 20, 25, 30, 35, 40, 45, 50

Usa un patrón con operaciones del 10:
Escribe un 0 después del 5: 50

El producto es el mismo:
5 × 10 = 50

Recuerda que puedes usar la propiedad conmutativa de la multiplicación para multiplicar 2 factores en cualquier orden.

1. 5 × 9 = ____ **2.** 0 × 6 = ____

3. 10 × 3 = ____ **4.** 8 × 1 = ____

5. 7 × 2 = ____ **6.** 9 × 6 = ____

Grupo F páginas 91 a 96

Piensa en estas preguntas para ayudarte a **representar con modelos matemáticos**.

Hábitos de razonamiento

- ¿Cómo puedo usar lo que sé de matemáticas para resolver el problema?
- ¿Cómo puedo usar dibujos, objetos y ecuaciones para representar el problema?
- ¿Cómo puedo usar números, palabras y símbolos para resolver este problema?

Recuerda que las representaciones pueden ayudarte a aplicar las matemáticas que sabes.

Hugo tiene 5 monedas de 10¢ en el bolsillo izquierdo. Tiene 3 monedas de 10¢ en el bolsillo derecho. Una moneda de 10¢ tiene un valor de 10 centavos. ¿Cuánto dinero tiene Hugo?

1. Dibuja un diagrama de barras como ayuda para responder a la pregunta escondida.

2. Dibuja un diagrama de barras como ayuda para responder a la pregunta principal.

Copyright © Savvas Learning Company LLC. All Rights Reserved.

Nombre ____________________

1. Un edificio tiene 9 filas de buzones. Hay 6 buzones en cada fila. ¿Cuántos buzones hay?

2. Los boletos para un espectáculo de malabarismo cuestan \$5 por cada adulto y \$2 por cada niño. 4 adultos y 3 niños van a ver el espectáculo. ¿Cuánto cuestan en total los boletos?

Parte A

Identifica las preguntas escondidas.

Parte B

Dibuja diagramas de barras para este problema. Muestra las ecuaciones que usaste.

3. El Sr. Blonski escribió cinco ecuaciones en el pizarrón. ¿Cuáles son las ecuaciones que escribió correctamente? Escoge todas las que apliquen.

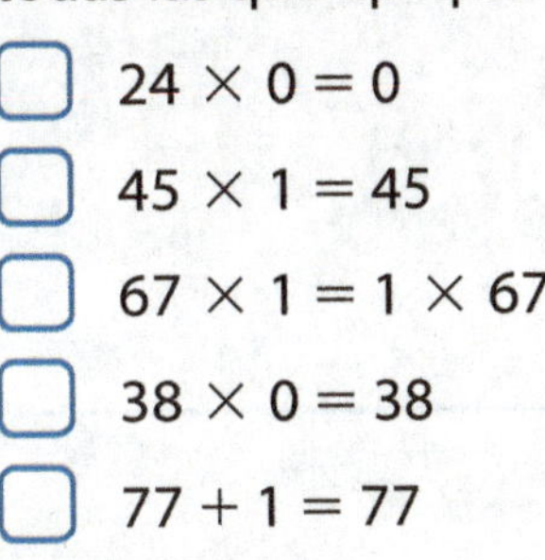

- ☐ $24 \times 0 = 0$
- ☐ $45 \times 1 = 45$
- ☐ $67 \times 1 = 1 \times 67$
- ☐ $38 \times 0 = 38$
- ☐ $77 + 1 = 77$

4. Marcos está pensando en un número que es múltiplo de 9. ¿Cuál de las siguientes opciones puede ser el número de Marcos? Escoge todas las que apliquen.

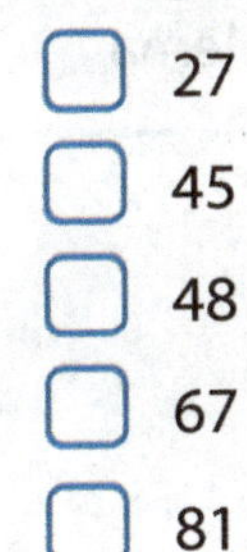

- ☐ 27
- ☐ 45
- ☐ 48
- ☐ 67
- ☐ 81

5. Alex tiene 5 monedas de 10¢ en el bolsillo. ¿Cuánto dinero tiene Alex?

6. Escoge el producto que es mayor.

- Ⓐ 9×1
- Ⓑ 10×0
- Ⓒ 2×3
- Ⓓ 5×2

7. Benjamín dice que una matriz con 2 filas y 5 columnas tiene 8 objetos. ¿Es razonable? Explica por qué.

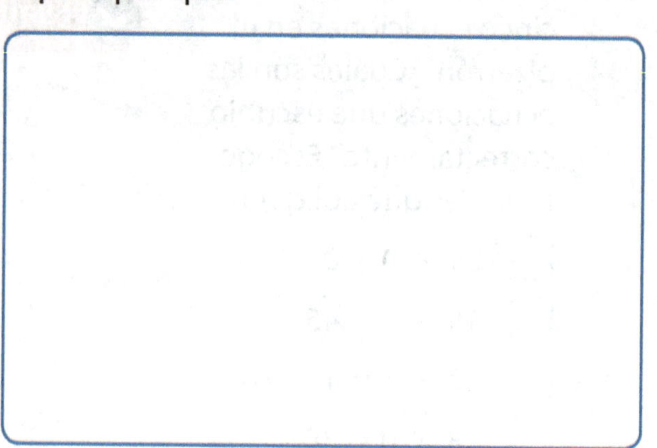

8. Gaby tiene 4 jaulas para pájaros. Tiene 5 pájaros en cada jaula. Luego, Gaby compra otra jaula. Pone la misma cantidad de pájaros en la jaula nueva. ¿Cuántos pájaros tiene Gaby ahora? Usa un diagrama de barras para representar el problema.

9. En un grupo de bloques hay 4 tipos diferentes de bloques. Hay 10 bloques de cada tipo. ¿Cuántos bloques hay en el grupo?

Ⓐ 14 bloques

Ⓑ 30 bloques

Ⓒ 40 bloques

Ⓓ 44 bloques

10. Traza líneas para emparejar las expresiones que son iguales.

2×0	2
2×1	3×0
2×3	3×2

11. Ed está pensando en un número que es múltiplo de 2 y de 5. En las Preguntas 11a a 11d, escoge *Sí* o *No* para indicar si el número puede ser el número que está pensando Ed.

11a. 15 ○ Sí ○ No

11b. 20 ○ Sí ○ No

11c. 25 ○ Sí ○ No

11d. 30 ○ Sí ○ No

12. Dora tiene 2 plátanos. Corta cada plátano en 8 rebanadas. ¿Cuántas rebanadas de plátano tiene Dora?

13. Isabel tiene $45 para comprar camisas. Todas las camisas de la tienda están en oferta a $10 cada una. ¿Cuántas camisas puede comprar Isabel? Explica qué cálculo usaste.

Copyright © Savvas Learning Company LLC. All Rights Reserved.

Nombre ______________________________

TEMA 2

Evaluación del rendimiento

Venta de tarjetas

Un equipo de futbol vende cajas de tarjetas para recaudar fondos. Hay cajas de tarjetas pequeñas, medianas y grandes. El equipo gana una cantidad diferente por cada tipo de tarjeta.

Cajas vendidas

- El lunes, Will vendió 4 cajas de tarjetas grandes.
- El miércoles, María vendió 6 cajas de tarjetas pequeñas y 3 cajas de tarjetas grandes.

Venta de cajas de tarjetas

Tipo de tarjeta	Cantidad ganada por caja
Caja de tarjetas pequeñas	$1
Caja de tarjetas medianas	$2
Caja de tarjetas grandes	$5

Usa la tabla de **Venta de cajas de tarjetas** y la lista de **Cajas vendidas** para responder a las Preguntas 1 y 2.

1. ¿Cuánto dinero ganó Will? Escribe una ecuación de multiplicación para resolverlo.

2. Completa la tabla para hallar la cantidad que María ganó por cada tipo de tarjeta.

Tipo de tarjeta	Número de cajas vendidas	Cantidad ganada por caja	Cantidad total ganada
pequeña			
mediana			
grande			

Usa la tabla de **Venta de cajas de tarjetas** para responder a la Pregunta 3.

3. Durante 7 días Logan vendió una caja de tarjetas medianas por día. ¿Cuánto ganó Logan? Escribe una representación del problema.

Cajas compradas

- La Sra. Carlson compra 1 caja de tarjetas medianas.
- El Sr. Choi compra 6 cajas de tarjetas pequeñas.
- La Sra. Willis compra 7 cajas de tarjetas medianas y 9 cajas de tarjetas grandes.

Usa la tabla de **Tarjetas por caja** y la lista de **Cajas compradas** para responder a las Preguntas 4 a 6.

Tarjetas por caja

Tipo de tarjeta	Cantidad de tarjetas
Caja de tarjetas pequeñas	5
Caja de tarjetas medianas	9
Caja de tarjetas grandes	10

4. Parte A

¿Cúantas tarjetas compra el Sr. Choi?

Parte B

¿De qué otra manera puede comprar el Sr. Choi la misma cantidad de tarjetas?

5. ¿Hay otra manera para que la Sra. Carlson compre la misma cantidad de tarjetas? Explícalo.

6. Completa la tabla para hallar la cantidad de tarjetas que la Sra. Willis compra de cada tipo de tarjeta.

Tipo de tarjeta	Cantidad de cajas compradas	Cantidad de tarjetas por caja	Cantidad total de tarjetas
pequeña			
mediana			
grande			

Copyright © Savvas Learning Company LLC. All Rights Reserved.

Usar propiedades: Operaciones de multiplicación con 3, 4, 6, 7, 8

Pregunta esencial: ¿Cómo se pueden hallar operaciones de multiplicación desconocidas usando operaciones conocidas?

Las flores heredan su color. Obtienen el color de las plantas progenitoras.

¡Las rosas de mi mamá son amarillas! Este es un proyecto sobre las características de los organismos, la multiplicación y las ecuaciones.

Proyecto de Matemáticas y Ciencias: Características heredadas

Investigar Algunas características de los organismos son heredadas. Las características se transmiten de generación en generación. En las flores, una característica heredada es el color. Usa la Internet u otras fuentes para hacer una lista de otras características que las flores heredan de las plantas progenitoras.

Diario: Escribir un informe Incluye en tu informe lo que averiguaste, y también:

- compara tu lista con las listas de características hechas por otros estudiantes de tu clase. Incluye en tu lista características que otros estudiantes encontraron.
- dibuja flores o animales con características similares en una matriz. Muestra cómo puedes descomponer la matriz y usar operaciones de multiplicación para hallar el número total.

Nombre ______________________________

Repasa lo que sabes

Vocabulario

Escoge el mejor término del recuadro y escríbelo en el espacio en blanco.

- contar salteado
- La propiedad conmutativa (de orden) de la multiplicación
- La propiedad de identidad (del uno) de la multiplicación
- La propiedad del cero en la multiplicación

1. Según la ______________________, el producto de cualquier número y cero es cero.

2. Según la ______________________, el producto de cualquier número y 1 es ese número.

3. Según la ______________________, puedes multiplicar factores en cualquier orden y el producto será el mismo.

Multiplicar

Usa la multiplicación para resolverlas.

4. $10 \times 1 =$ ____

5. $2 \times 10 =$ ____

6. $0 \times 5 =$ ____

7. $9 \times 5 =$ ____

8. $2 \times 7 =$ ____

9. $1 \times 8 =$ ____

10. $5 \times 7 = ?$

Ⓐ $7 + 5$

Ⓑ $5 + 7$

Ⓒ 7×5

Ⓓ $7 \div 5$

Sumar números de dos dígitos

Halla las sumas.

11. $16 + 12 =$ ____

12. $21 + 14 =$ ____

13. $24 + 12 =$ ____

Matrices

14. ¿Cómo puedes representar 6×3 usando una matriz? Dibuja una matriz y explica cómo usarla para hallar el producto.

Copyright © Savvas Learning Company LLC. All Rights Reserved.

A-Z Glosario

Mis tarjetas de palabras

Usa los ejemplos de las palabras de las tarjetas para ayudarte a completar las definiciones que están al reverso.

Propiedad distributiva

$7 \times 4 = (5 \times 4) + (2 \times 4)$

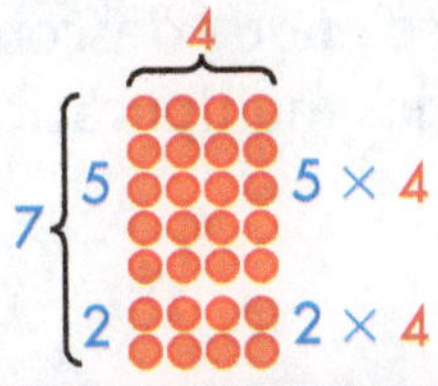

Propiedad asociativa (o de agrupación) de la multiplicación

$(3 \times 2) \times 4 = 24$

$3 \times (2 \times 4) = 24$

$(3 \times 2) \times 4 = 3 \times (2 \times 4)$

Mis tarjetas de palabras

Completa cada definición. Para ampliar lo que aprendiste, escribe tus propias definiciones.

Según la ______________________

____

____

______________________, puedes cambiar la agrupación de los factores y el producto será el mismo.

Según la ______________________

______________________, una multiplicación se puede descomponer en la suma de otras dos multiplicaciones.

Copyright © Savvas Learning Company LLC. All Rights Reserved.

Nombre ______________________

Lección 3-1
La propiedad distributiva

Puedo...
descomponer operaciones desconocidas en operaciones conocidas y resolver multiplicaciones.

También puedo hacer mi trabajo con precisión.

Resuélvelo y coméntalo Halla dos maneras de descomponer la siguiente matriz en dos matrices más pequeñas. ¿Qué multiplicación puedes escribir para cada matriz? ¿Cuál es el total? Di cómo lo decidiste.

Puedes hacerlo con precisión. Puedes explicar el significado de tus ecuaciones.

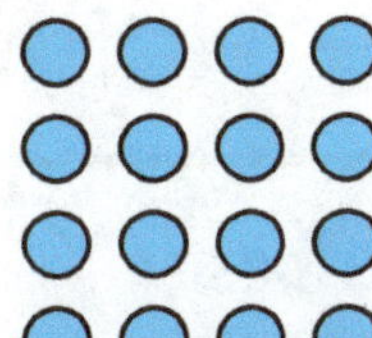

¡Vuelve atrás! **Razonar** Halla los totales de las matrices más pequeñas y la matriz grande, y compáralos. ¿Por qué los totales son iguales a pesar de que las matrices son diferentes?

¿Cómo puedes descomponer una operación de multiplicación?

A

María quiere poner 7 filas de 4 sillas cada fila para una reunión. Quiere saber cuántas sillas necesita, pero no sabe el producto de 7 × 4.

Puedes usar operaciones conocidas para ayudarte a hallar el producto de operaciones desconocidas.

B

Lo que piensas

María piensa en **7** filas de 4 sillas como **5** filas de 4 sillas y otras **2** filas de 4 sillas.

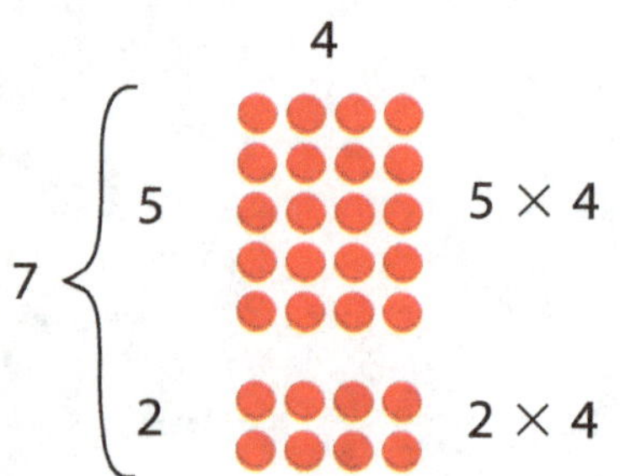

C

Lo que escribes

La propiedad distributiva dice que una operación de multiplicación se puede descomponer en la suma de otras dos operaciones de multiplicación.

María conoce las dos nuevas operaciones.

$7 \times 4 = (5 \times 4) + (2 \times 4)$
$7 \times 4 = 20 + 8$
$7 \times 4 = 28$

Por tanto, $7 \times 4 = 28$.

María necesita 28 sillas.

¡Convénceme! **Usar la estructura** ¿De qué otra manera podría María descomponer la matriz de 7 × 4? Haz un dibujo de las dos nuevas matrices y escribe las nuevas operaciones.

Copyright © Savvas Learning Company LLC. All Rights Reserved.

Nombre ______________________________

Amigo de práctica Herramientas Evaluación

Práctica guiada*

¿Lo entiendes?

1. Rafael descompuso la matriz de 6 × 3 en dos nuevas matrices. Las dos matrices son iguales. ¿Cuáles son las dos matrices nuevas?

2. **Usar la estructura** Ann descompuso una matriz grande en dos matrices más pequeñas. Las dos matrices más pequeñas son de 1 × 8 y 4 × 8. ¿Cuál es la matriz grande con la que comenzó Ann?

¿Cómo hacerlo?

Usa las matrices más pequeñas y la propiedad distributiva para hallar los factores que faltan en los Ejercicios **3** y **4.** Puedes usar fichas para ayudarte.

3. 4 × 8

___ × 8 = (___ × 8) + (2 × 8)

4. 3 × 5

___ × ___ = (___ × 5) + (1 × ___)

Práctica independiente

Separa las filas de la matriz más grande en dos matrices más pequeñas en los Ejercicios **5** y **6.** Escribe las nuevas operaciones.

5.

4 × 5 = (___ × ___) + (___ × ___)

6.

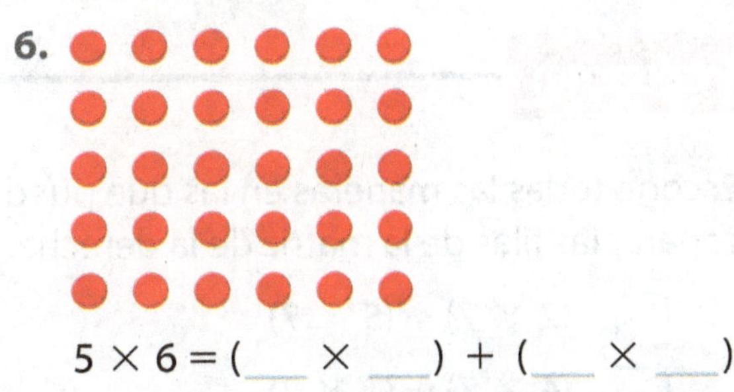

5 × 6 = (___ × ___) + (___ × ___)

Usa la propiedad distributiva para hallar los factores que faltan en los Ejercicios **7** a **10.** Usa fichas y matrices para ayudarte.

7. 6 × 8 = (4 × ___) + (2 × 8)

8. 10 × 3 = (___ × 3) + (2 × 3)

9. (___ × 7) = (3 × 7) + (2 × ___)

10. (8 × ___) = (___ × 8) + (4 × 8)

*Puedes encontrar otro ejemplo en el Grupo A, página 159.

Resolución de problemas

11. **Representar con modelos matemáticos** Patricia hornea 5 pastelitos. Coloca 7 caramelos dentro de cada pastelito. ¿Cuántos caramelos necesita Patricia? Usa el diagrama de barras para ayudarte a escribir una ecuación.

? caramelos

7	7	7	7	7

12. **Evaluar el razonamiento** Fred quiere separar las filas de la siguiente matriz en una matriz de 2 × 4 y en una matriz de 3 × 4. ¿Puede hacerlo? Explícalo.

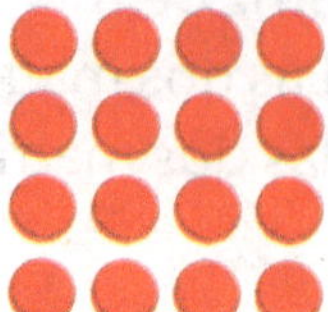

13. Lalo usa fichas para hacer una matriz de 4 × 7 y una matriz de 1 × 7. ¿Qué tamaño de matriz puede formar si usa todas las fichas?

14. Gael tenía $75 el lunes. Gastó $23 el martes. Después gastó $14 el miércoles. ¿Cuánto dinero le queda?

15. **Vocabulario** Explica cómo puedes usar la *propiedad distributiva* para resolver 9 × 6.

16. **Razonamiento de orden superior** ¿Cómo puedes usar 3 × 5 = 15 para ayudarte a hallar 6 × 5?

Evaluación

17. Escoge todas las maneras en las que puedes separar las filas de la matriz de la derecha.

- ☐ (2 × 7) + (5 × 7)
- ☐ (4 × 7) + (1 × 7)
- ☐ (2 × 7) + (3 × 7)
- ☐ (2 × 5) + (5 × 7)
- ☐ (3 × 7) + (2 × 7)

Copyright © Savvas Learning Company LLC. All Rights Reserved.

Nombre ______________________

Tarea y práctica 3-1

La propiedad distributiva

¡Revisemos!

La matriz siguiente muestra 6×4 o 6 filas de 4 círculos.

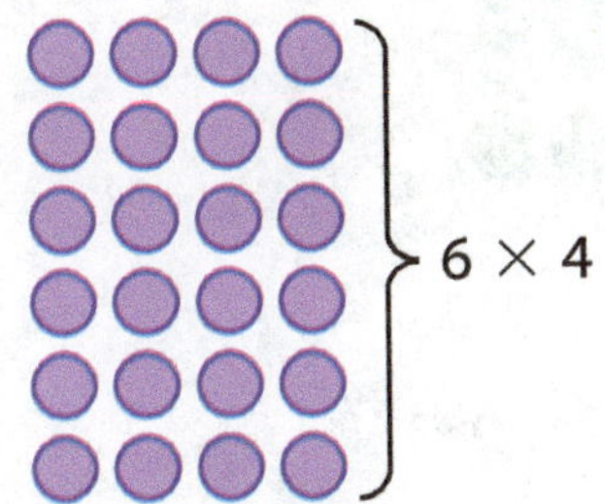

Puedes dibujar una línea para separar **6** filas de 4 círculos en **2** filas de 4 círculos y **4** filas de 4 círculos.

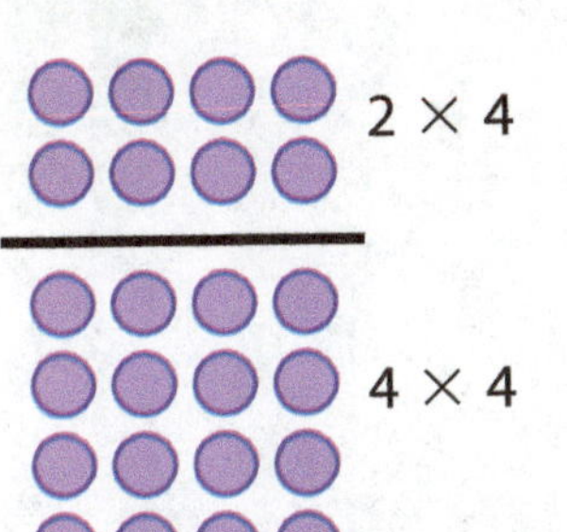

Con la propiedad distributiva, puedes descomponer una multiplicación en la suma de otras dos operaciones.

Traza una línea para separar las matrices en dos matrices más pequeñas en los Ejercicios **1** y **2.** Escribe las operaciones nuevas.

1.

$4 \times 3 = (\_\_\_ \times \_\_\_) + (\_\_\_ \times \_\_\_)$

2.

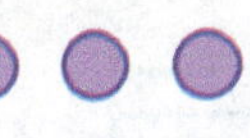

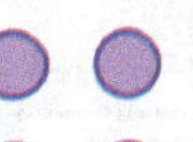

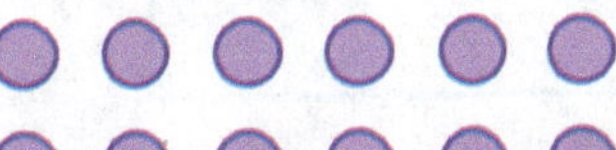

$5 \times 6 = (\_\_\_ \times \_\_\_) + (\_\_\_ \times \_\_\_)$

Usa la propiedad distributiva para hallar los factores que faltan en los Ejercicios **3** a **10.**

3. $4 \times 6 = (1 \times 6) + (\_\_\_ \times 6)$

4. $5 \times 8 = (\_\_\_ \times 8) + (2 \times 8)$

5. $4 \times 5 = (\_\_\_ \times 5) + (2 \times \_\_\_)$

6. $7 \times 6 = (3 \times \_\_\_) + (\_\_\_ \times \_\_\_)$

7. $3 \times 8 = (\_\_\_ \times 8) + (2 \times \_\_\_)$

8. $5 \times 7 = (2 \times \_\_\_) + (3 \times \_\_\_)$

9. $4 \times 7 = (\_\_\_ \times \_\_\_) + (2 \times \_\_\_)$

10. $5 \times 5 = (\_\_\_ \times 5) + (4 \times \_\_\_)$

11. **Usar la estructura** Tony descompuso una matriz grande en una matriz de 2×3 y una matriz de 4×3. ¿Cómo es la matriz grande? Haz un dibujo. Escribe una ecuación para mostrar la relación entre la matriz grande y las dos matrices más pequeñas.

12. **Razonamiento de orden superior** Rosa dice que puede descomponer esta matriz en 3 grupos de dos matrices más pequeñas. ¿Tiene razón? Explícalo.

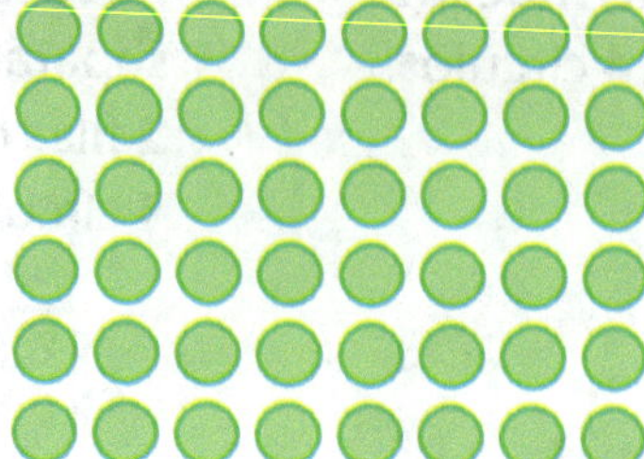

13. **Álgebra** Marcos lanzó un pase de 16 yardas en la primera mitad de un partido de futbol americano. Lanzó 49 yardas en total durante todo el partido. ¿Cuántas yardas en total lanzó en la segunda mitad del partido?

Escribe ecuaciones para representar y resolver el problema. Usa *?* para representar la incógnita.

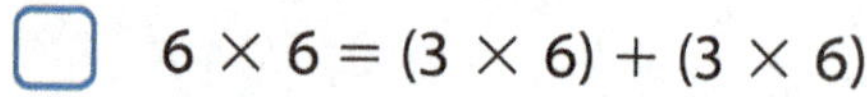

14. Lulú compra un vestido por \$67, un sombrero por \$35 y zapatos por \$49. ¿Cuánto gasta Lulú?

?		
\$67	\$35	\$49

Evaluación

15. Adela dibujó estas matrices pequeñas para hallar el producto de una matriz más grande. ¿Cuáles de las siguientes ecuaciones muestran la relación entre la matriz más grande y las dos matrices más pequeñas? Escoge todas las que apliquen.

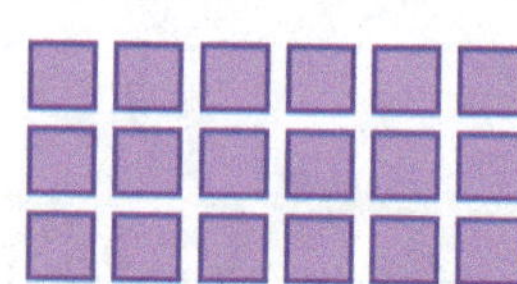

- ☐ $6 \times 6 = (3 \times 6) + (3 \times 6)$
- ☐ $7 \times 6 = (3 \times 6) + (4 \times 6)$
- ☐ $8 \times 7 = (4 \times 7) + (4 \times 7)$
- ☐ $7 \times 6 = (4 \times 6) + (3 \times 6)$
- ☐ $7 \times 7 = (3 \times 7) + (4 \times 7)$

Copyright © Savvas Learning Company LLC. All Rights Reserved.

Nombre ______________________

Resuelve

Lección 3-2
Usar propiedades: El 3 como factor

Resuélvelo y coméntalo Hay tres filas de fotos en una pared. Cada fila tiene 6 fotos. ¿Cuántas fotos hay en la pared? ***Resuelve este problema de la manera que prefieras.***

Puedo...
usar herramientas y propiedades de manera estratégica para resolver problemas cuando multiplico por 3.

También puedo escoger y usar una herramienta matemática para resolver problemas.

Puedes usar herramientas. Puedes dibujar matrices o formar matrices con fichas para ayudarte a resolver el problema. *¡Muestra tu trabajo!*

¡Vuelve atrás! **Generalizar** ¿Cómo puedes usar lo que sabes de las operaciones de multiplicación del 1 y del 2 para resolver operaciones de multiplicación del 3?

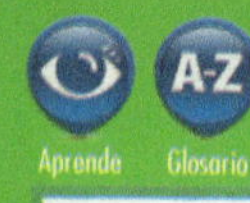

¿Cómo descompones matrices para multiplicar por 3?

A

El parque local guarda canoas en 3 filas. Hay 6 canoas en cada fila. ¿Cuántas canoas hay en total?

Puedes multiplicar para hallar el total de una matriz.

B

Lo que muestras

Halla 3 × 6.

Usa las operaciones de multiplicación del 1 y del 2 como ayuda para multiplicar por 3.

Haz una matriz para cada multiplicación.

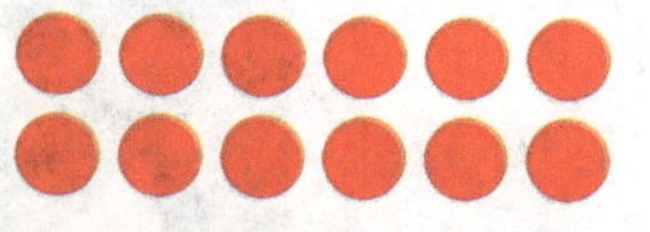

$2 \times 6 = 12$

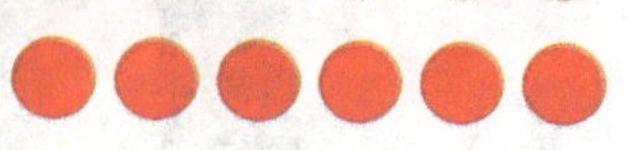

$1 \times 6 = 6$

$12 + 6 = 18$

C

Lo que piensas

3 × 6 equivale a 3 filas de 6.
Es decir, 2 veces seis más 6.

2 veces seis es 12.
1 vez seis es 6.

$12 + 6 = 18$

$3 \times 6 = 18$

Hay 18 canoas.

¡Convénceme! **Usar la estructura** Supón que hay 3 filas con 7 canoas en cada fila. ¿Cómo puede 2 × 7 = 14 ayudarte para hallar el número total de canoas?

Copyright © Savvas Learning Company LLC. All Rights Reserved.

Nombre ______________________

Práctica guiada*

¿Lo entiendes?

1. Selena ordenó las plantas de su jardín en 3 filas. Puso 6 plantas en cada fila. ¿Cuántas plantas ordenó Selena?

2. **Usar la estructura** Alicia tiene 3 floreros. Quiere poner 9 flores en cada florero. Alicia compra suficientes flores para poner en 2 floreros. Para el tercero, Alicia corta 9 flores de su jardín. ¿Cómo puede Alicia usar $2 \times 9 = 18$ para hallar cuántas flores necesita?

¿Cómo hacerlo?

Multiplica en los Ejercicios **3** a **8.** Usa fichas o dibujos para ayudarte.

3. $3 \times 10 =$ ____

4. $3 \times 6 =$ ____

5. 3×8 = ____

6. 3×2 = ____

7. 3×7 = ____

8. 3×3 = ____

Práctica independiente

Práctica al nivel Multiplica en los Ejercicios **9** a **20.** Usa fichas o dibujos para ayudarte.

9. 3×4

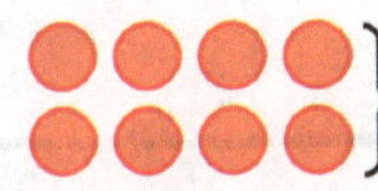

$2 \times 4 =$ ____

$1 \times 4 =$ ____

$8 + 4 =$ ____

10. 3×5

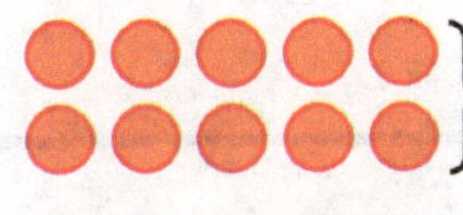

$2 \times 5 =$ ____

$1 \times 5 =$ ____

$10 + 5 =$ ____

11. $2 \times 3 =$ ____

12. $9 \times 3 =$ ____

13. $10 \times 3 =$ ____

14. $8 \times 3 =$ ____

15. $5 \times 3 =$ ____

16. $0 \times 3 =$ ____

17. 7×3 = ____

18. 3×1 = ____

19. 3×3 = ____

20. 4×3 = ____

Puedes encontrar otro ejemplo en el Grupo B, página 159.

Resolución de problemas

21. ¿Cuál es la cantidad total de calcomanías en un paquete de calcomanías de carros y en un paquete de calcomanías del espacio? Muestra cómo hallaste la respuesta.

DATOS

Cantidad de calcomanías en los paquetes

Tipo de calcomanía	Cantidad de filas	Cantidad en cada fila
Dinosaurios	3	7
Carros	3	9
Espacio	3	8
Reptiles	5	6

22. Usar herramientas apropiadas Carla compró 1 paquete de calcomanías de reptiles. ¿Qué herramienta puedes usar para hallar la cantidad total de calcomanías que compró?

23. Evaluar el razonamiento Allison compra 10 paquetes de barras nutritivas. Cada paquete tiene 6 barras. Allison dice que tiene un total de 65 barras nutritivas. ¿Es razonable su respuesta? ¿Por qué?

24. Razonamiento de orden superior ¿Qué par de operaciones de multiplicación te pueden ayudar a hallar 3×9? ¿Cómo puedes usar 3×9 para hallar 9×3?

Evaluación

25. El Sr. Torres tiene algunos tomates. Los ordena en 3 filas y 8 columnas.

Parte A

Completa la ecuación y halla la cantidad total de tomates.

$(3 \times$ ____$) + (3 \times$ ____$) =$ ____ tomates

Parte B

Haz un dibujo para representar este problema.

Copyright © Savvas Learning Company LLC. All Rights Reserved.

Nombre ______________________

Tarea y práctica 3-2

Usar propiedades: El 3 como factor

¡Revisemos!

Halla 2×3.

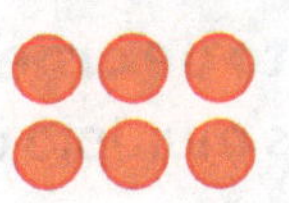

$2 \times 3 = 6$

También puedes usar operaciones de multiplicación del 2 y del 1 para hallar operaciones de multiplicación del 3.

Halla 7×3.

$7 \times 3 = (7 \times 2) + (7 \times 1)$

$7 \times 3 = 14 + 7$

$7 \times 3 = 21$

Usa matrices o la propiedad distributiva para hallar los productos en los Ejercicios **1** a **4**.

1. $3 \times 4 =$ ____

2. Halla 3×5.

$3 \times 5 = (\_\_\_\_ \times 5) + (1 \times \_\_\_\_)$

$3 \times 5 = \_\_\_\_ + \_\_\_\_$

$3 \times 5 = \_\_\_\_$

3. Halla 4×3.

$4 \times 3 = (4 \times \_\_\_\_) + (\_\_\_\_ \times 1)$

$4 \times 3 = \_\_\_\_ + \_\_\_\_$

$4 \times 3 = \_\_\_\_$

4. Halla 3×6.

$3 \times 6 = (2 \times 6) + (\_\_\_\_ \times \_\_\_\_)$

$3 \times 6 = \_\_\_\_ + \_\_\_\_$

$3 \times 6 = \_\_\_\_$

Halla los productos en los Ejercicios **5** a **14**.

5. $6 \times 3 =$ ____

6. $3 \times 7 =$ ____

7. $3 \times 3 =$ ____

8. $1 \times 3 =$ ____

9. $3 \times 9 =$ ____

10. $5 \times 3 =$ ____

11. $\begin{array}{r} 3 \\ \times\ 8 \\ \hline \end{array}$

12. $\begin{array}{r} 3 \\ \times\ 0 \\ \hline \end{array}$

13. $\begin{array}{r} 3 \\ \times\ 2 \\ \hline \end{array}$

14. $\begin{array}{r} 9 \\ \times\ 3 \\ \hline \end{array}$

15. **Generalizar** ¿Cómo puedes usar una operación de multiplicación del 2 y una del 1 para hallar 3×8?

16. **Construir argumentos** María dijo que $7 \times 3 = 21$. Connie dijo que $3 \times 7 = 21$. ¿Quién tiene razón? Explícalo.

17. Cinco personas compraron boletos para un partido de futbol americano. Cada persona compró 3 boletos. ¿Cuántos boletos compraron? Dibuja una matriz.

18. **Razonamiento de orden superior** Sid dice que 26 es múltiplo de 3. ¿Tiene razón? ¿Por qué?

19. Barney divide un rectángulo en cuartos. Muestra dos maneras en las que puede hacerlo.

Evaluación

20. El equipo de salto de cuerda de Kenichi compite en un torneo. Hay 10 equipos en el torneo.

Parte A

Usa los números para completar la ecuación y hallar el total de jugadores en el torneo.

$3 \times 10 = (3 \times$ ____ $) + (3 \times$ ____ $) =$
____ jugadores

Parte B

Haz un dibujo para representar este problema.

Copyright © Savvas Learning Company LLC. All Rights Reserved.

Nombre

Lección 3-3
Usar propiedades: El 4 como factor

Ed hizo 8 llaveros cada semana durante 4 semanas. ¿Cuántos llaveros hizo Ed? ***Resuelve este problema de la manera que prefieras.***

Puedo...
usar lo que sé sobre la multiplicación del 2 y las propiedades para multiplicar por 4.

También puedo buscar patrones para resolver problemas.

Puedes usar la estructura. ¿Qué relaciones numéricas observas cuando multiplicas por 4? *¡Muestra tu trabajo en el espacio que sigue!*

¡Vuelve atrás! **Buscar relaciones** ¿Cómo puedes usar operaciones de multiplicación del 2 para resolver operaciones de multiplicación del 4?

Aprende Glosario

Pregunta esencial

¿Cómo usas dobles para multiplicar por 4?

A

Anna pintó alcancías para venderlas en la feria escolar de arte. Pintó una alcancía por día en los 7 días de la semana durante 4 semanas. ¿Cuántas alcancías pintó?

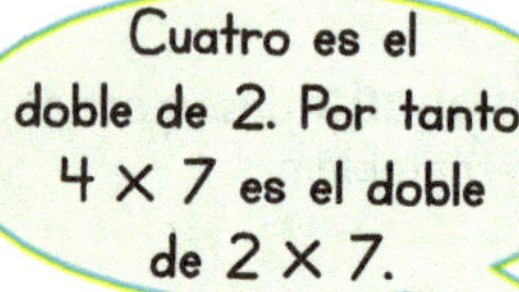

B

Lo que muestras

Halla 4×7.

Para multiplicar por 4, piensa en una operación de multiplicación del 2 y duplica el producto.

Puedes hacer matrices.

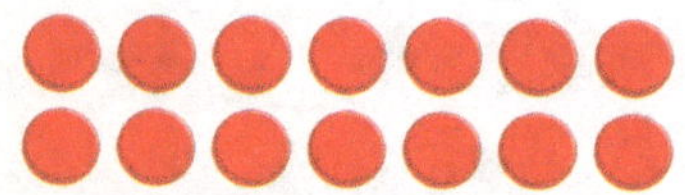

$2 \times 7 = 14$

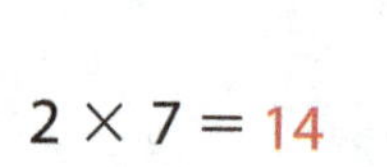

$2 \times 7 = 14$

$14 + 14 = 28$

C

Lo que piensas

4×7 equivale a 4 filas de 7. Es decir, 2 veces siete más 2 veces siete.

2 veces siete es 14.

$14 + 14 = 28$

Por tanto, $4 \times 7 = 28$.

Ana pintó 28 alcancías.

¡Convénceme! **Construir argumentos** Zach sabe que $2 \times 8 = 16$. Explica cómo se puede hallar 4×8.

Copyright © Savvas Learning Company LLC. All Rights Reserved.

Nombre ______________________________

Práctica guiada*

¿Lo entiendes?

1. Además de duplicar una operación de multiplicación del 2, ¿de qué otra manera puedes descomponer 4×7 usando operaciones conocidas?

2. Nolan hizo lámparas para vender en la feria escolar de arte. Hizo 9 lámparas por semana durante 4 semanas. ¿Cuántas lámparas hizo Nolan?

¿Cómo hacerlo?

Multiplica en los Ejercicios **3** a **8.** Usa fichas o haz dibujos para ayudarte.

3. $3 \times 4 =$ ____ **4.** $5 \times 4 =$ ____

5. $4 \times 9 =$ ____ **6.** $1 \times 4 =$ ____

7. $\begin{array}{r} 2 \\ \times\ 4 \\ \hline \end{array}$ **8.** $\begin{array}{r} 10 \\ \times\ 4 \\ \hline \end{array}$

Práctica independiente

Práctica al nivel Multiplica en los Ejercicios **9** a **17.** Usa fichas o dibujos para ayudarte.

9. Halla 4×6.

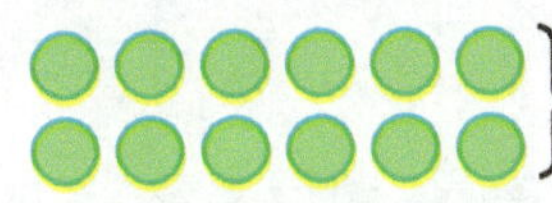

$2 \times 6 =$ ____

$2 \times 6 =$ ____

$12 + 12 =$ ____

Por tanto, $4 \times 6 =$ ____.

10. Halla 4×9.

$2 \times 9 =$ ____

$2 \times 9 =$ ____

$18 + 18 =$ ____

Por tanto, $4 \times 9 =$ ____.

11. $4 \times 8 =$ ____ **12.** $4 \times 3 =$ ____ **13.** $6 \times 4 =$ ____

14. $\begin{array}{r} 7 \\ \times\ 4 \\ \hline \end{array}$ **15.** $\begin{array}{r} 9 \\ \times\ 4 \\ \hline \end{array}$ **16.** $\begin{array}{r} 4 \\ \times\ 5 \\ \hline \end{array}$ **17.** $\begin{array}{r} 4 \\ \times\ 2 \\ \hline \end{array}$

**Puedes encontrar otro ejemplo en el Grupo B, página 159.*

Resolución de problemas

18. Entender y perseverar James necesita comprar víveres para una caminata. ¿Cuántas barras de cereal necesita comprar en total? Explica cómo usaste la tabla para hallar la respuesta.

19. Razonar ¿Cuántas manzanas más que jugos necesita James? Muestra cómo hallaste la respuesta.

DATOS

Víveres para la caminata

Artículo	Cantidad de paquetes necesaria	Cantidad en cada paquete
Manzanas	2	8
Barras de cereal	4	6
Jugos	4	3

20. Matemáticas y Ciencias Martín estudió las babosas en la clase de ciencias. Aprendió que cada babosa tiene 4 antenas. Esa noche vio 7 babosas. ¿Cuántas antenas tenían las babosas en total? ¿Cuáles son dos estrategias que puedes usar para hallar la respuesta?

21. Razonamiento de orden superior Lila dibuja una tabla con 9 filas y 4 columnas. ¿Cuántos espacios hay en su tabla? Explica por qué Lila puede usar las operaciones de multiplicación del 9 o del 4 para resolver el problema.

Evaluación

22. Bess tiene cajas de velas sobre la mesa. Cada caja tiene 4 velas. Si Bess las cuenta salteado en grupos de 4, ¿qué opción muestra algunos de los números que contó?

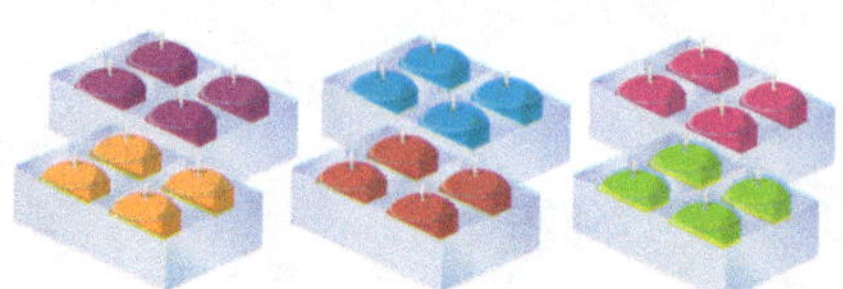

Ⓐ 8, 12, 16, 20
Ⓑ 8, 12, 14, 18
Ⓒ 4, 6, 12, 14
Ⓓ 4, 8, 10, 14

23. Ramona tiene 9 cajas de caramelos con 4 cerezas cubiertas de chocolate en cada caja. ¿Qué opción muestra la manera para hallar cuántos caramelos hay en total?

Ⓐ $(4 \times 2) + (4 \times 2)$
Ⓑ $(9 \times 2) + (9 \times 2)$
Ⓒ $(9 \times 2) + (4 \times 2)$
Ⓓ $(9 + 2) \times (4 + 2)$

Copyright © Savvas Learning Company LLC. All Rights Reserved.

Nombre ______________________

Tarea y práctica 3-3

Usar propiedades: El 4 como factor

¡Revisemos!

DATOS

Operaciones de multiplicación del 2	
$2 \times 0 = 0$	$2 \times 5 = 10$
$2 \times 1 = 2$	$2 \times 6 = 12$
$2 \times 2 = 4$	$2 \times 7 = 14$
$2 \times 3 = 6$	$2 \times 8 = 16$
$2 \times 4 = 8$	$2 \times 9 = 18$

Halla 4×3. Dibuja una matriz.

$2 \times 3 = 6$

$2 \times 3 = 6$

$6 + 6 = 12$

Por tanto, $4 \times 3 = 12$.

Usa operaciones de multiplicación del 2 para hallar el producto de operaciones de multiplicación del 4 en los Ejercicios **1** y **2**.

1. Halla 4×9.

___ $\times 9 =$ ___

$2 \times$ ___ $=$ ___

___ $+ 18 =$ ___

Por tanto, $4 \times 9 =$ ___.

2. Halla 4×2.

___ $\times 2 =$ ___

$2 \times$ ___ $=$ ___

___ $+ 4 =$ ___

Por tanto, $4 \times 2 =$ ___.

Halla los productos en los Ejercicios **3** a **14**.

3. $4 \times 6 =$ ___

4. $8 \times 4 =$ ___

5. $4 \times 9 =$ ___

6. $2 \times 4 =$ ___

7. $4 \times 1 =$ ___

8. $4 \times 7 =$ ___

9. $0 \times 4 =$ ___

10. $4 \times 4 =$ ___

11. $4 \times 10 =$ ___

12. $3 \times 4 =$ ___

13. $5 \times 4 =$ ___

14. $4 \times 0 =$ ___

15. **Entender y perseverar** Jero y Max alquilaron una canoa por 4 horas. Cada uno alquiló un chaleco salvavidas. ¿Cuánto dinero gastaron? ¿Cómo hallaste la respuesta?

Canoas	
Alquiler por hora	$4
Alquiler de chaleco salvavidas	$6

16. Tina pagó con dos billetes de 20 dólares el alquiler de una canoa por 6 horas y un chaleco salvavidas. ¿Cuánto dinero recibió de cambio? Muestra tu trabajo.

17. **Evaluar el razonamiento** Rob dice que puede usar 2×5 para hallar 4×5. ¿Tiene razón? Explícalo.

18. **Razonamiento de orden superior** Mark dará una fiesta. Invitó a 35 personas. Mark preparó 8 mesas con 4 sillas en cada mesa. ¿Tiene suficientes mesas y sillas para todos sus invitados? Explícalo.

Evaluación

19. Emmitt está asando *hot dogs* en la barbacoa. Tiene 7 platos y puso 4 *hot dogs* en cada uno. ¿Cuál de las siguientes opciones **NO** es una manera de hallar cuántos *hot dogs* asó Emmitt?

Ⓐ Formar dos matrices 4×3

Ⓑ Multiplicar 7×4

Ⓒ Sumar 2×7 y 2×7

Ⓓ Multiplicar 4×7

20. Jimena compró 3 cajas de crayones. Cada caja tiene la misma cantidad de crayones. ¿Cuántos crayones compró Jimena?

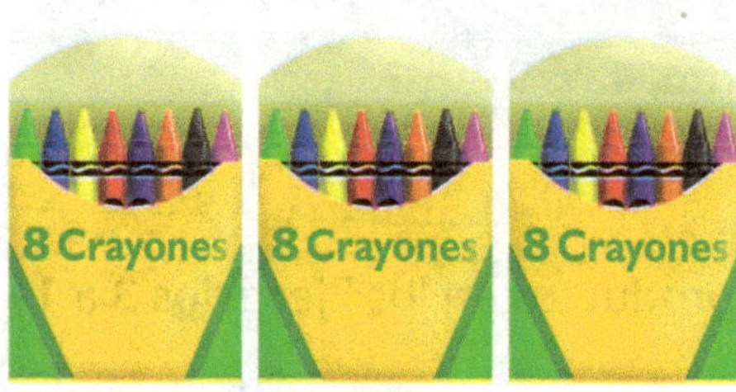

Ⓐ 16 crayones

Ⓑ 24 crayones

Ⓒ 32 crayones

Ⓓ 36 crayones

Copyright © Savvas Learning Company LLC. All Rights Reserved.

Nombre ______________________

Lección 3-4

Usar propiedades: El 6 y el 7 como factores

Los estudiantes pusieron las sillas para un concierto en 6 filas. Pusieron 6 sillas en cada fila. ¿Cuántas sillas hay en total? ***Resuelve este problema de la manera que prefieras.***

Puedo...
crear y usar modelos para resolver multiplicaciones con factores de 6 y 7.

También puedo buscar patrones para resolver problemas.

¡Vuelve atrás! **Buscar relaciones** ¿Cómo te ayudan las operaciones de multiplicación del 3 a resolver operaciones de multiplicación del 6?

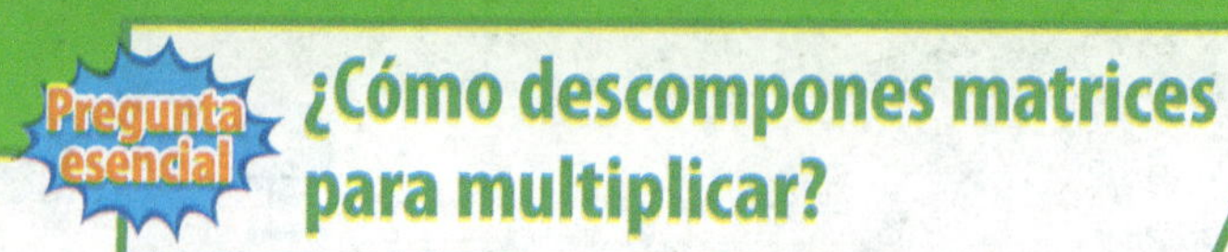

¿Cómo descompones matrices para multiplicar?

A

Los músicos de la banda marchan en 6 filas iguales. Hay 8 músicos en cada fila. ¿Cuántos músicos hay en la banda?

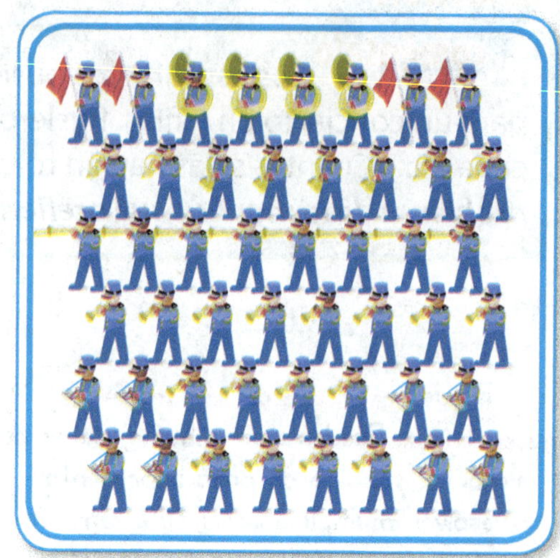

B

Lo que muestras

Halla 6 × 8.

Usa las operaciones de multiplicación del 5 y del 1.

Haz una matriz para cada multiplicación.

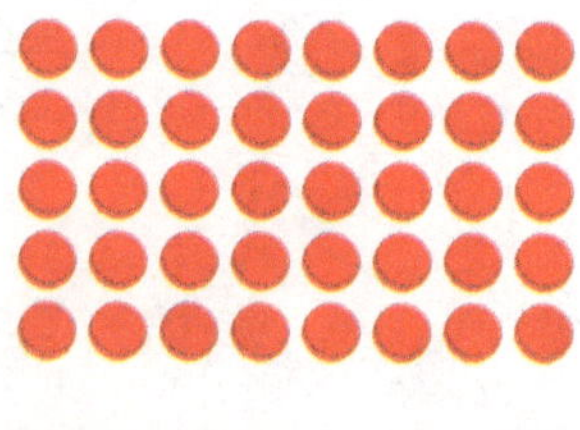

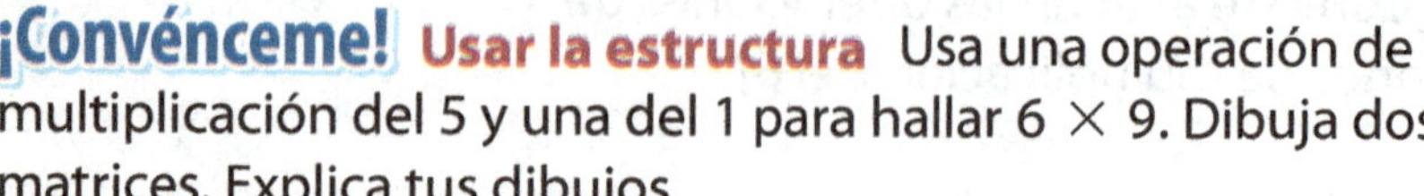

C

Lo que piensas

6 × 8 equivale a 6 filas de 8. Es decir, 5 veces ocho y 1 ocho más.

5 veces 8 es 40.
8 más es 48.
40 + 8 = 48

Por tanto, 6 × 8 = 48.

¡Convénceme! **Usar la estructura** Usa una operación de multiplicación del 5 y una del 1 para hallar 6 × 9. Dibuja dos matrices. Explica tus dibujos.

Copyright © Savvas Learning Company LLC. All Rights Reserved.

Nombre ____________________

Amigo de práctica Herramientas Evaluación

Otro ejemplo

Halla 7 × 8. Usa operaciones de multiplicación del 5 y del 2 para ayudarte a multiplicar por 7.

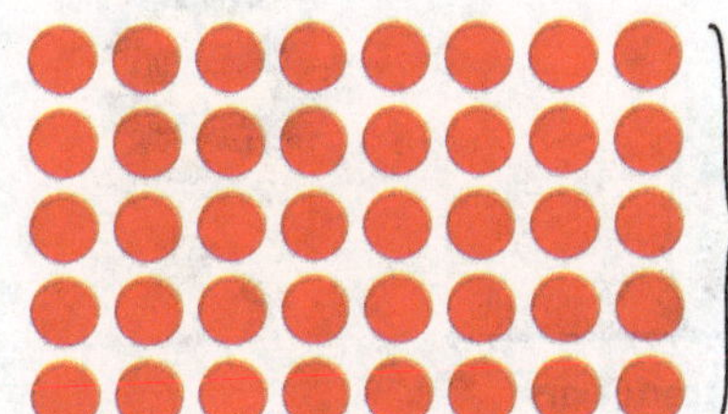

5 × 8 = 40

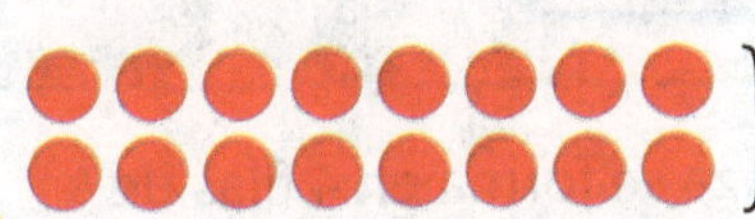

2 × 8 = 16

7 × 8 es igual a 7 filas de 8.
Es decir, 5 veces ocho más 2 veces ocho.

5 veces ocho es 40.
2 veces ocho es 16.

40 + 16 = 56

Por tanto, 7 × 8 = 56.

Práctica guiada*

¿Lo entiendes?

1. **Representar con modelos matemáticos** Los estudiantes que se gradúan están formados en 7 filas iguales. Hay 9 estudiantes en cada fila. ¿Cuántos estudiantes se gradúan? Usa una operación de multiplicación del 5 y una del 2.

2. Chrissy hornea 3 pasteles de cereza. Corta cada pastel en 6 porciones. ¿Cuántas porciones tiene Chrissy?

¿Cómo hacerlo?

Multiplica en los Ejercicios **3** a **8.** Haz dibujos o usa fichas para ayudarte.

3. 6 × 10 = ____

4. 7 × 6 = ____

5. 7 × 7

6. 9 × 7

7. Halla 4 veces 7. ____

8. Multiplica 6 por 5. ____

Práctica independiente

Halla los productos en los Ejercicios **9** a **16.** Haz dibujos para ayudarte.

9. 5 × 7

10. 3 × 6

11. 7 × 8

12. 1 × 7

13. 10 × 6

14. 4 × 7

15. 7 × 3

16. 8 × 6

Puedes encontrar otro ejemplo en el Grupo C, página 159.

Resolución de problemas

17. Representar con modelos matemáticos El Museo Nacional de Trenes de Juguete tiene 5 exhibiciones. En una de las exhibiciones, los trenes están en 5 vías. ¿Cuántos trenes hay en esa exhibición? Escribe una ecuación para resolver el problema.

18. Tracy usó la superficie plana de un cubo para dibujar una figura plana. ¿Qué figura plana dibujó Tracy? ¿Cómo lo sabes?

19. El equipo de danza se forma en 4 filas de 6 bailarines en cada una. ¿Cuántos bailarines hay en el equipo de danza?

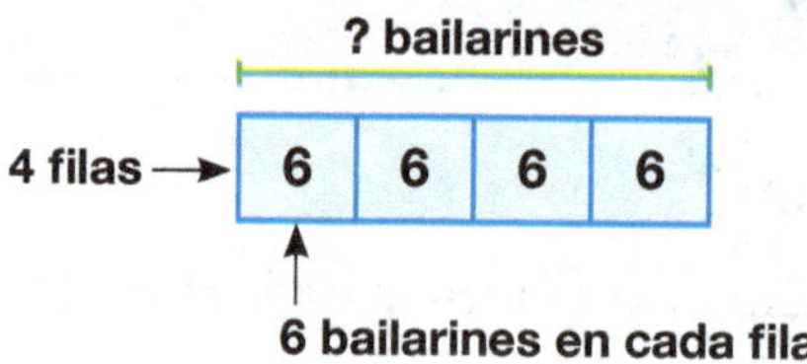

20. Razonamiento de orden superior Margo dice que 7×0 es igual a $7 + 0$. ¿Tiene razón? ¿Por qué?

21. Un tren tiene 77 asientos. Otro tren tiene 32 asientos menos. ¿Cuántos asientos hay en ambos trenes?

Evaluación

22. Miguel tiene las canastas de naranjas que se muestran a la derecha. Cada canasta contiene 6 naranjas. ¿Cuántas naranjas tiene Miguel? Explica cómo usar otras 2 operaciones conocidas para resolver este problema.

Copyright © Savvas Learning Company LLC. All Rights Reserved.

Nombre ______________________

Tarea y práctica 3-4

Usar propiedades: El 6 y el 7 como factores

¡Revisemos!

Puedes usar operaciones de multiplicación conocidas para hallar otras operaciones de multiplicación.

Halla 6 × 9. Usa una operación de multiplicación del 3.

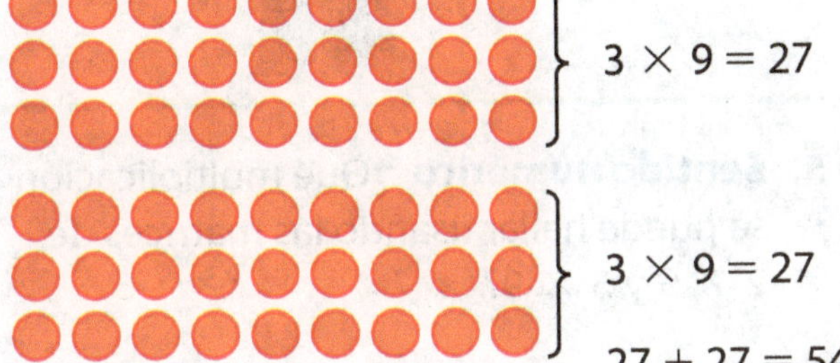

Por tanto, 6 × 9 = 54.

Halla 7 × 5. Usa una operación de multiplicación del 2.

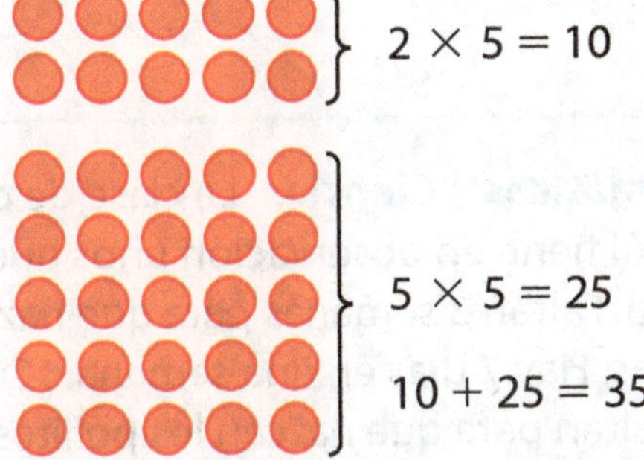

Por tanto, 7 × 5 = 35.

Usa una operación conocida para hallar cada producto en los Ejercicios **1** y **2**.

1. 6 × 4 = ?

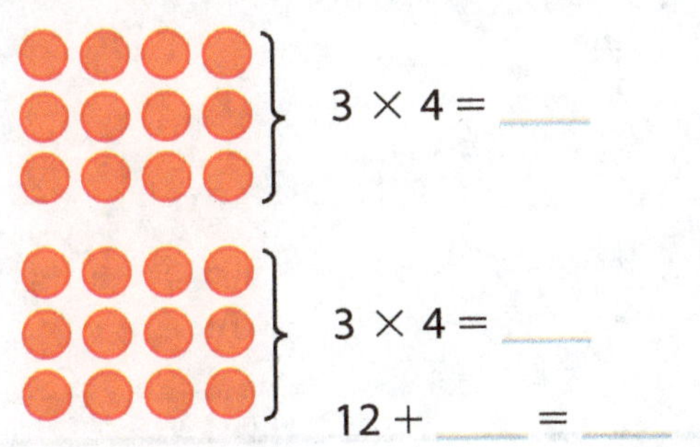

Por tanto, 6 × 4 = ____.

2. 7 × 4 = ?

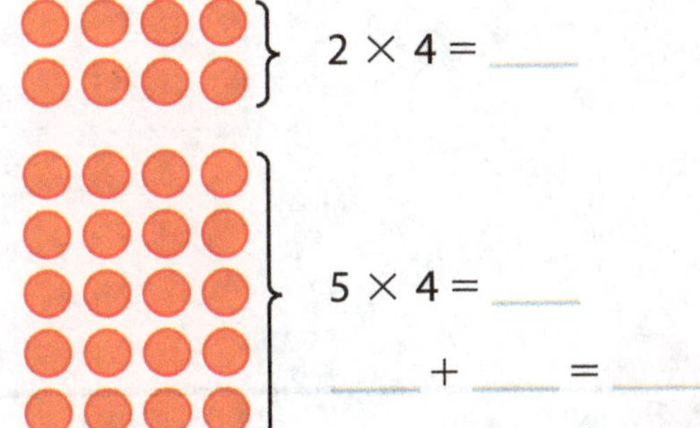

Por tanto, 7 × 4 = ____.

Halla los productos en los Ejercicios **3** a **11**.

3. 2 × 7 = ____

4. 6 × 7 = ____

5. 7 × 9 = ____

6. 6 × 4 = ____

7. 6 × 8 = ____

8. 7 × 7 = ____

9. 6 × 2 = ____

10. 8 × 7 = ____

11. 3 × 7 = ____

12. Emmet compra 7 sándwiches de ensalada de huevo en el café de Sam. ¿Cuánto dinero gasta Emmet?

13. **Entender y perseverar** Alejandro compra 4 sándwiches de ensalada de pollo y 3 sándwiches de ensalada de atún. ¿Cuánto dinero gasta Alejandro? ¿Cómo hallaste la respuesta?

DATOS

Sándwiches	
Ensalada de atún	\$6
Ensalada de huevo	\$4
Ensalada de pollo	\$7

14. **Matemáticas y Ciencias** La clase de ciencias de Raúl tiene en observación unos huevos de gallina. Faltan 3 semanas para que nazcan los pollitos. Hay 7 días en una semana. ¿Cuántos días faltan para que nazcan los pollitos?

15. **Sentido numérico** ¿Qué multiplicación se puede hallar usando las matrices de 2×9 y 5×9?

16. **Usar herramientas apropiadas** Nancy dibujó una matriz para hallar $5 \times 3 = 15$. ¿Cómo puede usar una herramienta para mostrar 6×3?

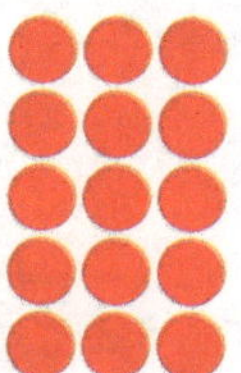

17. **Razonamiento de orden superior** Harold dice: "Para hallar 6×8, puedo usar las operaciones 5×4 y 1×4". ¿Estás de acuerdo? Explícalo.

Evaluación

18. Emily tiene 7 manzanas. Corta cada manzana en 6 rodajas. ¿Cuántas rodajas tiene Emily? Escribe una ecuación para mostrar cómo resolviste el problema.

Copyright © Savvas Learning Company LLC. All Rights Reserved.

Nombre ______________________

Resuelve

Lección 3-5
Usar propiedades: El 8 como factor

Puedo...
usar operaciones conocidas y propiedades para multiplicar por 8.

También puedo entender bien los problemas.

Resuélvelo y coméntalo Hay 8 filas de premios. Hay 6 premios en cada fila. ¿Cuántos premios hay? ***Resuelve este problema de la manera que prefieras.***

Puedes **entender** los problemas si usas operaciones conocidas para resolver operaciones desconocidas. *¡Muestra tu trabajo!*

¡Vuelve atrás! **Generalizar** Di cómo puedes usar operaciones de multiplicación del 2, del 3 o del 4 para resolver el problema.

Aprende Glosario

Pregunta esencial

¿Cómo usas dobles para multiplicar por 8?

A

En la feria escolar, los estudiantes tratan de meter una pelota de tenis en una pecera. Hay 8 filas de peceras. Hay 8 peceras en cada fila. ¿Cuántas peceras hay?

¿Qué operaciones de multiplicación del 2 y del 4 puedes hallar en la matriz de peceras?

B

Una manera

Usa las operaciones de multiplicación del 2 para hallar 8×8.

8×8 es igual a 4 grupos de 2 veces ocho.

$2 \times 8 = 16$

$2 \times 8 = 16$

$2 \times 8 = 16$

$2 \times 8 = 16$

$16 + 16 + 16 + 16 = 64$

Por tanto, $8 \times 8 = 64$.

C

Otra manera

Duplica una operación de multiplicación del 4 para hallar 8×8.

8×8 es igual a 4 veces ocho más 4 veces ocho.

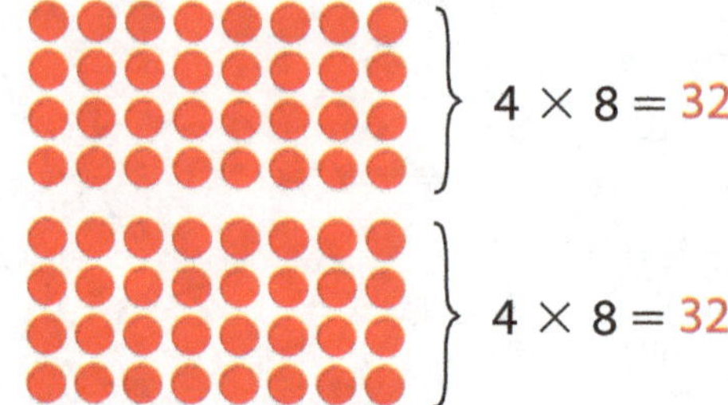

$4 \times 8 = 32$

$4 \times 8 = 32$

$32 + 32 = 64$

Por tanto, $8 \times 8 = 64$.

¡Convénceme! **Usar la estructura** ¿Cómo puede $5 \times 8 = 40$ ayudarte a hallar 8×8?

Copyright © Savvas Learning Company LLC. All Rights Reserved.

Nombre ____________________

Práctica guiada*

¿Lo entiendes?

1. Multiplica 8 por 3. Escribe una ecuación de multiplicación y resuélvela.

2. Multiplica 5 por 8. Escribe una ecuación de multiplicación y resuélvela.

3. Multiplica 8 por 1. Escribe una ecuación de multiplicación y resuélvela.

¿Cómo hacerlo?

Multiplica en los Ejercicios **4** a **9.** Puedes hacer dibujos o usar fichas como ayuda.

4. $8 \times 7 =$ ____

5. $8 \times 4 =$ ____

6. $6 \times 8 =$ ____

7. $10 \times 8 =$ ____

8. $\begin{array}{r} 9 \\ \times\ 8 \\ \hline \end{array}$

9. $\begin{array}{r} 8 \\ \times\ 3 \\ \hline \end{array}$

Práctica independiente

Halla los productos en los Ejercicios **10** a **23.** Puedes hacer dibujos como ayuda.

10. $8 \times 4 =$ ____

11. $1 \times 8 =$ ____

12. $2 \times 8 =$ ____

13. $5 \times 8 =$ ____

14. $8 \times 2 =$ ____

15. $8 \times 6 =$ ____

16. $\begin{array}{r} 8 \\ \times\ 8 \\ \hline \end{array}$

17. $\begin{array}{r} 8 \\ \times\ 5 \\ \hline \end{array}$

18. $\begin{array}{r} 0 \\ \times\ 8 \\ \hline \end{array}$

19. $\begin{array}{r} 4 \\ \times\ 8 \\ \hline \end{array}$

20. $\begin{array}{r} 10 \\ \times\ 8 \\ \hline \end{array}$

21. $\begin{array}{r} 8 \\ \times\ 1 \\ \hline \end{array}$

22. $\begin{array}{r} 3 \\ \times\ 8 \\ \hline \end{array}$

23. $\begin{array}{r} 7 \\ \times\ 8 \\ \hline \end{array}$

*Puedes encontrar otro ejemplo en el Grupo D, página 160.

Resolución de problemas

24. **Usar la estructura** Ming compró 8 cinturones para regalar. ¿Cuánto dinero gastó Ming? Muestra cómo puedes usar una operación de multiplicación del 4 para hallar la respuesta.

25. **Entender y perseverar** Vilma compró una camisa y un suéter. Le sobraron $14. ¿Cuánto dinero tenía Vilma antes de hacer la compra? ¿Cómo lo sabes?

DATOS

Gran venta de ropa	
Camisa	$23
Cinturón	$9
Suéter	$38
Par de *jeans*	$42

26. **Representar con modelos matemáticos** El Sr. Garner gastó $52 en comestibles y $24 en combustible. ¿Cuánto gastó el Sr. Garner? Escribe una ecuación y resuélvela.

?

$52	$24

27. **Álgebra** Milton compró 7 cajas de azulejos anaranjados. Hay 8 azulejos en cada caja. ¿Cuántos azulejos compró Milton? Escribe una ecuación y resuélvela. Usa *?* para representar la cantidad desconocida de azulejos.

28. Aaron compró 6 paquetes de tarjetas deportivas. Hay 7 tarjetas en cada paquete. ¿Cuántas tarjetas compró Aaron en total? Usa las propiedades para resolver el problema.

29. **Razonamiento de orden superior** Sofi dice: "Para hallar 8×8, puedo hallar $8 \times (4 + 4)$". ¿Estás de acuerdo? Explícalo.

Evaluación

30. La Srta. Vero tiene cajas de crayones en un armario. Cada caja tiene 8 crayones. Traza líneas para mostrar el número total de crayones que hay en cada grupo de cajas de crayones.

16 crayones	2 cajas
40 crayones	4 cajas
72 crayones	5 cajas
32 crayones	9 cajas

Copyright © Savvas Learning Company LLC. All Rights Reserved.

Nombre ______________________

Tarea y práctica 3-5

Usar propiedades: El 8 como factor

¡Revisemos!

Halla 8×6. Duplica una operación de multiplicación del 4.

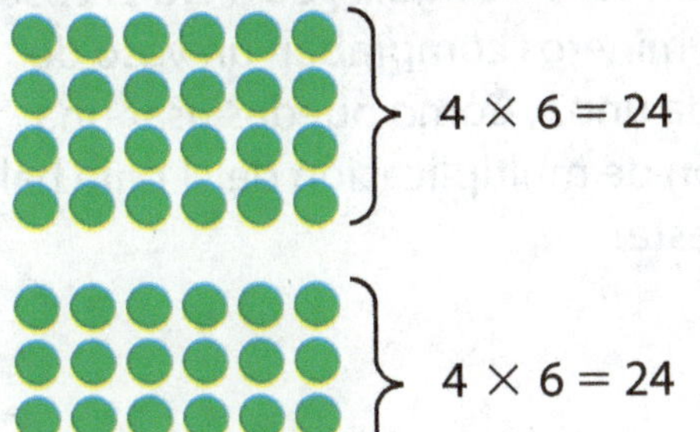

$4 \times 6 = 24$

$4 \times 6 = 24$

$24 + 24 = 48$

Por tanto, $8 \times 6 = 48$.

DATOS

Operaciones de multiplicación del 4	
$4 \times 0 = 0$	$4 \times 5 = 20$
$4 \times 1 = 4$	$4 \times 6 = 24$
$4 \times 2 = 8$	$4 \times 7 = 28$
$4 \times 3 = 12$	$4 \times 8 = 32$
$4 \times 4 = 16$	$4 \times 9 = 36$

Duplica una operación de multiplicación del 4 para hallar los productos en los Ejercicios **1** y **2.**

1. $8 \times 5 = ?$

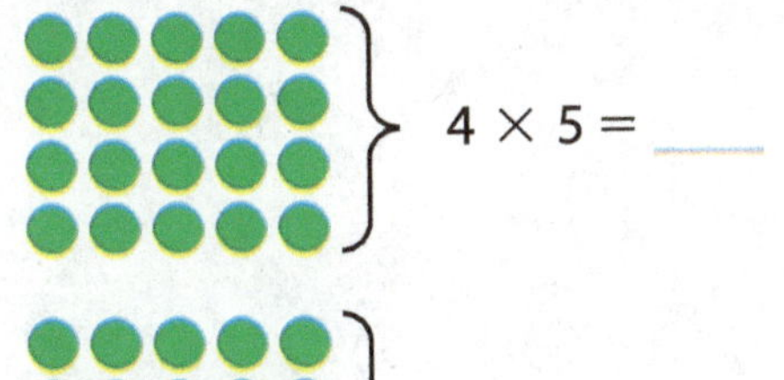

$4 \times 5 =$ ____

$4 \times 5 =$ ____

$20 +$ ____ $=$ ____

Por tanto, $8 \times 5 =$ ____.

2. $8 \times 3 = ?$

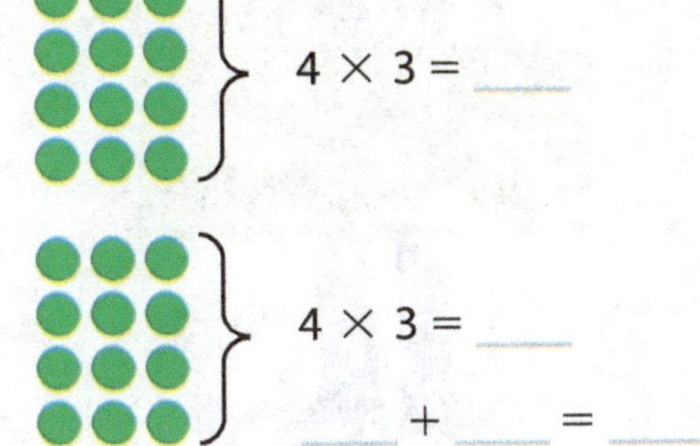

$4 \times 3 =$ ____

$4 \times 3 =$ ____

____ $+$ ____ $=$ ____

Por tanto, $8 \times 3 =$ ____.

Halla los productos en los Ejercicios **3** a **9.**

3. $2 \times 8 =$ ____

4. $4 \times 8 =$ ____

5. $8 \times 5 =$ ____

6. $\begin{array}{r} 7 \\ \times\ 8 \\ \hline \end{array}$

7. $\begin{array}{r} 8 \\ \times\ 9 \\ \hline \end{array}$

8. $\begin{array}{r} 1 \\ \times\ 8 \\ \hline \end{array}$

9. $\begin{array}{r} 8 \\ \times\ 6 \\ \hline \end{array}$

10. Luis hizo las matrices que se muestran a la derecha para hallar 5 × 8. Explica cómo podría cambiar las matrices para hallar 7 × 8. Añade lo que falta al dibujo de Luis para mostrar tu solución.

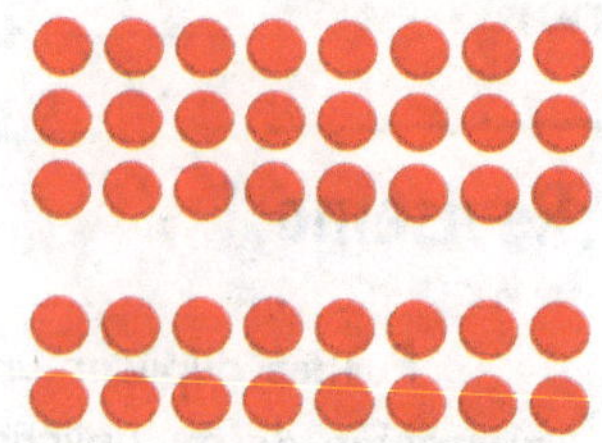

11. **Matemáticas y Ciencias** Un pulpo tiene 8 brazos. En el acuario hay 3 pulpos en una pecera. ¿Cuántos brazos de pulpo hay en total? ¿Qué dos estrategias puedes usar para hallar la respuesta?

12. **Usar la estructura** Durante la Fiebre del Oro de California, los mineros a veces pagaban $10 por un vaso de agua. ¿Cuál era el costo total si 8 mineros compraban un vaso de agua cada uno? ¿Cómo puedes usar una operación de multiplicación del 4 para hallar la respuesta?

13. ¿Cuántas pintas hay en 5 galones?

14. **Razonamiento de orden superior** Lani dijo que todos los múltiplos de 8 también son múltiplos de 2. Jamila dijo que todos los múltiplos de 8 también son múltiplos de 4. ¿Quién tiene razón? Explícalo.

Evaluación

15. En la tienda donde trabaja Ted se venden los panecillos en paquetes de 8. Los clientes le pidieron a Ted 16, 48, 8 y 40 panecillos. Traza líneas para emparejar la cantidad de panecillos con la cantidad de paquetes que los clientes de Ted deben comprar.

16 panecillos	1 paquete
48 panecillos	2 paquetes
8 panecillos	5 paquetes
40 panecillos	6 paquetes

Copyright © Savvas Learning Company LLC. All Rights Reserved.

Nombre ______________________________

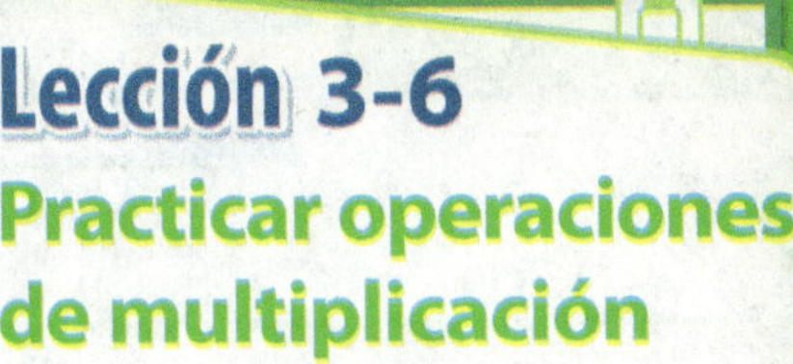

Lección 3-6

Practicar operaciones de multiplicación

Puedo...
usar estrategias y herramientas para representar y resolver operaciones de multiplicación.

También puedo representar modelos matemáticos para resolver problemas.

Resuélvelo y coméntalo Josué tiene 7 hieleras. Cada hielera contiene 8 botellas de bebida hidratante. ¿Cuántas botellas de bebida hidratante tiene Josué en total? ***Resuelve este problema de la manera que prefieras.***

Puedes representar con modelos matemáticos. Puedes usar dibujos, objetos, palabras, números y símbolos para representar y resolver el problema. *¡Muestra tu trabajo en el espacio que sigue!*

¡Vuelve atrás! **Construir argumentos** Ahora Josué tiene 8 hieleras con 7 botellas de bebida hidratante en cada una. ¿Cambia esto el total de botellas de bebida hidratante que tiene Josué? Explica por qué.

Aprende Glosario

¿Cómo usas las estrategias para multiplicar?

A

Juana y Dolores construyeron una carroza de un dragón para un desfile. Conectaron 9 secciones iguales para formar el cuerpo del dragón. ¿Cuál es la longitud total en pies del cuerpo del dragón?

El cuerpo del dragón está hecho con secciones iguales. Por tanto, puedes multiplicar para hallar la longitud.

Cada sección mide 3 pies de longitud.

B

Una manera

Haz un dibujo para hallar 9×3.

9×3 significa 9 grupos de 3. Combina los grupos para hallar el producto.

La longitud del cuerpo del dragón

?

3	3	3	3	3	3	3	3	3

3 pies en cada sección

$9 \times 3 = 27$.

El cuerpo del dragón mide 27 pies de longitud.

C

Otra manera

Usa operaciones conocidas para hallar 9×3.

Usa operaciones de multiplicación del 4 y del 5 como ayuda.

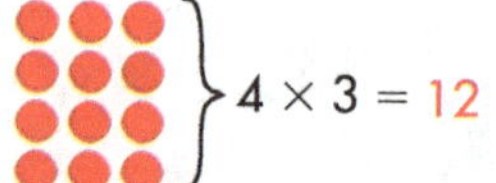

$4 \times 3 = 12$

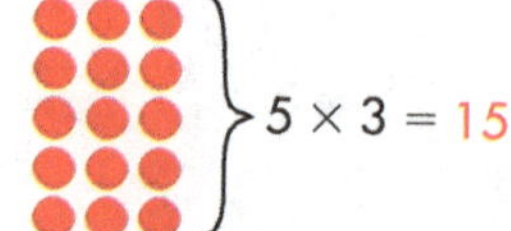

$5 \times 3 = 15$

$12 + 15 = 27$

El cuerpo del dragón mide 27 pies de longitud.

¡Convénceme! **Entender y perseverar** ¿Qué otras dos operaciones puedes usar para hallar 9×3? Explícalo.

Copyright © Savvas Learning Company LLC. All Rights Reserved.

Nombre ______

Práctica guiada*

¿Lo entiendes?

1. ¿Qué operaciones conocidas puedes usar para hallar 7 × 5?

2. Para hallar 8 × 6, ¿cómo te puede ayudar saber que 6 × 6 = 36?

¿Cómo hacerlo?

Multiplica en los Ejercicios **3** a **8.**

3. 3 × 7 = ____

4. 6 × 5 = ____

5. 9 × 4 = ____

6. 3 × 0 = ____

7. 1 × 7

8. 10 × 8

Práctica independiente

Usa operaciones conocidas y estrategias para hallar el producto en los Ejercicios **9** a **25.**

9. 7 × 7 = ____

10. 8 × 2 = ____

11. 3 × 10 = ____

12. ____ = 8 × 9

13. ____ = 4 × 6

14. ____ = 4 × 4

15. 10 × 7

16. 2 × 6

17. 1 × 3

18. 2 × 7

19. 8 × 0

20. 10 × 6

21. 4 × 7

22. 8 × 9

23. ¿Cuánto es 6 × 9? ____

24. ¿Cuánto es 7 × 2? ____

25. ¿Cuánto es 8 × 1? ____

Puedes encontrar otro ejemplo en el Grupo D, página 160.

Resolución de problemas

26. Razonar El Sr. Ling camina 5 millas todos los días. ¿Cuántas millas camina en total en una semana? Explícalo.

Recuerda que una semana tiene 7 días.

27. David quiere comprar unos zapatos y un suéter nuevos. Los zapatos cuestan \$56. El suéter cuesta \$42. ¿Cuánto dinero necesita David para comprar ambos artículos?

?

\$56	\$42

28. Representar con modelos matemáticos La Srta. Wilson bebió tres tazas de té de 8 onzas antes de almorzar. Después, se bebió tres vasos de agua de 8 onzas antes de cenar. ¿Cuántas onzas de líquido bebió en total? Escribe una ecuación como ayuda para resolverlo.

29. Razonamiento de orden superior Muestra cómo puedes usar operaciones conocidas para hallar 4×11. Explica cómo escogiste las operaciones conocidas.

30. Evaluar el razonamiento El Sr. Evans tiene que asignar 32 estudiantes a 8 grupos iguales. Él dice: "Puedo usar la resta repetida. Como resto 3 veces, cada grupo tiene 3 estudiantes". ¿Estás de acuerdo con el Sr. Evans? ¿Por qué?

$32 - 16 = 16$

$16 - 8 = 8$

$8 - 8 = 0.$

Evaluación

31. Rory jugó 9 hoyos de golf. En cada hoyo, le tomó 4 golpes meter la bola en el hoyo. Escoge *Sí* o *No* para decir si se puede usar cada ecuación para hallar la cantidad total de golpes que le tomó a Rory completar 9 hoyos.

$(8 \times 4) + (1 \times 4) = ?$ ○ Sí ○ No

$9 \times 4 = ?$ ○ Sí ○ No

$(3 \times 3) + (1 \times 4) = ?$ ○ Sí ○ No

$9 \times (2 \times 2) = ?$ ○ Sí ○ No

32. Raquel tiene una colección de 24 figuras de cerámica. Las exhibe en su habitación en grupos iguales. Escoge *Sí* o *No* para decir si cada ejemplo es una manera posible de exhibir todas las figuras de Raquel.

8 grupos de 4 ○ Sí ○ No

3 grupos de 6 ○ Sí ○ No

6 grupos de 4 ○ Sí ○ No

3 grupos de 8 ○ Sí ○ No

Copyright © Savvas Learning Company LLC. All Rights Reserved.

Nombre ______________________

Tarea y práctica 3-6

Practicar operaciones de multiplicación

¡Revisemos!

Halla 8×4.

Dibujo

8×4 significa 8 grupos de 4.

?

4	4	4	4	4	4	4	4

Combina grupos iguales para hallar el producto.

Por tanto, $8 \times 4 = 32$.

Operaciones conocidas

Usa operaciones de multiplicación del 4 como ayuda.

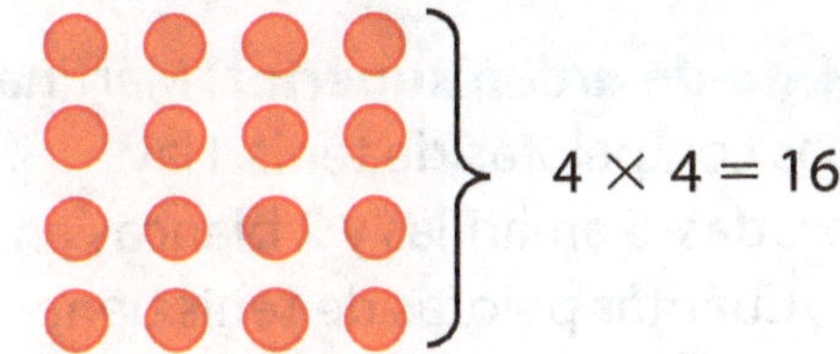

$4 \times 4 = 16$

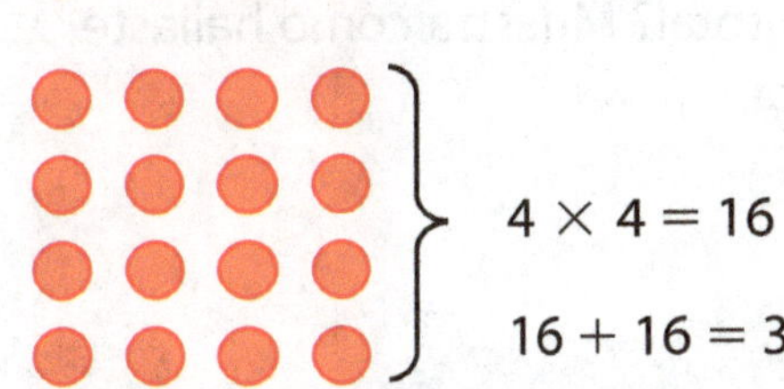

$4 \times 4 = 16$

$16 + 16 = 32$

Por tanto, $8 \times 4 = 32$.

Usa un dibujo y operaciones conocidas para hallar el producto en los Ejercicios **1** y **2.**

1. $3 \times 6 = ?$

?

6	6	____

6 12 ____

$2 \times 6 =$ ____

$1 \times 6 =$ ____

$3 \times 6 =$ ____

12 + ____ = ____

2. $3 \times 3 = ?$

?

3	3	____

3 6 ____

$2 \times 3 =$ ____

$1 \times 3 =$ ____

$3 \times 3 =$ ____

6 + ____ = ____

Multiplica en los Ejercicios **3** a **8.**

3. $3 \times 2 =$ ____

4. $8 \times 3 =$ ____

5. $6 \times 7 =$ ____

6. $10 \times 7 =$ ____

7. $4 \times 0 =$ ____

8. $7 \times 2 =$ ____

9. Entender y perseverar El equipo local anotó 4 canastas de tres puntos, 10 canastas de dos puntos y 6 tiros libres. El equipo visitante anotó 5 canastas de tres puntos, 8 canastas de dos puntos y 5 tiros libres. ¿Qué equipo anotó más puntos? Explícalo.

Puntos de básquetbol

Tipo	Puntos
Tres puntos	3 puntos
Dos puntos	2 puntos
Tiro libre	1 punto

10. Razonamiento de orden superior Martina tiene 3 bolsas con pelotas de tenis. Hay 6 pelotas rosadas, 5 amarillas y 2 blancas en cada bolsa. ¿Cuántas pelotas de tenis tiene Martina en total? Muestra cómo hallaste la respuesta.

11. Sentido numérico Sin multiplicar, ¿cómo sabes qué producto será mayor, 4×3 o 4×5? Explícalo.

Evaluación

12. Una guardabosques está contando la cantidad de visitantes que viajan en carro al parque nacional. Durante 30 minutos, ella cuenta 7 carros con 4 pasajeros en cada uno. Escoge *Sí* o *No* para indicar si cada ecuación muestra una manera de hallar cuántos visitantes contó la guardabosques.

$4 \times 7 = ?$	○ Sí	○ No
$4 \times 7 + 30 = ?$	○ Sí	○ No
$(2 \times 7) + (2 \times 7) = ?$	○ Sí	○ No
$(4 \times 3) + (4 \times 4) = ?$	○ Sí	○ No

13. Harry compró una gorra en cada ciudad que visitó en los Estados Unidos. A continuación se muestra la cantidad de gorras que tiene. Escoge *Sí* o *No* para indicar si cada ecuación muestra una manera de hallar cuántas ciudades visitó Harry.

$3 \times 6 = ?$	○ Sí	○ No
$(2 \times 5) + (1 \times 5) = ?$	○ Sí	○ No
$(3 + 5) \times 3 = ?$	○ Sí	○ No
$3 \times 5 = ?$	○ Sí	○ No

Copyright © Savvas Learning Company LLC. All Rights Reserved.

Nombre

Resuélvelo y coméntalo

Gina tiene dos colchas de retazos. Cada colcha tiene 5 filas con 3 cuadrados en cada fila. ¿Cuántos cuadrados hay en las dos colchas? ***Resuelve este problema de la manera que prefieras.*** Luego, halla otra manera de resolver el problema.

Lección 3-7

La propiedad asociativa: Multiplicar con 3 factores

Puedo...
multiplicar 3 factores en cualquier orden para hallar el producto.

También puedo entender bien los problemas.

¡Vuelve atrás! **Construir argumentos** ¿Obtuviste una respuesta diferente cuando resolviste el problema de una manera diferente? Explica por qué.

Aprende   Glosario

Pregunta esencial

¿Cómo multiplicas 3 números?

A

Derek está uniendo 3 partes de una colcha de retazos. Cada parte tiene 2 filas con 4 cuadrados en cada fila. ¿Cuántos cuadrados hay en las 3 partes? Halla 3 × 2 × 4.

B

Una manera

Halla primero 3 × 2.

$(3 \times 2) \times 4$

↓

$6 \times 4 = 24$

6 filas, 4 cuadrados en cada fila

Hay 24 cuadrados en total.

C

Otra manera

Halla primero 2 × 4.

$3 \times (2 \times 4)$

↓

$3 \times 8 = 24$

3 partes, 8 cuadrados en cada parte.

Hay 24 cuadrados en la colcha de retazos de Derek.

¡Convénceme! **Generalizar** Usa la propiedad asociativa (o de agrupación) de la multiplicación para mostrar dos maneras diferentes de hallar 5 × 2 × 3. ¿Obtuviste la misma respuesta de las dos maneras? ¿Qué generalización puedes hacer?

Copyright © Savvas Learning Company LLC. All Rights Reserved.

Nombre ______

Práctica guiada*

¿Lo entiendes?

1. Sarah tiene 4 páginas de calcomanías en un álbum. Cada página tiene 3 filas con 2 calcomanías en cada fila. ¿Cuántas calcomanías hay en el álbum de Sarah? Usa objetos como ayuda.

2. **Evaluar el razonamiento** Billy concluyó que el producto de $(2 \times 3) \times 5$ no es igual al producto de $2 \times (3 \times 5)$. ¿Tiene razón Billy? Explícalo.

¿Cómo hacerlo?

Usa la propiedad asociativa de la multiplicación para hallar el número que falta en los Ejercicios **3** a **6.** Puedes usar objetos o hacer un dibujo para ayudarte.

3. $2 \times (4 \times 2) = (2 \times 4) \times$ ____

4. $(3 \times 4) \times 3 = 3 \times ($ ____ $\times 3)$

5. $2 \times (2 \times 3) = (2 \times 2) \times$ ____

6. $(3 \times 2) \times 4 =$ ____ $\times (2 \times 4)$

Práctica independiente

Usa la propiedad asociativa de la multiplicación para hallar el número que falta en los Ejercicios **7** a **12.** Puedes usar objetos o hacer un dibujo para ayudarte.

7. $8 \times (3 \times 6) = (8 \times 3) \times$ ____

8. $5 \times (6 \times 9) = (5 \times 6) \times$ ____

9. $5 \times (7 \times 2) = (5 \times 7) \times$ ____

10. $5 \times (2 \times 9) = (5 \times$ ____ $) \times 9$

11. $3 \times (2 \times 5) = (3 \times 2) \times$ ____

12. $4 \times (2 \times 2) = (4 \times$ ____ $) \times 2$

Usa la propiedad asociativa de la multiplicación para hallar el producto en los Ejercicios **13** a **18.** Puedes usar objetos o hacer un dibujo para ayudarte.

13. $2 \times 3 \times 2 =$ ____

14. $3 \times 6 \times 2 =$ ____

15. $2 \times 6 \times 2 =$ ____

16. $5 \times 2 \times 4 =$ ____

17. $5 \times 2 \times 2 =$ ____

18. $3 \times 3 \times 2 =$ ____

**Puedes encontrar otro ejemplo en el Grupo E, página 160.*

Resolución de problemas

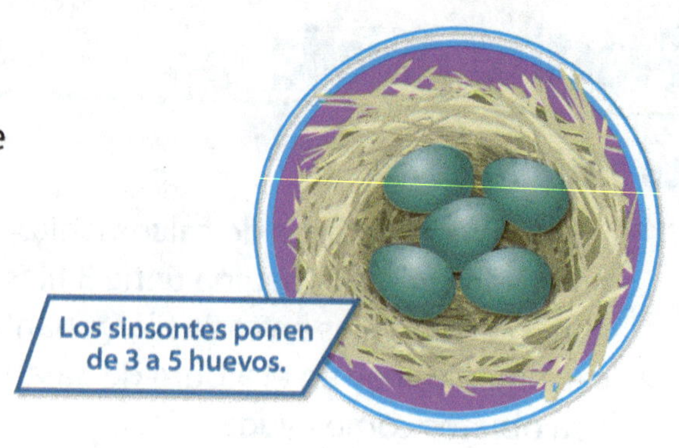

19. **Razonar** Hay 7 nidos de sinsontes en un parque. ¿Cuál es la mayor cantidad de huevos que puede haber en este parque? ¿Cuál es la menor cantidad de huevos que puede haber?

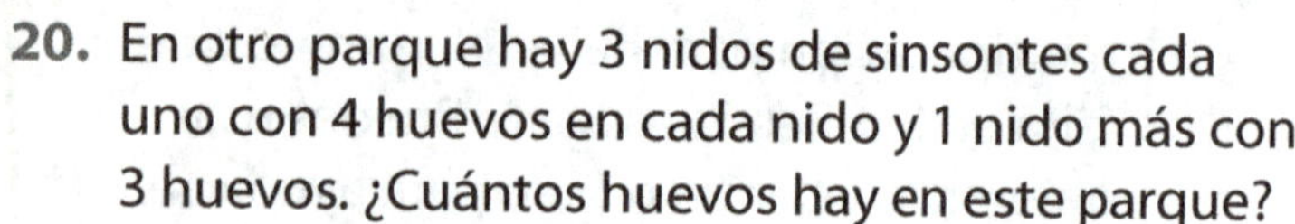

20. En otro parque hay 3 nidos de sinsontes cada uno con 4 huevos en cada nido y 1 nido más con 3 huevos. ¿Cuántos huevos hay en este parque?

21. **Evaluar el razonamiento** María dice que puede hallar el producto de $2 \times 3 \times 4$ resolviendo $3 \times 2 \times 4$. ¿Tiene razón María? Explícalo.

22. **Sentido numérico** Anita dice que el producto de $5 \times 2 \times 3$ es menor que 20. ¿Estás de acuerdo? Explícalo.

23. ¿Qué número hace que las dos ecuaciones sean verdaderas?

$4 \times (3 \times 2) = (4 \times ?) \times 2$

$3 \times (5 \times 2) = (? \times 5) \times 2$

24. **Razonamiento de orden superior** ¿Cómo sabes que $4 \times 2 \times 2$ es lo mismo que 4×4? Explícalo.

Evaluación

Completa los espacios en blanco para que las ecuaciones sean correctas.

25. $(7 \times 2) \times 3 =$ ____ $\times$ (____ $\times 3)$

$(7 \times 2) \times 3 =$ ____

26. $(9 \times 3) \times 3 =$ ____ $\times$ (____ $\times 3)$

$(9 \times 3) \times 3 =$ ____

Copyright © Savvas Learning Company LLC. All Rights Reserved.

Nombre ______________________

Ayuda | Amigo de práctica | Herramientas | Juegos

Tarea y práctica 3-7

La propiedad asociativa: Multiplicar con 3 factores

¡Revisemos!

Usa la propiedad asociativa de la multiplicación para hallar el producto de $4 \times 2 \times 5$.

Según la propiedad asociativa, la manera en que se agrupan los factores no cambia el producto.

Una manera

$4 \times 2 \times 5$

$(4 \times 2) \times 5$

$8 \times 5 = 40$

Otra manera

$4 \times 2 \times 5$

$4 \times (2 \times 5)$

$4 \times 10 = 40$

1. Halla el producto de $4 \times 2 \times 3$ de dos maneras diferentes.

$4 \times 2 \times 3$

$(4 \times 2) \times 3$

____ $\times 3 =$ ____

$4 \times 2 \times 3$

$4 \times (2 \times 3)$

$4 \times$ ____ $=$ ____

Halla el producto en los Ejercicios **2** a **16.** Puedes hacer un dibujo para ayudarte.

2. $3 \times 2 \times 1 =$ ____

3. $2 \times 3 \times 5 =$ ____

4. $4 \times 3 \times 2 =$ ____

5. $4 \times 2 \times 7 =$ ____

6. $3 \times 3 \times 2 =$ ____

7. $2 \times 4 \times 5 =$ ____

8. $2 \times 2 \times 6 =$ ____

9. $4 \times 1 \times 5 =$ ____

10. $5 \times 1 \times 3 =$ ____

11. $6 \times 1 \times 5 =$ ____

12. $3 \times 3 \times 4 =$ ____

13. $4 \times 2 \times 6 =$ ____

14. $5 \times 5 \times 2 =$ ____

15. $2 \times 2 \times 5 =$ ____

16. $3 \times 2 \times 2 =$ ____

17. **Representar con modelos matemáticos** La Sra. Stokes compró 3 paquetes de jugo de frutas. Cada paquete tiene 2 filas de 6 jugos. ¿Cuántos jugos compró la Sra. Stokes? Escribe ecuaciones para resolverlo.

18. **Razonamiento de orden superior** Escribe dos ecuaciones de multiplicación diferentes para las siguientes matrices. Halla el producto de cada una.

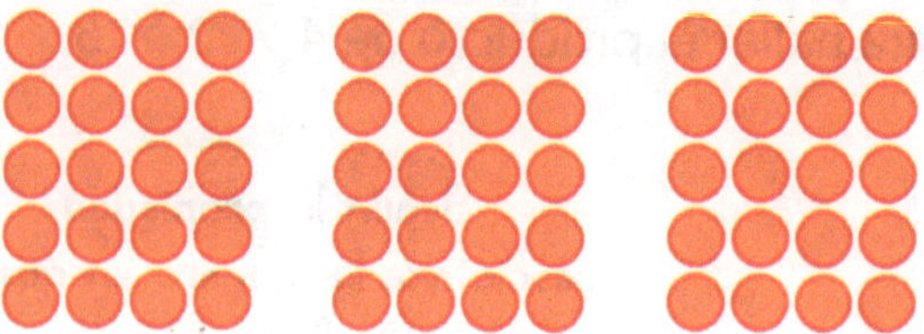

19. Matt tiene un bloque. Él usa una de las superficies planas del bloque para trazar un triángulo. ¿Qué tipo de cuerpo geométrico es el bloque de Matt?

20. **Vocabulario** Escribe una ecuación que tenga 20 como *producto* y 4 como *factor*.

21. **Razonar** Amy tiene 3 bolsas de canicas y Ron tiene 2 bolsas de canicas. Hay 6 canicas en cada una de las bolsas. ¿Cuántas canicas tienen los dos en total? Muestra cómo lo sabes.

22. **Entender y perseverar** Marco compró 6 hojas de estampillas. En cada hoja hay 3 filas de estampillas con 3 estampillas en cada fila. ¿Cuántas estampillas compró Marco?

Evaluación

Escribe números para que las ecuaciones sean verdaderas.

23. $(8 \times 2) \times 4 =$ ____ $\times$ (____ $\times 4)$

$(8 \times 2) \times 4 =$ ____

24. $(6 \times 5) \times 2 =$ ____ $\times$ (____ $\times 2)$

$(6 \times 5) \times 2 =$ ____

Puedes usar las propiedades para resolver los problemas de diferentes maneras.

Copyright © Savvas Learning Company LLC. All Rights Reserved.

Nombre ______________________________

Resuelve

Resolución de problemas

Lección 3-8

Razonamientos repetidos

Puedo...
razonar para buscar y describir estrategias generales para hallar productos.

También puedo descomponer operaciones.

Resuélvelo y coméntalo Has aprendido que puedes usar operaciones conocidas para hallar operaciones desconocidas. Para cada una de las operaciones de multiplicación del 4 que aparecen a continuación, escoge dos operaciones de multiplicación del recuadro que se puedan agregar para hallar el producto dado. Se da la primera respuesta completa.

¿Qué notas en las operaciones que usaste para hallar los productos cuando el 6 o el 7 es un factor?

6×7

$5 \times 7 + 1 \times 7 = 42$

6×9

_____ + _____ = 54

7×8

_____ + _____ = 56

7×9

_____ + _____ = 63

1×9	2×8	1×7
5×8	5×9	1×8
5×7	2×7	2×9

Hábitos de razonamiento

¡Razona correctamente! Estas preguntas te pueden ayudar.

- ¿Se repiten algunos cálculos?
- ¿Puedo hacer generalizaciones a partir de los ejemplos?
- ¿Qué métodos cortos puedo ver en el problema?

¡Vuelve atrás! Generalizar Usa las observaciones que hiciste en el trabajo anterior para completar estas operaciones.

(___ × 6) + (___ × 6) = 36

(___ × 7) + (___ × 7) = 49

Aprende Glosario

¿Cómo puedes usar razonamientos repetidos para multiplicar?

A

Elena escribió las siguientes ecuaciones para hallar cuántos cuadrados hay en total en cada uno de estos rectángulos. Mira las ecuaciones. ¿Qué factores se usan repetidamente en las operaciones conocidas para hallar los productos?

A $3 \times 6 = (2 \times 6) + (1 \times 6) = 12 + 6 = 18$

B $4 \times 9 = (2 \times 9) + (2 \times 9) = 18 + 18 = 36$

C $6 \times 8 = (5 \times 8) + (1 \times 8) = 40 + 8 = 48$

D $7 \times 7 = (5 \times 7) + (2 \times 7) = 35 + 14 = 49$

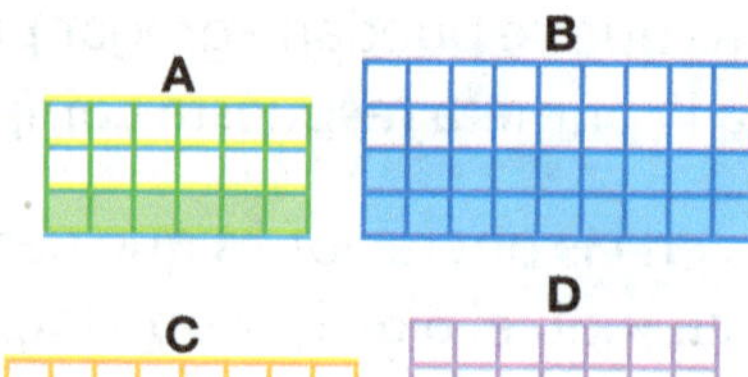

C

D

¿Qué necesito hacer para completar la tarea?

Necesito ver si hay operaciones conocidas que se puedan usar repetidamente para hallar otras operaciones.

B

¿Cómo puedo hacer una generalización a partir del razonamiento repetido?

Puedo

- buscar los cálculos que se repiten.
- hacer generalizaciones sobre los cálculos repetidos.
- comprobar si mis generalizaciones funcionan con otros números.

C

Aquí está mi razonamiento...

Veo que los factores 1, 2 y 5 se usan repetidamente.
Veo dos generalizaciones.

Puedo descomponer operaciones con 3 o 4 en operaciones de multiplicación del 2 y del 1.

$3 \times 6 = (2 \times 6) + (1 \times 6)$

$4 \times 9 = (2 \times 9) + (2 \times 9)$

Puedo descomponer operaciones con 6 o 7 en operaciones de multiplicación del 5, 2 y 1.

$6 \times 8 = (5 \times 8) + (1 \times 8)$

$7 \times 7 = (5 \times 7) + (2 \times 7)$

Puedo comprobar esto con otras operaciones.

$3 \times 5 = (2 \times 5) + (1 \times 5)$

$6 \times 7 = (5 \times 7) + (1 \times 7)$

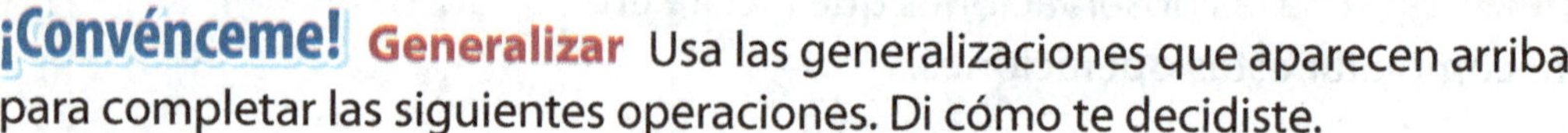

¡Convénceme! Generalizar Usa las generalizaciones que aparecen arriba para completar las siguientes operaciones. Di cómo te decidiste.

$7 \times 5 = ($________$) + ($________$)$

$7 \times 6 = ($________$) + ($________$)$

Copyright © Savvas Learning Company LLC. All Rights Reserved.

Nombre ____________________

Amigo de práctica · Herramientas · Evaluación

Práctica guiada*

Generalizar

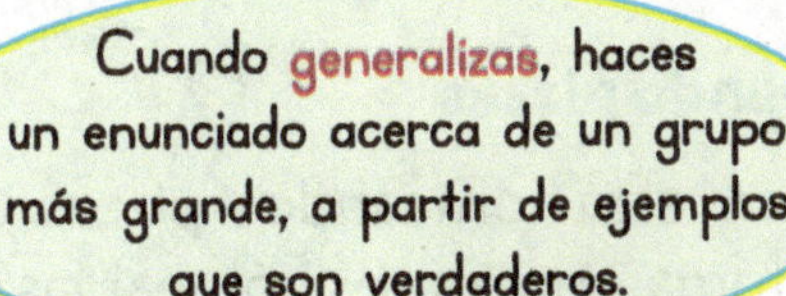

Ricardo escribió las siguientes ecuaciones.

1. ¿Qué factores usó Ricardo repetidamente para hallar los productos? Haz una generalización.

$3 \times 8 = (2 \times 8) + (1 \times 8) = 24$

$3 \times 7 = (2 \times 7) + (1 \times 7) = 21$

$6 \times 3 = (6 \times 1) + (6 \times 2) = 18$

2. Completa esta ecuación para comprobar si tu generalización es verdadera en otras operaciones. Explícalo.

$3 \times 9 = (\_\_ \times \_\_) + (\_\_ \times \_\_) = \_\_\_\_$

Práctica independiente

Generalizar

Mary escribió las ecuaciones de la derecha.

$8 \times 7 = (5 \times 7) + (3 \times 7) = 56$

$6 \times 8 = (6 \times 5) + (6 \times 3) = 48$

$8 \times 9 = (3 \times 9) + (5 \times 9) = 72$

3. ¿Qué factores usó Mary repetidamente para hallar los productos? Haz una generalización.

4. Completa esta ecuación para comprobar si tu generalización es verdadera en otras operaciones. Explícalo.

$8 \times 3 = (\_\_ \times \_\_) + (\_\_ \times \_\_) = \_\_\_\_$

5. ¿De qué otra manera puedes usar operaciones conocidas para resolver 8×3? ¿Qué generalizaciones puedes hacer de esta manera?

**Puedes encontrar otro ejemplo en el Grupo F, página 160.*

Resolución de problemas

Evaluación del rendimiento

Horneando pizzas

Adam está horneando 4 pizzas. Cada pizza es rectangular. Le toma 35 minutos hornear las pizzas. Adam divide cada pizza en las porciones cuadradas del mismo tamaño que se muestran.

Pizza 1

Pizza 2

Pizza 3

Pizza 4

6. **Entender y perseverar** Adam multiplica para hallar el número total de porciones cuadradas en cada pizza. Di qué factores multiplica Adam por cada pizza.

7. **Usar la estructura** Mira las operaciones que escribiste en el Ejercicio **6.** Descompón estas operaciones en operaciones de multiplicación del 1, del 2 y del 5 para hallar el número total de porciones de cada pizza.

Pizza 1
(__ × __) = (__ × __) + (__ × __) = ____

Pizza 2
(__ × __) = (__ × __) + (__ × __) = ____

Pizza 3
(__ × __) = (__ × __) + (__ × __) = ____

Pizza 4
(__ × __) = (__ × __) + (__ × __) = ____

8. **Generalizar** Mira cómo usaste las operaciones de multiplicación del 1, del 2 y del 5 arriba. ¿Qué generalizaciones puedes hacer? Comprueba tus generalizaciones con otra operación.

9. **Evaluar el razonamiento** Mira el modelo para la Pizza 3. Adam dice que puede usar una operación de multiplicación del 2 para resolver 4 × 7 o 7 × 4. ¿Tiene razón? Explícalo.

Copyright © Savvas Learning Company LLC. All Rights Reserved.

Nombre ______________________

Tarea y práctica 3-8

Razonamientos repetidos

¡Revisemos!

John usó las operaciones que conoce para resolver 6×7 y 6×5.
Él escribió estas ecuaciones:

$6 \times 7 = (5 \times 7) + (1 \times 7) = 42$

$6 \times 5 = (5 \times 5) + (1 \times 5) = 30$

Di cómo puedes usar los razonamientos repetidos para hallar operaciones de multiplicación.

- Puedo buscar cálculos repetidos.
- Puedo hacer generalizaciones sobre los cálculos repetidos.

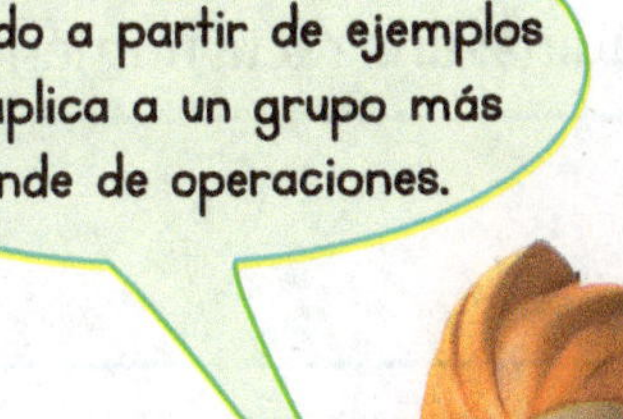

Haz una generalización.
Comprueba si se aplica a otras operaciones.

Puedo descomponer operaciones con 6 en operaciones de multiplicación del 5 y del 1.

Esto se aplica a otras operaciones con 6: $6 \times 9 = (5 \times 9) + (1 \times 9) = 54$

Generalizar

Pam escribió las siguientes ecuaciones.

$7 \times 6 = (5 \times 6) + (2 \times 6) = 42$

$7 \times 9 = (5 \times 9) + (2 \times 9) = 63$

$7 \times 7 = (5 \times 7) + (2 \times 7) = 49$

1. Di cómo puedes usar razonamientos repetidos para hallar operaciones de multiplicación.

2. ¿Qué factores usó Pam repetidamente? Haz una generalización.

3. Completa esta ecuación para comprobar si tu generalización se aplica a otras operaciones. Explícalo.
$7 \times 8 = (\_\_ \times \_\_) + (\_\_ \times \_\_) = \_\_\_$

Evaluación del rendimiento

Julia coloca sus calcomanías en forma de matrices en un álbum. Algunas calcomanías son de animales. Cada página tiene una cantidad diferente de calcomanías. La tabla de la derecha da información de las calcomanías en el álbum de Julia.

DATOS

Calcomanías de Julia

Número de página	Calcomanías de animales	Filas de calcomanías	Columnas de calcomanías
1	7	4	7
2	4	4	6
3	9	8	9
4	9	8	6

4. **Usar herramientas apropiadas** Explica cómo puedes usar una de estas herramientas para hallar el número de calcomanías en cada página: una recta numérica, fichas, una tabla de 100.

5. **Entender y perseverar** Julia multiplica para hallar el número total de calcomanías en cada página. Di los factores que multiplica en cada página.

6. **Usar la estructura** Mira las operaciones que escribiste para el Ejercicio **5.** Descompón estas operaciones en operaciones de multiplicación del 1, del 2, del 3 y del 5 para hallar el número total de calcomanías en cada página.

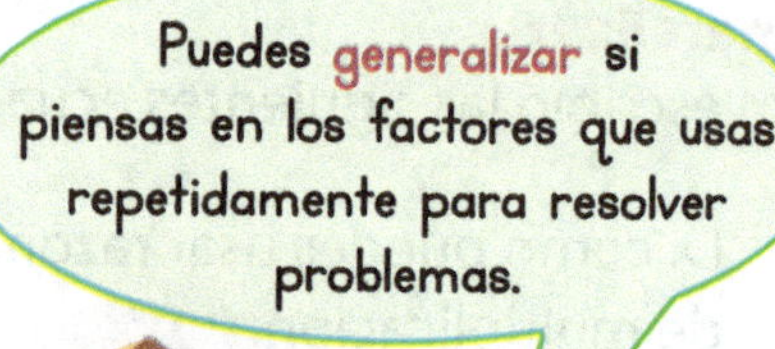

Página 1

(__ × __) = (__ × __) + (__ × __) = ____

Página 2

(__ × __) = (__ × __) + (__ × __) = ____

Página 3

(__ × __) = (__ × __) + (__ × __) = ____

Página 4

(__ × __) = (__ × __) + (__ × __) = ____

7. **Generalizar** Mira las operaciones de multiplicación del 1, del 2, del 3 y del 5 que aparecen arriba. ¿Qué generalizaciones puedes hacer? Comprueba cada generalización con otra operación.

Copyright © Savvas Learning Company LLC. All Rights Reserved.

Nombre ___________________________

Sombrea una ruta que vaya desde la **SALIDA** hasta la **META.** Traza las diferencias que son correctas. Solo te puedes mover hacia arriba, hacia abajo, hacia la derecha o hacia la izquierda.

Puedo...
restar hasta 100.

Salida

75 − 13 = 62	99 − 63 = 36	85 − 39 = 46	70 − 48 = 32	41 − 31 = 11
39 − 21 = 12	24 − 16 = 10	59 − 37 = 22	55 − 32 = 67	91 − 65 = 47
77 − 38 = 45	47 − 40 = 87	46 − 27 = 19	100 − 62 = 58	45 − 27 = 17
69 − 21 = 47	34 − 29 = 15	65 − 59 = 6	81 − 29 = 52	67 − 19 = 48
82 − 46 = 58	38 − 12 = 23	93 − 34 = 69	24 − 18 = 9	78 − 35 = 43

Meta

TEMA 3 Repaso del vocabulario

Comprender el vocabulario

Empareja el ejemplo con el término.

1. $5 \times 0 = 0 \times 5$	Propiedad asociativa (o de agrupación) de la multiplicación
2. $(3 \times 8) + (1 \times 8) = 4 \times 8$	Propiedad conmutativa (o de orden) de la multiplicación
3. $(6 \times 2) \times 2 = 6 \times (2 \times 2)$	Propiedad distributiva
4. $7 \times 1 = 7$	Propiedad de identidad (o del uno) de la multiplicación

Lista de palabras

- Propiedad asociativa (o de agrupación) de la multiplicación
- Propiedad conmutativa (o de orden) de la multiplicación
- Propiedad del cero en la multiplicación
- Propiedad distributiva
- Propiedad de identidad (o del uno) de la multiplicación
- factor
- múltiplo
- producto

Escribe V para *verdadero* o F para *falso.*

__________ **5.** 3 y 8 son *múltiplos* de 24.

__________ **6.** Puedes multiplicar los *factores* en cualquier orden.

__________ **7.** El *producto* de cero y cualquier número es ese número.

__________ **8.** Hay 3 *factores* en la oración numérica $5 \times 3 \times 2 = 30$.

Usa el vocabulario al escribir

9. Explica cómo usar $8 \times 5 = 40$ para hallar 8×6. Usa por lo menos 2 términos de la Lista de palabras en tu explicación.

Copyright © Savvas Learning Company LLC. All Rights Reserved.

Nombre ______________________________

TEMA 3

Grupo A   páginas 109 a 114

Puedes descomponer una matriz en 2 matrices más pequeñas.

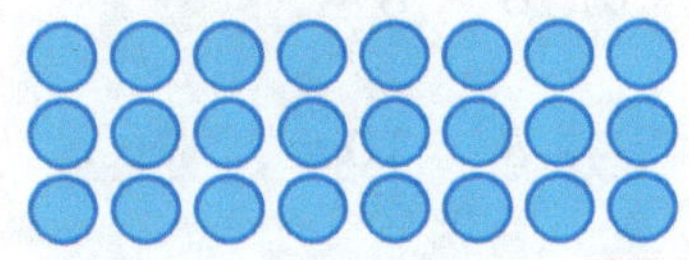

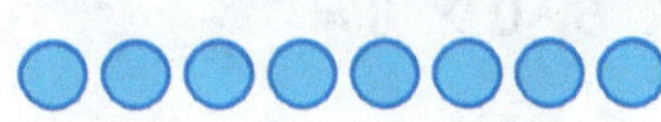

Puedes escribir una operación desconocida como la suma de 2 operaciones conocidas.

$8 \times 4 = (8 \times 3) + (8 \times 1)$

Recuerda que según la propiedad distributiva, una multiplicación se puede descomponer en la suma de otras dos multiplicaciones.

Halla el valor que falta en los Ejercicios **1** y **2.**

1. $\_\_\_\_ \times 4 = (2 \times 4) + (2 \times 4)$
2. $6 \times 5 = (4 \times 5) + (\_\_\_\_ \times 5)$

Grupo B   páginas 115 a 126

Halla 3×4.

Puedes usar una operación de multiplicación del 2 para ayudarte a multiplicar por 3.

3 × 4   **2 × 4 = 8**   **1 × 4 = 4**

8 + 4 = 12

También puedes hallar operaciones de multiplicación del 4.

$3 \times 4 = (3 \times 2) + (3 \times 2) = 6 + 6 = 12$

Recuerda que para hallar el producto de una operación de multiplicación del 3, sumas una operación de multiplicación del 2 y una del 1. Para hallar el producto de una operación de multiplicación del 4, duplicas el producto de una operación de multiplicación del 2.

1. $3 \times 7 = \_\_\_\_$
2. $4 \times 9 = \_\_\_\_$
3. $4 \times 10 = \_\_\_\_$
4. $3 \times 10 = \_\_\_\_$
5. $3 \times 8 = \_\_\_\_$
6. $8 \times 4 = \_\_\_\_$
7. $9 \times 3 = \_\_\_\_$
8. $10 \times 4 = \_\_\_\_$

Grupo C   páginas 127 a 132

Puedes usar operaciones conocidas para ayudarte a multiplicar. Halla 6×9.

$6 \times 9 = (5 \times 9) + (1 \times 9)$

$6 \times 9 = 45 + 9$

$6 \times 9 = 54$

Halla 7×4.

$7 \times 4 = (5 \times 4) + (2 \times 4)$

$7 \times 4 = 20 + 8$

$7 \times 4 = 28$

Recuerda que puedes descomponer un problema de multiplicación en dos multiplicaciones más pequeñas.

1. $6 \times 6 = \_\_\_\_$
2. $7 \times 9 = \_\_\_\_$
3. $7 \times 7 = \_\_\_\_$
4. $6 \times 8 = \_\_\_\_$
5. $\begin{array}{r} 6 \\ \times\ 5 \\ \hline \end{array}$
6. $\begin{array}{r} 6 \\ \times\ 3 \\ \hline \end{array}$
7. $\begin{array}{r} 10 \\ \times\ 7 \\ \hline \end{array}$

Grupo D páginas 133 a 144

Halla 8 × 9.

Puedes usar operaciones de multiplicación del 2.

8 × 9 = (2 × 9) + (2 × 9) + (2 × 9) + (2 × 9)

8 × 9 = 18 + 18 + 18 + 18

8 × 9 = 72

Puedes contar salteado.

8, 16, 24, 32, 40, 48, 56, 64, 72

Recuerda que puedes usar patrones, operaciones conocidas o contar salteado para hallar los productos.

1. 8 × 6 = ____
2. 8 × 8 = ____
3. 8 × 7 = ____
4. 8 × 10 = ____
5. 1 × 8 = ____
6. 0 × 8 = ____
7. 8 × 5
8. 8 × 3
9. 8 × 2

Grupo E páginas 145 a 150

Puedes usar la propiedad asociativa para agrupar los factores. El producto no cambia.

Halla 4 × 2 × 2.

Una manera	Otra manera
4 × (2 × 2)	(4 × 2) × 2
4 × 4 = 16	8 × 2 = 16

Recuerda que puedes usar las propiedades para escribir operaciones desconocidas como operaciones conocidas.

Halla el producto en los Ejercicios **1** al **3.** Muestra cómo agrupaste los factores.

1. 4 × 5 × 2 = ____ × ____ = ____
2. 3 × 7 × 3 = ____ × ____ = ____
3. 5 × 5 × 2 = ____ × ____ = ____

Grupo F páginas 151 a 156

Piensa en estas preguntas para ayudarte a usar **razonamientos repetidos**.

Hábitos de razonamiento

- ¿Se repiten algunos cálculos?
- ¿Puedo hacer generalizaciones a partir de los ejemplos?
- ¿Qué métodos cortos puedo ver en el problema?

Recuerda que los patrones te pueden ayudar a hacer generalizaciones.

1. ¿Qué se repite en estas ecuaciones? Usa lo que ves para hacer una generalización.

   6 × 6 = (6 × 3) + (6 × 3) = 18 + 18 = 36
   7 × 6 = (7 × 3) + (7 × 3) = 21 + 21 = 42
   8 × 6 = (8 × 3) + (8 × 3) = 24 + 24 = 48

2. Resuelve esta oración numérica para comprobar si tu generalización es verdadera.

   10 × 6 = ?

   ____ × ____ = (____ × ____) + (____ × ____)

   = ____ + ____ = ____

Copyright © Savvas Learning Company LLC. All Rights Reserved.

Nombre ______________________________

1. Krista ordenó sus botones en una matriz. ¿Qué opción muestra una manera de descomponer la matriz de Krista en dos matrices más pequeñas?

Ⓐ $(3 \times 6) + (3 \times 1)$
Ⓑ $(3 \times 7) + (3 \times 7)$
Ⓒ $(3 \times 6) + (3 \times 6)$
Ⓓ $(3 \times 7) + (4 \times 7)$

2. Escoge *Sí* o *No* para decir si 16 es el producto final.

2a. $4 \times 4 = ?$ ○ Sí ○ No
2b. $2 \times 8 = ?$ ○ Sí ○ No
2c. $2 \times 4 = ?$ ○ Sí ○ No
2d. $8 \times 2 = ?$ ○ Sí ○ No

3. Jeff generaliza que una operación de multiplicación del 10 se puede descomponer en dos operaciones del 5. Escribe una ecuación para comprobar su generalización.

4. Julia descompuso una matriz grande en una matriz de 3×4 y una matriz de 5×4. ¿Cuál fue la matriz grande con la que empezó Julia?

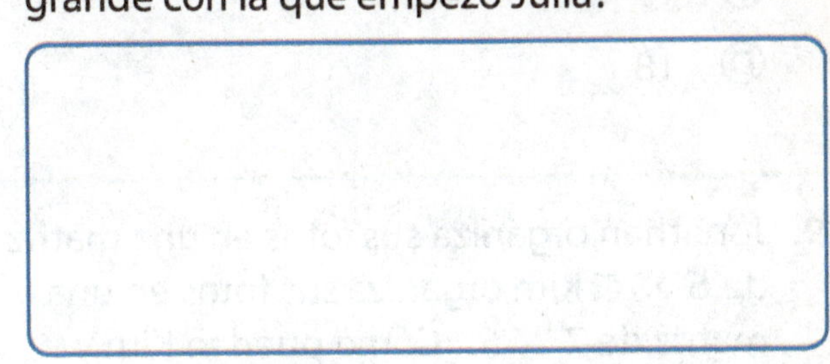

5. ¿Qué operaciones puedes usar para hallar 4×8? Escoge todas las que apliquen.

☐ 2×8 y 2×9
☐ 2×8 y 2×8
☐ 2×4 y 1×8
☐ 4×5 y 4×3
☐ 3×8 y 1×8

6. En una panadería se usan 3 tazas de harina para hacer un pan. Hay 3 panes en una bandeja. Hay 6 bandejas en un carrito. ¿Cuántas tazas de harina se usan para llenar un carrito de pan? Muestra tu trabajo.

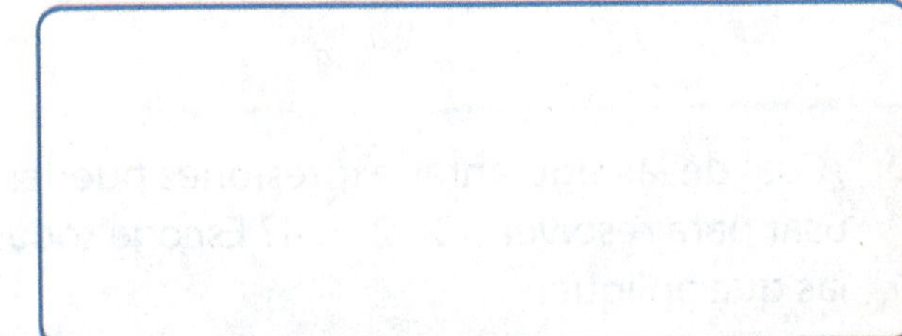

7. ¿Qué número hace que esta ecuación sea correcta?

$(3 \times 4) + (3 \times 4) =$ ____

8. Casey tiene 3 bolsas con pelotas de beisbol. Hay 6 pelotas de beisbol en cada bolsa. ¿Cuántas pelotas de beisbol tiene Casey?

Ⓐ 9

Ⓑ 12

Ⓒ 15

Ⓓ 18

9. Jonathan organiza sus fotos en una matriz de 6 × 4. Kim organiza sus fotos en una matriz de 7 × 5. ¿Cómo pueden Kim y Jonathan descomponer sus matrices? Escribe cada par de operaciones en el espacio correcto.

6 × 4	7 × 5

5 × 5 y 2 × 5

1 × 4 y 5 × 4

4 × 5 y 3 × 5

1 × 5 y 6 × 5

3 × 4 y 3 × 4

10. ¿Cuál de las siguientes expresiones puedes usar para resolver 3 × 2 × 4? Escoge todas las que apliquen.

☐ 3 × 4 × 2

☐ 3 × 3 × 3

☐ 4 × 3 × 1

☐ 4 × 2 × 3

☐ 4 × 2 × 4

11. Amy ordenó sus fichas en esta matriz.

Parte A

¿Qué dos operaciones del 2 puede usar Amy para escribir una oración numérica para la matriz?

Parte B

Si Amy agrega una fila más de 9 fichas a su matriz, ¿todavía puede usar las operaciones que escribiste en la Parte A para hallar el total? Explica por qué.

12. Tim y su familia alquilaron una canoa por 6 horas el lunes y por 2 horas el martes. ¿Cuánto gastaron? Escribe las ecuaciones que usaste.

DATOS

Alquileres

Canoa $7 por hora

Kayak $6 por hora

Copyright © Savvas Learning Company LLC. All Rights Reserved.

Nombre ____________________

Feria escolar

Kay y Ben están ayudando a organizar la feria escolar. Kay está organizando la banda escolar. Ben está organizando la venta de pasteles.

La matriz de 3 × 7 de la derecha muestra cómo se han ordenado las sillas de la banda escolar. Usa la matriz para responder a las Preguntas 1 y 2.

1. Kay quiere las sillas en una matriz de 6 × 7. Añade sillas a la matriz para mostrar cómo se verá.

2. Kay necesita espacio entre dos de las filas, así que separa las sillas en dos matrices más pequeñas.

Parte A

Traza una línea para mostrar una manera en la que Kay puede separar las sillas en dos matrices más pequeñas.

Parte B

Kay quiere saber la cantidad de sillas que hay en cada matriz nueva. Escribe una operación de multiplicación para cada una de las matrices nuevas para mostrar cómo puede averiguarlo.

Parte C

Kay quiere hallar la cantidad de sillas que se están usando. Muestra cómo usas las operaciones en la Parte B para hallar la cantidad de sillas.

La tabla **Venta de pasteles** muestra los productos de panadería que Ben pone a la venta en la feria escolar. Usa la tabla **Venta de pasteles** para responder a la Preguntas 3 a 5.

Venta de pasteles

Productos de panadería	Número de bandejas	Número en cada bandeja	Costo por bandeja
Pastelitos de arándano azul	4	7	$6
Pasteles de fresa	7	8	$4
Barras de granola	8	6	$3

3. Ben vende 4 bandejas de barras de granola en la mañana y 4 bandejas de barras de granola en la tarde. ¿Cuánto dinero se recauda con estas ventas? Muestra tu trabajo.

4. Ben organiza los pastelitos de arándano azul en una matriz de 4 × 7.

Parte A

Ben descompone la matriz de pastelitos de arándano azul en 2 matrices que parecen iguales. Dibuja las 2 matrices de pastelitos de arándano al lado derecho.

Parte B

Ben quiere comprobar el total de pastelitos de arándano. Sabe que 2 × 7 = 14. ¿Cómo puede usar esta información para hallar la cantidad total de pastelitos de arándano?

5. 2 amigos compraron 3 bandejas de pastel de fresa cada uno. Ben dice que gastaron más de $20 en total. ¿Estás de acuerdo? Explícalo.

Copyright © Savvas Learning Company LLC. All Rights Reserved.

Usar la multiplicación para dividir: Operaciones de división

Pregunta esencial: ¿Cómo se pueden hallar operaciones de división desconocidas usando operaciones de multiplicación conocidas?

Se necesita hacer muchas pruebas para fabricar un carro nuevo.

Para fabricar un mejor carro, se hacen modelos o prototipos y luego, se prueban.

Vamos a ver cómo se usan los números en las pruebas. Este es un proyecto sobre el uso de pruebas para revisar modelos.

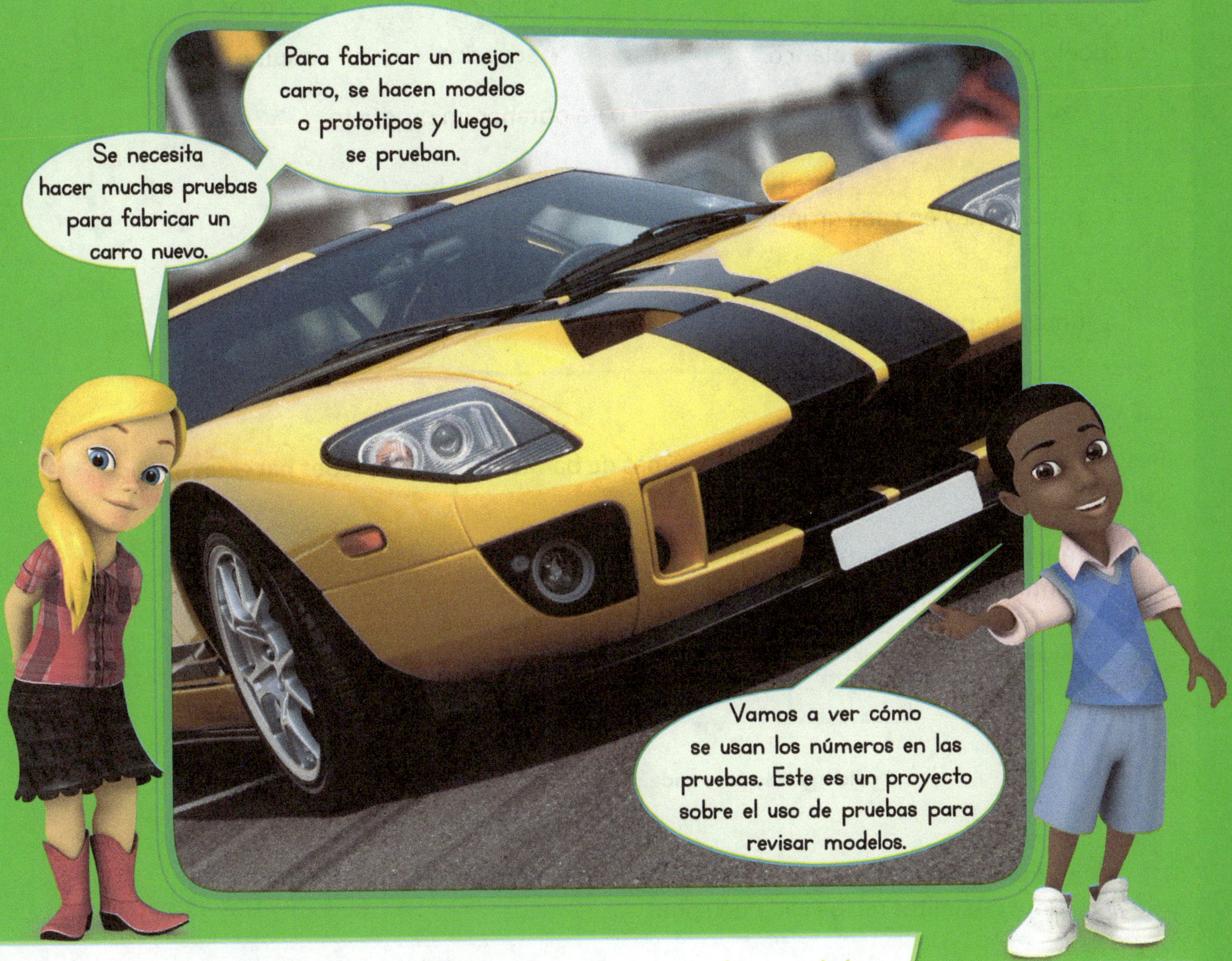

Proyecto de Matemáticas y Ciencias: Poner a prueba modelos

Investigar Se pueden hacer pruebas para comprobar si un modelo funciona o si un cambio lo mejora. Usa la Internet u otras fuentes para hallar información sobre un modelo o prototipo que se puso a prueba. Identifica cómo se hizo la prueba.

Diario: Escribir un informe Incluye lo que averiguaste. En tu informe, también:

- haz una tabla que incluya el modelo, lo que cambió en la prueba y lo que permaneció igual.
- explica los resultados de la prueba.
- escribe una ecuación que muestre una de las relaciones de la prueba. Explica qué representan los números.

Nombre ______________________

Repasa lo que sabes

Vocabulario

Escoge el mejor término del recuadro.
Escríbelo en el espacio en blanco.

- división
- factores
- ecuación
- multiplicación

1. Los __________ se multiplican entre sí para obtener un producto.

2. Usas la __________ para hallar cuántos grupos iguales hay o cuánto hay en cada grupo.

3. La __________ es una operación que indica el número total cuando juntas grupos iguales.

La división

Resuelve los problemas. Puedes usar diagramas de barras o fichas, o puedes hacer un dibujo como ayuda.

4. Samuel tiene 15 calcomanías para regalar a 3 de sus amigos. ¿Cuántas calcomanías puede recibir cada amigo?

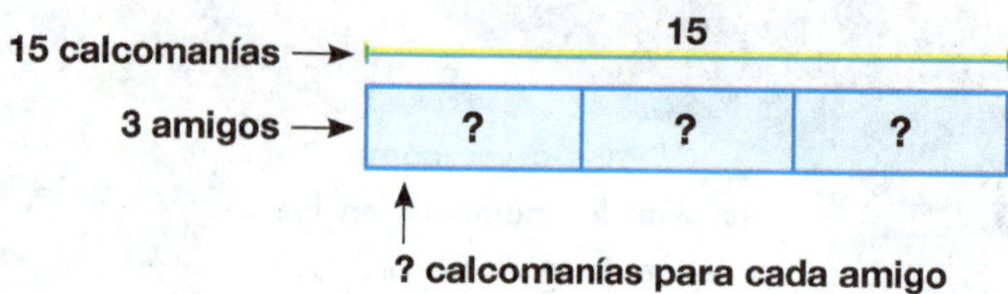

5. Hay 32 pastelitos. Ocho personas se los reparten por igual. ¿Cuántos pastelitos recibe cada persona?

6. Suzy tiene 12 barras de granola. Hay 2 barras de granola en cada paquete. ¿Cuántos paquetes de barras de granola hay?

Ecuaciones

7. Beny tiene 5 cajas. Coloca 8 marcadores en cada caja. ¿Qué ecuación muestra el número total de marcadores?

   Ⓐ $5 + 8 = 13$ Ⓑ $5 \times 8 = 40$ Ⓒ $40 \div 5 = 8$ Ⓓ $40 \div 8 = 5$

Copyright © Savvas Learning Company LLC. All Rights Reserved.

Mis tarjetas de palabras

A-Z Glosario

Usa los ejemplos de las palabras de las tarjetas para ayudarte a completar las definiciones que están al reverso.

$2 \times 3 = 6$

$3 \times 2 = 6$

$6 \div 2 = 3$

$6 \div 3 = 2$

$63 \div 9 = 7$

dividendo

$63 \div 9 = 7$

divisor

$63 \div 9 = 7$

cociente

Los números pares tienen un 0, un 2, un 4, un 6 o un 8 en el lugar de las unidades.

número impar

Los números impares tienen un 1, un 3, un 5, un 7 o un 9 en el lugar de las unidades.

Mis tarjetas de palabras

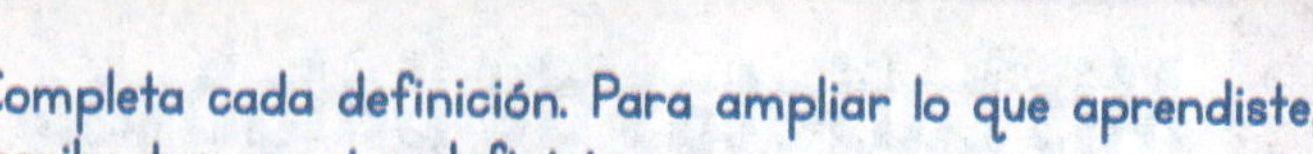
Completa cada definición. Para ampliar lo que aprendiste, escribe tus propias definiciones.

El ____________________ es el número que se quiere dividir.

Una ____________________ ____________________ es un grupo de operaciones relacionadas que usan los mismos números.

El ______________ es el resultado de un problema de división.

El número por el cual se divide otro número se llama ____________________.

Un número que no es divisible por 2 es un ____________________.

Un número que es divisible por 2 es un ____________________.

Copyright © Savvas Learning Company LLC. All Rights Reserved.

Nombre ______________________________

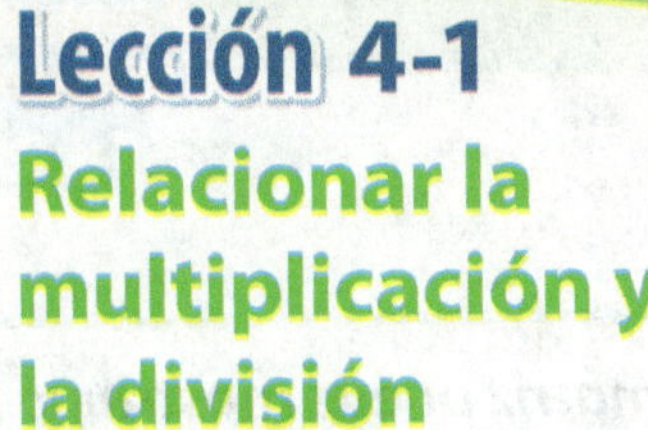

Lección 4-1

Relacionar la multiplicación y la división

Resuélvelo y coméntalo Usa 24 fichas para hacer una matriz con 3 filas iguales. Escribe una ecuación de multiplicación y una ecuación de división para describir la matriz.

Puedo...
usar familias de operaciones para entender cómo se relacionan la multiplicación y la división.

También puedo escoger y usar una herramienta matemática para resolver problemas.

Puedes usar herramientas como ayuda para entender la relación entre la multiplicación y la división.

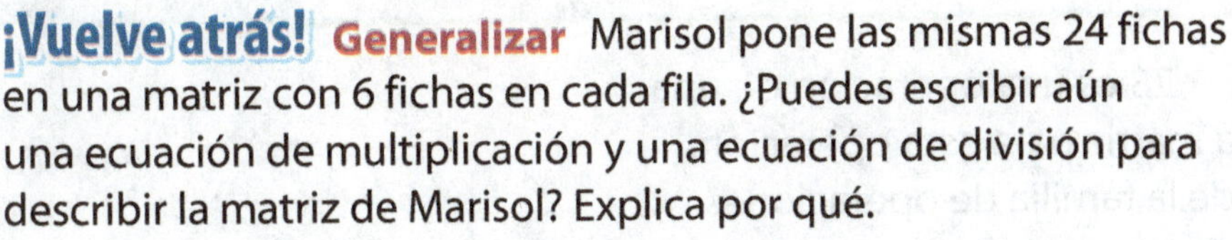

¡Vuelve atrás! **Generalizar** Marisol pone las mismas 24 fichas en una matriz con 6 fichas en cada fila. ¿Puedes escribir aún una ecuación de multiplicación y una ecuación de división para describir la matriz de Marisol? Explica por qué.

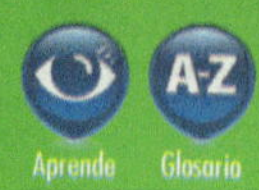

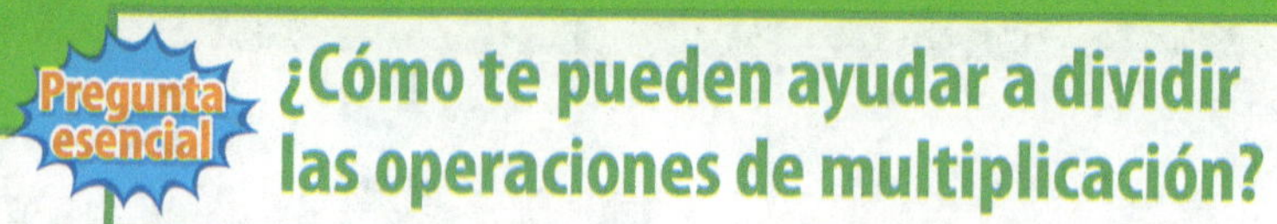

¿Cómo te pueden ayudar a dividir las operaciones de multiplicación?

A

Esta matriz puede mostrar la relación entre la multiplicación y la división.

Multiplicación
3 filas de 10 tambores
$3 \times 10 = 30$
30 tambores

División
30 tambores en 3 filas iguales
$30 \div 3 = 10$
10 tambores en cada fila

B Una familia de operaciones muestra cómo se relacionan la multiplicación y la división.

Familia de operaciones para 3, 10 y 30:

$3 \times 10 = 30$ $\quad 30 \div 3 = 10$

$10 \times 3 = 30$ $\quad 30 \div 10 = 3$

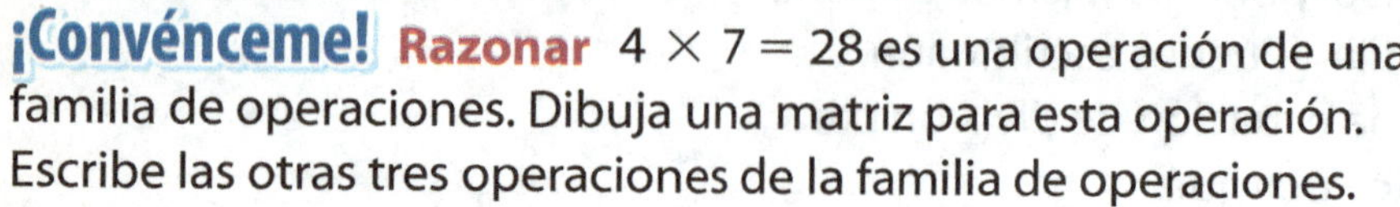

Una **familia de operaciones** es un grupo de operaciones relacionadas que tienen los mismos números.

C El **dividendo** es el número de objetos que se van a dividir.

El **divisor** es el número por el cual se divide otro número.

El **cociente** es el resultado de un problema de división.

Recuerda: Un producto es el resultado de un problema de multiplicación.

¡Convénceme! **Razonar** $4 \times 7 = 28$ es una operación de una familia de operaciones. Dibuja una matriz para esta operación. Escribe las otras tres operaciones de la familia de operaciones.

Copyright © Savvas Learning Company LLC. All Rights Reserved.

Nombre ______________________

Práctica guiada*

¿Lo entiendes?

1. Mira la familia de operaciones para 3, 10 y 30 en la página 170. ¿Qué observas sobre los productos y los dividendos?

2. **Generalizar** ¿Es $4 \times 6 = 24$ parte de la familia de operaciones para 3, 8 y 24? Explícalo.

¿Cómo hacerlo?

Completa las familias de operaciones en los Ejercicios **3** a **5.**

3. $3 \times$ ___ $= 21$ $\quad$ $7 \times$ ___ $= 21$
   $21 \div 3 =$ ___ $\quad$ $21 \div 7 =$ ___

4. $2 \times$ ___ $= 18$ $\quad$ $9 \times$ ___ $= 18$
   $18 \div 2 =$ ___ $\quad$ $18 \div 9 =$ ___

5. $2 \times$ ___ $= 20$ $\quad$ $10 \times$ ___ $= 20$
   $20 \div 2 =$ ___ $\quad$ $20 \div 10 =$ ___

Práctica independiente

Completa las familias de operaciones en los Ejercicios **6** y **7.**

6. $2 \times$ ___ $= 16$
   $16 \div 2 =$ ___
   $8 \times$ ___ $= 16$
   $16 \div 8 =$ ___

7. $8 \times$ ___ $= 56$
   $56 \div 8 =$ ___
   $7 \times$ ___ $= 56$
   $56 \div 7 =$ ___

Algunas familias de operaciones tienen solo 2 operaciones. La familia de operaciones para 2, 2 y 4 tiene $2 \times 2 = 4$ y $4 \div 2 = 2$.

Escribe la familia de operaciones en los Ejercicios **8** a **13.**

8. Escribe la familia de operaciones para 6, 7 y 42.

9. Escribe la familia de operaciones para 9, 10 y 90.

10. Escribe la familia de operaciones para 2, 3 y 6.

11. Escribe la familia de operaciones para 1, 5 y 5.

12. Escribe la familia de operaciones para 3, 8 y 24.

13. Escribe la familia de operaciones para 5, 6 y 30.

Puedes encontrar otro ejemplo en el Grupo A, página 225.

Resolución de problemas

14. Escribe una ecuación de multiplicación y una ecuación de división para la matriz.

4 × ____ = 20

20 ÷ ____ = 5

15. Entender y perseverar ¿Cuántas pulgadas más corta es la tela roja que la tela verde y la tela amarilla juntas?

DATOS

Telas de Sofía

Color	Longitud en pulgadas
Rojo	72
Azul	18
Verde	36
Amarillo	54

16. Razonamiento de orden superior Anya dice que con 24 fichas ella solo puede hacer 6 matrices. Todd dice que él puede hacer 8 matrices. ¿Quién tiene razón? Explícalo.

17. Álgebra Carla recogió 9 manzanas por día durante tres días. ¿Qué número indica la cantidad de manzanas que recogió en tres días y hace que esta ecuación sea verdadera?

☐ ÷ 3 = 9

18.  **Vocabulario** ¿Puedes escribir una *familia de operaciones* para 3, 5 y 7? Explícalo.

19. Usar la estructura Lisa, Bret y Gary cosecharon manzanas. Lisa llenó 3 carretas con manzanas. Bret también llenó 3 carretas con manzanas. Luego, Gary llenó otras 3 carretas con manzanas. Escribe una ecuación de multiplicación y una ecuación de división para este problema-cuento.

✓ Evaluación

20. Nick hizo una matriz que tiene 10 fichas. Dibuja 4 matrices que él puede haber hecho.

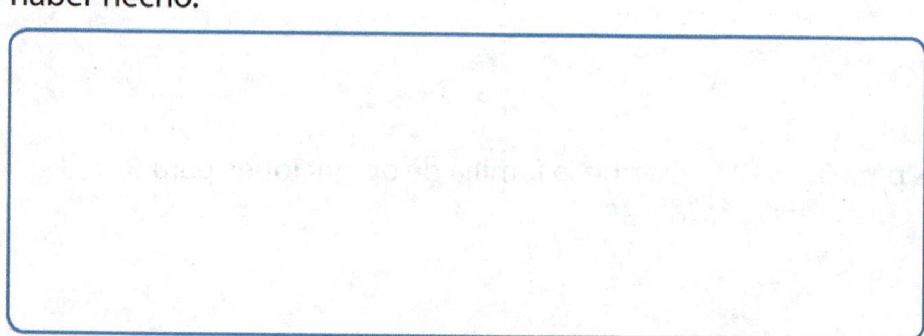

Copyright © Savvas Learning Company LLC. All Rights Reserved.

Nombre ______________________

Tarea y práctica 4-1

Relacionar la multiplicación y la división

¡Revisemos!

Multiplicación

6 filas de 4 barras de pegamento

$6 \times 4 = 24$

24 barras de pegamento

División

24 barras de pegamento en 6 filas iguales

$24 \div 6 = 4$

4 barras de pegamento en cada fila

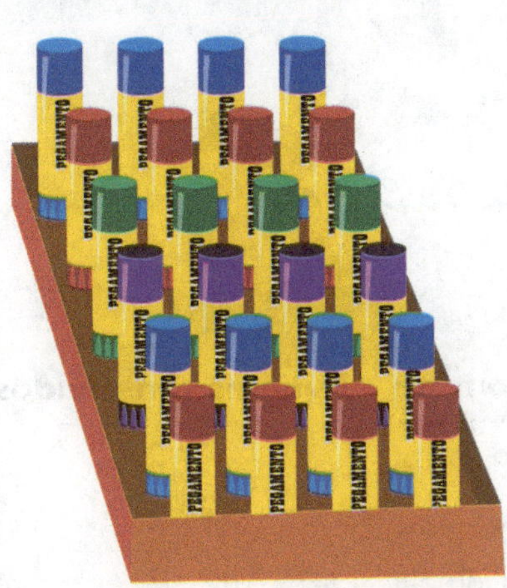

Esta es la familia de operaciones para 4, 6 y 24:

$4 \times 6 = 24$ $24 \div 4 = 6$

$6 \times 4 = 24$ $24 \div 6 = 4$

Completa las familias de operaciones en los Ejercicios **1** y **2**.

1. $2 \times$ ____ $= 14$ $7 \times$ ____ $= 14$

$14 \div 2 =$ ____ $14 \div 7 =$ ____

2. $9 \times$ ____ $= 81$

$81 \div 9 =$ ____

Escribe la familia de operaciones en los Ejercicios **3** y **4**.

3. Escribe la familia de operaciones para 4, 7 y 28.

4. Escribe la familia de operaciones para 2, 10 y 20.

5. **Representar con modelos matemáticos** Usa la matriz para escribir una ecuación de multiplicación y una ecuación de división.

6. **Razonamiento de orden superior** Por cada fila de objetos en una matriz hay 2 columnas. El total de los objetos en la matriz es 18. ¿Cuántas filas y columnas tiene la matriz?

7. **Matemáticas y Ciencias** En la clase de Julio construyeron puentes de madera de balsa para averiguar qué puente podía sostener el mayor peso. Cada persona en el grupo de Julio construyó 2 puentes. ¿Qué familia de operaciones representa el total de puentes que el grupo construyó?

DATOS

Nombre	Puentes construidos
Julio	2
Rosa	2
Miguel	2
Clara	2

8. **Razonar** Hay 5 pares de tijeras en un paquete. La Sra. Hill compró 35 tijeras para los estudiantes de sus clases de arte. ¿Cuántos paquetes compró?

9. Serena tiene un tren de juguete con 3 vagones. ¿Cuál es la longitud total de los vagones?

DATOS

Partes del tren de Serena	
Parte	**Longitud en pulgadas**
Locomotora	4
Ténder	3
Vagón	9
Furgón de cola	7

Evaluación

10. Esther tiene 15 monedas de 10¢. Quiere ponerlas en pilas que tengan la misma altura. Ya hizo una pila. Dibuja las demás pilas para mostrar todas las monedas de 10¢ de Esther.

Esther tiene ____ pilas de ____ monedas de 10¢.

Copyright © Savvas Learning Company LLC. All Rights Reserved.

Nombre

Lección 4-2

Usar la multiplicación para dividir por 2, 3, 4 y 5

Puedo...
dividir por 2, 3, 4 y 5 pensando en cómo multiplico con esos números.

También puedo buscar patrones para resolver problemas.

Karla coloca 30 juguetes en 5 bolsitas para regalos. Coloca la misma cantidad de juguetes en cada bolsita. ¿Cuántos juguetes hay en cada bolsita? ***Resuelve este problema de la manera que prefieras.***

Puedes usar la estructura. ¿Cómo puedes usar una familia de operaciones que incluye los números 30 y 5 para resolver el problema?

¡Vuelve atrás! Razonar Muestra dos dibujos que puedes hacer para representar 30 ÷ 5.

Aprende Glosario

Pregunta esencial

¿Qué operación de multiplicación puedes usar?

A

Dora tiene 14 trompetines. Coloca la misma cantidad de trompetines en 2 mesas. ¿Cuántos trompetines hay en cada mesa?

Halla 14 ÷ 2.

Lo que piensas	Lo que escribes
¿Qué número multiplicado por 2 es igual a 14? $2 \times 7 = 14$	$14 \div 2 = 7$ Hay 7 trompetines en cada mesa.

B

Dora tiene 40 calcomanías. Si coloca 5 calcomanías en cada bolsa, ¿cuántas bolsas puede decorar Dora?

Halla 40 ÷ 5.

Lo que piensas	Lo que escribes
¿Qué número multiplicado por 5 es igual a 40? $8 \times 5 = 40$	$40 \div 5 = 8$ Dora puede decorar 8 bolsas.

C

Dora quiere colocar 15 vasos en 3 pilas iguales sobre la mesa. ¿Cuántos vasos puede colocar Dora en cada pila?

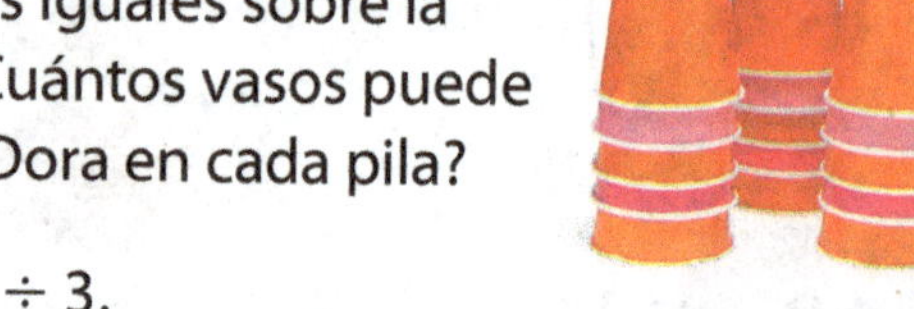

Halla 15 ÷ 3.

Lo que piensas	Lo que escribes
¿Qué número multiplicado por 3 es igual a 15? $3 \times 5 = 15$	$15 \div 3 = 5$ Dora puede colocar 5 vasos en cada pila.

Puedes usar la multiplicación como ayuda para dividir.

Las operaciones de multiplicación y de división forman **relaciones**.

¡Convénceme! **Construir argumentos** ¿Cómo puedes usar la multiplicación como ayuda para resolver 20 ÷ 4? Escribe la operación de multiplicación relacionada que usaste para resolver el problema.

Copyright © Savvas Learning Company LLC. All Rights Reserved.

Nombre ______

Amigo de práctica | Herramientas | Evaluación

Otro ejemplo

Hay dos maneras de escribir un problema de división.

$24 \div 4 = 6$

24 → dividendo; 4 → divisor; 6 → cociente

$4\overline{)24}$ con 6 arriba: 6 ← cociente; divisor → 4; 24 ← dividendo

Práctica guiada*

¿Lo entiendes?

1. ¿Cómo te puede ayudar saber que $5 \times 3 = 15$ para dividir 15 por 3?

2. **Razonar** Dina tiene 3 hijos. Compra 30 lápices para repartirlos en partes iguales entre sus hijos durante el año escolar. ¿Cuántos lápices recibe cada hijo? Escribe la respuesta y la familia de operaciones que usaste.

¿Cómo hacerlo?

Completa las familias de operaciones en los Ejercicios **3** y **4.**

3. $3 \times 6 = 18$ ______

   $18 \div 3 = 6$ ______

4. $9 \times 4 = 36$ ______

   $36 \div 4 = 9$ ______

Halla los cocientes en los Ejercicios **5** a **8.**

5. $36 \div 4 =$ ____
6. $15 \div 5 =$ ____
7. $2\overline{)18}$
8. $5\overline{)50}$

Práctica independiente

Halla los cocientes en los Ejercicios **9** a **20.**

9. $12 \div 2 =$ ____
10. $12 \div 3 =$ ____
11. $16 \div 4 =$ ____
12. $35 \div 5 =$ ____
13. $14 \div 2 =$ ____
14. $20 \div 4 =$ ____
15. $24 \div 4 =$ ____
16. $45 \div 5 =$ ____
17. $3\overline{)27}$
18. $4\overline{)40}$
19. $5\overline{)40}$
20. $3\overline{)21}$

*Puedes encontrar otro ejemplo en el Grupo B, página 225.

Resolución de problemas

Usa el rectángulo de la derecha en los Ejercicios **21** y **22.**

21. **Razonar** ¿Cuántos cuadrados individuales hay dentro del rectángulo? Escribe una ecuación de división en que el cociente represente el número de filas.

22. **Entender y perseverar** Si Anna ordena los cuadrados en una matriz con 2 columnas, ¿cuántas filas tendrá la matriz?

23. **Sentido numérico** Joey dice: "No puedo resolver $8 \div 2$ usando la operación $2 \times 8 = 16$". ¿Estás de acuerdo o en desacuerdo? Explícalo.

24. Miguel y Bob quieren comprar una tableta digital que está en oferta por $99. Miguel tiene $45 y Bob tiene $52. ¿Tienen suficiente dinero para comprar la tableta digital? Si no, ¿cuánto más necesitan?

25. A-Z **Vocabulario** Escribe una ecuación de división. Indica cuál es el *cociente,* el *dividendo* y el *divisor.*

26. **Razonamiento de orden superior** Chris reparte 18 pretzels por igual a 3 amigos. Martha reparte 20 pretzels por igual a 4 amigos. ¿Quiénes reciben más pretzels, los amigos de Chris o los de Martha? Usa ecuaciones para justificar la respuesta.

✓ Evaluación

27. ¿Qué expresión puede ayudarte a dividir $12 \div 3$?

Ⓐ 2×3

Ⓑ 3×3

Ⓒ 4×3

Ⓓ 5×3

28. Mike compró 28 canicas en bolsas que contienen 4 canicas en cada bolsa. ¿Cuántas bolsas compró?

Ⓐ 7 bolsas

Ⓑ 5 bolsas

Ⓒ 4 bolsas

Ⓓ 3 bolsas

Copyright © Savvas Learning Company LLC. All Rights Reserved.

Nombre ____________________

Tarea y práctica 4-2

Usar la multiplicación para dividir por 2, 3, 4 y 5

¡Revisemos!

Puedes pensar en la multiplicación para hallar operaciones de división.

Ejemplo 1

Darío y Molly tienen 16 hojas de papel para compartirlas. Cada uno recibirá la misma cantidad de hojas de papel. ¿Cuántas hojas recibirá Darío y cuántas recibirá Molly?

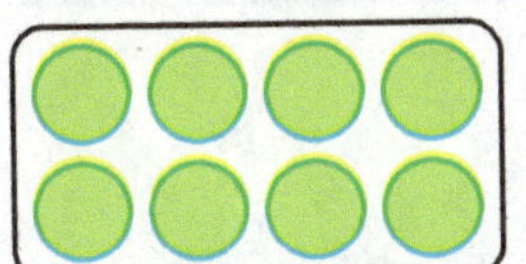
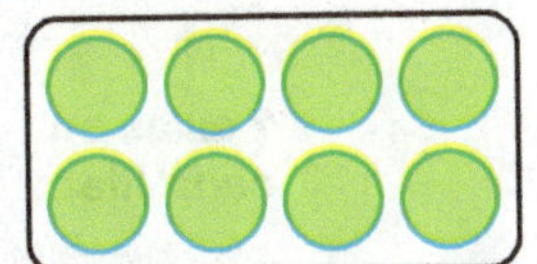

Halla 16 ÷ 2.

Lo que piensas	Lo que escribes
¿Qué número multiplicado por 2 es igual a 16? 2 × 8 = 16	16 ÷ 2 = 8 Darío y Molly recibirán 8 hojas de papel cada uno.

Ejemplo 2

Peter tiene 24 monedas de 1¢. Separa las monedas en 4 filas iguales. ¿Cuántas monedas de 1¢ hay en cada fila?

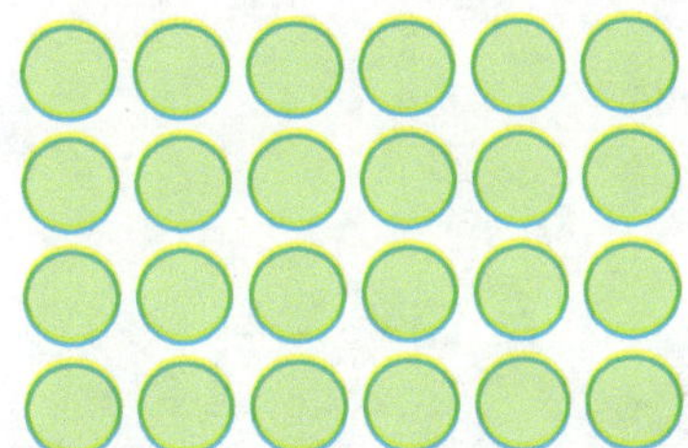

Halla 24 ÷ 4.

Lo que piensas	Lo que escribes
¿Qué número multiplicado por 4 es igual a 24? 4 × 6 = 24	24 ÷ 4 = 6 Peter tiene 6 monedas de 1¢ en cada fila.

Halla los cocientes en los Ejercicios **1** a **16.**

1. 14 ÷ 2 = ____ **2.** 35 ÷ 5 = ____ **3.** 15 ÷ 3 = ____ **4.** 32 ÷ 4 = ____

5. 9 ÷ 3 = ____ **6.** 18 ÷ 2 = ____ **7.** 16 ÷ 2 = ____ **8.** 21 ÷ 3 = ____

9. $2\overline{)12}$ **10.** $3\overline{)27}$ **11.** $5\overline{)25}$ **12.** $4\overline{)20}$

13. $5\overline{)30}$ **14.** $5\overline{)45}$ **15.** $2\overline{)10}$ **16.** $4\overline{)28}$

17. **Hacerlo con precisión** Tienes 18 borradores y usas 3 borradores por mes. ¿Cuántos meses te durarán los borradores? Identifica el cociente, el dividendo y el divisor.

18. **Usar la estructura** Escribe una familia de operaciones usando los números 5, 6 y 30.

19. Paul dibujó dos polígonos diferentes. Una figura tiene 4 lados. La otra figura tiene menos de 4 lados. ¿Cuáles pueden ser las dos figuras que Paul dibujó?

20. **Representar con modelos matemáticos** Megan está poniendo 25 sillas en 5 filas iguales. Escribe y resuelve una ecuación para hallar cuántas sillas hay en cada fila.

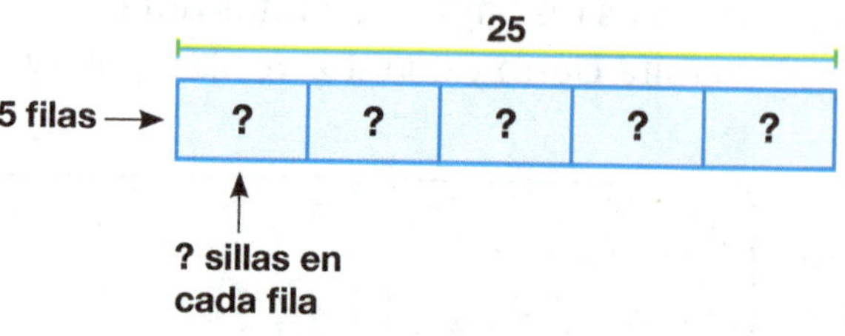

21. **Razonamiento de orden superior** Camilo tiene 16 pelotas de goma para compartir con sus 2 hermanos y su hermana. Si Camilo, sus hermanos y su hermana reciben el mismo número de pelotas de goma, ¿cuántas pelotas de goma recibirá cada uno de ellos?

Piensa en lo que sabes y en lo que necesitas hallar.

Evaluación

22. Franklin dice que si divide 40 por 5, obtiene 8. Jeff dice que 40 dividido por 5 es 9. ¿Quién tiene razón?

Ⓐ Franklin tiene razón.
Ⓑ Jeff tiene razón.
Ⓒ Los dos tienen razón.
Ⓓ Ninguno de los dos tiene razón.

23. ¿Por qué número se puede dividir 16 para que dé 4?

Ⓐ 2
Ⓑ 4
Ⓒ 8
Ⓓ 12

Copyright © Savvas Learning Company LLC. All Rights Reserved.

Nombre ______________________

Lección 4-3
Usar la multiplicación para dividir por 6 y 7

Puedo...
dividir por 6 y 7 pensando en cómo multiplico con esos números.

También puedo razonar sobre las matemáticas.

Resuélvelo y coméntalo Hay 18 niños en una clase de ballet. Se forman en filas de 6 para una función de danza. ¿Cuántas filas de niños hay? ***Resuelve este problema de la manera que prefieras.***

Puedes **razonar**. ¿Cómo se relacionan los números del problema?

¡Vuelve atrás! **Representar con modelos matemáticos** Dibuja un diagrama de barras para representar el problema.

Pregunta esencial

¿Cómo divides por 6 y 7?

A

Hay 48 perros inscritos en un espectáculo canino. El juez quiere que haya 6 perros en cada grupo. ¿Cuántos grupos hay?

B Halla 48 ÷ 6.

Lo que piensas	Lo que escribes
¿Qué número multiplicado por 6 es igual a 48? $8 \times 6 = 48$	$48 \div 6 = 8$ Hay 8 grupos.

C Otro perro entra a participar. Ahora hay 7 perros en cada grupo. ¿Cuántos grupos hay?

Halla 49 ÷ 7.

Lo que piensas	Lo que escribes
¿Qué número multiplicado por 7 es igual a 49? $7 \times 7 = 49$	$49 \div 7 = 7$ Hay 7 grupos.

¡Convénceme! Representar con modelos matemáticos Dibuja un diagrama de barras con los números 36, 6 y 6. Escribe la operación de división y la operación de multiplicación relacionada que muestra el diagrama de barras.

Copyright © Savvas Learning Company LLC. All Rights Reserved.

Nombre ______________________

Amigo de práctica · Herramientas · Evaluación

Práctica guiada*

¿Lo entiendes?

1. **Razonar** ¿Cómo puedes saber que 42 ÷ 6 es mayor que 42 ÷ 7 sin hacer la división?

2. ¿Cómo te puede ayudar saber que 8 × 6 = 48 para dividir 48 por 6?

¿Cómo hacerlo?

Escribe la operación de multiplicación relacionada en los Ejercicios **3** a **8.** Luego, halla los cocientes.

3. 36 ÷ 6 = ____
4. 42 ÷ 6 = ____
5. 42 ÷ 7 = ____
6. 18 ÷ 6 = ____
7. $6\overline{)24}$
8. $6\overline{)30}$

Práctica independiente

Práctica al nivel Usa operaciones de multiplicación y división relacionadas para hallar el cociente en los Ejercicios **9** a **20.**

9. 12 ÷ 6 = ?
¿Qué número multiplicado por 6 es igual a 12?
6 × ☐ = 12
12 ÷ 6 = ☐

10. 21 ÷ 3 = ?
¿Qué número multiplicado por 3 es igual a 21?
3 × ☐ = 21
21 ÷ 3 = ☐

11. 30 ÷ 6 = ?
¿Qué número multiplicado por 6 es igual a 30?
6 × ☐ = 30
30 ÷ 6 = ☐

12. $2\overline{)14}$
13. $7\overline{)49}$
14. $6\overline{)60}$
15. $6\overline{)54}$
16. $6\overline{)6}$
17. $7\overline{)28}$
18. Halla 49 dividido por 7.
19. Divide 54 por 6.
20. Halla 35 dividido por 7.

*Puedes encontrar otro ejemplo en el Grupo C, página 226.

Resolución de problemas

21. Una pizzería preparó 88 pizzas de masa gruesa. Preparó 10 pizzas de masa fina más que pizzas de masa gruesa. ¿Cuántas pizzas de masa fina preparó la pizzería?

22. **Razonamiento de orden superior** Hay 35 llantas nuevas. Cada camión necesita 6 llantas más 1 llanta de repuesto. ¿Para cuántos camiones alcanzan las llantas nuevas?

23. **Entender y perseverar** Explica el error en la siguiente familia de operaciones. Indica la operación correcta.

$4 \times 7 = 28$ $\quad 7 \times 4 = 28$

$7 \div 4 = 28$ $\quad 28 \div 7 = 4$

24. **Representar con modelos matemáticos** Gloria cortó 7 céspedes y ganó $56. Le pagaron la misma cantidad por cada césped. ¿Cuánto dinero ganó Gloria por cortar cada césped? Escribe una ecuación para representar el problema.

Evaluación

25. Andy compró 35 cuentas. Compró cuentas de un solo color ¿Qué opción muestra las cuentas que pudo haber comprado? Escoge todas las que apliquen.

- ☐ 5 paquetes de cuentas rojas
- ☐ 6 paquetes de cuentas verdes
- ☐ 7 paquetes de cuentas doradas
- ☐ 7 paquetes de cuentas rojas
- ☐ 7 paquetes de cuentas verdes

26. Carla compró solo cuentas verdes para hacer un collar. Compró el número exacto de cuentas que necesitaba. ¿Cuál de las siguientes cantidades de cuentas pudo haber comprado? Escoge todas las que apliquen.

- ☐ 46 cuentas
- ☐ 36 cuentas
- ☐ 26 cuentas
- ☐ 24 cuentas
- ☐ 16 cuentas

Copyright © Savvas Learning Company LLC. All Rights Reserved.

Nombre ______________________

Ayuda | Amigo de práctica | Herramientas | Juegos

Tarea y práctica 4-3

Usar la multiplicación para dividir por 6 y 7

¡Revisemos!

Martha tiene 63 pinos para plantarlos en un terreno. El dueño quiere tener 7 filas de árboles. ¿Cuántos árboles debe plantar Martha en cada fila?

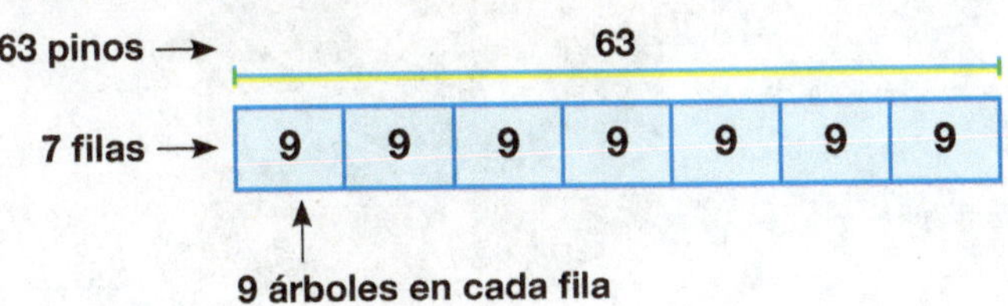

Puedes dividir para hallar cuántos árboles hay en cada fila.

Halla 63 ÷ 7.

Lo que piensas	Lo que escribes
¿Qué número multiplicado por 7 es igual a 63? 9 × 7 = 63	63 ÷ 7 = 9 Hay 9 árboles en cada fila.

Dibuja un diagrama de barras para hallar el cociente en los Ejercicios **1** y **2.**

1. Halla 56 ÷ 7.

2. Halla 36 ÷ 6.

Halla el cociente en los Ejercicios **3** a **13.**

3. 30 ÷ 6 = ____

4. 28 ÷ 7 = ____

5. 42 ÷ 6 = ____

6. 54 ÷ 6 = ____

7. $6\overline{)48}$

8. $7\overline{)56}$

9. $7\overline{)70}$

10. $7\overline{)49}$

11. Divide 60 por 6.

12. Divide 7 por 7.

13. Halla 21 dividido por 7.

Usa la imagen de la derecha para resolver los Ejercicios **14** y **15.**

14. Wendy construye pajareras. Cada lado de una pajarera lleva 9 clavos. ¿Cuántos clavos necesita Wendy para cada pajarera?

15. **Sentido numérico** Si Wendy solo usa 7 clavos en cada lado, ¿cómo cambiará esto el total de clavos que usará?

Hay 7 lados en la pajarera.

16. **Representar con modelos matemáticos** 24 estudiantes van al zoológico en 4 grupos iguales. Escribe y resuelve una ecuación para hallar cuántos estudiantes hay en cada grupo.

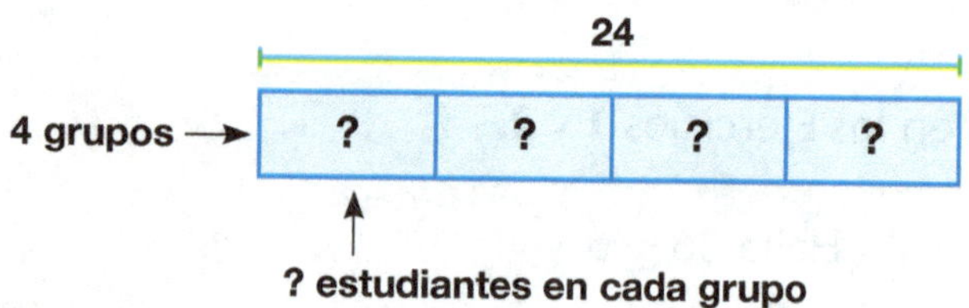

17. **Razonamiento de orden superior** Hay 42 rosas en el jardín. Diana recoge 7 rosas para cada ramo de flores. ¿Cuántos ramos puede hacer? ¿Cuántos ramos más puede hacer Diana si usa 6 rosas en cada ramo?

Evaluación

18. Juanita leyó 48 páginas. Todos los capítulos tienen el mismo número de páginas. Marca todas las páginas posibles que Juanita puede haber leído.

- ☐ 6 capítulos con 6 páginas por capítulo
- ☐ 6 capítulos con 8 páginas por capítulo
- ☐ 8 capítulos con 6 páginas por capítulo
- ☐ 8 capítulos con 8 páginas por capítulo
- ☐ 8 capítulos con 9 páginas por capítulo

19. Manny debe leer un libro de 28 capítulos. Lee 7 capítulos por semana. Marca todas las operaciones que te pueden ayudar a hallar cuánto tiempo se tardará en leer todo el libro.

- ☐ $28 + 7 = 35$
- ☐ $4 \times 7 = 28$
- ☐ $2 \times 2 = 4$
- ☐ $28 \div 7 = 4$
- ☐ $7 \times 4 = 28$

Copyright © Savvas Learning Company LLC. All Rights Reserved.

Nombre ____________________

Resuelve

Lección 4-4
Usar la multiplicación para dividir por 8 y 9

Puedo...
dividir por 8 y 9 pensando en cómo multiplico con esos números.

También puedo razonar sobre las matemáticas.

Resuélvelo y coméntalo Un maestro de arte tiene 72 crayones. Los crayones vienen en cajas de 8. ¿Cuántas cajas de crayones tiene? ***Resuelve este problema de la manera que prefieras.***

Puedes razonar. ¿Qué familia de operaciones usa los números 72 y 8 y te puede ayudar a resolver el problema?

¡Vuelve atrás! **Representar con modelos matemáticos** Haz un dibujo que puedas usar como ayuda para resolver el anterior problema.

Aprende Glosario

Pregunta esencial ¿Qué multiplicación puedes usar?

A

John tiene 56 pajillas. Necesita 8 pajillas para hacer una araña. ¿Cuántas arañas puede hacer John? Halla 56 ÷ 8.

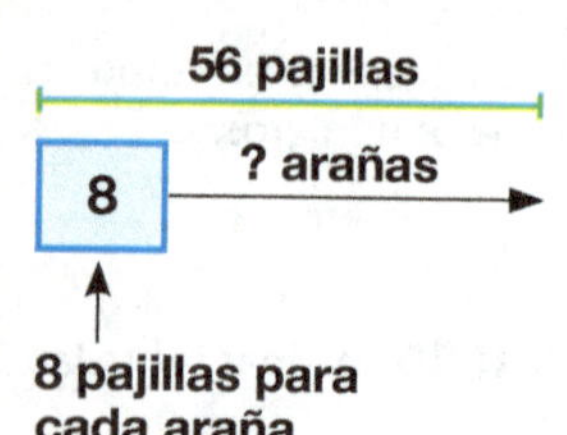

8 pajillas para cada araña

$7 \times 8 = 56$

John puede hacer 7 arañas.

¿Qué número multiplicado por 8 es igual a 56?

Para hacer una araña, necesitas 8 pajillas.

B

Luz hizo 9 animales. Usó 54 pajillas. Usó la misma cantidad de pajillas para cada animal. ¿Cuántas pajillas usó para cada animal?

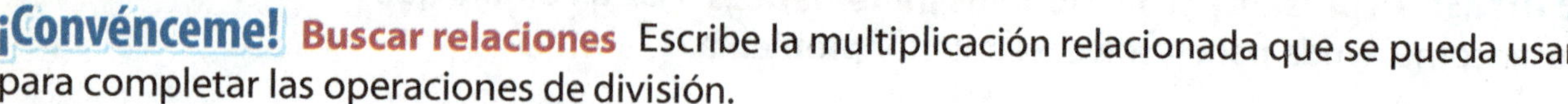

Halla 54 ÷ 9.

Puedes dividir para hallar cuántas pajillas usó Luz en cada animal.

54 pajillas

?	?	?	?	?	?	?	?	?

? pajillas por un animal

Lo que piensas	Lo que escribes
¿Qué número multiplicado por 9 es igual a 54? $9 \times 6 = 54$	$54 \div 9 = 6$ Luz usó 6 pajillas por cada animal.

¡Convénceme! **Buscar relaciones** Escribe la multiplicación relacionada que se pueda usar para completar las operaciones de división.

Operación de división	Multiplicación relacionada
72 ÷ 8 = ____	____ × ____ = ____
48 ÷ 8 = ____	____ × ____ = ____
63 ÷ 9 = ____	____ × ____ = ____

Copyright © Savvas Learning Company LLC. All Rights Reserved.

Nombre ______________________

Práctica guiada*

¿Lo entiendes?

1. ¿Qué operación de multiplicación puedes usar para hallar 18 ÷ 9?

2. **Construir argumentos** Carla y Jeff usaron 72 pajillas cada uno. Carla hace animales de 9 patas. Jeff hace animales de 8 patas. ¿Quién hace más animales? Explícalo.

¿Cómo hacerlo?

Usa la ecuación de multiplicación como ayuda para hallar los cocientes en los Ejercicios **3** y **4**.

3. 16 ÷ 8 = ?
¿Qué número multiplicado por 8 es igual a 16?
____ × 8 = 16
Por tanto, 16 ÷ 8 = ____.

4. 64 ÷ 8 = ?
¿Qué número multiplicado por 8 es igual a 64?
____ × 8 = 64
Por tanto, 64 ÷ 8 = ____.

Práctica independiente

Práctica al nivel Usa la ecuación de multiplicación como ayuda para hallar los cocientes en los Ejercicios **5** a **7**.

5. 24 ÷ 8 = ?
¿Qué número multiplicado por 8 es igual a 24?
____ × 8 = 24
24 ÷ 8 = ____

6. 45 ÷ 9 = ?
¿Qué número multiplicado por 9 es igual a 45?
____ × 9 = 45
45 ÷ 9 = ____

7. 27 ÷ 9 = ?
¿Qué número multiplicado por 9 es igual a 27?
____ × 9 = 27
27 ÷ 9 = ____

Halla los cocientes en los Ejercicios **8** a **16.**

8. 48 ÷ 8 = ____
9. 72 ÷ 9 = ____
10. 8 ÷ 8 = ____
11. 54 ÷ 9 = ____
12. 72 ÷ 8 = ____
13. 90 ÷ 9 = ____
14. $8\overline{)80}$
15. $8\overline{)32}$
16. $9\overline{)9}$

**Puedes encontrar otro ejemplo en el Grupo D, página 226.*

Resolución de problemas

17. **Representar con modelos matemáticos** Callie montó en bicicleta 27 millas el sábado. Montó en bicicleta 9 millas cada hora. ¿Cuántas horas montó en bicicleta Callie? Haz un dibujo para representar el problema.

18. **Matemáticas y Ciencias** 8 amigos deciden probar a qué distancia pueden volar 40 aviones de papel que tienen diferentes formas. Si cada amigo usa la misma cantidad de aviones, ¿cuántos aviones usará cada uno para hacer las pruebas?

19. **Razonar** ¿Qué otras ecuaciones pertenecen a la misma familia de operaciones de $18 \div 9 = 2$?

20. **Razonamiento de orden superior** Jeremy tenía 30 ositos de goma. Se comió 6 y les regaló los demás a 8 amigos. Cada amigo recibió el mismo número de ositos de goma. ¿Cuántos ositos de goma recibió cada amigo?

21. ¿Cuál es el valor del 1 en 491? ¿Cuál es el valor del 4? ¿Cuál es el valor del 9?

22. Christopher empezó con $52. Compró 4 bocaditos que cuestan $3 cada uno. ¿Cuánto dinero le queda a Christopher?

Evaluación

23. El Sr. Stern gastó $36 en boletos. Compró solo un tipo de boleto.

DATOS

Precio de los boletos de teatro

Tipo de boleto	Precio del boleto
Niños	$4
Jóvenes	$8
Adultos	$9

Parte A

¿Qué tipos de boletos pudo haber comprado?

Parte B

¿Qué tipo de boleto **NO** pudo haber comprado? Explica por qué no.

Copyright © Savvas Learning Company LLC. All Rights Reserved.

Nombre ____________________

Tarea y práctica 4-4

Usar la multiplicación para dividir por 8 y 9

¡Revisemos!

Las operaciones de multiplicación te pueden ayudar a hallar operaciones de división cuando el divisor es 8 o 9.

Hay 32 fichas. Hay 8 filas de fichas. ¿Cuántas fichas hay en cada fila?

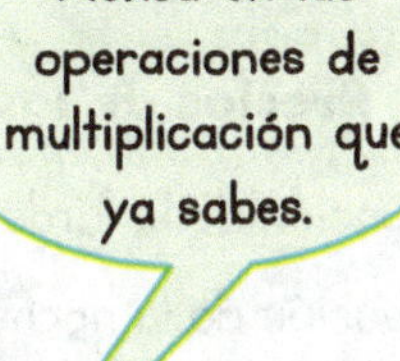

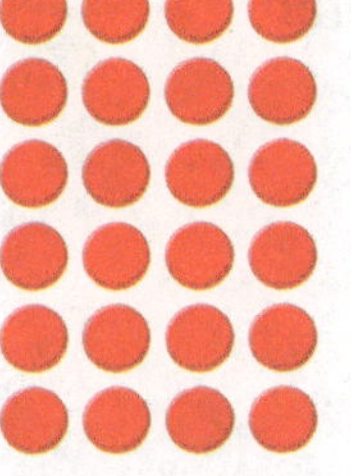

Halla 32 ÷ 8.

Lo que piensas	Lo que escribes
¿Qué número multiplicado por 8 es igual a 32? 8 × 4 = 32	32 ÷ 8 = 4 Hay 4 fichas en cada fila.

Hay 45 fichas. Hay 9 grupos iguales. ¿Cuántas fichas hay en cada grupo?

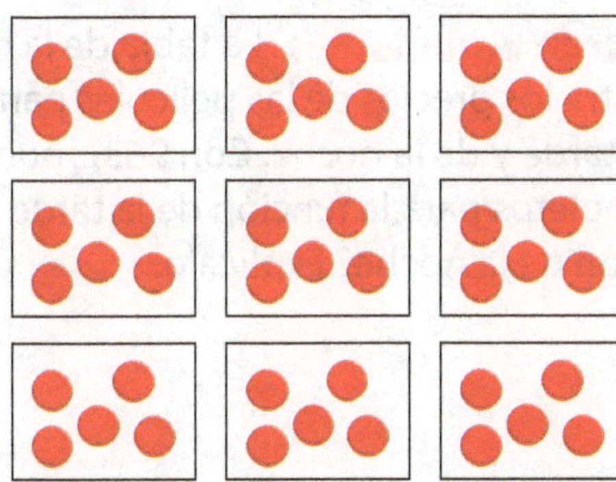

Halla 45 ÷ 9.

Lo que piensas	Lo que escribes
¿Qué número multiplicado por 9 es igual a 45? 9 × 5 = 45	45 ÷ 9 = 5 Hay 5 fichas en cada grupo.

Usa la ecuación de multiplicación como ayuda para hallar los cocientes en los Ejercicios **1** a **3.**

1. 54 ÷ 9 = ?
9 × ____ = 54
Por tanto, 54 ÷ 9 = ____.

2. 24 ÷ 8 = ?
8 × ____ = 24
Por tanto, 24 ÷ 8 = ____.

3. 56 ÷ 8 = ?
8 × ____ = 56
Por tanto, 56 ÷ 8 = ____.

Halla los cocientes en los Ejercicios **4** a **12.**

4. 36 ÷ 9 = ____

5. 63 ÷ 9 = ____

6. 80 ÷ 8 = ____

7. $9\overline{)72}$

8. $8\overline{)48}$

9. $9\overline{)81}$

10. $8\overline{)8}$

11. $9\overline{)90}$

12. $9\overline{)27}$

13. **Razonar** Maluwa tiene 9 fichas idénticas. Cuando cuenta el número total de lados de las fichas, obtiene 72. Haz un dibujo de lo que puede ser su ficha y nombra la figura.

14. Cada mes Berta deposita dinero en su cuenta de ahorros. Durante 8 meses ha ahorrado $48. Si Berta depositó la misma cantidad cada mes, ¿de cuánto es un solo depósito?

15. **Construir argumentos** La tabla de la derecha muestra los precios de las películas para la función de la tarde y de la noche. Con $63, ¿puedes comprar más boletos para la función de la tarde o para la función de la noche? Explícalo.

DATOS

Precios de las películas	
Función de la tarde	$7
Función de la noche	$9

16. **Representar con modelos matemáticos** Tomás anotó 64 puntos en los primeros 8 partidos de básquetbol en los que jugó. Anotó el mismo puntaje en cada partido. Escribe una ecuación y resuélvela para hallar cuántos puntos anotó Tomás en cada partido.

17. **Razonamiento de orden superior** Adam hizo 19 grullas de papel el lunes y 8 más el martes. Regaló todas las grullas a 9 amigos, de modo que todos los amigos recibieron el mismo número de grullas. ¿Cuántas grullas recibió cada amigo? Explica tu respuesta.

Evaluación

18. Andy ganó dinero lavando carros el lunes y el martes. Ganó $8 por cada carro que lavó.

Parte A

El lunes, Andy ganó $40. ¿Cómo puedes calcular cuántos carros lavó Andy ese día?

Parte B

El martes, Andy ganó $56. ¿Lavó más carros el lunes que el martes? Explica cómo lo sabes sin calcular.

Copyright © Savvas Learning Company LLC. All Rights Reserved.

Nombre ______________________

Lección 4-5

Patrones de multiplicación: Números pares e impares

Puedo...
hallar y explicar patrones para números pares e impares.

También puedo razonar sobre las matemáticas.

Resuélvelo y coméntalo Los premios para una feria escolar vienen en paquetes de 2 premios cada uno. ¿Qué premios de la siguiente lista pueden estar en paquetes sin que sobre ninguno? Di cómo lo decidiste.

Tipo de premio	carros de juguete	gorras	pelotas	barcos de juguete	libros
Cantidad de premios	6	15	23	18	36

¡Vuelve atrás! **Buscar relaciones** ¿Qué observas sobre los números de los premios que pueden venir en paquetes de 2 sin que sobre ninguno? ¿Qué observas sobre los números de los otros premios?

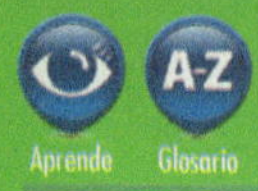

¿Cómo puedes explicar los patrones de multiplicación en los números pares e impares?

A

Nita dice que el producto de un número par y un número impar siempre es par. ¿Tiene razón?

Los números pares tienen 0, 2, 4, 6 u 8 en el lugar de las unidades.

Los números **pares** son números enteros que se pueden dividir por 2 sin que sobre nada.

Los números **impares** son números enteros que no se pueden dividir por 2 sin que sobre nada.

1	2	3	4	5	6	7	8	9	10
11	12	13	14	15	16	17	18	19	20
21	22	23	24	25	26	27	28	29	30
31	32	33	34	35	36	37	38	39	40

B

Los números pares mayores que 0 se pueden representar como dos grupos iguales.

Piensa en 2×3 y 2×5.

2 es un número par.

2×3 significa 2 grupos iguales de 3.
$2 \times 3 = 6$

2×5 significa 2 grupos iguales de 5.
$2 \times 5 = 10$

Siempre hay 2 grupos iguales, por tanto, el producto de 2 multiplicado por cualquier número es par.

C

Puedes **generalizar**.

Todos los números pares son múltiplos de 2.

Piensa en 4×3.

Puedes pensar en 4 como 2 grupos de 2.

Usando propiedades, puedes escribir
$4 \times 3 = (2 \times 2) \times 3$ como
$4 \times 3 = 2 \times (2 \times 3)$.

Por tanto, $4 \times 3 = 2 \times 6$.

Hay 2 grupos iguales de 6.
Por tanto, el producto será par.

Puedes escribir cualquier número par como 2 grupos iguales. Por tanto, Nita tiene razón.
par × impar = par

¡Convénceme! **Generalizar** ¿Cuando se multiplica por 8 siempre da un producto par? Explícalo.

Copyright © Savvas Learning Company LLC. All Rights Reserved.

Nombre ______

Otro ejemplo

Un número impar no es divisible por 2 sin que sobre nada.

Piensa en 3×5.
3 no es divisible por 2 sin que sobre nada.
5 no es divisible por 2 sin que sobre nada.

$3 \times 5 = 15$

15 es impar.

Práctica guiada*

¿Lo entiendes?

1. **Razonar** Si multiplicas dos números pares, ¿será el producto par o será impar? Explícalo con un ejemplo.

¿Cómo hacerlo?

Escribe o encierra en un círculo para completar las oraciones. Explica si el producto es par o impar y luego, resuélvelo.

2. $4 \times 6 = ?$

   ¿Es 4 divisible por 2? ______

   ¿Es 6 divisible por 2? ______

   Por tanto, 4×6 es par / impar.

   $4 \times 6 =$ ______

Práctica independiente

Encierra en un círculo los factores que son divisibles por 2 en los Ejercicios **3** a **5.** Luego, escribe *par* o *impar* para describir el producto y resuelve la ecuación.

3. $9 \times 5 = ?$

   9×5 es ______.

   $9 \times 5 =$ ______

4. $8 \times 7 = ?$

   8×7 es ______.

   $8 \times 7 =$ ______

5. $4 \times 8 = ?$

   4×8 es ______.

   $4 \times 8 =$ ______

*Puedes encontrar otro ejemplo en el Grupo E, página 227.

Resolución de problemas

Usa la tabla de la derecha en los Ejercicios **6** a **8.** Mira los factores y escribe *par* o *impar* para describir el producto. Luego, resuelve el problema.

DATOS

Distancias recorridas por día	
Ciclista	**Millas recorridas por día**
Rafid	5
Catalina	6
José	3
María	4

6. ¿Cuántas millas montó en bicicleta José durante 6 días?

El producto es ______.

7. ¿Cuántas millas montó en bicicleta Catalina durante 8 días?

El producto es ______.

8. **Entender y perseverar** ¿Cuántas millas montaron en bicicleta María y Rafid durante 3 días?

El total es ______.

9. **Evaluar el razonamiento** Ryan dice que el siguiente patrón es verdadero:
par × impar = par
impar × par = impar

¿Tiene razón? Explícalo.

10. Dibuja una figura con un número impar de lados. Luego, escribe el nombre de la figura.

11. **Razonamiento de orden superior** La panadería tiene 84 pastelitos. La Sra. Craig compró 5 paquetes de 6 pastelitos. ¿Compró la Sra. Craig un número par de pastelitos o un número impar de pastelitos? ¿Es par o impar el número de pastelitos que sobra? Explica la respuesta.

Evaluación

12. Marca todas las ecuaciones que tienen productos pares.

- ☐ $7 \times 9 = ?$
- ☐ $1 \times 6 = ?$
- ☐ $9 \times 2 = ?$
- ☐ $7 \times 5 = ?$
- ☐ $5 \times 3 = ?$

13. Marca todas las ecuaciones que **NO** tienen productos pares.

- ☐ $5 \times 1 = ?$
- ☐ $8 \times 8 = ?$
- ☐ $2 \times 7 = ?$
- ☐ $6 \times 4 = ?$
- ☐ $3 \times 9 = ?$

Copyright © Savvas Learning Company LLC. All Rights Reserved.

Nombre ______

Tarea y práctica 4-5

Patrones de multiplicación: Números pares e impares

¡Revisemos!

Piensa en los números 0, 2, 4, 6 y 8. Cuando divides estos números por 2, no sobra nada. Estos números son pares.

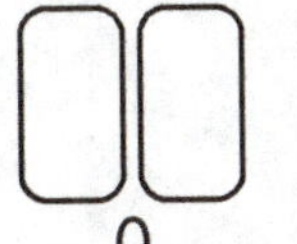

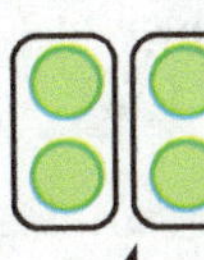

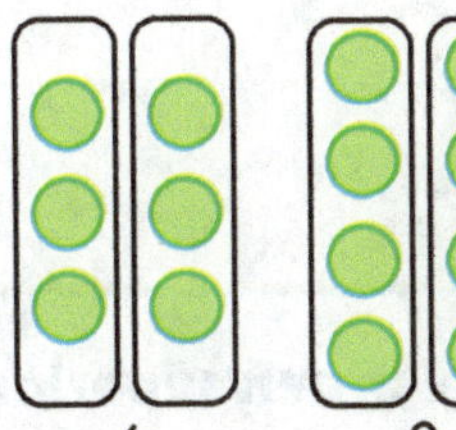

Todos los números pares se pueden representar como dos grupos iguales. Si un factor es par al multiplicar, el producto será par.

$4 \times 5 = (2 \times 2) \times 5$
$4 \times 5 = 2 \times (2 \times 5)$.

Por tanto, $4 \times 5 = 2 \times 10$.
El producto es 2 grupos iguales de 10.

Piensa en los números 1, 3, 5, 7 y 9. Cuando divides estos números por 2, sobra 1. Estos números son impares.

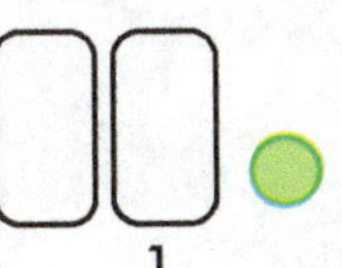
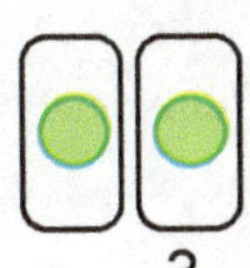
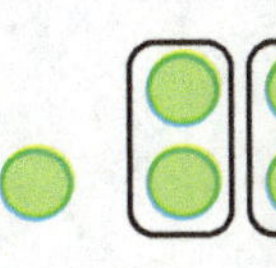

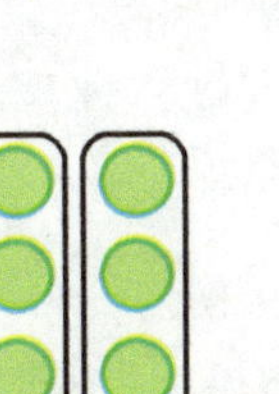
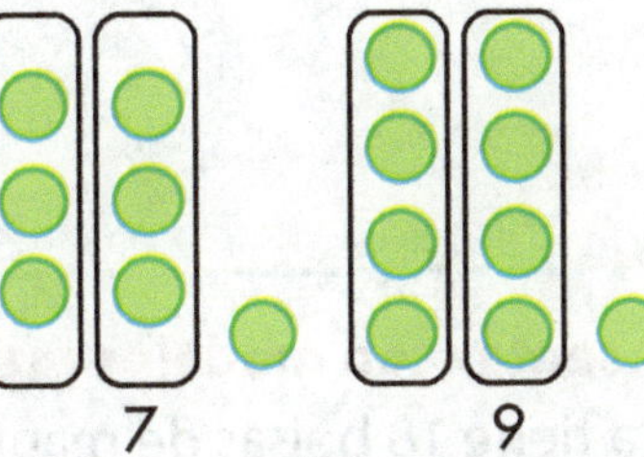

No puedes pensar en los números impares como 2 grupos iguales sin que sobre nada. Si los dos factores son impares al multiplicar, el producto será impar.

$7 \times 5 = 35$
$1 \times 9 = 9$

Encierra en un círculo el dígito en el lugar de las unidades en los Ejercicios **1** a **4.** Luego, escribe *par* o *impar.*

1. 36 es ______.

2. 18 es ______.

3. 83 es ______.

4. 40 es ______.

Encierra en un círculo los factores que son divisibles por 2 en los Ejercicios **5** a **7.** Luego, escribe *par* o *impar* para describir el producto y resuelve el problema.

5. $7 \times 4 = ?$

7×4 es ______.

$7 \times 4 =$ ______

6. $6 \times 6 = ?$

6×6 es ______.

$6 \times 6 =$ ______

7. $5 \times 9 = ?$

5×9 es ______.

$5 \times 9 =$ ______

8. Ted compró 1 caja de silbatos, 1 caja de serpentinas y 1 caja de calcomanías. ¿Cuántas sorpresas compró en total? Muestra tu trabajo.

DATOS

Sorpresas

Artículo	Cantidad por caja
Silbatos	12
Serpentinas	48
Calcomanías	36

9. **Evaluar el razonamiento** Juan dice que 9×9 es par. ¿Tiene razón? Explícalo.

10. **Generalizar** Explica por qué el producto de cualquier número multiplicado por 2 es un número par.

11. **Representar con modelos matemáticos** Sandra tiene 18 bolsas de maní para repartir entre 9 amigos. ¿Cuántas bolsas le puede dar a cada amigo? Dibuja un diagrama de barras como ayuda para resolverlo.

12. **Razonamiento de orden superior** Explica si el producto de un **número par** × **número impar** × **número impar** es par o impar.

Evaluación

13. Marca todas las ecuaciones que tienen productos impares.

- ☐ $7 \times 3 = ?$
- ☐ $6 \times 2 = ?$
- ☐ $1 \times 3 = ?$
- ☐ $5 \times 7 = ?$
- ☐ $9 \times 6 = ?$

14. Marca todas las ecuaciones que **NO** tienen productos impares.

- ☐ $1 \times 3 = ?$
- ☐ $3 \times 5 = ?$
- ☐ $7 \times 1 = ?$
- ☐ $8 \times 2 = ?$
- ☐ $6 \times 6 = ?$

Copyright © Savvas Learning Company LLC. All Rights Reserved.

Nombre ______________________

Lección 4-6
Dividir por 0 y 1

Puedo...
entender los patrones de división con 0 y 1

También puedo buscar patrones para resolver problemas.

Resuélvelo y coméntalo Halla 5 ÷ 1, 0 ÷ 5 y 5 ÷ 5. Explica cómo hallaste cada cociente. Puedes usar fichas como ayuda.

¡Vuelve atrás! **Usar la estructura** Usa lo que sabes sobre multiplicar por 0 para hallar 0 ÷ 7, 0 ÷ 4 y 0 ÷ 10. Describe los patrones que observas.

Aprende Glosario

Pregunta esencial ¿Cómo divides por 1 o 0?

A

Neil tiene 3 peceras. Coloca 1 pez dorado en cada una. ¿Cuántos peces dorados colocó Neil en las peceras? Halla 3 ÷ 1.

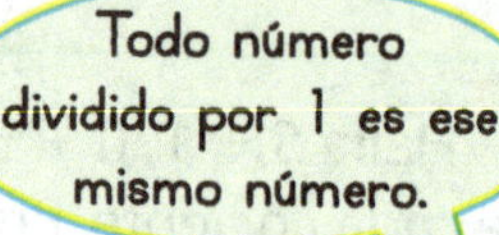

¿Qué número multiplicado por 1 es igual a 3?

$3 \times 1 = 3$
Por tanto, $3 \div 1 = 3$.

Neil colocó 3 peces dorados en peceras.

3 grupos de 1

B **1 como cociente**

Halla $3 \div 3$.

¿Qué número multiplicado por 3 es igual a 3?

$3 \times 1 = 3$

Por tanto, $3 \div 3 = 1$.

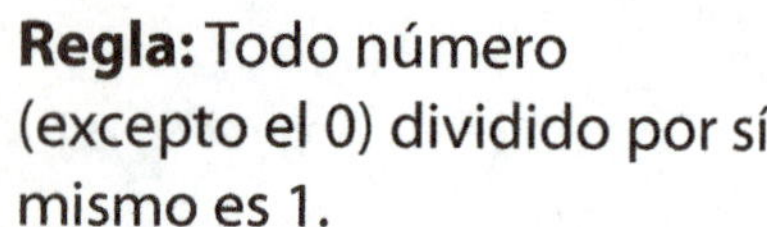

Regla: Todo número (excepto el 0) dividido por sí mismo es 1.

C **Dividir 0 por un número**

Halla $0 \div 3$.

¿Qué número multiplicado por 3 es igual a 0?

$3 \times 0 = 0$

Por tanto, $0 \div 3 = 0$.

Regla: 0 dividido por cualquier número (excepto el 0) es 0.

D **Dividir por 0**

Halla $3 \div 0$.

¿Qué número multiplicado por 0 es igual a 3?

No existe ese número. Por tanto, $3 \div 0$ no se puede hallar.

Regla: No se puede dividir ningún número por 0.

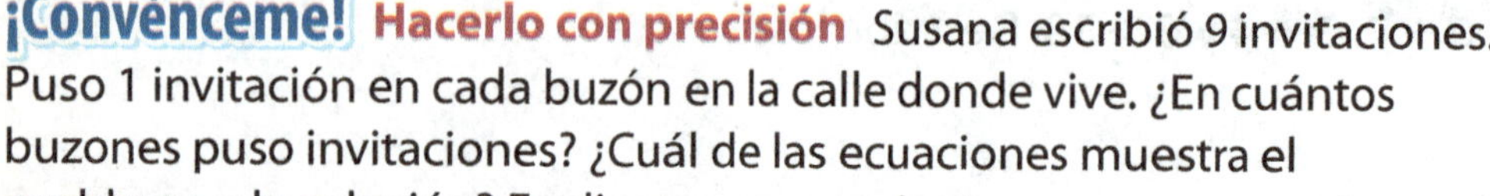

¡Convénceme! **Hacerlo con precisión** Susana escribió 9 invitaciones. Puso 1 invitación en cada buzón en la calle donde vive. ¿En cuántos buzones puso invitaciones? ¿Cuál de las ecuaciones muestra el problema y la solución? Explica tu razonamiento.

$0 \div 9 = 0$ $\quad$ $9 \div 1 = 9$

Copyright © Savvas Learning Company LLC. All Rights Reserved.

Nombre ____________________

Práctica guiada*

¿Lo entiendes?

1. ¿Cómo puedes saber, sin dividir, que $375 \div 375 = 1$?

2. Describe cómo puedes hallar $0 \div 1$.

¿Cómo hacerlo?

Resuelve la ecuación de multiplicación para hallar los cocientes en los Ejercicios **3** y **4**.

3. Halla $8 \div 8$.

   $8 \times$ ____ $= 8$

   Por tanto, $8 \div 8 =$ ____.

4. Halla $0 \div 9$.

   $9 \times$ ____ $= 0$

   Por tanto, $0 \div 9 =$ ____.

Práctica independiente

Práctica al nivel Resuelve la ecuación de multiplicación para hallar los cocientes en los Ejercicios **5** a **7**.

5. Halla $0 \div 7$.

   $7 \times$ ____ $= 0$

   Por tanto, $0 \div 7 =$ ____.

6. Halla $4 \div 4$.

   $4 \times$ ____ $= 4$

   Por tanto, $4 \div 4 =$ ____.

7. Halla $6 \div 1$.

   $1 \times$ ____ $= 6$

   Por tanto, $6 \div 1 =$ ____.

Halla los cocientes en los Ejercicios **8** a **18**.

8. $3 \div 3 =$ ____

9. $0 \div 8 =$ ____

10. $5 \div 5 =$ ____

11. $7 \div 1 =$ ____

12. $6\overline{)6}$

13. $1\overline{)5}$

14. $25\overline{)25}$

15. $1\overline{)13}$

16. Halla 0 dividido por 8.

    ____

17. Halla 9 dividido por 1.

    ____

18. Halla 10 dividido por 10.

    ____

Puedes encontrar otro ejemplo en el Grupo F, página 227.

Resolución de problemas

Usa la ilustración de la derecha para resolver los Ejercicios **19** a **22.**

19. Razonar Addie caminó por 3 senderos con una distancia total de 11 millas. ¿Por qué senderos caminó?

20. Construir argumentos Marty caminó 4 veces un sendero. En total caminó más de 10 millas pero menos de 16 millas. ¿Por qué sendero caminó? Explica tu respuesta.

21. Razonar Cuatro equipos están limpiando el camino verde. Cada uno de los equipos limpia una distancia igual. ¿Cuántas millas limpia cada equipo?

22. Fiona fue de caminata el miércoles y el domingo. Cada día caminó todos los senderos. ¿Cuántas millas caminó Fiona?

23. Antonio dividió 0 por 6. Jessica usó una ecuación diferente con números pares, pero obtuvo el mismo resultado. ¿Cuál puede ser la ecuación que usó Jessica?

24. Razonamiento de orden superior Yvonne dice que tanto $0 \div 21$ como $21 \div 0$ tienen un cociente de 0. ¿Tiene razón Yvonne? Explícalo.

Evaluación

25. Anabela tenía 12 crayones. Usó un crayón para cada dibujo que hizo. ¿Cuántos dibujos hizo Anabela? Escribe una ecuación que muestre el problema y la solución.

26. Un grupo comparte por igual 9 calcomanías entre 9 amigos. Escribe y resuelve una ecuación para mostrar cuántas calcomanías recibe cada uno.

Copyright © Savvas Learning Company LLC. All Rights Reserved.

Nombre ____________________

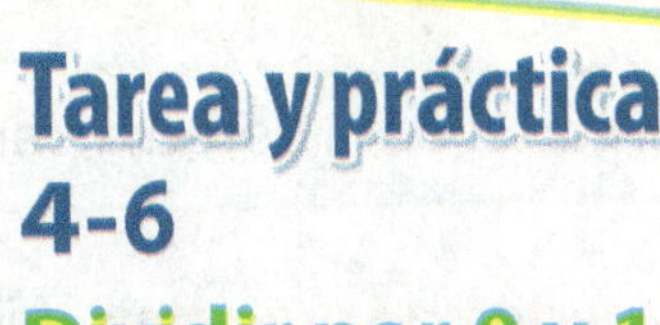

¡Revisemos!

Regla	Ejemplo	Lo que piensas	Lo que escribes
Cuando un número se divide por 1, el cociente es ese mismo número.	$7 \div 1 = ?$	¿Qué número multiplicado por 1 es igual a 7? $1 \times 7 = 7$ Por tanto, $7 \div 1 = 7$.	$7 \div 1 = 7$ o $1\overline{)7}$ con cociente 7
Cuando un número (excepto el 0) se divide por sí mismo, el cociente es 1.	$8 \div 8 = ?$	¿Qué número multiplicado por 8 es igual a 8? $8 \times 1 = 8$ Por tanto, $8 \div 8 = 1$.	$8 \div 8 = 1$ o $8\overline{)8}$ con cociente 1
Cuando se divide 0 por un número (excepto el 0), el cociente es 0.	$0 \div 5 = ?$	¿Qué número multiplicado por 5 es igual a 0? $5 \times 0 = 0$ Por tanto, $0 \div 5 = 0$.	$0 \div 5 = 0$ o $5\overline{)0}$ con cociente 0
No se puede dividir un número por 0.	$9 \div 0 = ?$	¿Qué número multiplicado por 0 es igual a 9? No hay ningún número que responda a la pregunta, por tanto, $9 \div 0$ no se puede hallar.	$9 \div 0$ no se puede dividir

Escribe el cociente en los Ejercicios **1** a **8.**

1. $5 \div 1 =$ ____

2. $9 \div 9 =$ ____

3. $0 \div 8 =$ ____

4. $6 \div 6 =$ ____

5. $4 \div 1 =$ ____

6. $1\overline{)7}$

7. $8\overline{)8}$

8. $7\overline{)0}$

Usa el cartel de la derecha para resolver los Ejercicios **9** y **10**.

9. **Hacerlo con precisión** Aiden tiene $20. Gasta todo su dinero en boletos para juegos mecánicos. ¿Cuántos boletos compra Aiden?

10. Tanji gasta $8 en boletos para juegos mecánicos y reparte los boletos por igual entre 8 amigos. ¿Cuántos boletos recibe cada amigo?

11. Explica cuál de estas opciones tiene el mayor cociente. $6 \div 6$, $5 \div 1$, $0 \div 3$, $8 \div 8$

12. **Sentido numérico** Escribe los números 0, 1, 3 y 3 en los espacios en blanco para que la oración numérica sea verdadera.

$\_\_\_\_ \div \_\_\_\_ > \_\_\_\_ \div \_\_\_\_$

13. La cantidad de estudiantes que tiene la Escuela primaria Netherwood es un número impar entre 280 y 300. Escribe todos los números posibles de la cantidad de estudiantes que puede tener la escuela.

14. **Razonamiento de orden superior** Escribe y resuelve un problema-cuento que se relacione con $6 \div 6$.

Evaluación

15. Luis reparte 6 lápices por igual entre él y 5 amigos. Escribe una ecuación y resuélvela para mostrar el número de lápices que cada amigo recibe.

16. Hay 7 patitos. Duermen en 1 nido grande. Escribe una ecuación y resuélvela para mostrar cuántos patitos duermen en el nido.

Copyright © Savvas Learning Company LLC. All Rights Reserved.

Nombre ______________________

Ayuda | Amigo de práctica | Herramientas | Juegos

Tarea y práctica 5-3

Hallar números que faltan en una tabla de multiplicar

¡Revisemos!

¿Qué factores y productos faltan en la tabla?

×	5	9	6
3	15	27	18
2	10	18	12
1	5	9	6
8	40	72	48

$12 \div 2 = 6$

$3 \times 5 = 15, 3 \times 6 = 18$

$2 \times 9 = 18$

$9 \div 9 = 1, 1 \times 5 = 5, 1 \times 6 = 6$

$8 \times 5 = 40, 8 \times 9 = 72, 8 \times 6 = 48$

Usa los números dados para hallar los números que faltan. Piensa en la multiplicación o la división.

Halla los factores y los productos que faltan en los Ejercicios **1** a **4**.

1.

×	☐	6	☐
0			
☐		30	
9	45		63
☐		42	

2.

×	☐	☐	9
2	8		
☐			81
3		9	
☐			72

3.

×	☐	☐	6
5	10		
☐			48
2	4	0	
☐			36

4.

×	3	☐	☐
4			20
☐	18		
1		8	
☐			35

5. **Representar con modelos matemáticos** Leila tiene las flores que se muestran. Quiere ponerlas en 4 floreros con la misma cantidad de flores en cada uno. ¿Cuántas flores necesita poner en cada florero? Di cómo lo sabes.

6. **Razonamiento de orden superior** Bradley está tratando de hallar un factor que falta. El producto de ese factor tiene un 3 en el dígito de las unidades. ¿Es par o impar el factor que falta? Explícalo.

7. **Construir argumentos** George tiene 7 cajas con 5 lápices. Julio tiene 3 cajas con 8 lápices. Uno de los dos organiza todos sus lápices en 2 grupos iguales. ¿Lo hizo George o lo hizo Julio? ¿Cuántos lápices hay en cada grupo? Explícalo.

8. **Evaluar el razonamiento** Ned dice que no puede usar la división para resolver un problema donde falta un factor porque los factores son parte de las ecuaciones de multiplicación. ¿Estás de acuerdo? Explica por qué.

Evaluación

9. Completa las oraciones de abajo.

Jamal tomó 72 fotos con su cámara digital cuando estaba de vacaciones. Quiere guardarlas en 8 carpetas en su computadora. ¿Cuántas fotos debe guardar en cada carpeta?

72 ÷ 8 = ☐ porque 8 × ☐ = 72.

Jamal debe poner ☐ fotos en cada carpeta.

10. Halla los factores y los productos que faltan.

×	☐	5
3		
☐	48	40

Copyright © Savvas Learning Company LLC. All Rights Reserved.

Nombre ____________________

Lección 5-4
Usar estrategias para multiplicar

Puedo...
usar diferentes estrategias para resolver problemas de multiplicación.

También puedo buscar patrones para resolver problemas.

Resuélvelo y coméntalo Alfredo tiene 3 bolsas de naranjas en cada mano. Cada bolsa contiene 5 naranjas. ¿Cuántas naranjas tiene Alfredo? ***Resuelve este problema de la manera que prefieras.***

Puedes **usar la estructura**. Busca relaciones cuando uses fichas, dibujos, matrices, operaciones conocidas o cuentes salteado para ayudarte a resolver el problema. *¡Muestra tu trabajo en el espacio que sigue!*

¡Vuelve atrás! **Entender y perseverar** ¿Cómo pueden estrategias tales como contar salteado, usar operaciones conocidas y hacer matrices ayudarte a resolver operaciones de multiplicación?

Aprende Glosario

¿Cómo usas las estrategias para multiplicar?

A

Un científico va en un bote para estudiar los tiburones martillo. La longitud de 6 tiburones martillo, si se alinean de nariz a cola y sin dejar espacios, es igual a la longitud del bote. ¿Cuánto mide el bote?

Un tiburón martillo adulto mide 5 yardas de longitud.

Dibujar, contar salteado, usar herramientas y usar las propiedades de las operaciones son estrategias que puedes usar para multiplicar grupos iguales.

B

Una manera

Usa un diagrama de barras para hallar 6×5.

6×5 significa 6 grupos de 5. Cuenta de 5 en 5.

?					
5	5	5	5	5	5
5	10	15	20	25	30

Por tanto, $6 \times 5 = 30$.

El bote mide 30 yardas de longitud.

C

Otra manera

Usa fichas y propiedades para hallar 6×5.

Según la propiedad distributiva, puedes descomponer el problema en partes más pequeñas. Usa operaciones de multiplicación del 2 y del 4 como ayuda.

●●●●●
●●●●● } $2 \times 5 = 10$

●●●●●
●●●●●
●●●●●
●●●●● } $4 \times 5 = 20$

Luego, suma los dos productos: $10 + 20 = 30$. El bote mide 30 yardas de longitud.

¡Convénceme! **Usar la estructura** ¿Cómo te ayuda saber el producto de 5×6 para resolver 6×5?

Copyright © Savvas Learning Company LLC. All Rights Reserved.

Nombre ____________________

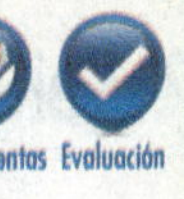
Amigo de práctica Herramientas Evaluación

Práctica guiada*

¿Lo entiendes?

1. ¿Qué dos operaciones conocidas puedes usar para hallar 3×5?

2. ¿Cómo te ayuda el saber que $7 \times 5 = 35$ para hallar 9×5?

¿Cómo hacerlo?

Multiplica en los Ejercicios **3** a **8.**

3. $6 \times 4 =$ ____

4. $4 \times 5 =$ ____

5. $9 \times 3 =$ ____

6. $3 \times 2 =$ ____

7. $\begin{array}{r} 1 \\ \times\ 4 \\ \hline \end{array}$

8. $\begin{array}{r} 9 \\ \times\ 8 \\ \hline \end{array}$

Práctica independiente

Usa estrategias para hallar el producto en los Ejercicios **9** a **25.**

9. $5 \times 5 =$ ____

10. $9 \times 2 =$ ____

11. $5 \times 9 =$ ____

12. $8 \times 7 =$ ____

13. $3 \times 6 =$ ____

14. $8 \times 4 =$ ____

15. $\begin{array}{r} 10 \\ \times\ 4 \\ \hline \end{array}$

16. $\begin{array}{r} 7 \\ \times\ 6 \\ \hline \end{array}$

17. $\begin{array}{r} 6 \\ \times\ 5 \\ \hline \end{array}$

18. $\begin{array}{r} 2 \\ \times\ 8 \\ \hline \end{array}$

19. $\begin{array}{r} 9 \\ \times\ 0 \\ \hline \end{array}$

20. $\begin{array}{r} 10 \\ \times\ 6 \\ \hline \end{array}$

21. $\begin{array}{r} 4 \\ \times\ 9 \\ \hline \end{array}$

22. $\begin{array}{r} 9 \\ \times\ 7 \\ \hline \end{array}$

23. ¿Cuánto es 4×6? ____

24. ¿Cuánto es 5×8? ____

25. ¿Cuánto es 10×1? ____

*Puedes encontrar otro ejemplo en el Grupo D, página 288.

Resolución de problemas

Usa los dibujos en los Ejercicios **26** y **27.**

26. **Entender y perseverar** El Sr. Marks está estudiando 3 tiburones Macuira y 4 tiburones tigre. ¿Cuál es la longitud total de los 7 tiburones? Muestra tu estrategia.

27. **Evaluar el razonamiento** Kent dice que se puede estimar la longitud total de 4 tiburones Macuira usando la suma. ¿Tiene razón? Explica tu razonamiento.

28. Cecilia compra dos regalos. Un regalo cuesta $57. Cecilia gasta $82 en total. ¿Cuánto dinero cuesta el segundo regalo?

$82	
$57	$?

29. **Razonamiento de orden superior** Muestra cómo puedes usar operaciones conocidas para hallar 11×9. Explica cómo escogiste las operaciones conocidas.

30. Jaime cuenta los peces que hay en 3 peceras. Hay 7 peces en cada pecera. ¿Cuántos peces hay en las 3 peceras?

Ⓐ 21 peces
Ⓑ 24 peces
Ⓒ 27 peces
Ⓓ 37 peces

31. Bob empieza a hacer una colección de tarjetas de deportes. Compra 5 paquetes de tarjetas de deportes con 9 tarjetas en cada paquete. ¿Cuál de las siguientes opciones **NO** muestra una manera de hallar cuántas tarjetas de deportes tiene Bob?

Ⓐ $9 + 9 + 9 + 9 + 9$
Ⓑ $(4 \times 5) + (5 \times 5) = 20 + 25$
Ⓒ $5 \times 9 = 45$; por tanto, $9 \times 5 = 45$
Ⓓ $9 \times (2 \times 5)$

Copyright © Savvas Learning Company LLC. All Rights Reserved.

Nombre ____________________

Tarea y práctica 5-4
Usar estrategias para multiplicar

¡Revisemos!

Halla 6×4.

Una manera

Dibuja un diagrama de barras y cuenta salteado.

6×4 significa 6 grupos de 4.

Cada sección del diagrama de barras representa 1 grupo de 4.

?					
4	4	4	4	4	4
4	8	12	16	20	24

Cuenta de 4 en 4 para resolverlo.

Por tanto, $6 \times 4 = 24$.

Otra manera

Otra manera de resolver este problema es usando la propiedad distributiva. Usa operaciones de multiplicación del 3 como ayuda.

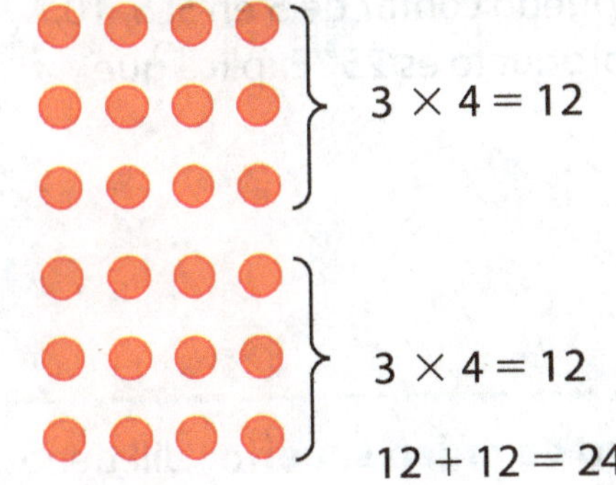

$12 + 12 = 24$

Por tanto, $6 \times 4 = 24$.

Muestra dos maneras diferentes de hallar el producto en los Ejercicios 1 y 2.

1. $3 \times 5 = ?$

?		
5	5	____
5	10	____

$3 \times 5 =$ ____

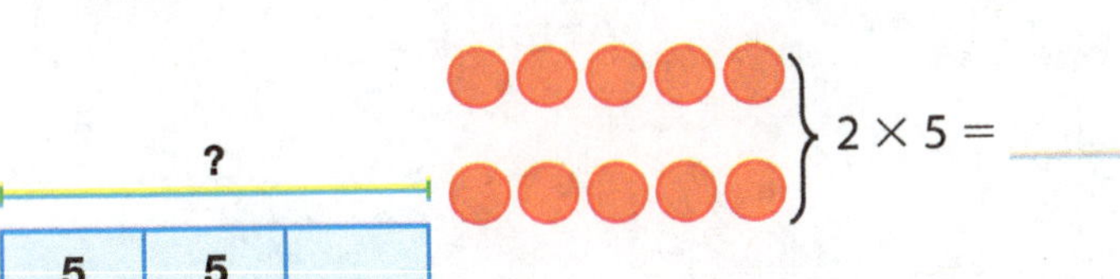

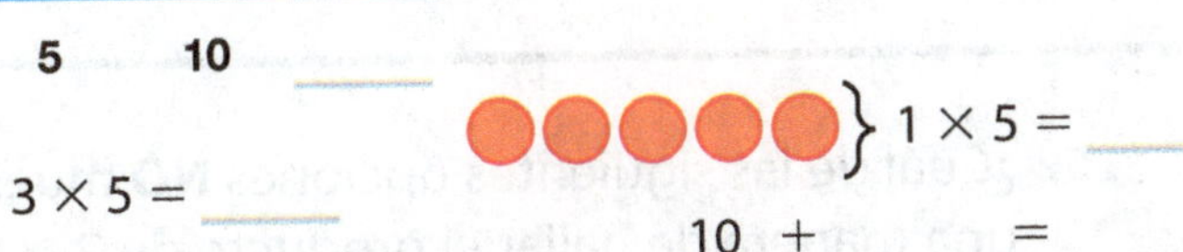

$10 +$ ____ $=$ ____

2. $3 \times 4 = ?$

?		
4	4	____
4	8	____

$3 \times 4 =$ ____

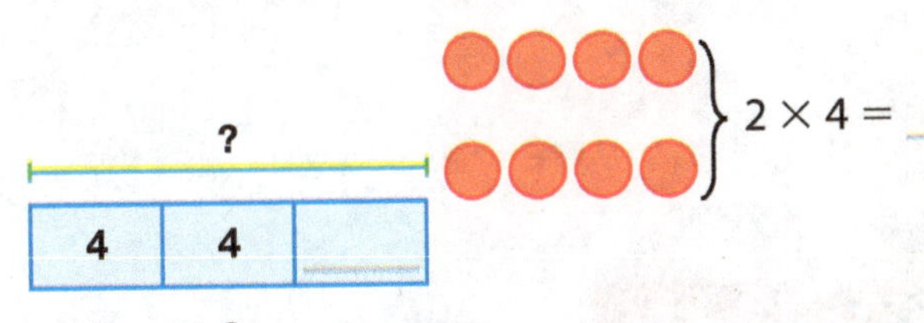

$8 +$ ____ $=$ ____

Multiplica en los Ejercicios 3 a 8.

3. $7 \times 2 =$ ____

4. $8 \times 5 =$ ____

5. $6 \times 8 =$ ____

6. $9 \times 7 =$ ____

7. $4 \times 8 =$ ____

8. $7 \times 3 =$ ____

9. **Entender y perseverar** El equipo local anotó 3 *touchdowns*. El equipo visitante anotó 4 goles de campo. ¿Qué equipo anotó mayor puntaje? Muestra tu estrategia.

DATOS

Puntaje del futbol americano

Tipo	Puntos
Touchdown	6 puntos
Gol de campo	3 puntos
Safety	2 puntos

10. **Evaluar el razonamiento** Rick dice: "Para hallar 2×5, puedo contar de 5 en 5: 5, 10, 15, 20, 25. El producto es 25". Explica qué hizo mal Rick.

11. **Álgebra** Escribe los signos matemáticos para hacer que las ecuaciones sean verdaderas.

$81 = 9 \square 9$

$9 \square 6 = 54$

$9 = 72 \square 8$

12. **Razonamiento de orden superior** Jill tiene 4 bolsas de canicas. En cada bolsa hay 3 canicas rojas, 5 verdes, 2 amarillas y 6 negras. ¿Cuántas canicas tiene Jill? Muestra cómo hallaste la respuesta.

13. El Sr. Roberts planea manejar un total de 56 millas. Le faltan 29 millas para llegar. ¿Cuántas millas ha manejado hasta ahora?

56 millas

?	29 millas

Evaluación

14. Tina cuenta los excursionistas y las camas de 7 cabañas. Hay 9 excursionistas y 12 camas en cada cabaña. ¿Cuántos excursionistas hay en las 7 cabañas?

Ⓐ 84 excursionistas

Ⓑ 72 excursionistas

Ⓒ 63 excursionistas

Ⓓ 35 excursionistas

15. ¿Cuál de las siguientes opciones **NO** muestra una manera de hallar el producto de 2×5?

Ⓐ 5×2

Ⓑ $5 + 5 + 5$

Ⓒ $2 + 2 + 2 + 2 + 2$

Ⓓ $(2 \times 2) + (3 \times 2) = 4 + 6$

Copyright © Savvas Learning Company LLC. All Rights Reserved.

Nombre ______________________________

Lección 5-5

Resolver problemas verbales: Operaciones de multiplicación y de división

Resuélvelo y coméntalo En el desfile del Festival del otoño, los miembros de un club de dueños de gatos y de otro club de dueños de perros van a desfilar en filas iguales. Habrá 6 miembros en cada fila. ¿Cuántas filas de dueños de perros van a desfilar? ¿Cuántas filas de dueños de gatos van a desfilar?

Completa la tabla. ***Resuelve el problema de la manera que prefieras.***

Puedo...
usar estrategias para resolver problemas verbales de multiplicación y división.

También puedo escoger y usar una herramienta matemática para resolver problemas.

Piensa en cómo puedes usar herramientas apropiadas para resolver el problema.

Club de mascotas	Número de miembros en el desfile	Número de filas en el desfile
Dueños de los perros	24	
Dueños de los gatos		5

¡Vuelve atrás! **Razonar** ¿Qué operaciones usaste para resolver el problema? Explica tu razonamiento.

¿Cómo puedes resolver problemas verbales usando la multiplicación y la división?

A

Gina tiene 45 gorras. Las empaca poniendo 9 gorras en cada una de varias cajas. ¿Cuántas cajas llenará Gina?

Hacer dibujos y escribir ecuaciones te puede ayudar cuando resuelves problemas de multiplicación y de división.

B

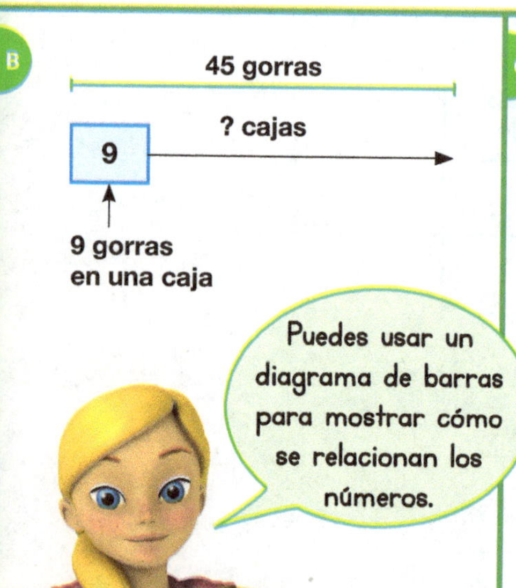

Puedes usar un diagrama de barras para mostrar cómo se relacionan los números.

C

Una manera

Piensa: ¿45 dividido por qué número es igual a 9?

$45 \div 5 = 9$

Hay 5 grupos de 9 en 45.

Gina puede dividir 45 gorras en 5 cajas con 9 gorras en cada una.

D

Otra manera

Puedes usar una operación relacionada.

Piensa: ¿9 veces qué número es igual a 45?

$9 \times 5 = 45$

Por tanto, $45 \div 9 = 5$.

Gina puede dividir 45 gorras en 5 cajas con 9 gorras en cada una.

¡Convénceme! **Generalizar** Ahora Gina tiene 42 gorras. Pone 6 gorras en cada una de varias cajas. ¿Puedes hallar cuántas cajas necesita usando las mismas estrategias que usaste en el ejemplo anterior? Explícalo.

Copyright © Savvas Learning Company LLC. All Rights Reserved.

Nombre

☆Práctica guiada*

¿Lo entiendes?

1. ¿Por qué puedes usar la división para representar el problema en la página 262?

2. Casey le da 27 calcomanías a 3 amigos. Ella escribe la ecuación $27 \div 3 = 9$. ¿Qué representa el 9 en este problema?

¿Cómo hacerlo?

Representa el problema con una ecuación o diagrama de barras en el Ejercicio **3.** Luego, resuélvelo.

3. Un tablero para jugar a las damas tiene 64 cuadrados y 8 filas. ¿Cuántas columnas tiene?

☆Práctica independiente

Dibuja un diagrama de barras para representar el problema en los Ejercicios **4** y **5.** Luego, resuélvelo.

4. Hay 5 panqueques en una pila. Elisa prepara 40 panqueques. ¿Cuántas pilas prepara Elisa?

5. Un parque tiene 4 grupos de columpios. Cada uno de los grupos tiene 7 columpios. ¿Cuántos columpios hay en el parque?

Escribe una ecuación con una incógnita para representar el problema en los Ejercicios **6** y **7.** Luego, resuélvela.

6. La Sra. Jameson siembra 30 tulipanes en filas. Cada fila tiene 6 tulipanes. ¿Cuántas filas sembró la Sra. Jameson?

7. Bonnie compra 6 libros de pasta blanda y 2 libros de pasta dura cada mes. ¿Cuántos libros compra en 4 meses?

*Puedes encontrar otro ejemplo en el Grupo E, página 289.

Resolución de problemas

8. **Representar con modelos matemáticos** Julia tiene 24 flores en su jardín. Quiere darle el mismo número de flores a 4 familias de su vecindario. ¿Cuántas flores recibirá cada familia? Completa el diagrama de barras y escribe una ecuación para ayudarte a resolver este problema.

____ flores

____ familias

9. **Representar con modelos matemáticos** Casey tiene 2 hermanas. Le dio a cada hermana 2 hojas de calcomanías. Cada hoja tiene 9 calcomanías. ¿Cuántas calcomanías les dio en total? Explica las matemáticas que usaste para resolverlo.

10. Jane está pensando en una figura con más de 5 lados. Haz un dibujo para mostrar la figura en la que puede estar pensando Jane.

11. **Razonamiento de orden superior** 25 estudiantes están trabajando en equipos en un proyecto de ciencias. Cada equipo puede tener 2 o 3 estudiantes. ¿Cuál es el número menor de equipos que puede haber?

Evaluación

12. 8 microbuses van camino al zoológico. Hay 6 niños en cada microbús.

Parte A

¿Cuántos niños van al zoológico? Escribe una ecuación que se pueda usar para hallar la respuesta a este problema. Resuelve la ecuación.

Parte B

Si en vez de 8, fueran 9 los microbuses que van al zoológico, explica cómo podrías usar lo que sabes de la Parte A para hallar cuántos niños están yendo al zoológico.

Copyright © Savvas Learning Company LLC. All Rights Reserved.

Nombre

Tarea y práctica 5-5

Resolver problemas verbales: Operaciones de multiplicación y de división

¡Revisemos!

Enrico tiene 32 piñas de pino. Usa 8 piñas para hacer una escultura en la clase de arte. Si Enrico hace más esculturas con 8 piñas en cada una, ¿cuántas esculturas en total puede hacer?

Dibuja un diagrama de barras para representar el problema.

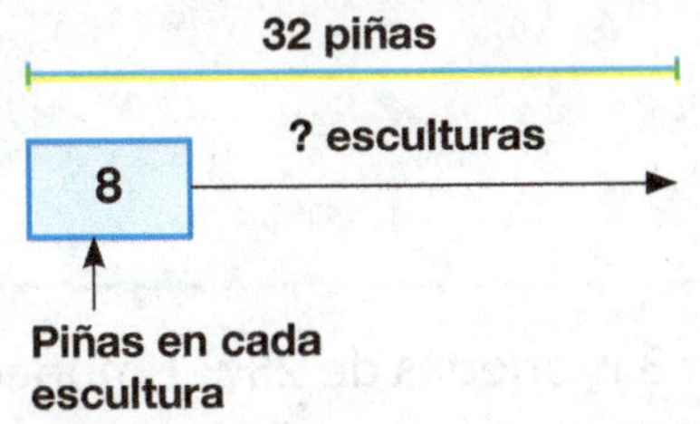

Multiplica o divide para resolver: $8 \times 4 = 32$ o $32 \div 4 = 8$.

Por tanto, Enrico puede hacer 4 esculturas.

Un diagrama de barras te puede ayudar a ver que hay más de una manera de pensar sobre este problema.

Dibuja un diagrama de barras para representar el problema en los Ejercicios **1** y **2.** Luego, resuélvelo.

1. Víctor compra unos paquetes de seis latas de soda para una fiesta. Compra 42 latas en total. ¿Cuántos paquetes de seis sodas compra Víctor?

2. Lester escucha 8 canciones cada vez que hace su rutina de ejercicios. Esta semana, hizo su rutina 3 veces. ¿Cuántas canciones escuchó Lester esta semana mientras hacía ejercicio?

Escribe una ecuación con una incógnita para representar el problema en los Ejercicios **3** y **4.** Luego, resuélvelo.

3. Hay 9 jugadores en un equipo de beisbol. Un club tiene 9 equipos de beisbol. ¿Cuántos jugadores de beisbol hay en el club?

4. Megan ganó $4 por cuidar un bebé una hora. El sábado se ganó $16. ¿Cuántas horas trabajó de niñera?

5. **Representar con modelos matemáticos** Andrés está preparando sillas desplegables para una asamblea escolar. Arregla 4 filas de sillas. Cada fila tiene 7 sillas. ¿Cuántas sillas prepara Andrés? Completa el diagrama de barras y escribe una ecuación para resolverlo.

6. **Razonamiento de orden superior** Hay 36 estudiantes que van a sus casas en el autobús escolar. El mismo número de estudiantes se baja en cada parada. Harriet sabe cuántos estudiantes se bajaron en una parada. ¿Cómo puede hallar cuántas paradas hizo el autobús?

7. El Sr. Ameda tiene 4 hijos. Le da 2 galletas a cada uno. Gasta $40 en las galletas. ¿Cuánto costó cada galleta?

8. Yazmín tiene 3 monedas de 25¢, 1 moneda de 10¢ y 2 monedas de 1¢. ¿Cuánto dinero tiene?

9. **Evaluar el razonamiento** Neville y Anthony están resolviendo este problema: Barbara compró 3 cajas de lápices con 6 lápices en cada caja. ¿Cuántos lápices compró en total?

Neville dice: "Yo sumo por las palabras del problema *en total*. La respuesta es 9 lápices". Anthony dice: "Yo multiplico porque hay grupos iguales. La respuesta es 18 lápices". ¿Quién tiene razón? Explícalo.

Evaluación

10. Garrett usa 5 manzanas para hornear un pastel de manzanas. El domingo Garrett hornea 2 pasteles.

Parte A

¿Cuántas manzanas necesita Garrett el domingo? Escribe una ecuación que se pueda usar para hallar la respuesta a este problema. Resuelve la ecuación.

Parte B

En los próximos tres días Garrett va a hornear la misma cantidad de pasteles de manzanas que horneó el domingo. Explica cómo puedes usar lo que sabes de la Parte A para hallar cuántas manzanas necesita Garrett en esos tres días.

Copyright © Savvas Learning Company LLC. All Rights Reserved.

Nombre ______________________

Resuelve

Lección 5-6

Escribir cuentos de matemáticas sobre multiplicación

Puedo...
escribir y resolver cuentos de matemáticas para las ecuaciones de multiplicación.

También puedo entender bien los problemas.

Resuélvelo y coméntalo Escribe y resuelve un cuento sobre multiplicación para 4×5. Escoge una de las siguientes frases para usarla en tu cuento de multiplicación.

Frases

- 4 grupos iguales de 5
- 4 filas de 5
- 4 filas y 5 columnas

Puedes **entender** los problemas. Puedes escribir cuentos sobre multiplicación usando los objetos de tu clase.

¡Vuelve atrás! Razonar ¿Por qué la respuesta del cuento de tu compañero de clase es la misma que la respuesta de tu cuento?

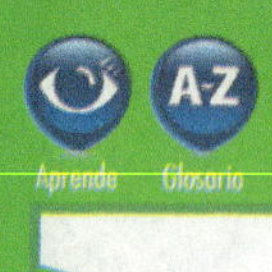

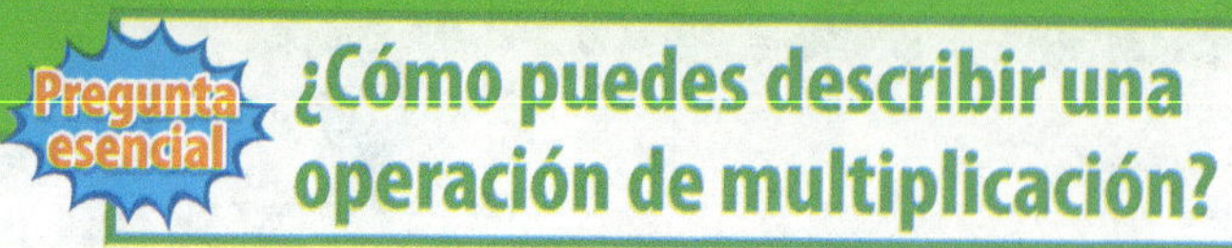

¿Cómo puedes describir una operación de multiplicación?

A

Escribe un cuento sobre multiplicación para 3 × 6.

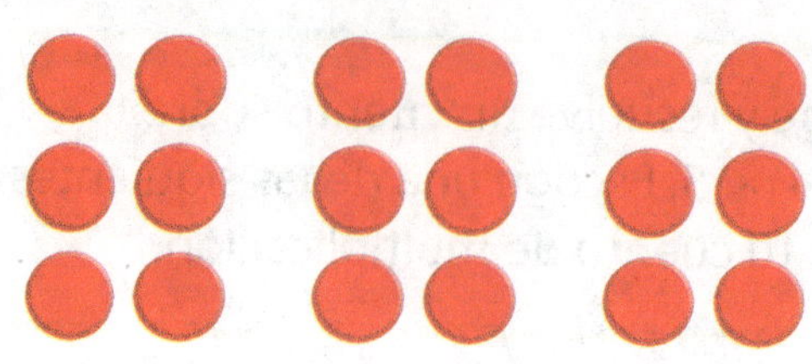

Se pueden escribir cuentos para describir multiplicaciones.

Puedes hacer dibujos y usar objetos para representar problemas de unir grupos iguales.

B

Grupos iguales

Randy tiene 3 paquetes con 6 botones. ¿Cuántos botones tiene?

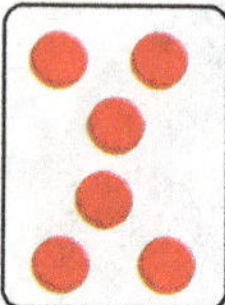 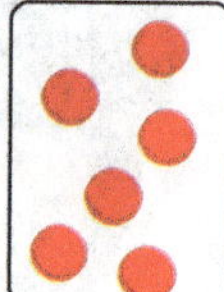 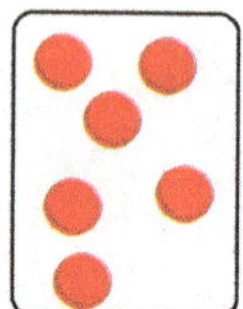

$3 \times 6 = 18$

Randy tiene 18 botones.

C

Una matriz

Eliza sembró 3 filas de 6 azucenas. ¿Cuántas azucenas sembró?

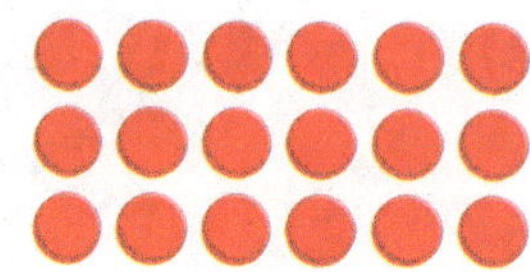

$3 \times 6 = 18$

Eliza sembró 18 azucenas.

D

Diagrama de barras

Un conejo come la misma cantidad de zanahorias cada día por 3 días. Si el conejo come 6 zanahorias cada día, ¿cuántas zanahorias come en total?

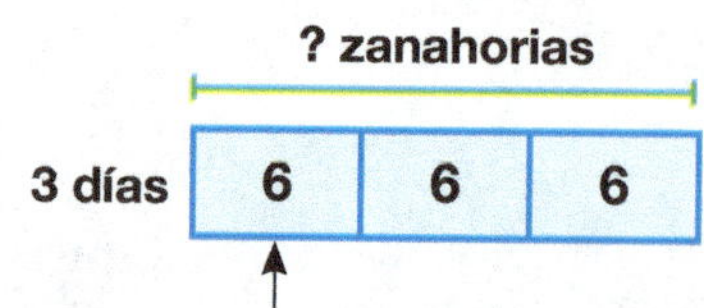

$3 \times 6 = 18$

El conejo come 18 zanahorias.

¡Convénceme! **Razonar** Escribe un cuento sobre multiplicación para $10 \times 3 = \square$.

Copyright © Savvas Learning Company LLC. All Rights Reserved.

Nombre ______________________________

Amigo de práctica Herramientas Evaluación

Práctica guiada*

¿Lo entiendes?

Usa los cuentos de la página 268 en los Ejercicios **1** a **3.**

1. ¿Cómo cambiaría el cuento de Randy si la multiplicación fuera $2 \times 6 = \square$?

2. ¿Se podría escribir el cuento de las zanahorias como un cuento de suma? Explícalo.

3. ¿Qué ecuación se podría escribir si Eliza sembrara 2 filas de 6 azucenas?

¿Cómo hacerlo?

Escribe un cuento sobre multiplicación para las ecuaciones en los Ejercicios **4** y **5.** Luego, halla los productos.

4. $3 \times 5 =$ ____

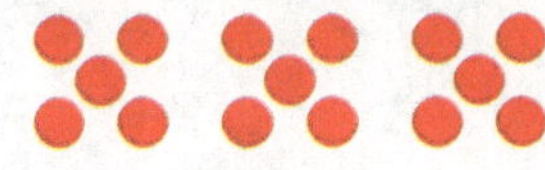

5. $2 \times 4 =$ ____

Práctica independiente

Práctica al nivel Escribe un cuento sobre multiplicación para los dibujos o ecuaciones en los Ejercicios **6** a **9.** Luego, halla el producto.

6.

7.

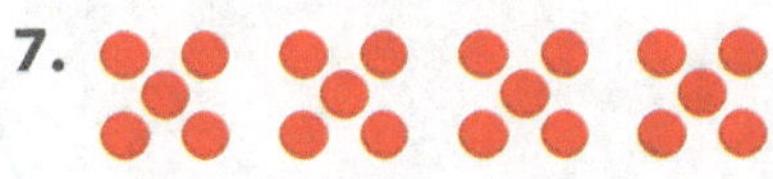

8. $7 \times 3 =$ ____

9. $5 \times 5 =$ ____

Puedes encontrar otro ejemplo en el Grupo F, página 289.

Resolución de problemas

10. Razonar Escribe un cuento sobre multiplicación acerca de estos lápices. Escribe una ecuación para tu cuento.

11. Sentido numérico Brian dijo que $42 + 35 + 16$ es mayor que 150. Explica por qué su respuesta no es razonable.

12. Un equipo de futbol va a un partido en 4 microbuses. En cada microbús caben 6 jugadores. Dos de los jugadores son porteros. ¿Cuántos jugadores no son porteros?

13. Razonamiento de orden superior Un grupo de 9 mariposas monarca se prepara para emigrar. Escribe un cuento de multiplicación sobre este grupo. Explica qué operación usas y halla el producto.

Evaluación

14. Escribe un cuento sobre multiplicación para 3×9. Luego, halla el producto.

15. Siete equipos participaron en un torneo de voleibol. En cada equipo había 6 jugadores. Haz un dibujo y escribe una multiplicación para este cuento.

Copyright © Savvas Learning Company LLC. All Rights Reserved.

Nombre ____________________

Ayuda | Amigo de práctica | Herramientas | Juegos

Tarea y práctica 5-6

Escribir cuentos de matemáticas sobre multiplicación

¡Revisemos!

Escribe un cuento para 4 × 9.

$4 \times 9 = 36$

Josephine les dio 36 cerezas en total.

Escribe un cuento sobre multiplicación para cada ecuación en los Ejercicios **1** a **6.** Luego, halla el producto. Puedes hacer un dibujo como ayuda.

1. $4 \times 3 =$ ____

2. $5 \times 2 =$ ____

3. $4 \times 6 =$ ____

4. $7 \times 5 =$ ____

5. $8 \times 5 =$ ____

6. $9 \times 4 =$ ____

7. **Razonar** Escribe un cuento sobre multiplicación acerca de estas pelotas de tenis. Escribe una ecuación para tu cuento.

Piensa en cuántos objetos tendrás en cada grupo igual de tu cuento.

8. Dibuja un diagrama de barras que muestre 6×7. ¿Cuántas secciones tiene tu diagrama de barras? Explícalo. Luego, halla el producto.

9. **Hacerlo con precisión** Perry contó 8 hojas en cada una de las 9 ramas de un árbol. Escribe una multiplicación para hallar cuántas hojas hay en total. Luego, usa la propiedad conmutativa para hallar cuántas hojas hay en 8 ramas de un árbol con 9 hojas cada una.

10. **Razonamiento de orden superior** Judy pasea perros. Algunos días pasea 4 perros a la vez. Otros días pasea 6 perros. Si se incluyen las piernas de Judy, ¿cuántas piernas y patas habrían en el grupo cada vez que Judy pasea los perros? Explica cómo hallaste la respuesta.

Evaluación

11. Escribe un cuento sobre multiplicación para 4×9. Luego, halla el producto.

12. Alvin tiene 8 racimos con 5 plátanos en cada uno. Haz un dibujo para hallar cuántos plátanos tiene en total. Luego, escribe una multiplicación para representar el problema.

Copyright © Savvas Learning Company LLC. All Rights Reserved.

Nombre ______________________

Lección 5-7
Escribir cuentos de matemáticas sobre división

Puedo...
escribir y resolver cuentos de matemáticas sobre ecuaciones de división.

También puedo hacer generalizaciones a partir de ejemplos.

Resuélvelo y coméntalo Escribe un cuento de la vida diaria sobre división para 28 ÷ 4. Luego, escribe otro cuento de la vida diaria que muestre una manera diferente de pensar en 28 ÷ 4.

Puedes **generalizar**. ¿Qué es igual en tus dos cuentos?

¡Vuelve atrás! **Representar con modelos matemáticos** Dibuja un diagrama de barras y escribe una ecuación para representar y resolver uno de tus cuentos sobre división.

Pregunta esencial ¿Cuál es la idea principal de un cuento sobre división?

A

La Sra. White pidió a sus estudiantes que escribieran un cuento sobre división para 15 ÷ 3.

B

El cuento de Miguel

Tengo 15 rosas. Quiero poner la misma cantidad de rosas en cada uno de los 3 floreros. ¿Cuántas rosas debo poner en cada florero?

Halla $15 \div 3 = \square$.

15 rosas

3 floreros → | 5 | 5 | 5 |

↑ 5 rosas en cada florero

$15 \div 3 = 5$

Debo poner 5 rosas en cada florero.

La idea principal es "¿Cuántas hay en cada grupo?".

C

El cuento de Karina

Tengo que poner 15 rosas en floreros. Quiero poner 3 rosas en cada florero. ¿Cuántos floreros necesitaré?

Halla $15 \div 3 = \square$.

La idea principal es "¿Cuántos grupos hay?".

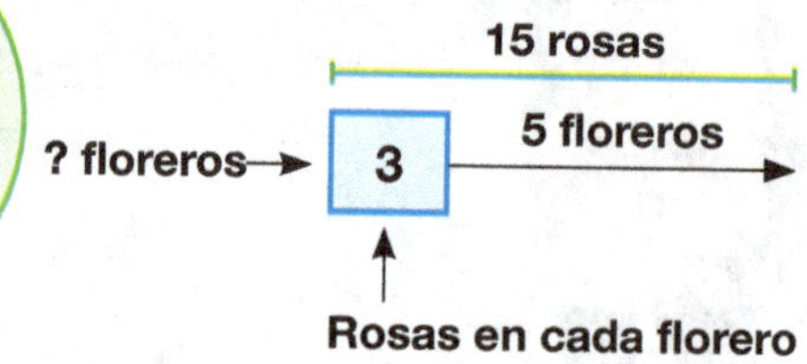

$15 \div 3 = 5$

Necesitaré 5 floreros.

¡Convénceme! **Generalizar** ¿En qué se parecen los cuentos de Miguel y de Karina? ¿En qué se diferencian los dos cuentos?

Copyright © Savvas Learning Company LLC. All Rights Reserved.

Nombre _______________

Práctica guiada*

¿Lo entiendes?

1. Cuando escribes un cuento sobre división, ¿qué dos datos debes incluir?

2. Cuando escribes un cuento sobre división, ¿qué tipo de información pides?

¿Cómo hacerlo?

Planea y escribe un cuento sobre división para la ecuación en el Ejercicio **3.** Luego, resuélvelo.

3. $8 \div 4 =$ ____

   Escribiré sobre 8 ______________.
   Los pondré en 4 grupos iguales.

Práctica independiente

Práctica al nivel Planea y escribe un cuento sobre división para cada ecuación en los Ejercicios **4** a **7.** Luego, usa fichas o haz un dibujo para resolver las ecuaciones.

4. $18 \div 3 =$ ____

   Escribiré sobre 18 ______________.
   Los pondré en 3 grupos iguales.

5. $14 \div$ ____ $= 2$

   Escribiré sobre 14 ______________.
   Los pondré en grupos de 2.

6. $24 \div 8 =$ ____

7. $30 \div$ ____ $= 3$

Puedes encontrar otro ejemplo en el Grupo G, página 290.

Resolución de problemas

Usa la tabla que está a la derecha en los Ejercicios **8** a **11.** Hay 36 estudiantes de tercer grado que quieren jugar en diferentes equipos.

DATOS

Deportes	Jugadores por equipo
Beisbol	9 jugadores
Básquetbol	5 jugadores
Tenis de dobles	2 jugadores

8. Representar con modelos matemáticos Si todos los estudiantes de tercer grado quieren jugar al beisbol, ¿cuántos equipos hay? Escribe una ecuación de división para representar el problema.

9. Usar herramientas apropiadas Explica cómo puedes usar una herramienta para resolver el Ejercicio **8.**

10. Supón que 20 estudiantes de tercer grado fueron a nadar y el resto jugó al tenis de dobles. ¿Cuántos equipos de tenis de dobles hay?

11. Hacerlo con precisión ¿Pueden jugar al básquetbol los 36 estudiantes de tercer grado al mismo tiempo? Explica tu respuesta.

12. Razonamiento de orden superior Héctor escribió este cuento sobre división para $24 \div 4$:

"Hay 24 osos en el bosque. Cada oso tiene 4 patas. ¿Cuántas patas de osos en total hay en el bosque?"

Explica si estás de acuerdo con Héctor. Si estás de acuerdo, halla la respuesta. Si no estás de acuerdo, escribe un cuento sobre división correctamente.

13. Kara tiene 40 libros de ejercicios. Guarda 25 libros y regala el resto a sus amigos. Cada amigo recibe el mismo número de libros. ¿Cuántos amigos reciben libros de ejercicios?

Evaluación

14. Escribe un cuento sobre división para $35 \div ? = 7$. Haz un dibujo para representar tu cuento. Luego, resuélvelo.

Copyright © Savvas Learning Company LLC. All Rights Reserved.

Nombre ____________________

Ayuda | Amigo de práctica | Herramientas | Juegos

Tarea y práctica 5-7

Escribir cuentos de matemáticas sobre división

¡Revisemos!

A Eddie le pidieron que escribiera un cuento sobre división usando 12 ÷ 4 = ☐

Este es el cuento de Eddie:

Camila tiene 12 crayones y algunas latas.
Pone 4 crayones en cada lata.
¿Cuántas latas usa Camila?

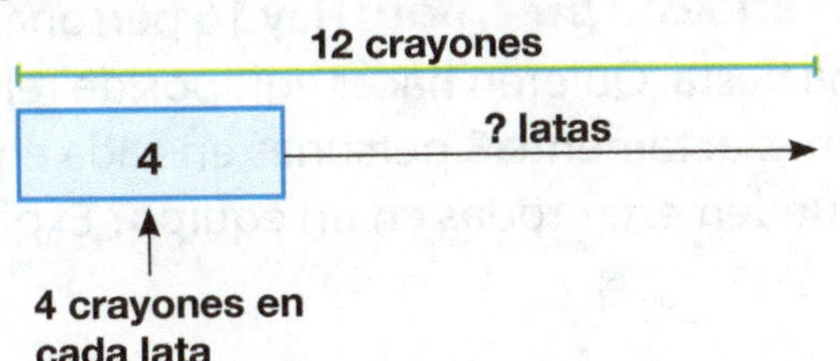

12 ÷ 4 = 3. Por tanto, Camila usa 3 latas.

Puedes dibujar un diagrama de barras para representar el cuento de Eddie.

Escribe la información que falta y planea un cuento sobre división para las ecuaciones en los Ejercicios **1** y **2.** Escribe el cuento. Usa fichas o haz un dibujo para resolver los problemas.

1. 10 ÷ ____ = 5

Escribiré sobre 10 ____________.
Los pondré en grupos de 5.

2. 21 ÷ 7 = ____

Escribiré sobre 21 ____________.
Los pondré en 7 grupos iguales.

Escribe un cuento sobre división para las ecuaciones en los Ejercicios **3** y **4.** Usa fichas o haz un dibujo para resolver los problemas.

3. 48 ÷ 6 = ____

4. 56 ÷ ____ = 8

5. **Entender y perseverar** Sheila escribió un cuento sobre división acerca de cómo se pueden dividir 24 flores en grupos iguales. ¿Qué información debe dar Sheila sobre los grupos?

6. **Vocabulario** Jean escribió los números 0, 6, 12, 18, 24 y 30 en un papel. Completa la oración para describir lo que cada uno de estos números tiene en común con el número 6.

Todos son ______ de 6.

7. Vera usa bloques de valor de posición para sumar dos números. ¿Qué ecuación de suma puede usar Vera?

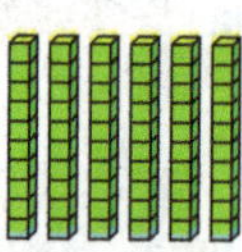

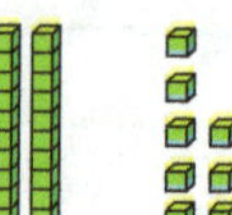

8. **Hacerlo con precisión** Hay 16 personas en una fiesta. Quieren hacer equipos de relevos con exactamente 3 personas en cada equipo. ¿Pueden estar todas en un equipo? Explícalo.

9. **Razonamiento de orden superior** Completa las oraciones con números que les den sentido. No uses el número 1. Luego, escribe una división que se corresponda con el cuento y haz un dibujo para resolver la división.

"Hay 35 conejos en la feria. Los conejos están en ____ conejeras y hay ____ conejos en cada conejera".

Evaluación

10. Escribe un cuento sobre división para $49 \div 7$. Haz un dibujo para representar tu cuento. Luego, resuélvelo.

Copyright © Savvas Learning Company LLC. All Rights Reserved.

Nombre ______________________

Resuélvelo y coméntalo Jacobo empezó el siguiente patrón. Llena los espacios en blanco para crear ecuaciones correctas y continuar el patrón. Explica tu razonamiento.

$6 \times 1 = 3 \times 2$

$6 \times 2 = 3 \times 4$

$6 \times 3 = 3 \times \square$

$6 \times \square = 3 \times \square$

$\square \times \square = \square \times \square$

Resolución de problemas

Lección 5-8

Buscar y usar la estructura

Puedo...
usar la estructura de la multiplicación y de la división para comparar expresiones.

También puedo comparar sin calcular.

Hábitos de razonamiento

¡Razona correctamente! Estas preguntas te pueden ayudar.

- ¿Qué patrones puedo ver y describir?
- ¿Cómo puedo usar los patrones para resolver el problema?
- ¿Puedo ver las expresiones y los objetos de una manera diferente?

¡Vuelve atrás! **Usar la estructura** Jacobo empieza este nuevo patrón. Llena el espacio en blanco para que la ecuación sea verdadera. ¿Qué observas en este patrón al compararlo con el patrón anterior?

$3 \times 2 = 6 \times 1$

$3 \times 4 = 6 \times 2$

$3 \times \square = 6 \times 3$

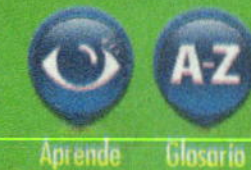

¿Cómo puedes usar la estructura de las matemáticas?

A

¿Cómo puedes saber sin hacer ningún cálculo si el símbolo $>$, $<$ o $=$ se debe colocar en los círculos de abajo?

1. $4 \times 5 \times 2 \bigcirc 4 \times 3 \times 5$

2. $6 \times 7 \bigcirc 7 \times 6$

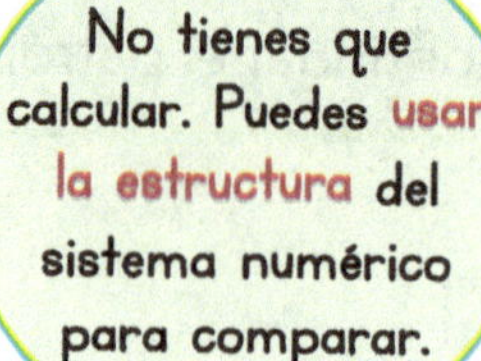

¿Qué debo hacer para completar la tarea?

Necesito comparar las expresiones. En vez de hacer cualquier cálculo, me fijaré en los valores de los factores en cada expresión.

B

¿Cómo puedo usar la estructura para resolver este problema?

Puedo

- pensar en las propiedades que conozco.
- buscar patrones y usarlos cuando sea necesario.

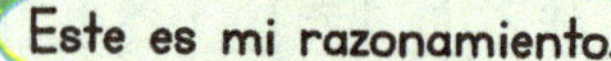

C

Algunos factores en las expresiones son iguales y algunos son diferentes. Usaré esta información para ayudarme a comparar.

1. Sé que puedo agrupar factores de cualquier manera, así que puedo volver a escribir una expresión.

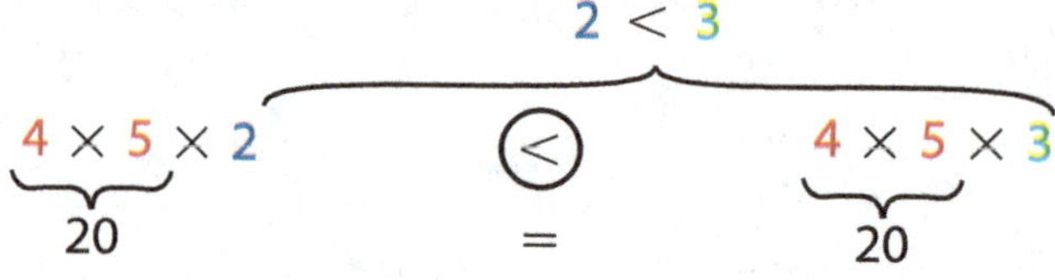

2. Veo que los factores son iguales en ambos lados. Sé que esto significa que los productos son iguales.
$6 \times 7 \ (=)\ 7 \times 6$

¡Convénceme! **Usar la estructura** Darío dice: "Puedo hallar $9 \times 0 < 3 \times 1$ sin hacer cálculos. Puedo pensar en las propiedades que conozco". ¿Qué quiere decir?

Copyright © Savvas Learning Company LLC. All Rights Reserved.

Nombre ______________________________

Práctica guiada*

Usar la estructura

Hakeem y Nicole tienen 48 calcomanías cada uno. Hakeem compartió sus calcomanías con 8 amigos. Nicole compartió sus calcomanías con 6 amigos. Estas expresiones muestran cómo Hakeem y Nicole compartieron sus calcomanías.

48 ÷ 8 ◯ 48 ÷ 6

1. Mira las expresiones. Explica cómo puedes usar lo que ves para comparar sin calcular.

2. ¿Qué amigos recibieron más calcomanías, los de Hakeem o los de Nicole? Escribe el símbolo correcto >, < ó = en el círculo de arriba.

Práctica independiente

Usar la estructura

Dan ahorró $10 cada semana por 7 semanas. Misha ahorró $7 cada semana por 9 semanas. Estas expresiones muestran cómo ahorraron.

7 × $10 ◯ 9 × $7

3. Mira las expresiones. Explica cómo puedes usar lo que ves para comparar sin hacer cálculos.

4. ¿Quién ahorró más dinero? Escribe el símbolo correcto >, < o = en el círculo de arriba.

5. ¿Puedes usar el mismo símbolo que escribiste en el Ejercicio **4** para comparar $10 × 7 y $7 × 9? Explícalo.

Puedes encontrar otro ejemplo en el Grupo H, página 290.

Resolución de problemas

Evaluación del rendimiento

Venta de collares

Trina quiere hallar la forma más barata de comprar 24 collares. Solamente quiere comprar el mismo tipo de paquetes. Tiene $48. La tabla muestra el número de collares en un paquete y el costo de cada paquete.

Collares en un paquete	Paquetes que Trina debe comprar	Costo por paquete
3	$24 \div 3 = 8$	$4
4	___ ÷ ___ = ___	$5
6	___ ÷ ___ = ___	$6

6. **Representar con modelos matemáticos** Completa la tabla para hallar el número de paquetes que Trina tendrá que comprar.

7. **Usar la estructura** Trina puede usar 8 × $4 para hallar el costo de suficientes paquetes de $4.
Escribe una expresión parecida que muestre una manera de hallar cuánto le cuesta a Trina comprar suficientes paquetes de $5.

Escribe una expresión parecida que muestre una manera de hallar cuánto le cuesta a Trina comprar suficientes paquetes de $6.

8. **Construir argumentos** Compara el costo de los paquetes de $5 con el de los paquetes de $6. ¿Qué tipo de paquete cuesta menos si Trina quiere comprar 24 collares? Explica cómo resolverlo sin calcular.

9. **Construir argumentos** Compara el costo entre paquetes de $4 y paquetes de $6. ¿Qué tipo de paquete cuesta menos si Trina quiere comprar 24 collares? Explica cómo resolverlo sin calcular.

Copyright © Savvas Learning Company LLC. All Rights Reserved.

Nombre ____________________

Tarea y práctica 5-8

Buscar y usar la estructura

¡Revisemos!

¿Cómo puedes saber sin hacer cálculos cuál de los símbolos $>$, $<$ o $=$ debe aparecer en el círculo de abajo?

$4 \times 6 \times 2 \bigcirc 6 \times 2 \times 4$

Di cómo puedes usar la estructura de las matemáticas para completar esta tarea.

- Puedo pensar en las propiedades que conozco.
- Puedo buscar y usar patrones cuando sea necesario.

Mira las expresiones. Explica cómo puedes usar los factores que ves para compararlos sin calcular.

Los mismos 3 factores están en cada lado del círculo. Sé que si se agrupan los mismos factores de otra manera, el producto será el mismo. Por tanto, las expresiones son iguales.

$4 \times (6 \times 2) = (6 \times 2) \times 4$

Usar la estructura

María escribió la expresión en el lado izquierdo del círculo que aparece abajo. Raúl escribió la expresión en el lado derecho del círculo. Halla sin calcular cuál de los símbolos $>$, $<$ o $=$ debe colocarse en el círculo.

María **Raúl**

$4 \times 8 \times 3 \bigcirc 2 \times 3 \times 8$

1. Di cómo puedes usar la estructura de las matemáticas para completar esta tarea.

2. Mira las expresiones. Explica cómo puedes usar los factores que ves para compararlos sin calcular.

3. ¿Qué expresión tiene mayor valor, la de María o la de Raúl? Escribe el símbolo correcto $>$, $<$ o $=$ en el círculo de arriba.

Evaluación del rendimiento

Liga de beisbol

La Srta. Bush dirige una liga de beisbol. Ella compra la cubeta que se muestra para repartir las pelotas de beisbol entre los equipos. La liga tendrá 6 o 9 equipos. Hay 14 jugadores en cada equipo. La Srta. Bush tiene que decidir si va a cobrar $3 o $4 por cada pelota de beisbol.

4. **Entender y perseverar** ¿Qué información conoces de este problema?

5. **Usar la estructura** La Srta. Bush dice que cada equipo recibirá más pelotas de beisbol si hay 6 equipos en la liga. El Sr. Rosin dice que cada equipo recibirá más pelotas de beisbol si hay 9 equipos en la liga. ¿Quién tiene razón?

Compara escribiendo el símbolo >, < o =.
Di cómo lo decides sin calcular.

$36 \div 6 \bigcirc 36 \div 9$

6. **Usar la estructura** Supón que la Srta. Bush cobra $4 por cada pelota de beisbol. ¿Pagaría más cada equipo si hay 6 equipos o 9 equipos?

Compara escribiendo el símbolo >, < o =.
Di cómo lo decides sin calcular.

$(36 \div 6) \times \$4 \bigcirc (36 \div 9) \times \$4$

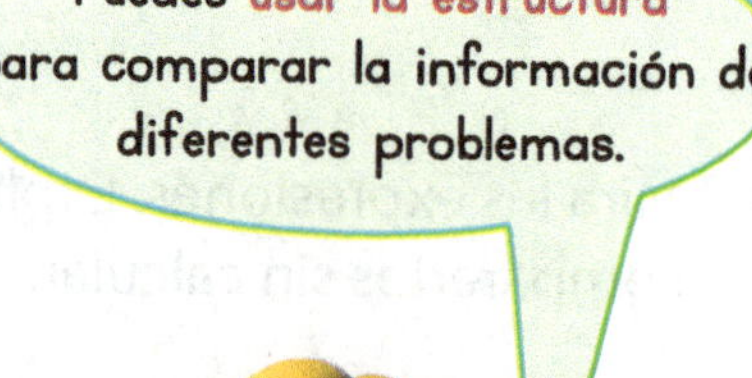

7. **Construir argumentos** La Srta. Bush quiere organizar la liga de tal forma que cada equipo pague la menor cantidad. ¿Debe haber 6 o 9 equipos? ¿Debe costar $3 o $4 cada pelota? Explícalo.

Copyright © Savvas Learning Company LLC. All Rights Reserved.

Nombre ____

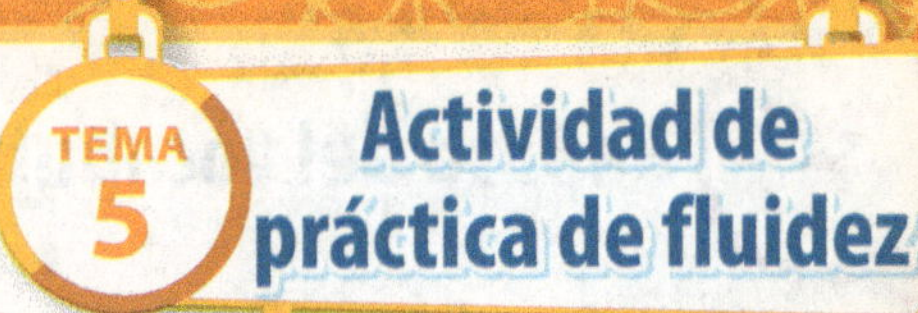

Actividad de práctica de fluidez

Puedo...
multiplicar hasta 100.

Trabaja con un compañero. Necesitan papel y lápiz. Cada uno escoge un color diferente: celeste o azul.

El Compañero 1 y el Compañero 2 apuntan a uno de los números negros al mismo tiempo. Ambos multiplican esos números.

Si la respuesta está en el color que escogiste, puedes anotar una marca de conteo. Sigan la actividad hasta que uno de los compañeros tenga siete marcas de conteo.

Compañero 1

9
5
6
8
4

63	24	40
42	81	28
36	35	56
16	72	30
54	20	48
25	45	32

Compañero 2

7
4
5
6
9

Marcas de conteo para el Compañero 1

Marcas de conteo para el Compañero 2

TEMA 5

Repaso del vocabulario

A-Z Glosario

Lista de palabras
- columna
- ecuación
- familia de operaciones
- fila
- impar
- par

Comprender el vocabulario

Da ejemplos y contraejemplos para los términos.

	Ejemplo	Contraejemplo
1. ecuación	______	______
2. número impar	______	______
3. número par	______	______
4. familia de operaciones	______	______
	______	______

Escribe *siempre*, *a veces* o *nunca*.

5. ______________ se puede dividir un número *par* por 2 sin que quede sobrante.

6. ______________ una *familia de operaciones* tiene números *impares*.

7. ______________ una matriz tiene el mismo número de *filas* y *columnas*.

8. El producto de un número *impar* por un número *impar* ______________ es un número *par*.

Usa el vocabulario al escribir

9. Explica el patrón en los cuadrados verdes. Usa por lo menos 2 términos de la Lista de palabras en tu explicación.

×	0	1	2	3	4	5
0	0	0	0	0	0	0
1	0	1	2	3	4	5
2	0	2	4	6	8	10
3	0	3	6	9	12	15
4	0	4	8	12	16	20
5	0	5	10	15	20	25

Copyright © Savvas Learning Company LLC. All Rights Reserved.

Nombre ______________________________

TEMA 5

Refuerzo

Grupo A páginas 237 a 242

Puedes ver patrones en una tabla de multiplicar.

×	0	1	2	3	4	5	6	7
0	0	0	0	0	0	0	0	0
1	0	1	2	3	4	5	6	7
2	0	2	4	6	8	10	12	14
3	0	3	6	9	12	15	18	21
4	0	4	8	12	16	20	24	28
5	0	5	10	15	20	25	30	35
6	0	6	12	18	24	30	36	42
7	0	7	14	21	28	35	42	49
8	0	8	16	24	32	40	48	56

En cada fila, la suma de los números coloreados de verde es igual a los números coloreados de morado.

$0 + 0 = 0$ $1 + 6 = 7$

$2 + 12 = 14$ $3 + 18 = 21$

Esto se debe a la propiedad distributiva.

Una operación de multiplicación del 1 más una operación de multiplicación del 6 es igual a una operación de multiplicación del 7.

Ejemplo: $(1 \times 5) + (6 \times 5) = (7 \times 5)$

Recuerda que las propiedades pueden ayudar a explicar patrones.

Usa la tabla de multiplicar para responder a las preguntas en los Ejercicios **1** y **2.**

×	0	1	2	3	4	5	6	7	8
0	0	0	0	0	0	0	0	0	0
1	0	1	2	3	4	5	6	7	8
2	0	2	4	6	8	10	12	14	16
3	0	3	6	9	12	15	18	21	24
4	0	4	8	12	16	20	24	28	32
5	0	5	10	15	20	25	30	35	40
6	0	6	12	18	24	30	36	42	48
7	0	7	14	21	28	35	42	49	56
8	0	8	16	24	32	40	48	56	64

1. Busca la columna que tiene productos que son la suma de los números coloreados de verde en cada fila. Colorea esta columna.

2. Explica por qué este patrón es verdadero.

Grupo B páginas 243 a 248

Usa una tabla de multiplicar para hallar $20 \div 4$.

×	0	1	2	3	4	5	6	7
0	0	0	0	0	0	0	0	0
1	0	1	2	3	4	5	6	7
2	0	2	4	6	8	10	12	14
3	0	3	6	9	12	15	18	21
4	0	4	8	12	16	20	24	28
5	0	5	10	15	20	25	30	35
6	0	6	12	18	24	30	36	42
7	0	7	14	21	28	35	42	49
8	0	8	16	24	32	40	48	56
9	0	9	18	27	36	45	54	63

Busca el 4 en la primera columna de la tabla.

Sigue en la fila del 4 hasta llegar a 20.

Luego, mira la parte de arriba de la columna para hallar el factor que falta: 5. $20 \div 4 = 5$

Recuerda que la multiplicación y la división están relacionadas.

Usa la tabla de multiplicar para hallar cada producto o cociente en los Ejercicios **1** a **12.**

1. $2 \times 7 =$ ____
2. $5 \times 8 =$ ____
3. $2 \times 10 =$ ____
4. $5 \times 4 =$ ____
5. $3 \times 5 =$ ____
6. $6 \times 5 =$ ____
7. $63 \div 9 =$ ____
8. $56 \div 8 =$ ____
9. $45 \div 9 =$ ____
10. $40 \div 8 =$ ____
11. $35 \div 7 =$ ____
12. $36 \div 6 =$ ____

Grupo C páginas 249 a 254

Puedes usar operaciones básicas y propiedades para hallar los números que faltan en una tabla de multiplicar.

×	4	5	☐	7
3	12	15	18	21
4	16	20	24	28
5	20	25	30	35
6	24	30	36	42
7	28		42	49
8	32	40	48	56

Usa la multiplicación o la división para hallar los factores que faltan.

$42 \div 7 = 6$, por tanto, $7 \times 6 = 42$

Usa estrategias para hallar los productos.

$3 \times 5 = 15$ $4 \times 5 = 20$

$5 \times 5 = 25$ $6 \times 5 = 30$

Por tanto, $7 \times 5 = 35$

Recuerda que puedes usar estrategias y el razonamiento para hallar los números que faltan.

Usa estrategias de multiplicación y división para completar la tabla de multiplicar. Muestra tu trabajo.

×	☐	5	6	☐
☐	12	15	18	
☐	16	20		28
5	20	25	30	35
6	24	30		42
7		35	42	49
8	32	40	48	

Grupo D páginas 225 a 260

Halla 4×7.

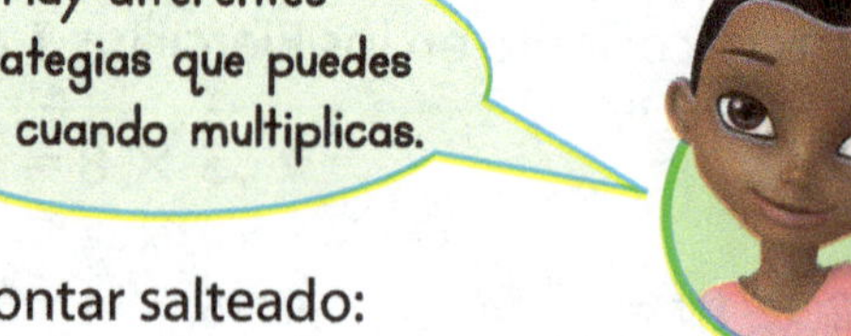

Puedes contar salteado:
7, 14, 21, 28

Puedes usar operaciones conocidas:

$2 \times 7 = 14$

$4 \times 7 = (2 \times 7) + (2 \times 7)$

$4 \times 7 = 14 + 14 = 28$

Recuerda que puedes usar patrones, operaciones conocidas o contar salteado para hallar productos.

Usa estrategias para hallar los productos en los Ejercicios **1** a **8.**

1. $5 \times 9 =$ ____ **2.** $8 \times 10 =$ ____

3. $4 \times 10 =$ ____ **4.** $9 \times 8 =$ ____

5. $6 \times 9 =$ ____ **6.** $7 \times 3 =$ ____

7. $6 \times 5 =$ ____ **8.** $4 \times 9 =$ ____

Copyright © Savvas Learning Company LLC. All Rights Reserved.

Nombre ___

Refuerzo (continuación)

Grupo E páginas 261 a 266

Puedes resolver problemas verbales usando la multiplicación y la división.

Aaron tiene 49 libros. Su librero tiene 7 estantes. Quiere colocar la misma cantidad de libros en cada estante. ¿Cuántos libros puede colocar en cada estante?

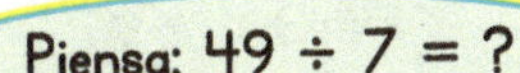

Puedes usar una operación de multiplicación relacionada:

$7 \times 7 = 49$

$49 \div 7 = 7$

Aaron puede colocar 7 libros en cada estante.

Recuerda que en la multiplicación y en la división se usan grupos iguales.

Resuelve los problemas. Muestra tu trabajo.

1. El papá de Oksana tiene 36 pilas en el cajón de su escritorio. Las pilas están en paquetes de 4. ¿Cuántos paquetes de pilas tiene?

2. Cada vez que Leonel gana el juego de aros en el carnaval, recibe 3 boletos de premio. Leonel tiene que ganar el juego de aros 9 veces para obtener suficientes boletos para 1 juguete. ¿Cuántos boletos de premio necesita Leonel para ganarse 2 juguetes?

Grupo F páginas 267 a 272

Escribe un cuento sobre multiplicación para 4×7.

Puedes pensar en la multiplicación como grupos iguales.

Tim tiene 4 ramos de flores. Cada ramo tiene 7 flores. ¿Cuántas flores tiene Tim?

Tim tiene 28 flores.

Recuerda que las filas y columnas también pueden representar la multiplicación.

Escribe un cuento sobre multiplicación para cada ecuación. Luego, resuélvela.

1. $3 \times 9 =$ ___

2. $5 \times 6 =$ ___

Grupo G páginas 273 a 278

Escribe un cuento sobre división para $20 \div 5$.

Si 20 niños forman equipos iguales, ¿cuántos niños hay en cada equipo?

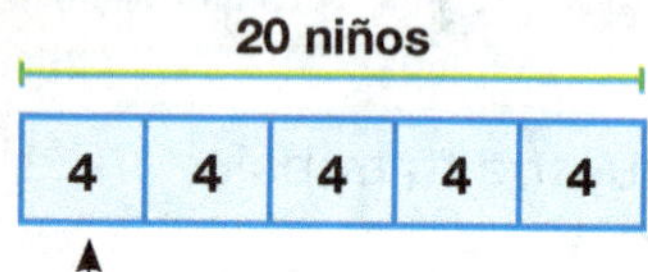

Niños en cada equipo

$20 \div 5 = 4$

Hay 4 niños en cada equipo.

Recuerda que los cuentos sobre división pueden preguntar por el número de personas o cosas que hay en cada grupo o por el número de grupos iguales.

Escribe un cuento sobre división para cada ecuación. Luego, resuélvelo.

1. $60 \div 10 =$ ____

2. $32 \div 4 =$ ____

Grupo H páginas 279 a 284

Piensa en estas preguntas para ayudarte a **buscar y usar la estructura**.

Hábitos de razonamiento

- ¿Qué patrones puedo ver y describir?
- ¿Cómo puedo usar los patrones para resolver el problema?
- ¿Puedo ver las expresiones y los objetos de una manera diferente?

Recuerda que las propiedades pueden ayudarte a entender los patrones.

Leroy gana \$7 por cada hora que trabaja y trabaja 8 horas. Rebecca gana \$8 por cada hora que trabaja y trabaja 7 horas. Las siguientes expresiones muestran el dinero que han ganado.

$8 \times \$7 \bigcirc 7 \times \$8$

1. Mira las expresiones. Explica cómo puedes usar lo que ves para comparar sin calcular.

2. ¿Quién ganó más dinero? Escribe el símbolo correcto $>$, $<$ o $=$ en el círculo de arriba.

Copyright © Savvas Learning Company LLC. All Rights Reserved.

Nombre ____

TEMA 5

Evaluación

1. Escribe y resuelve un cuento sobre división para 48 ÷ 6.

2. Mira la siguiente tabla de multiplicar.

×			8
0			
		7	8
2			16
3	18		
		28	

Parte A

Completa los factores y productos que faltan.

Parte B

¿Qué patrón ves en la primera fila de productos de la tabla? Explica por qué este patrón es verdadero.

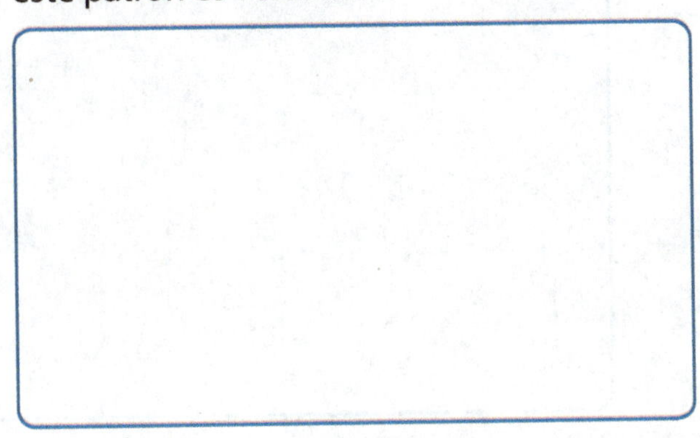

3. Jesse tiene 45 rodajas de manzana. Él hornea 5 pasteles de manzana. ¿Cuántas rodajas de manzana usa en cada pastel? Dibuja un diagrama de barras para representar el problema. Luego, resuélvelo.

4. ¿Es el producto de los siguientes problemas mayor que 5 × 7? Escoge *Sí* o *No*.

4a. 2 × 2 × 7 ○ Sí ○ No

4b. 7 × 1 × 5 ○ Sí ○ No

4c. 2 × 5 × 7 ○ Sí ○ No

4d. 8 × 5 × 0 ○ Sí ○ No

5. Nacho tiene 4 páginas de calcomanías ordenadas en matrices. La tabla muestra el número de filas y de columnas en cada página. ¿Qué página tiene más calcomanías?

Página	Filas	Columnas
1	3	5
2	5	4
3	4	3
4	5	3

Ⓐ Página 1

Ⓑ Página 2

Ⓒ Página 3

Ⓓ Página 4

6. ¿Cuál de las siguientes estrategias te puede ayudar a resolver 4×6? Escoge todas las que apliquen.

- ☐ $(6 \times 6) + (6 \times 6)$
- ☐ $(4 \times 3) + (4 \times 3)$
- ☐ $(5 \times 5) + (4 \times 1)$
- ☐ $(5 \times 4) + (1 \times 4)$
- ☐ $(2 \times 4) + (2 \times 6)$

7. ¿Qué número falta en esta tabla de multiplicar?

×	5	6
2	10	?
3	15	18

Ⓐ 8
Ⓑ 9
Ⓒ 11
Ⓓ 12

8. Dibuja líneas para emparejar cada producto o cociente en el lado izquierdo con la ecuación que resuelve en el lado derecho.

56	$54 \div 6 = ?$
7	$8 \times 7 = ?$
36	$49 \div 7 = ?$
9	$6 \times 6 = ?$

9. Beverly observa un patrón en la tabla de multiplicar. Ella colorea de anaranjado algunos cuadrados para mostrar su patrón.

×	4	5	6	7
4	16	20	24	28
5	20	25	30	35
6	24	30	36	42
7	28	35	42	49
8	32	40	48	56

Parte A

¿Qué patrón podría haber visto Beverly?

Parte B

Explica por qué este patrón es verdadero.

Copyright © Savvas Learning Company LLC. All Rights Reserved.

Nombre ___

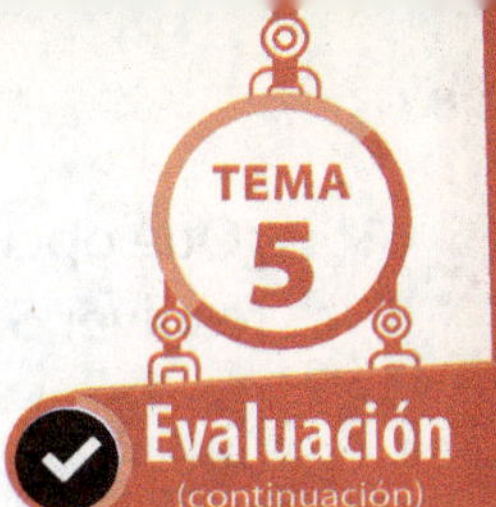

10. Freddy tiene 70 libros. Coloca 7 libros en una pila. ¿Cuántas pilas puede formar de esta manera?

11. ¿Cuál de los siguientes cuentos es sobre 8×4? Escoge todas las que apliquen.

- ☐ Billy tiene 4 columnas y 8 filas de estampillas. ¿Cuántas estampillas tiene Billy?
- ☐ Billy regala 8 estampillas. Cada uno de sus 4 amigos recibe la misma cantidad de estampillas. ¿Cuántas estampillas recibe cada amigo?
- ☐ Billy tiene 8 estampillas. Están en 4 filas iguales. ¿Cuántas estampillas hay en cada fila?
- ☐ Billy tiene una fila de 4 estampillas y una fila de 8 estampillas. ¿Cuántas estampillas tiene Billy en total?
- ☐ Billy tiene 8 filas de estampillas. Cada fila tiene 4 estampillas. ¿Cuántas estampillas hay en total?

12. Maya tiene 12 bolígrafos y los quiere poner en grupos iguales. ¿Puede poner los bolígrafos en grupos con los siguientes números sin que sobre alguno?

12a. 2 ○ Sí ○ No

12b. 3 ○ Sí ○ No

12c. 4 ○ Sí ○ No

12d. 5 ○ Sí ○ No

13. Mira estas dos expresiones.

$40 \div 4$ ◯ $40 \div 8$

Parte A

Explica cómo puedes usar lo que ves para comparar las expresiones sin calcular. Luego, escribe el símbolo correcto $>$, $<$ o $=$ en el círculo de arriba.

Parte B

Calcula ambos cocientes para comprobar tu respuesta. Escribe los cocientes y el símbolo correcto $>$, $<$ o $=$ abajo.

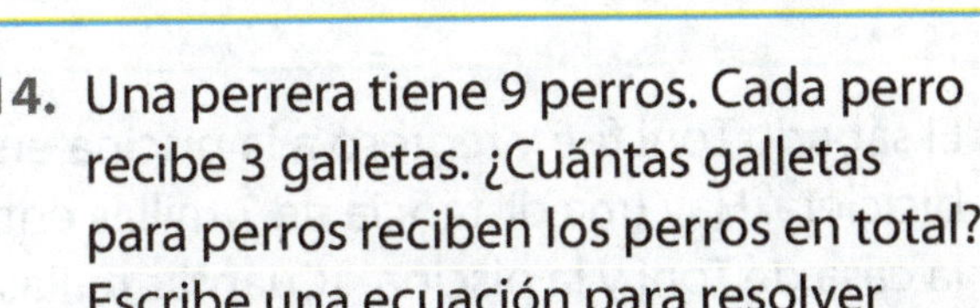

___ ◯ ___

14. Una perrera tiene 9 perros. Cada perro recibe 3 galletas. ¿Cuántas galletas para perros reciben los perros en total? Escribe una ecuación para resolver el problema.

15. ¿Qué opción muestra una manera de resolver 5 × 5?

Ⓐ Cuenta salteado 5 veces con números que terminen en 5: 5, 15, 25, 35, 45

Ⓑ Usa la propiedad distributiva: (4 × 5) + (1 × 5)

Ⓒ Mira la tabla de multiplicar: Halla la fila del 5. Muévete horizontalmente hasta que encuentres el 5. El producto es el número que aparece en la parte superior de esa columna, 1.

Ⓓ Usa la suma repetida: 5 + 5 + 5 + 5

16. Escribe y resuelve un cuento sobre multiplicación para 9 × 7.

17. El sábado Toni fue y regresó a la piscina en bicicleta. Hay una distancia de 7 millas entre la casa de Toni y la piscina. ¿Cuántas millas viajó en bicicleta Toni el sábado?

18. Mira la siguiente tabla de multiplicar.

×	4	5	6	7
3	12	15	18	21
4	16	20	24	28
5	20	25	30	35
6	24	30	36	42
7	28	35	42	49
8	32	40	48	56

Parte A

Colorea los productos en la columna 5 de la tabla. ¿Qué patrón ves?

Parte B

Explica el patrón que hallaste.

Copyright © Savvas Learning Company LLC. All Rights Reserved.

Nombre ____________________

TEMA 5

Evaluación del rendimiento

Galería de fotografías

Rebeca está instalando una exhibición. Está colgando fotografías en dos murales en forma de matrices. Rebeca tiene que decidir cómo va a ordenar las fotografías. Hace tablas para decidir el orden que va a seguir.

Mural izquierdo

Ordenación	A	B	C	D
Filas	3	3	7	8
Columnas	7	9	2	3

1. Usa la tabla **Mural izquierdo** para responder a las preguntas.

Parte A

¿Cuál de las ordenaciones en el mural izquierdo tiene más fotografías?

Parte B

Explica cómo puede Rebeca hallar la respuesta a la Parte A sin calcular el tamaño de cada ordenación.

Mural derecho

×	☐	☐	6	7	☐
4					36
☐		30		42	
☐	28		42		
☐				63	

Filas

Columnas

Usa la tabla **Mural derecho** para responder a las Preguntas **2** y **3.**

2. Completa las columnas, filas y el número de fotografías que faltan para que la tabla de Rebeca esté completa.

3. El 42 aparece en la tabla de Rebeca dos veces. ¿Es razonable? Explica por qué.

Usa la tabla **Mural derecho** para responder a las Preguntas **4** a **6.**

4. Algunos fotógrafos eran hombres y otros eran mujeres. Rebeca quiere que el número de fotografías que sacaron los hombres y el número de fotografías que sacaron las mujeres sea igual. Colorea los cuadrados en la tabla para mostrar la ordenación que le permite hacer esto a Rebeca. Explica el patrón que halles.

5. Rebeca comparte esta tabla con su amigo Leonel. Leonel está trabajando en un proyecto diferente. **NO** está colgando fotografías. ¿Para qué otro proyecto puede usar esta tabla Leonel? Explica qué significa 7×4 para el proyecto de Leonel.

6. Rebeca también comparte esta tabla con su mamá. La mamá de Rebeca trabaja en un proyecto diferente, **NO** está colgando fotografías. ¿Para qué otro proyecto puede usar esta tabla la mamá de Rebeca? Explica qué significa $30 \div 6$ para el proyecto de la mamá de Rebeca.

Copyright © Savvas Learning Company LLC. All Rights Reserved.

Relacionar el área con la multiplicación y la suma

Pregunta esencial: ¿Cómo se puede medir y hallar el área?

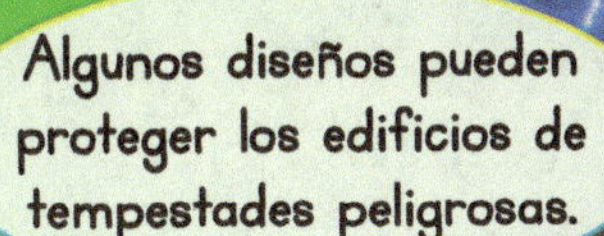

Este pararrayos en la parte superior del edificio está conectado al suelo. Atrae la energía eléctrica del rayo y la conduce de forma segura a tierra.

¡Esto ayuda a proteger el edificio de los efectos dañinos de un rayo! Este es un proyecto sobre diseños de edificios y área.

Proyecto de Matemáticas y Ciencias: Soluciones de diseño

Investigar Hay diseños, como los pararrayos, las barreras de defensa contra inundaciones o los tejados resistentes al viento que sirven para la protección de personas y edificios. Usa la Internet u otra fuente para recopilar información sobre estos tipos de diseños y sobre su funcionamiento.

Diario: Escribir un informe Incluye lo que averiguaste. En tu informe, también:

- indica cómo algunos diseños de ventanas o de puertas ayudan a dar protección contra las tempestades.
- usa una cuadrícula para dibujar uno de los diseños de ventana o puerta. Cuenta las unidades cuadradas que mide tu diseño. Rotula tu dibujo para mostrar cómo el diseño da protección contra las tempestades.

Nombre ____________________

Repasa lo que sabes

Vocabulario

Escoge el mejor término del recuadro.
Escríbelo en el espacio en blanco.

- grupos iguales
- multiplicar
- matriz
- sumando

1. Cuando cuentas salteado para obtener el total, es igual a ____________.

2. Dividir manzanas para que todos reciban la misma cantidad es un ejemplo de formar ____________.

3. Cuando muestras objetos en filas y columnas, haces una ______.

División como repartición

4. Chen tiene 16 carros a escala. Los coloca en 4 filas. Cada fila tiene un número igual de carros. ¿Cuántas columnas hay?

5. Julie tiene 24 cuentas de vidrio para repartir entre 4 amigos. Cada amigo recibe una cantidad igual. ¿Cuántas cuentas de vidrio recibe cada amigo?

Matrices

6. Escribe una ecuación de suma y una ecuación de multiplicación para la matriz que se muestra a la derecha.

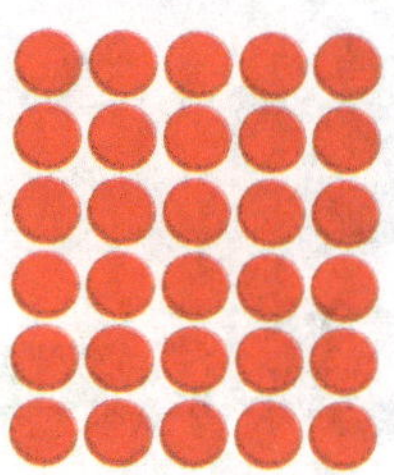

Relacionar la multiplicación y la división

7. Un equipo tiene 12 jugadores. Se alinean en 3 filas iguales. ¿Qué ecuación de multiplicación te ayuda a hallar cuántos jugadores hay en cada fila?

Ⓐ $2 \times 6 = 12$ Ⓑ $1 \times 12 = 12$ Ⓒ $3 \times 4 = 12$ Ⓓ $3 \times 12 = 36$

8. Hay 20 botellas de jugo alineadas en 4 filas iguales. Explica cómo puedes usar una ecuación de multiplicación para saber cuántas botellas de jugo hay en cada fila.

Copyright © Savvas Learning Company LLC. All Rights Reserved.

Mis tarjetas de palabras

Usa los ejemplos de cada palabra al frente de la tarjeta para ayudarte a completar las definiciones que están atrás.

A-Z Glosario

Puedes medir el área contando las unidades cuadradas.

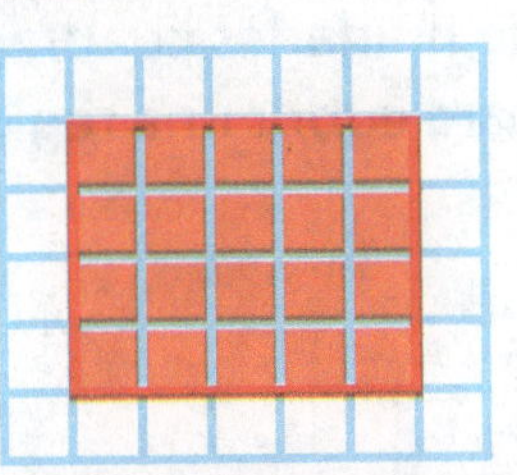

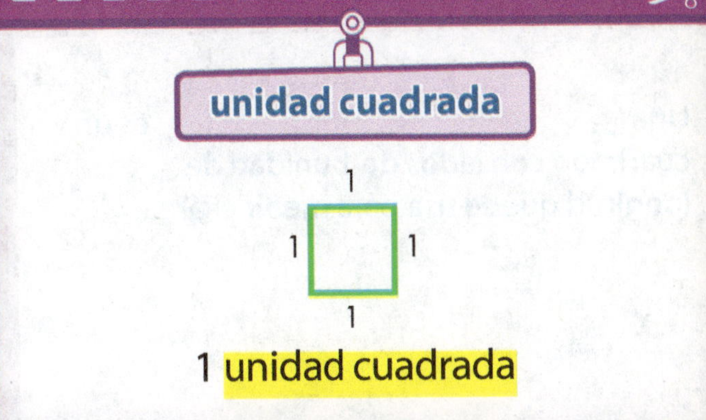

1 unidad cuadrada

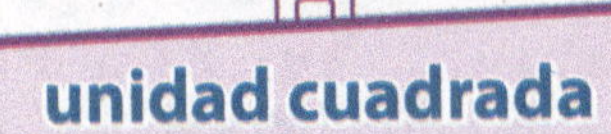

El área de esta figura es de 9 unidades cuadradas.

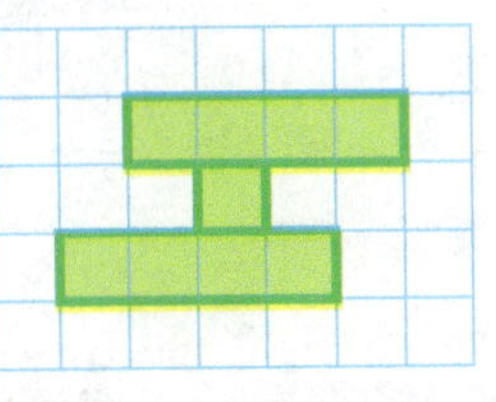

estimar

El área del círculo es de aproximadamente 20 unidades cuadradas.

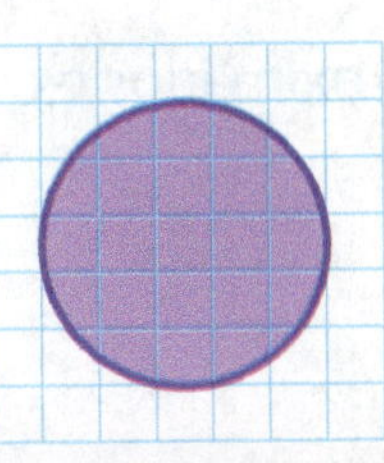

Mis tarjetas de palabras

Completa cada definición. Para ampliar lo que aprendiste, escribe tus propias definiciones.

Una ______________________ es un cuadrado con lados de 1 unidad de longitud que se usa para medir el área.

El ______________________ es la cantidad de unidades cuadradas que se necesitan para cubrir una región.

Dar una respuesta o un número aproximados es ______________________.

Una unidad cuadrada tiene 1 ______________________ de área.

Copyright © Savvas Learning Company LLC. All Rights Reserved.

Nombre ______________________

Resuelve

Lección 6-1
Cubrir regiones

Puedo...
contar unidades cuadradas para hallar el área de una figura.

También puedo escoger y usar una herramienta matemática para resolver problemas.

Resuélvelo y coméntalo Mira las Figuras A a C del Elemento didáctico Área de figuras. ¿Cuántas fichas cuadradas necesitas para cubrir cada figura? Muestra tus respuestas en el espacio que sigue. Explica cómo lo decidiste.

Figura	Número de fichas cuadradas
Figura A	
Figura B	
Figura C	

¡Vuelve atrás! **Hacerlo con precisión** ¿Puedes estar seguro de que tienes una respuesta exacta si hay espacios entre las fichas que usaste? Explícalo.

Aprende Glosario

Pregunta esencial ¿Cómo mides el área?

A

Emily hizo un collage en la clase de arte. Recortó figuras para hacer un diseño. ¿Cuál es el área de esta figura?

El **área** es el número de unidades cuadradas que se necesitan para cubrir una región sin espacios o sobreposiciones.

Una **unidad cuadrada** es un cuadrado con lados de 1 unidad de longitud. Tiene un área de 1 **unidad cuadrada**.

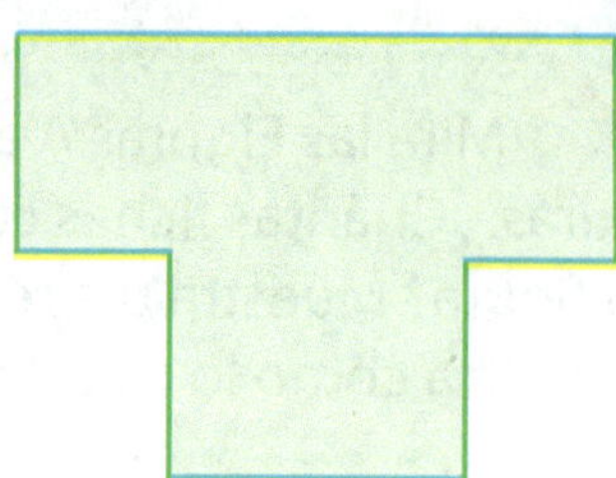

Esta es la unidad cuadrada para esta lección.

B Cuenta las unidades cuadradas que cubren la figura de Emily. El conteo exacto es el área de la figura.

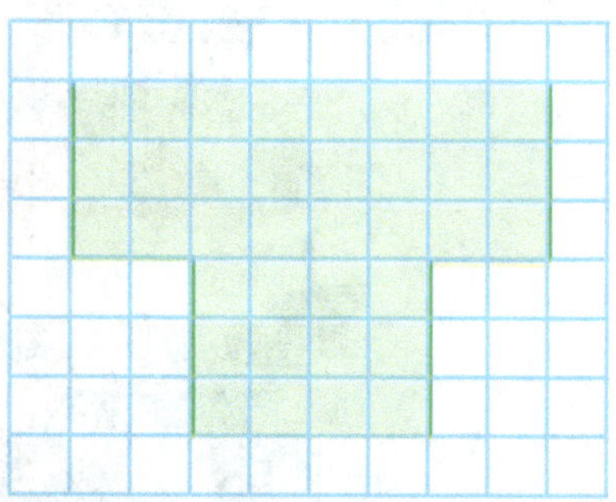

Hay 36 unidades cuadradas que cubren la figura. El área de la figura es de 36 unidades cuadradas.

C

A veces puedes **estimar** el área. Puedes combinar los cuadrados que están parcialmente completos para estimar los cuadrados completos.

Cuenta las unidades cuadradas que cubren la figura.

Hay aproximadamente 27 unidades cuadradas que cubren la figura.

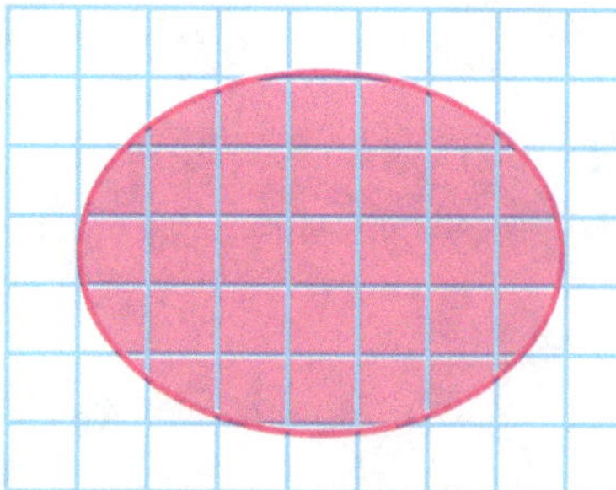

El área de la figura es de aproximadamente 27 unidades cuadradas.

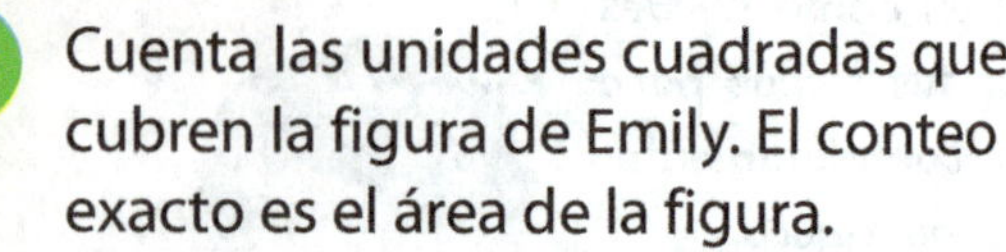

¡Convénceme! **Construir argumentos** Karen dice que cada una de estas figuras tiene un área de 12 unidades cuadradas. ¿Estás de acuerdo con Karen? Explícalo.

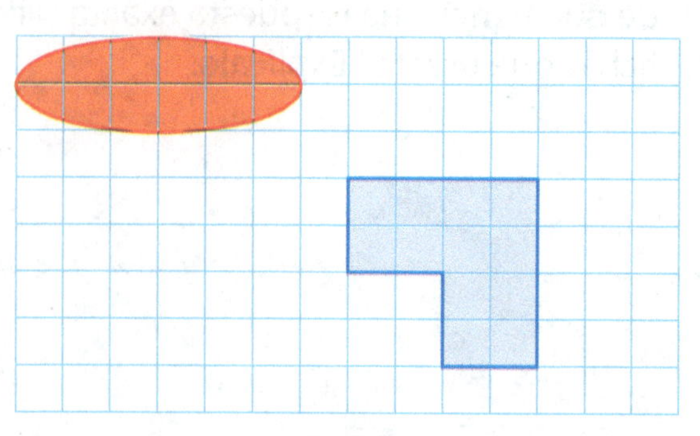

Copyright © Savvas Learning Company LLC. All Rights Reserved.

Nombre ______________________

Otro ejemplo

Emily quiere cubrir este octágono.

Si intenta cubrirlo usando unidades cuadradas, habrá espacios y sobreposiciones.

Emily puede descomponer el cuadrado en dos triángulos. Puede cubrir completamente la figura usando este triángulo:

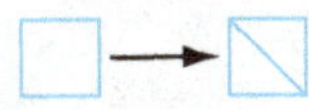

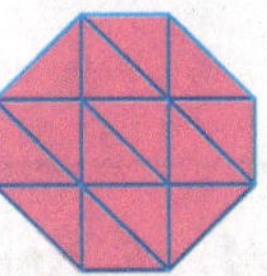

Hay 14 triángulos que cubren el octágono. El área del octágono es de 7 unidades cuadradas.

Práctica guiada*

¿Lo entiendes?

1. **Razonar** ¿Cómo sabes que el área del octágono es de 7 unidades cuadradas?

2. **Hacerlo con precisión** Explica la diferencia entre hallar el área de una figura y hallar la longitud de una figura.

¿Cómo hacerlo?

Cuenta para hallar el área en los Ejercicios **3** y **4.** Indica si el área es exacta o una estimación.

3.

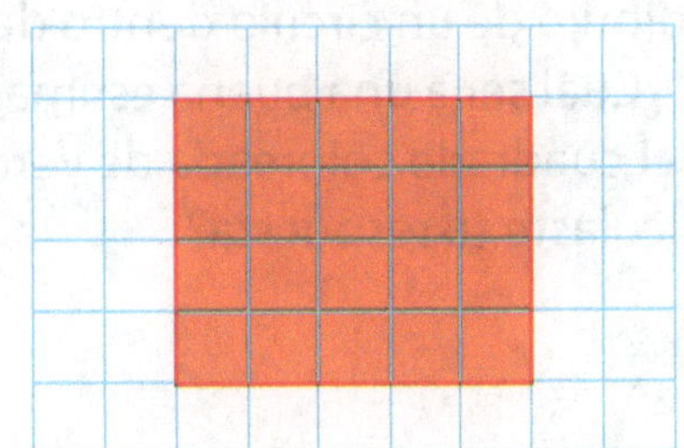

4.

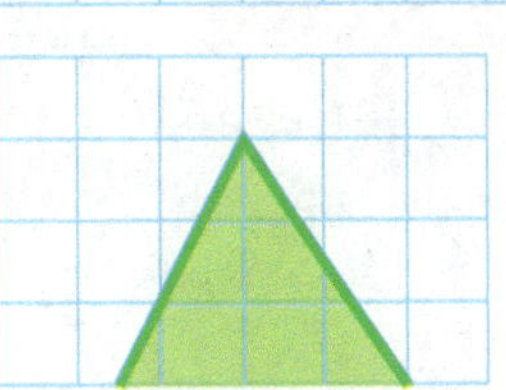

Práctica independiente

Cuenta para hallar el área en los Ejercicios **5** a **7.** Indica si el área es exacta o una estimación.

5.

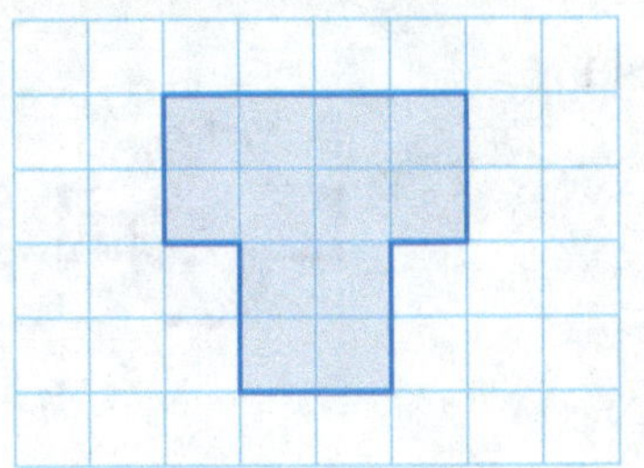

6.

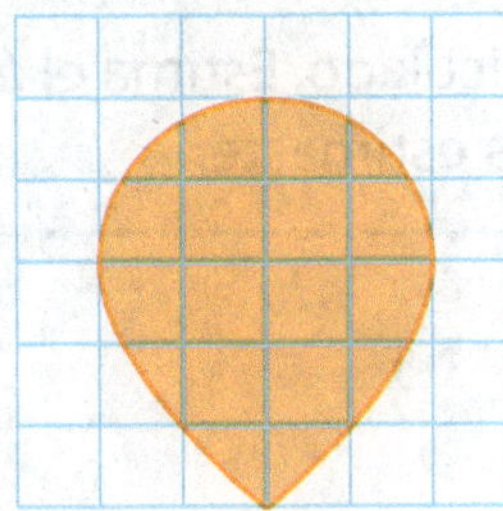

7.

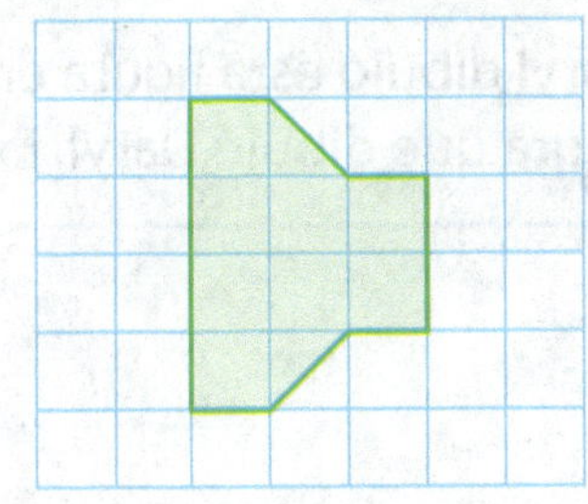

Puedes encontrar otro ejemplo en el Grupo A, página 345.

Resolución de problemas

8. Maggie compró 4 cuadernos de dibujo. Pagó con un billete de $20. ¿Cuánto dinero recibió de cambio?

9. **Evaluar el razonamiento** Janet cubrió el cuadrado rojo con fichas cuadradas. Dice: "Cubrí esta figura con 12 unidades cuadradas; por tanto, sé que tiene un área de 12 unidades cuadradas". ¿Estás de acuerdo con Janet? Explícalo.

10. **Razonamiento de orden superior** Chester hizo este dibujo de un círculo dentro de un cuadrado. ¿Cuál sería una buena estimación del área del cuadrado coloreada de verde? ¿Cómo calculaste tu respuesta?

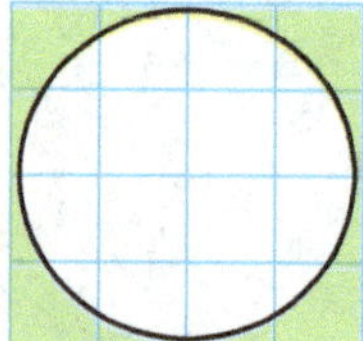

11. **Sentido numérico** Arthur coloca 18 borradores en grupos iguales. Dice que habrá más borradores en 2 grupos iguales que en 3 grupos iguales. ¿Tiene razón Arthur? Explica tu respuesta.

Evaluación

12. Daryl dibujó esta figura en papel cuadriculado. Estima el área de la figura que dibujó Daryl. Explica cómo la estimaste.

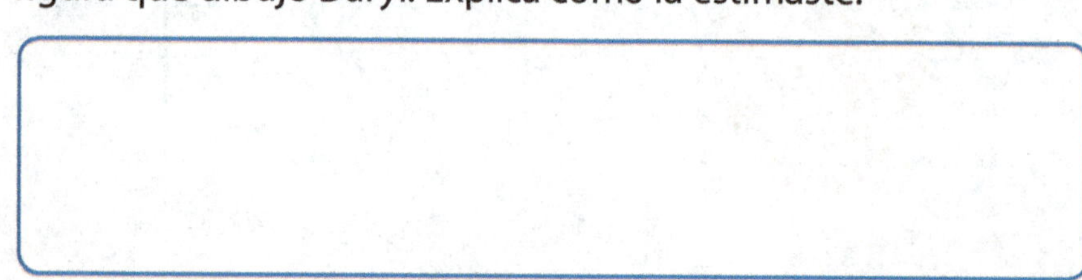

Copyright © Savvas Learning Company LLC. All Rights Reserved.

Nombre ______________________

Tarea y práctica 6-1

Cubrir regiones

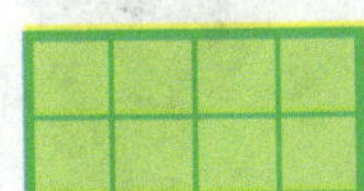

Puedes hallar el área exacta del rectángulo de abajo si cuentas el número de unidades cuadradas que lo cubren.

Hay 8 unidades cuadradas que cubren el rectángulo.

Por tanto, el área del rectángulo es de 8 unidades cuadradas.

A veces necesitas estimar el área. Puedes combinar los cuadrados que están parcialmente llenos para aproximarlos a cuadrados llenos.

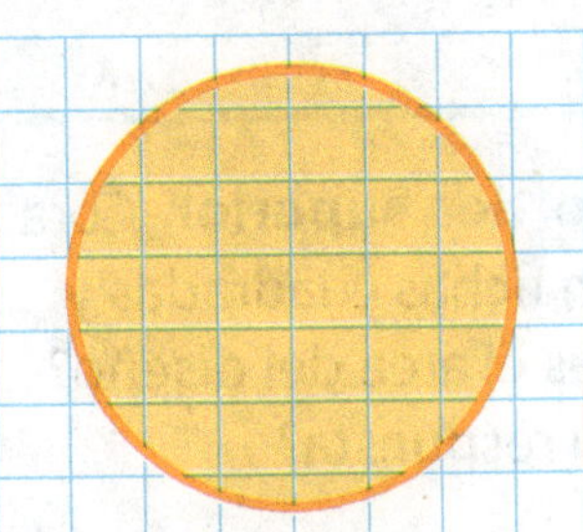

Hay aproximadamente 28 unidades cuadradas que cubren la figura.

Por tanto, el área de la figura es de 28 unidades cuadradas.

El área es el número de unidades cuadradas que se usan para cubrir una región, sin espacios o sobreposiciones.

Cuenta para hallar el área de las figuras en los Ejercicios **1** a **6.** Indica si el área es exacta o es una estimación.

1. 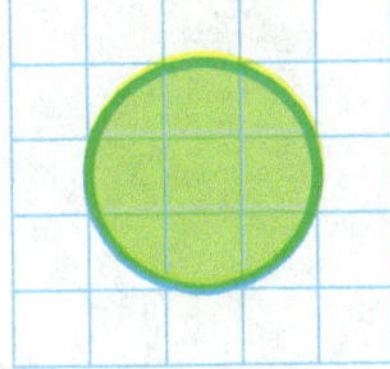

2. 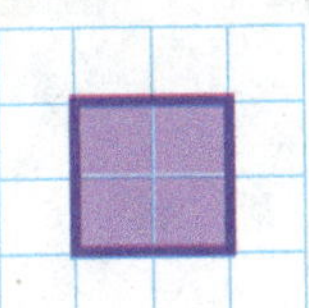

3. 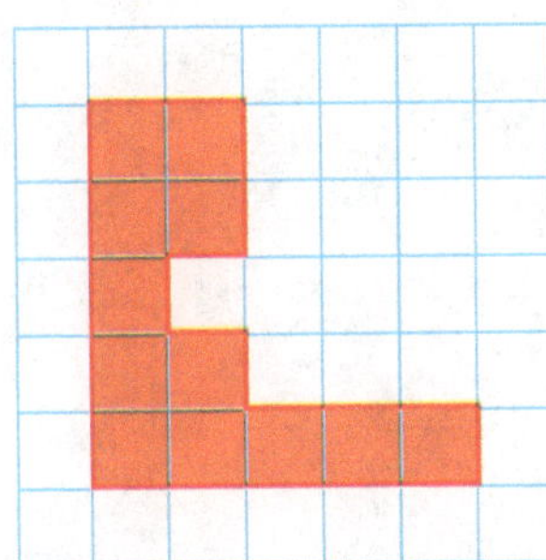

4. 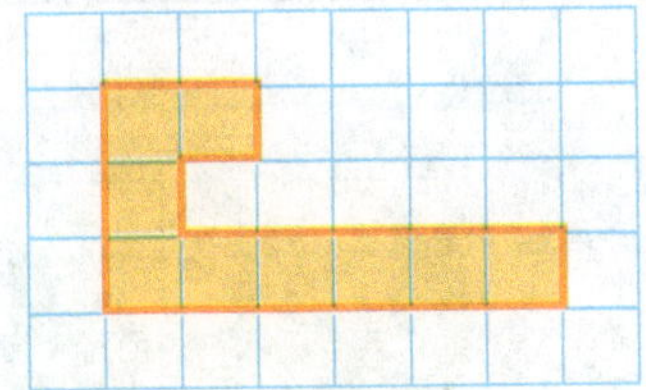

5. 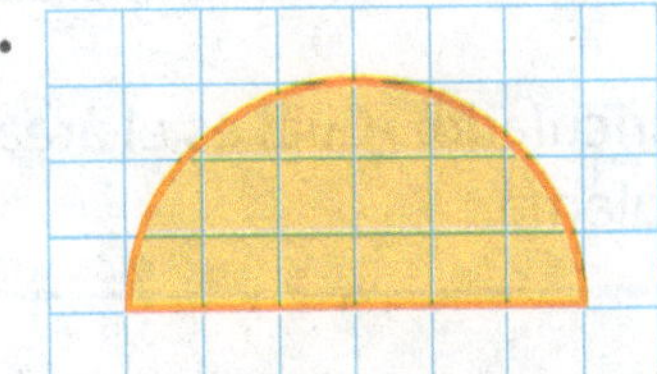

6. 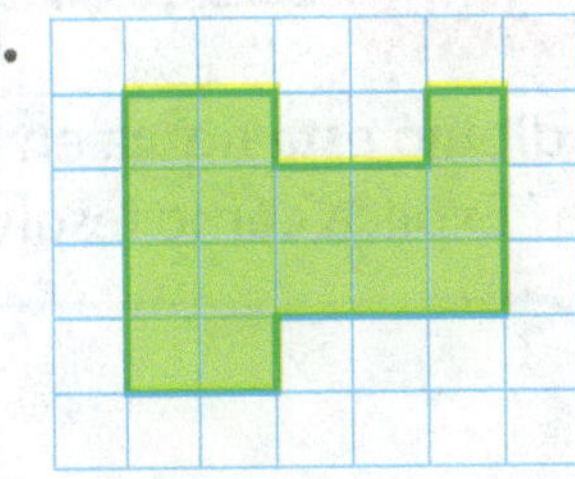

Usa el diagrama de la derecha en los Ejercicios **7** a **9.**

7. ¿Cuál es el área de la sección de futbol en el campo de atletismo?

Campo de atletismo

Futbol
Beisbol
Tenis
Vacío

8. ¿Cuánto mide el área del campo que **NO** se usa?

9. **Entender y perseverar** ¿Cuántas unidades cuadradas del campo se usan?

---

10. **Razonar** Una librería tiene una oferta. Cuando los clientes compran 2 libros, reciben otro libro gratis. Si Pat compra una caja de 16 libros, ¿cuántos libros recibirá gratis? ¿Cuántos libros tendrá en total? Escribe ecuaciones de división y de suma para mostrar cómo se relacionan las cantidades.

11. **Razonamiento de orden superior** Cora hizo este diseño con fichas cuadradas y triangulares. ¿Cuál es el área del diseño? ¿Cómo calculaste tu respuesta?

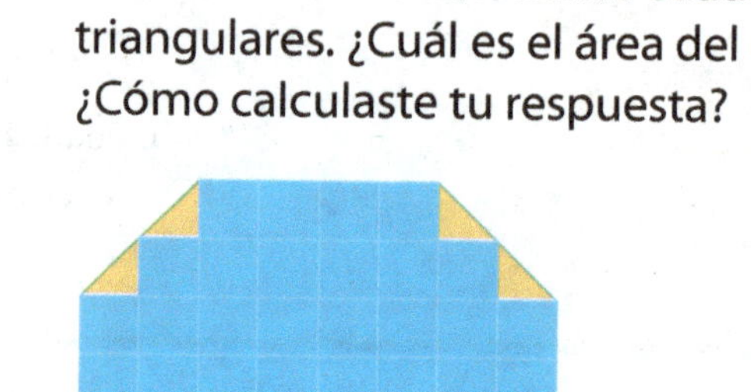

Evaluación

12. Tyler dibujó esta figura en papel cuadriculado. ¿Cuál es el área de la figura? Explica cómo resolviste el problema.

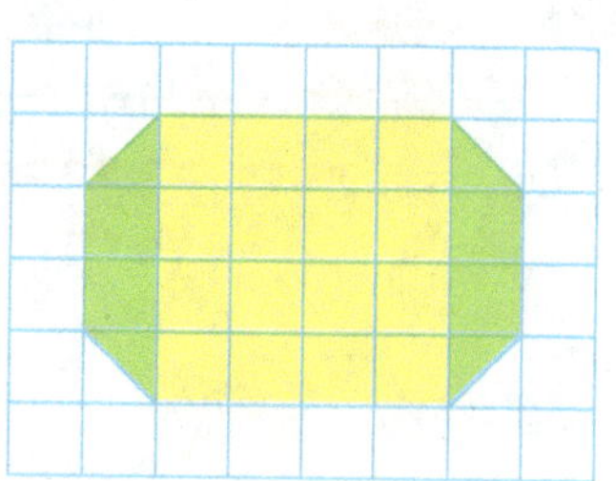

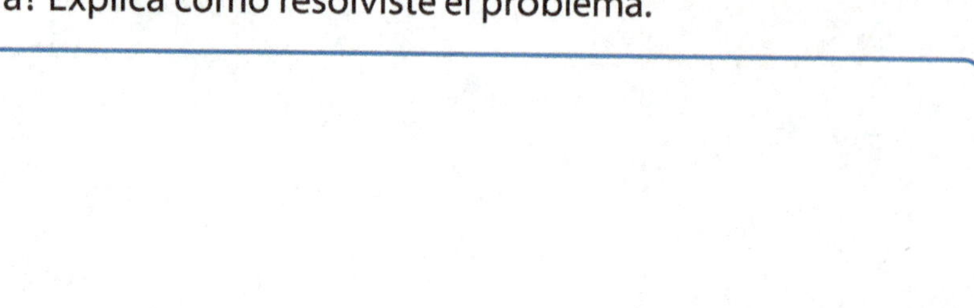

Copyright © Savvas Learning Company LLC. All Rights Reserved.

Nombre ______________________________

Lección 6-2
Área: Unidades no estándar

Puedo...
contar unidades cuadradas para hallar el área de una figura.

También puedo razonar sobre las matemáticas.

Resuélvelo y coméntalo Halla el área de la tarjeta postal en cada cuadrícula. ¿Qué observas acerca del tamaño de la tarjeta postal en cada cuadrícula? ¿Qué observas acerca del área de la tarjeta postal en cada cuadrícula? Explícalo.

□ = 1 unidad cuadrada

□ = 1 unidad cuadrada

¡Vuelve atrás! Hacerlo con precisión ¿Son iguales las medidas de las áreas de la tarjeta postal de arriba? Explícalo.

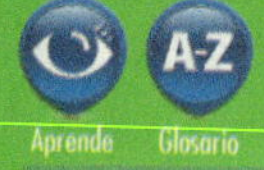

¿Cómo mides el área usando unidades no estándar?

A

Tom diseñó un marcapáginas para un libro de pasta blanda. ¿Cómo puede usar Tom unidades cuadradas para hallar el área del marcapáginas?

B Puedes contar el número de unidades cuadradas.

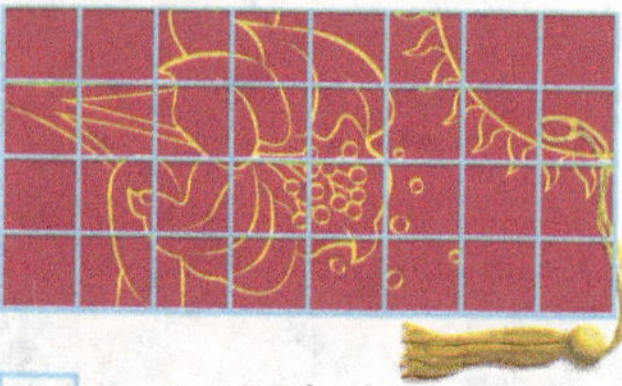

□ = 1 unidad cuadrada

Hay 32 unidades cuadradas.

Área = 32 unidades cuadradas

C Puedes usar una unidad cuadrada diferente.

□ = 1 unidad cuadrada

Hay 8 unidades cuadradas.

Área = 8 unidades cuadradas

¡Convénceme! **Razonar** ¿En qué se parecen y en qué se diferencian las áreas de estos dos cuadrados?

Copyright © Savvas Learning Company LLC. All Rights Reserved.

Nombre ______________________________

Práctica guiada*

¿Lo entiendes?

1. ¿Cuál de estas figuras tiene un área de 5 unidades cuadradas? ¿Cómo lo sabes?

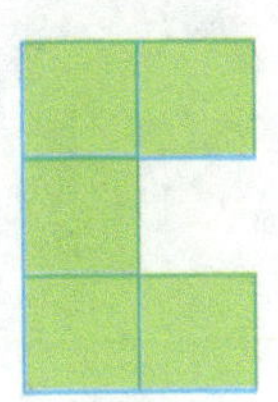

¿Cómo hacerlo?

2. Dibuja unidades cuadradas para cubrir las figuras y hallar el área. Usa las unidades cuadradas que se muestran abajo.

= 1 unidad cuadrada

= 1 unidad cuadrada

Práctica independiente

Dibuja unidades cuadradas para cubrir las figuras y hallar el área en los Ejercicios **3** a **5.** Usa las unidades cuadradas que se muestran abajo.

3.

= 1 unidad cuadrada

= 1 unidad cuadrada

4.

= 1 unidad cuadrada

= 1 unidad cuadrada

5.

= 1 unidad cuadrada

= 1 unidad cuadrada

Puedes encontrar otro ejemplo en el Grupo B, página 345.

Resolución de problemas

6. **Hacerlo con precisión** Benjamín halló que el área de esta figura es de 14 unidades cuadradas. Dibuja unidades cuadradas para cubrir esta figura.

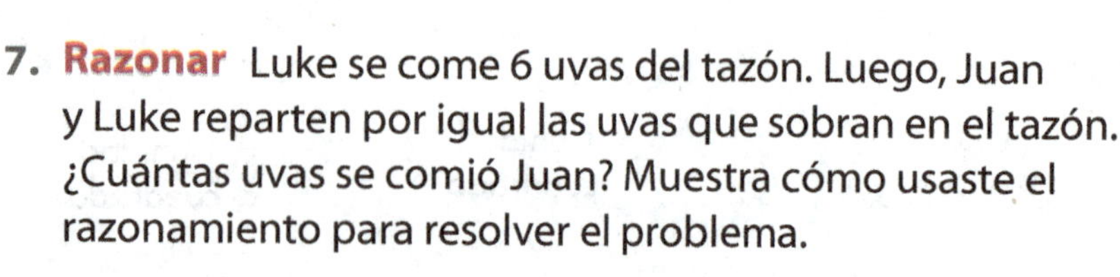

7. **Razonar** Luke se come 6 uvas del tazón. Luego, Juan y Luke reparten por igual las uvas que sobran en el tazón. ¿Cuántas uvas se comió Juan? Muestra cómo usaste el razonamiento para resolver el problema.

24 uvas

8. **Construir argumentos** Rafa estima que el área de esta figura es de 45 unidades cuadradas. Martín estima que el área es de 48 unidades cuadradas. ¿Quién tiene una estimación más aproximada? Explícalo.

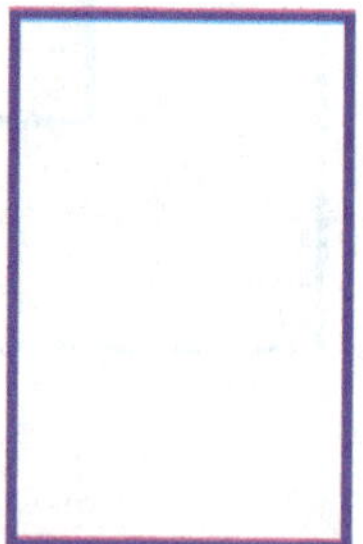

9. **Razonamiento de orden superior** Theo quiere cubrir una mesa pequeña con fichas cuadradas. La mesa mide 12 fichas cuadradas de longitud y 8 fichas cuadradas de ancho. ¿Cuántas fichas necesita Theo para cubrir la mesa?

Evaluación

10. Rick halla que el área de esta figura es de 21 unidades cuadradas. Si Rick usa una unidad cuadrada más grande, ¿será su medida mayor que 21 unidades cuadradas o menor que 21 unidades cuadradas? Explícalo.

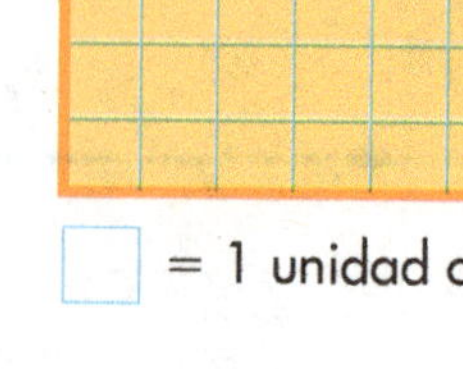

Copyright © Savvas Learning Company LLC. All Rights Reserved.

Nombre

Tarea y práctica 6-2

Área: Unidades no estándar

¡Revisemos!

Una unidad cuadrada es un cuadrado con lados que miden 1 unidad de longitud.

Las unidades cuadradas pueden ser de tamaños diferentes. El tamaño de la unidad cuadrada que usas determina el área de la figura.

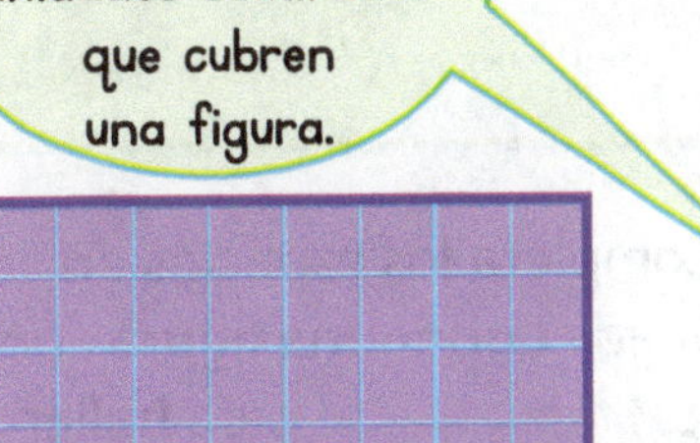

= 1 unidad cuadrada

Hay 12 unidades cuadradas.

El área de esta figura es de 12 unidades cuadradas.

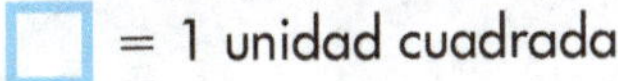

= 1 unidad cuadrada

Hay 48 unidades cuadradas.

El área de esta figura es de 48 unidades cuadradas.

Dibuja unidades cuadradas para cubrir las figuras y hallar el área en los Ejercicios **1** y **2.** Usa las unidades cuadradas que se muestran abajo.

1.

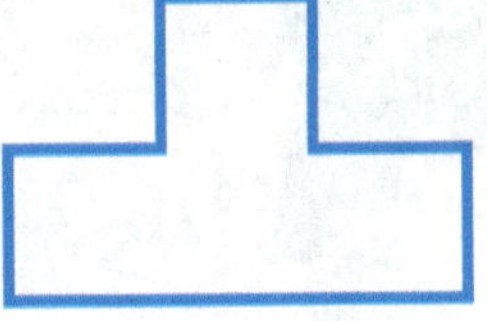

= 1 unidad cuadrada

= 1 unidad cuadrada

2.

= 1 unidad cuadrada

= 1 unidad cuadrada

Recuerda que debes fijarte en el tamaño de las unidades cuadradas que se usan en cada figura.

3. **Hacerlo con precisión** Inés halla que el área de esta figura es de 9 unidades cuadradas. Dibuja unidades cuadradas para cubrir esta figura.

4. **Vocabulario** Completa los espacios en blanco: Yasmeen puede cubrir una figura con 7 filas de 8 ______________ para hallar el ______ de la figura.

5. **Sentido numérico** Paula está haciendo bolsas de regalo para sus 5 amigas. Cada bolsa tendrá 6 marcadores. ¿Cuántos marcadores necesitará Paula? Cuenta de 5 en 5 para hallar la respuesta. Luego, escribe una ecuación de multiplicación para representar el problema.

6. **Razonamiento de orden superior** Helen hizo el rectángulo de la derecha con fichas de colores. Cada ficha es de 1 unidad cuadrada. Helen dice que las fichas verdes cubren más área que las fichas azules. ¿Estás de acuerdo? Explícalo.

Evaluación

7. Rick halla que el área de esta figura es de 15 unidades cuadradas. Si usa una unidad cuadrada más pequeña, ¿será su medida mayor que 15 unidades cuadradas o menor que 15 unidades cuadradas? Explícalo.

Copyright © Savvas Learning Company LLC. All Rights Reserved.

Nombre ____________________

Lección 6-3
Área: Unidades estándar

Puedo...
medir el área de una figura usando unidades estándar.

También puedo hacer mi trabajo con precisión.

Resuélvelo y coméntalo Dibuja un cuadrado para representar 1 unidad cuadrada. Usa la unidad cuadrada para dibujar un rectángulo que tenga un área de 8 unidades cuadradas. Compara tu figura con la de un compañero. ¿En qué se parecen y en qué se diferencian?

Hazlo con precisión. Revisa tu figura para asegurarte de que hayas usado la cantidad correcta de unidades cuadradas.

¡Vuelve atrás! Razonar ¿Tienen las figuras un tamaño igual o un tamaño diferente? Explícalo.

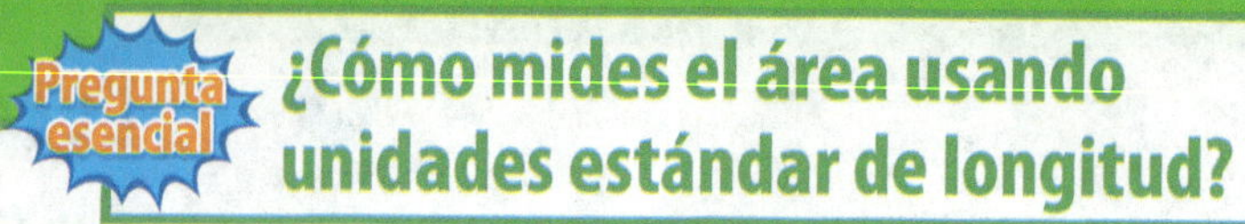

¿Cómo mides el área usando unidades estándar de longitud?

A

Margarita compró esta calcomanía. ¿Cuál es el área de la calcomanía en centímetros cuadrados?

B

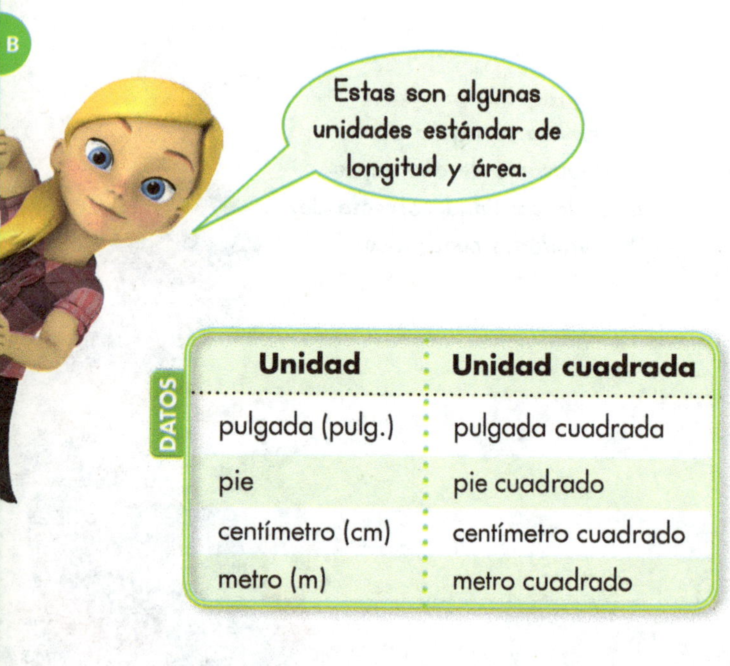

DATOS

Unidad	Unidad cuadrada
pulgada (pulg.)	pulgada cuadrada
pie	pie cuadrado
centímetro (cm)	centímetro cuadrado
metro (m)	metro cuadrado

C

Cuenta las unidades cuadradas.

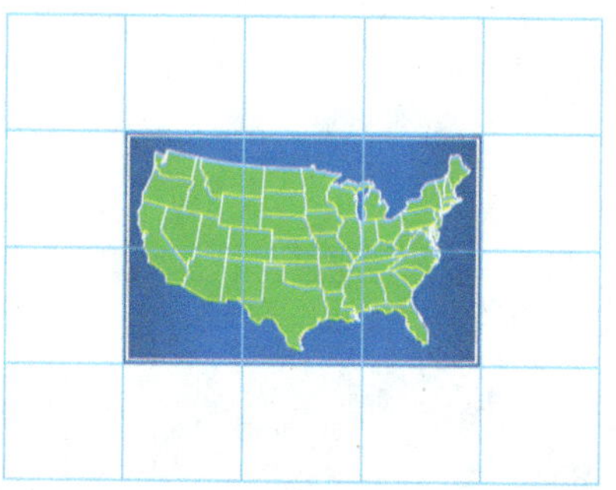

□ = 1 centímetro cuadrado

Hay 6 unidades cuadradas que cubren la calcomanía. La calcomanía está medida en centímetros cuadrados.

Por tanto, el área de la calcomanía es de 6 centímetros cuadrados.

¡Convénceme! **Hacerlo con precisión** Si se usaran pulgadas cuadradas en vez de centímetros cuadrados en el problema, ¿se necesitarían más unidades cuadradas o menos unidades cuadradas para cubrir la figura? Explícalo.

Copyright © Savvas Learning Company LLC. All Rights Reserved.

Amigo de práctica Herramientas Evaluación

Nombre

Práctica guiada*

¿Lo entiendes?

1. Si la calcomanía de Margarita en la página 314 midiera 2 pulgadas por 3 pulgadas, ¿cuál sería su área?

2. Zoey pintó una pared que mide 8 pies por 10 pies. ¿Qué unidades debe usar Zoey para medir el área de la pared? Explícalo.

¿Cómo hacerlo?

Cada unidad cuadrada representa una unidad estándar en los Ejercicios **3** y **4.** Cuenta las unidades cuadradas que están coloreadas. Luego, escribe el área.

3. 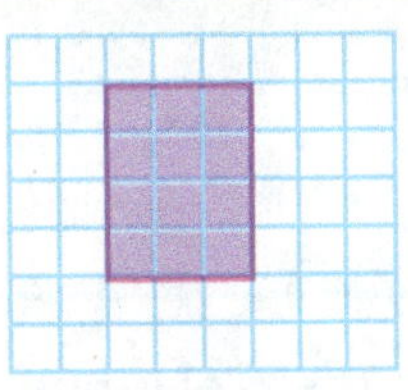

= 1 pie cuadrado

4. 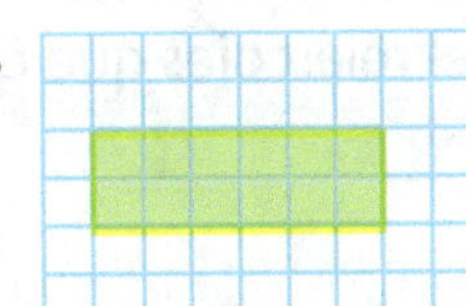

= 1 m cuadrado

Práctica independiente

Cada unidad cuadrada representa una unidad estándar en los Ejercicios **5** a **10.** Cuenta las unidades cuadradas que están coloreadas y escribe el área.

5. 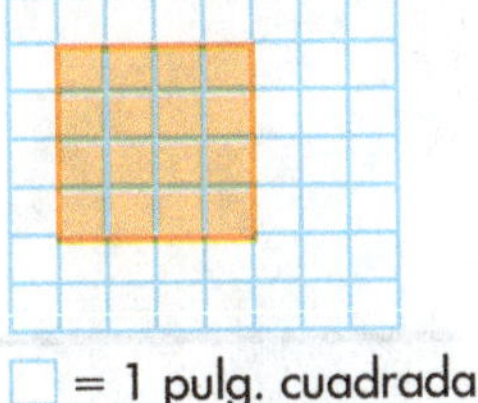

= 1 pulg. cuadrada

6. 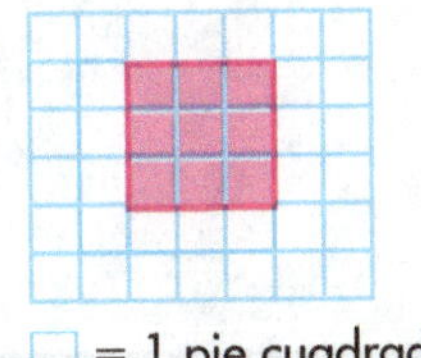

= 1 pie cuadrado

7. 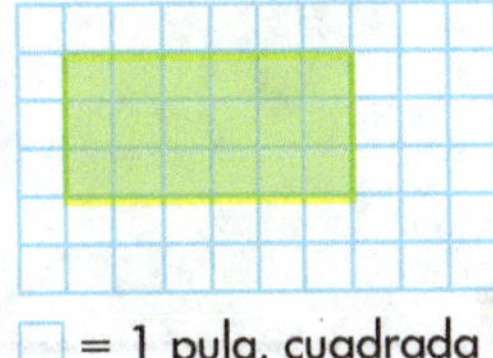

= 1 pulg. cuadrada

8. 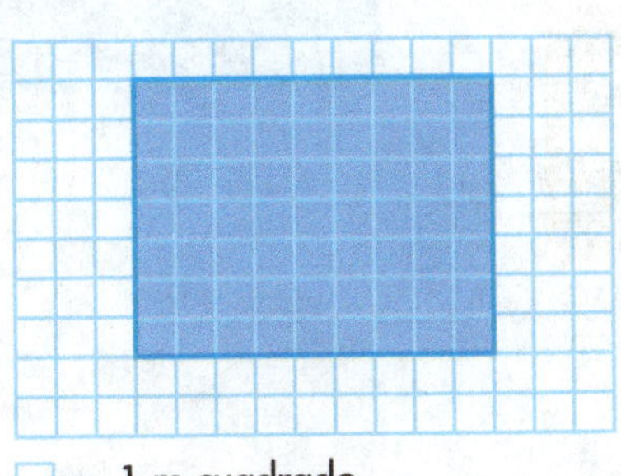

= 1 m cuadrado

9. 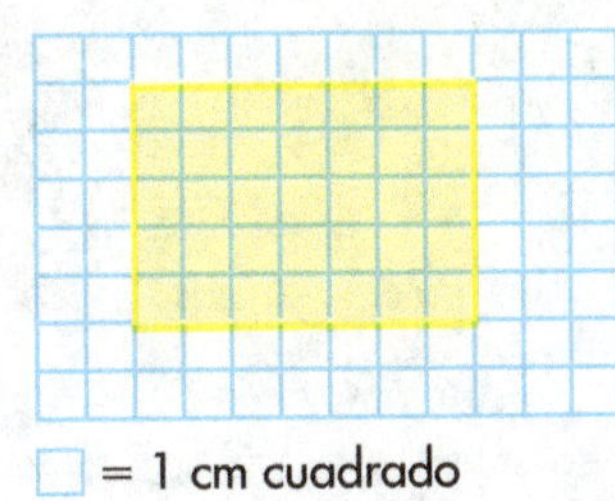

= 1 cm cuadrado

10. 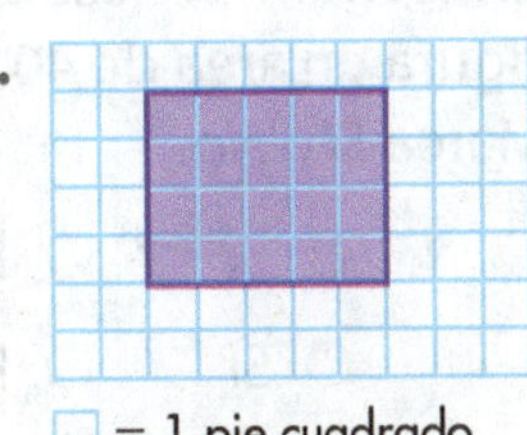

= 1 pie cuadrado

**Puedes encontrar otro ejemplo en el Grupo C, página 346.*

Resolución de problemas

11. **Razonar** El Sr. Sánchez cultiva tres tipos de vegetales en su huerto. ¿Cuál es el área que usa el Sr. Sánchez para cultivar lechuga y pepino? Explica cómo se usan las unidades de este problema.

Huerto del Sr. Sánchez

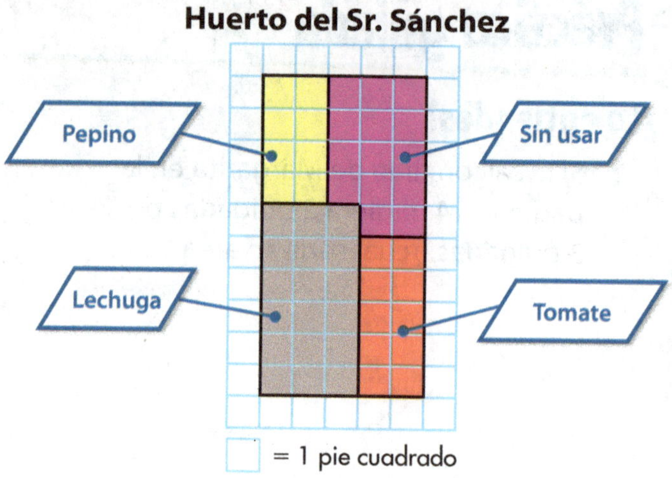

12. Lisa recibió 34 mensajes de texto el lunes y 43 mensajes el martes. Recibió 98 mensajes de texto el miércoles. ¿Cuántos mensajes de texto más recibió Lisa el miércoles que el lunes y el martes juntos?

13. **Construir argumentos** Mónica compró una estampilla. ¿Es más probable que el área de la estampilla sea 1 pulgada cuadrada o 1 metro cuadrado? Explícalo.

14. **Álgebra** ¿Qué operación puedes usar para completar la siguiente ecuación?

$8 = 56 \; \square \; 7$

15. **Razonamiento de orden superior** Brad dice que un cuadrado que tiene una longitud de 9 pies tendrá un área de 18 pies cuadrados. ¿Tiene razón? ¿Por qué?

Evaluación

16. Cada una de estas unidades cuadradas representa 1 pie cuadrado. ¿Tiene cada figura un área de 40 pies cuadrados? Marca *Sí* o *No*.

Figura A ○ Sí ○ No

Figura B ○ Sí ○ No

Figura C ○ Sí ○ No

A

B

C

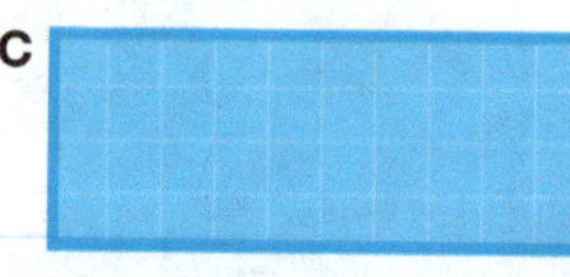

Copyright © Savvas Learning Company LLC. All Rights Reserved.

Nombre

Ayuda | Amigo de práctica | Herramientas | Juegos

Tarea y práctica 6-3
Área: Unidades estándar

¡Revisemos!

Cuenta las unidades cuadradas que cubren esta figura.

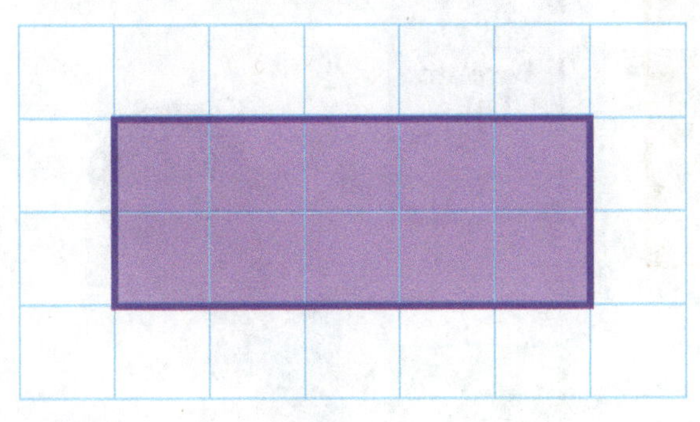

 = 1 cm cuadrado

- 10 unidades cuadradas cubren la figura.
- Cada unidad cuadrada es igual a 1 centímetro cuadrado.

El área de la figura es de 10 centímetros cuadrados.

Cada unidad cuadrada representa una unidad estándar en los Ejercicios **1** a **6**. Cuenta las unidades cuadradas que están coloreadas y escribe el área.

1.

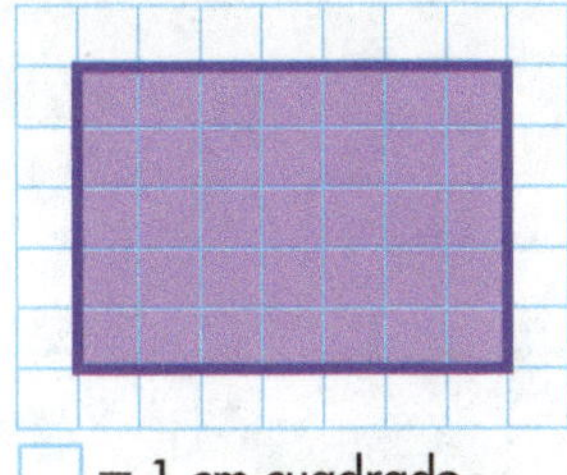

= 1 cm cuadrado

2.

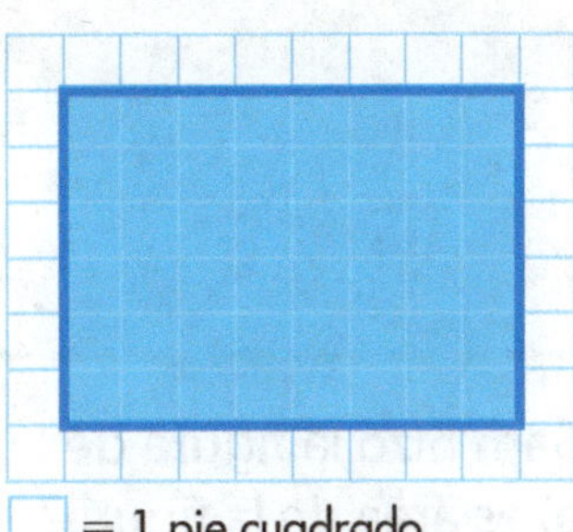

= 1 pie cuadrado

3.

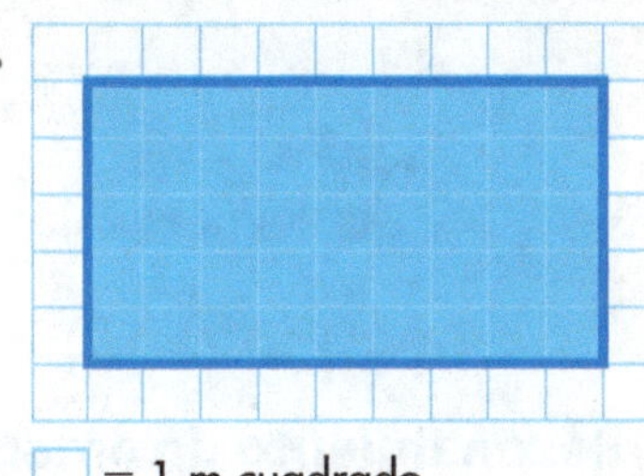

= 1 m cuadrado

4.

= 1 m cuadrado

5.

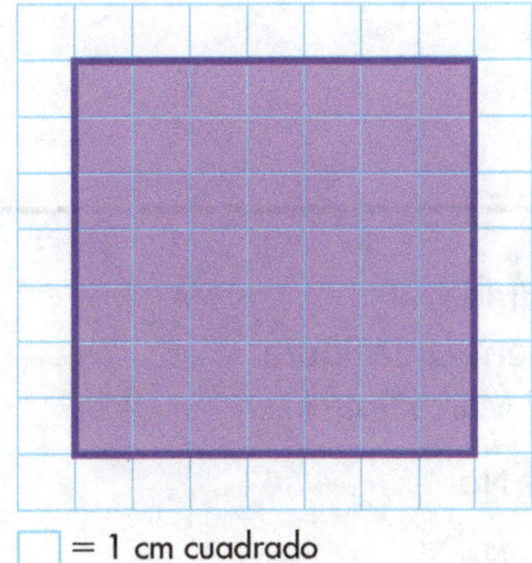

= 1 cm cuadrado

6.

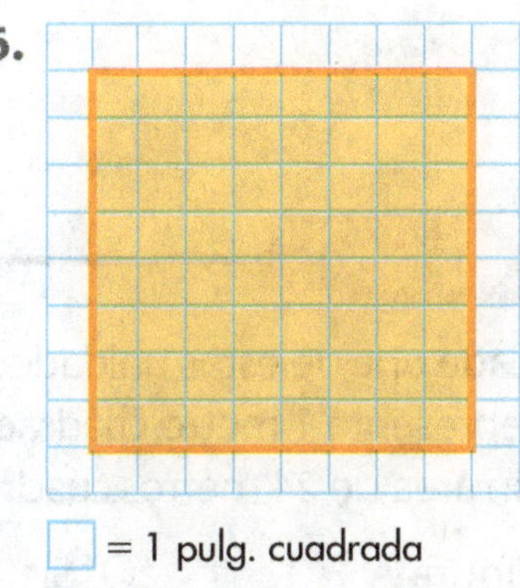

= 1 pulg. cuadrada

Usa el diagrama de la derecha en los Ejercicios **7** y **8.**

7. **Hacerlo con precisión** ¿Cuál es el área de la foto de Tom? Explica cómo sabes qué unidades debes usar.

8. ¿Cuál es el área en pulgadas cuadradas de todas las fotos? Explícalo.

9. **Construir argumentos** ¿Es más probable que el área de un escritorio sea de 8 pies cuadrados o de 8 pulgadas cuadradas? Explícalo.

10. Michele tiene 5 monedas con un valor de $0.75 en total. ¿Qué monedas tiene?

11. **Razonamiento de orden superior** Sam hizo la figura de la derecha con fichas de colores. ¿Cuál es área de la figura? Explica cómo hallaste la respuesta.

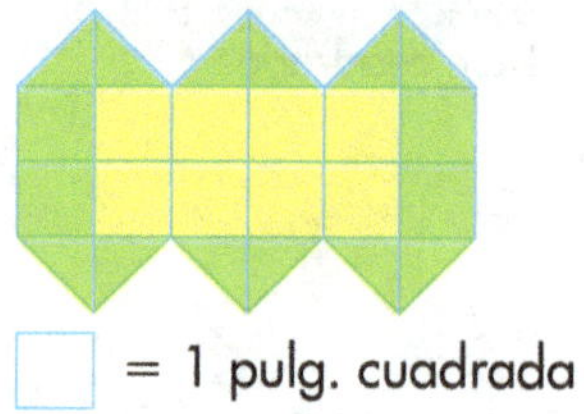

Evaluación

12. Cada una de estas unidades cuadradas representa 1 metro cuadrado. ¿Tiene cada figura un área de 24 metros cuadrados? Marca *Sí* o *No*.

A B C

Figura A	○ Sí	○ No
Figura B	○ Sí	○ No
Figura C	○ Sí	○ No

Copyright © Savvas Learning Company LLC. All Rights Reserved.

Nombre ______________________________

Lección 6-4

Área de cuadrados y rectángulos

Puedo...
multiplicar para hallar el área de cuadrados y rectángulos.

También puedo hacer generalizaciones a partir de ejemplos.

Resuélvelo y coméntalo Jorge quiere alfombrar un cuarto cuadrado. Una pared del cuarto mide 6 metros de longitud. ¿Cuántos metros cuadrados de alfombra necesitará Jorge? ***Resuelve este problema de la manera que prefieras.***

Puedes generalizar. ¿Qué sabes sobre los cuadrados que te pueda ayudar para hallar la cantidad de metros cuadrados de alfombra que necesitará Jorge?

6 m

¡Vuelve atrás! **Razonar** Si las paredes del cuarto midieran 6 pies de longitud, ¿cómo cambiaría la respuesta del problema?

Aprende Glosario

¿Cómo hallas el área de una figura?

A

Mike pinta de verde una pared rectangular de su cuarto. El dibujo muestra la longitud y el ancho de la pared de Mike. Con una lata pequeña de pintura se pintan 40 pies cuadrados. ¿Necesita Mike más de una lata pequeña para pintar la pared de su cuarto?

Cubre 40 pies cuadrados

B

Una manera

Cuenta las unidades cuadradas para hallar el área.

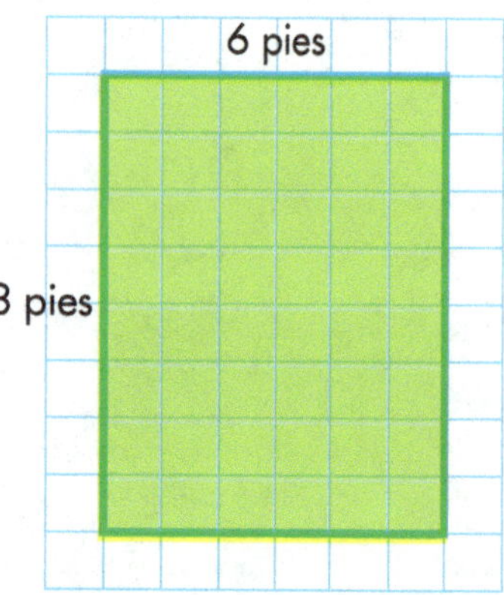

Hay 48 unidades cuadradas. El área de la pared de Mike es de 48 pies cuadrados.

C

Otra manera

Cuenta el número de filas y multiplícalo por el número de cuadrados que hay en cada fila. Hay 8 filas de 6 cuadrados en cada fila.

El área de la pared de Mike es de 48 pies cuadrados. Necesitará más de una lata pequeña de pintura.

¡Convénceme! **Representar con modelos matemáticos** Mike planea pintar de azul una pared de su sala. La pared mide 10 pies de altura y 8 pies de ancho. ¿Cuál es el área de la pared que Mike quiere pintar de azul?

Copyright © Savvas Learning Company LLC. All Rights Reserved.

Nombre ______________________

Amigo de práctica Herramientas Evaluación

Otra ejemplo

El área de otra pared del cuarto de Mike mide 56 pies cuadrados. La pared mide 8 pies de altura. ¿Cuál es el ancho de la pared?

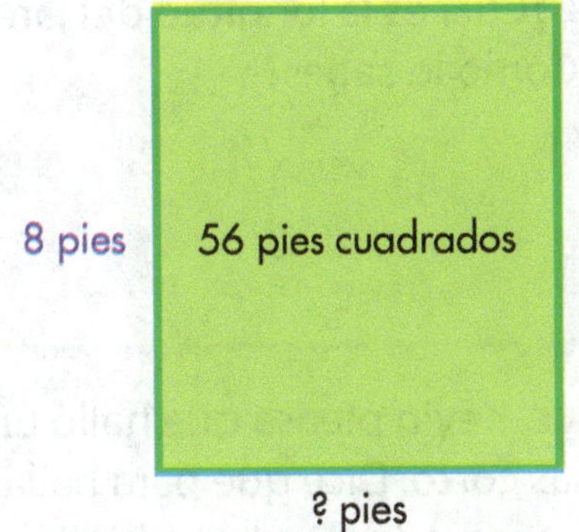

56 = 8 × ?

Puedes usar la división. 56 ÷ 8 = ?

56 ÷ 8 = 7

La pared mide 7 pies de ancho.

Práctica guiada*

¿Lo entiendes?

1. El jardín de Suji mide 4 yardas de longitud y 4 yardas de ancho. ¿Cuál es el área del jardín de Suji?

2. El área del jardín de Mirta es de 32 pies cuadrados. El jardín mide 8 pies de longitud. ¿Cuál es el ancho del jardín de Mirta?

8 pies

? pies

¿Cómo hacerlo?

Halla el área de las figuras en los Ejercicios **3** y **4.** Usa papel cuadriculado como ayuda.

3.

4.

9 pies

6 pies

Práctica independiente

Halla el área en los Ejercicios **5** y **6.** Halla la longitud que falta en el Ejercicio **7.** Usa papel cuadriculado como ayuda.

5. 3 cm; 1 cm

6. 4 pies; 9 pies

7. 7 pulgs.; ? pulgs.; 35 pulgs. cuadradas

Puedes encontrar otro ejemplo en el Grupo D, página 346.

Resolución de problemas

8. Construir argumentos El jardín de Julia tiene 4 pies de ancho y un área de 28 pies cuadrados. ¿Cuál es la longitud del jardín de Julia? ¿Cómo lo sabes?

9. Entender y perseverar Briana tiene 2 abuelas. Les envió 2 tarjetas para ambas. En cada tarjeta puso 6 fotografías. ¿Cuántas fotografías envió Briana en total?

10. Generalizar Kevin piensa que halló un método más corto. Dice que para hallar el área de un cuadrado puede multiplicar la longitud de un lado por sí misma. ¿Tiene razón? ¿Por qué?

11. Razonamiento de orden superior Raúl mide un rectángulo que tiene 9 pies de longitud y 5 pies de ancho. Teo mide un rectángulo cuya área tiene 36 pies cuadrados. ¿Qué rectángulo tiene el área mayor? Explica cómo hallaste la respuesta.

12. Marla está haciendo mapas de los Jardines Lower Falls. Uno de estos mapas se muestra a la derecha.

Parte A

Completa las casillas de la ecuación para mostrar el área del mapa de la derecha.

☐ × ☐ = ☐ pies cuadrados

Parte B

Otro mapa tiene un área de 27 pies cuadrados. Si la longitud es de 9 pies, ¿cuál es el ancho del otro mapa? ¿Cómo lo sabes?

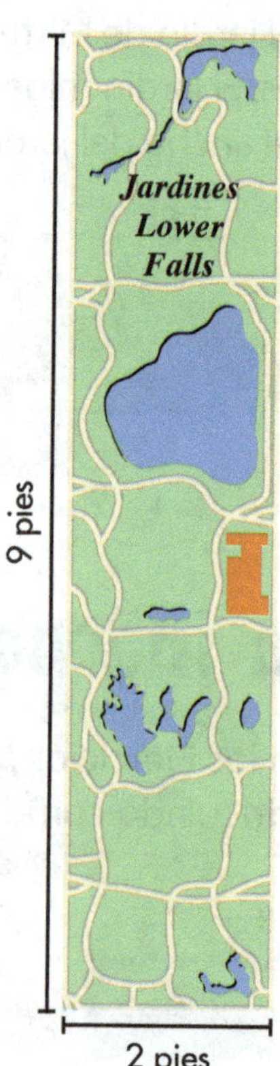

Copyright © Savvas Learning Company LLC. All Rights Reserved.

Nombre ______________________

Tarea y práctica 6-4

Área de cuadrados y rectángulos

¡Revisemos!

¿Cuál es el área de este rectángulo?

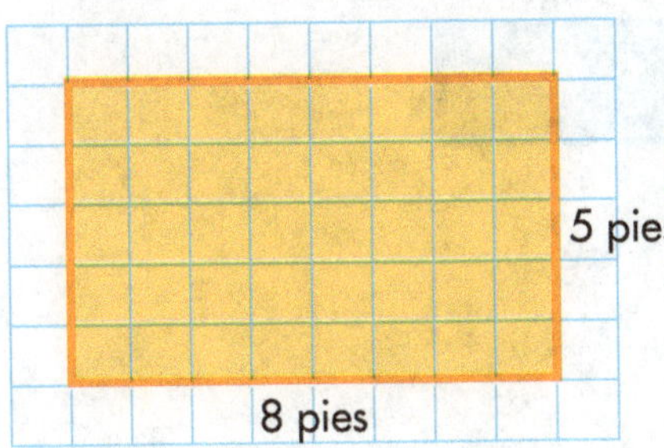

A. Puedes contar el número de unidades cuadradas.

Hay 40 unidades cuadradas. Cada unidad cuadrada mide 1 pie cuadrado.

El área del rectángulo es de 40 pies cuadrados.

B. Puedes contar el número de filas y multiplicarlo por el número de cuadrados que hay en cada fila. Hay 5 filas y 8 cuadrados en cada fila.

$5 \times 8 = 40$

El área del rectángulo es de 40 pies cuadrados.

Halla el área en los Ejercicios **1** a **3**.

1. 2 m; 9 m

2. 6 pulgs.; 4 pulgs.

3. 3 cm; 8 cm

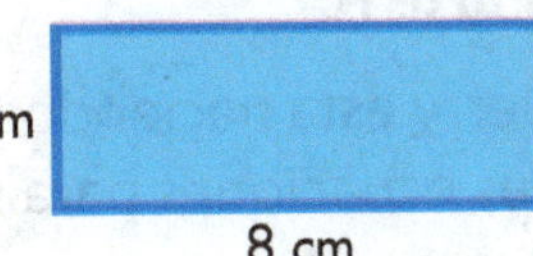

Halla la longitud que falta de un lado en los Ejercicios **4** a **6**. Usa papel cuadriculado como ayuda.

4. 9 pies; ? pies; 54 pies cuadrados

5. 8 cm; ? cm; 64 cm cuadrados

6. ? m; 6 m; 42 m cuadrados

7. **Sentido numérico** La familia de Rachel se fue de viaje en carro. El primer día recorrieron 68 millas. El segundo día, 10 millas menos. El tercer día, 85 millas. ¿Cuántas millas recorrieron en total?

8. **Evaluar el razonamiento** Diane dice que el área de esta figura es de 32 pulgadas cuadradas porque $4 \times 8 = 32$. ¿Estás de acuerdo? Explícalo.

8 pulgs.

4 pulgs.

9. **Razonamiento de orden superior** Rubén dibujó este diagrama de su jardín. ¿Cómo puedes dividir la figura para hallar el área? ¿Cuál es el área del jardín?

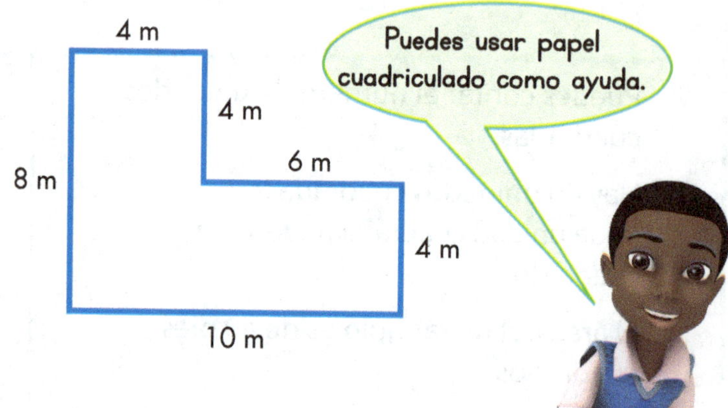

Evaluación

10. **Parte A**

Jerry está haciendo 5 estantes. Completa las ecuaciones para mostrar el área del Estante A.

☐ × ☐ = ☐ pies cuadrados

Parte B

¿Cuál es el estante más grande? ¿Cuál es el área? Explica la estrategia que usaste.

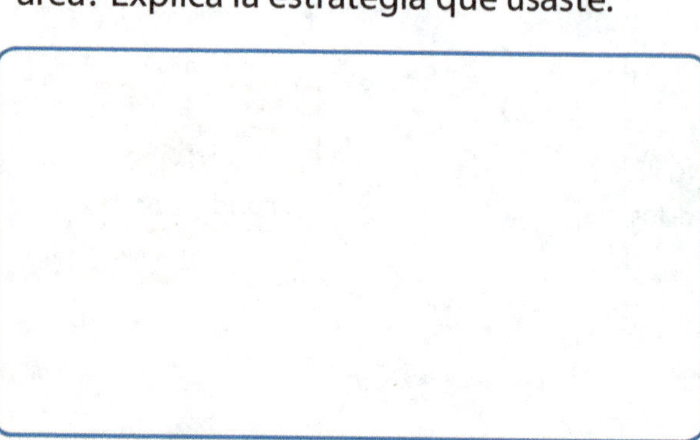

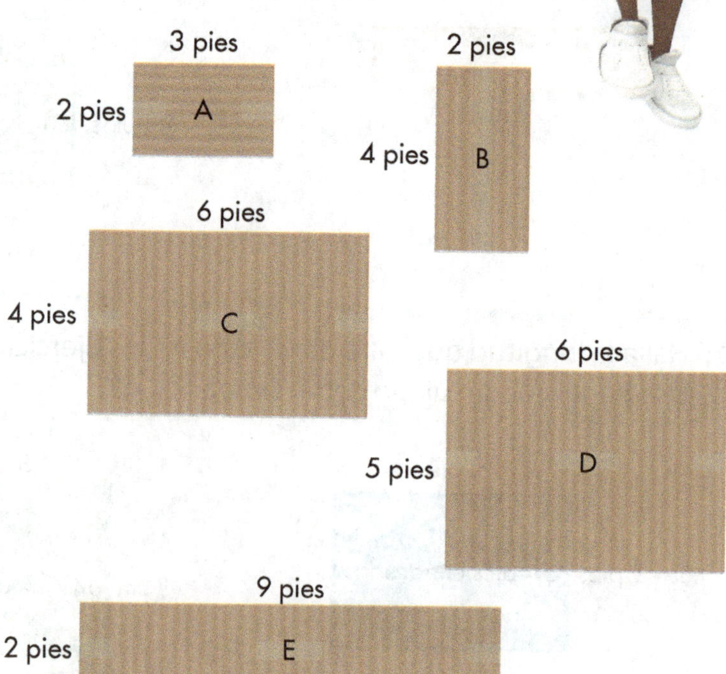

Copyright © Savvas Learning Company LLC. All Rights Reserved.

Nombre ______________________________

Lección 6-5

Usar propiedades: El área y la propiedad distributiva

Puedo...
usar propiedades cuando multiplico para hallar el área de cuadrados y rectángulos.

También puedo representar modelos matemáticos para resolver problemas.

Resuélvelo y coméntalo El piso de la nueva sala de lectura es un rectángulo de 8 pies de ancho por 9 pies de longitud. La Sra. Wallace tiene una alfombra rectangular de 8 pies de ancho por 5 pies de longitud. ¿Qué área de la sala de lectura no estará cubierta por la alfombra? ***Resuelve este problema de la manera que prefieras.***

Puedes dibujar rectángulos en la cuadrícula para representar con modelos matemáticos. *¡Muestra tu trabajo en el espacio que sigue!*

¡Vuelve atrás! **Entender y perseverar** ¿Cambia tu estrategia si la alfombra se pone en la esquina de la sala o si se pone en el centro? Explica por qué.

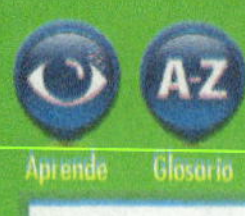

¿Cómo puede el área de los rectángulos representar la propiedad distributiva?

A

Gina quiere separar este rectángulo en dos rectángulos más pequeños. ¿Será el área del rectángulo más grande igual a la suma de las áreas de los dos rectángulos más pequeños?

Puedes usar la propiedad distributiva para descomponer las operaciones para hallar el producto.

Área = 7×8

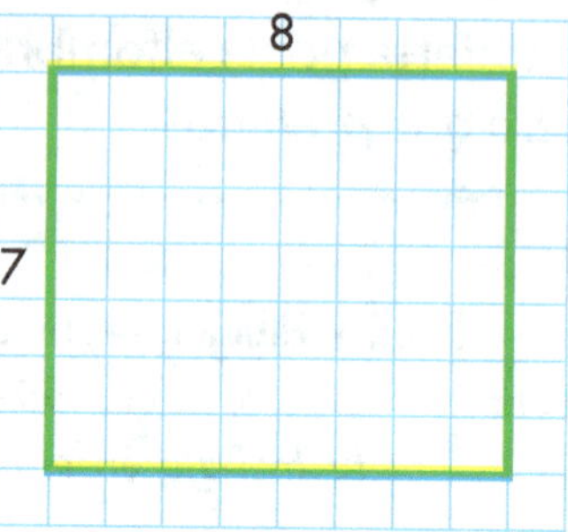

B Separa el lado de 8 unidades en dos partes.

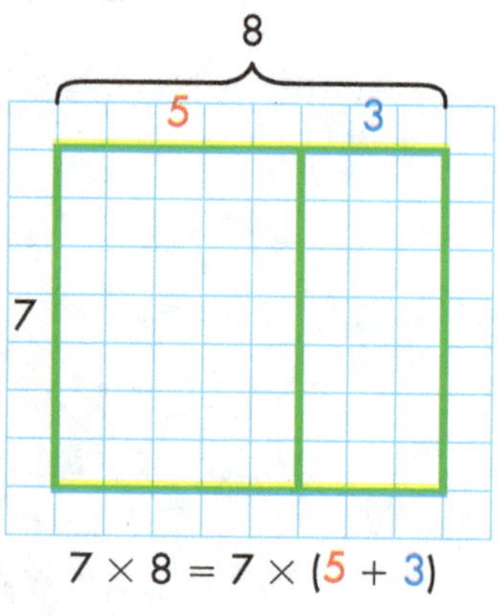

$7 \times 8 = 7 \times (5 + 3)$

C $7 \times 8 = 7 \times (5 + 3) = (7 \times 5) + (7 \times 3)$

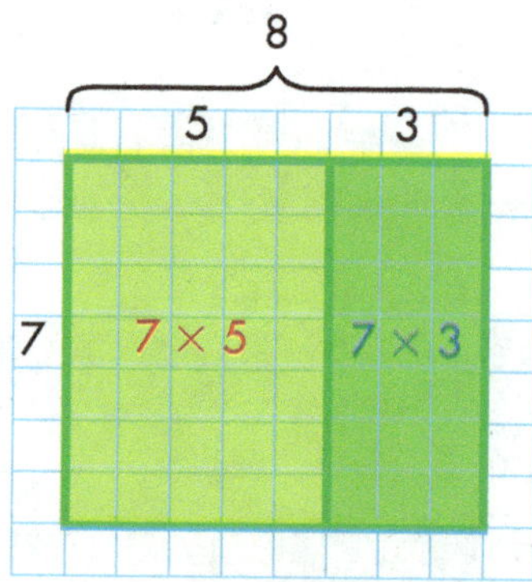

Por tanto, el área del rectángulo grande es igual a la suma de las áreas de los dos rectángulos pequeños.

¡Convénceme! **Generalizar** Halla otra manera de separar el rectángulo de la sección anterior en dos partes más pequeñas. Escribe una ecuación para hallar el área de los dos rectángulos más pequeños. ¿Sigue siendo igual el área del rectángulo grande? ¿Qué generalización puedes hacer?

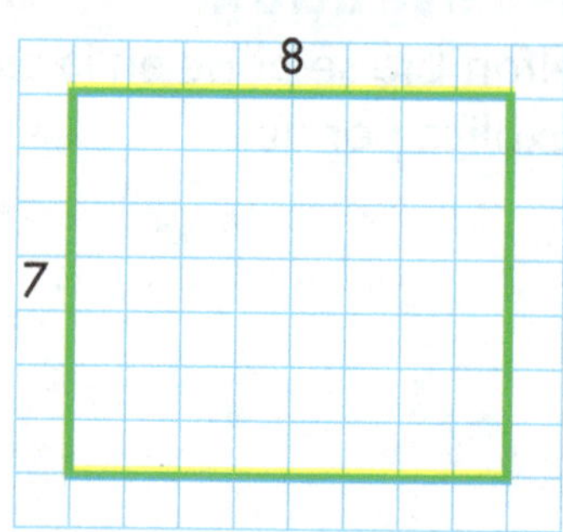

Copyright © Savvas Learning Company LLC. All Rights Reserved.

Nombre ______________________________

Práctica guiada*

¿Lo entiendes?

1. Describe una manera de separar un rectángulo de 6 × 6 en dos rectángulos más pequeños.

2. ¿Qué operaciones de multiplicación describen las áreas de los dos rectángulos más pequeños que identificaste en el Ejercicio 1?

¿Cómo hacerlo?

Completa la ecuación que representa el dibujo.

3.

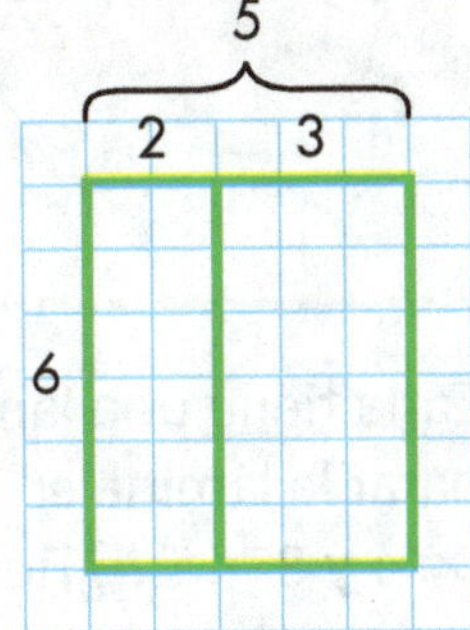

6 × ☐ = 6 × (2 + ☐)
= (☐ × 2) + (6 × ☐)

Práctica independiente

Completa la ecuación que representa el dibujo en los Ejercicios **4** y **5.**

4.

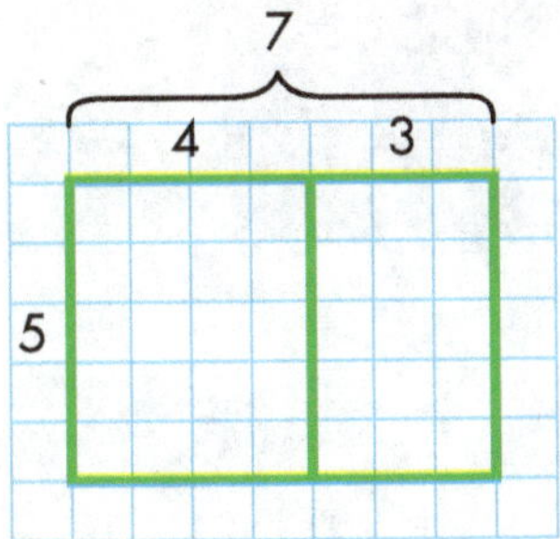

5 × ☐ = 5 × (4 + ☐)
= (☐ × 4) + (5 × ☐)

5.

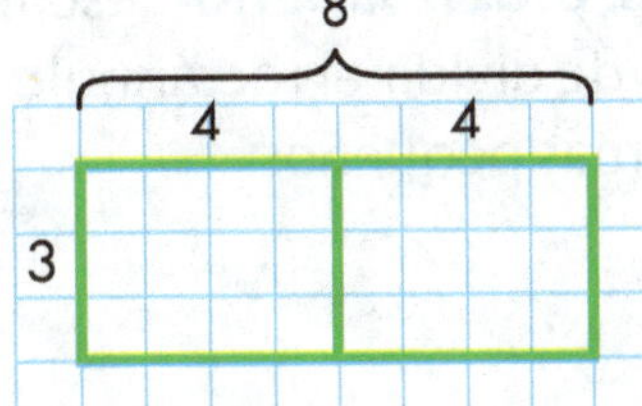

3 × ☐ = ☐ × (4 + ☐)
= (☐ × 4) + (☐ × ☐)

6. Escribe la ecuación que representa el dibujo.

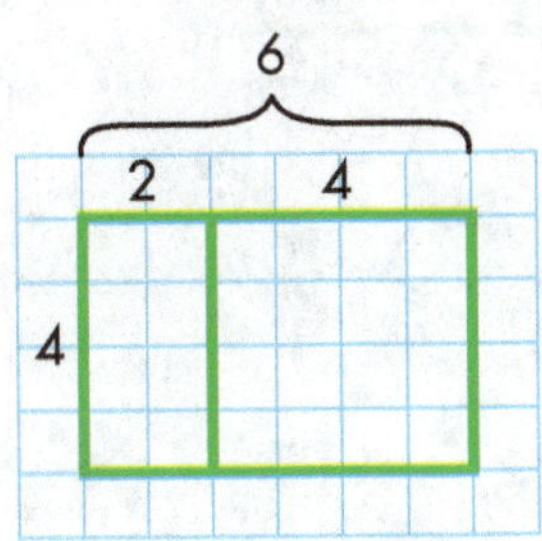

Puedes usar la propiedad distributiva como ayuda para hallar las áreas de los rectángulos.

Puedes encontrar otro ejemplo en el Grupo E, página 347.

Resolución de problemas

7. **Representar con modelos matemáticos** La semana pasada Claudia vendió 3 caracoles por $5 cada uno, y esta semana vendió 2 caracoles más por $5 cada uno. Muestra dos maneras de determinar cuánto dinero se ganó Claudia en las dos semanas.

8. **Matemáticas y Ciencias** Amit quiere reemplazar el techo de la casita de su perro con un nuevo material resistente al viento. El techo tiene dos lados rectangulares que miden 6 pies por 4 pies. ¿Cuál es el área total del techo?

9. **Usar la estructura** Carla tiene una lámina de fichas de 8×6. ¿Puede separar la lámina en dos láminas más pequeñas, de 8×4 y 8×2? ¿Tienen las láminas más pequeñas la misma área total que la lámina original? Explícalo.

10. **Razonamiento de orden superior** Escribe todas las maneras posibles de dividir el rectángulo de la derecha en 2 rectángulos más pequeños.

Evaluación

11. ¿Qué ecuación representa el área total de las figuras verdes?

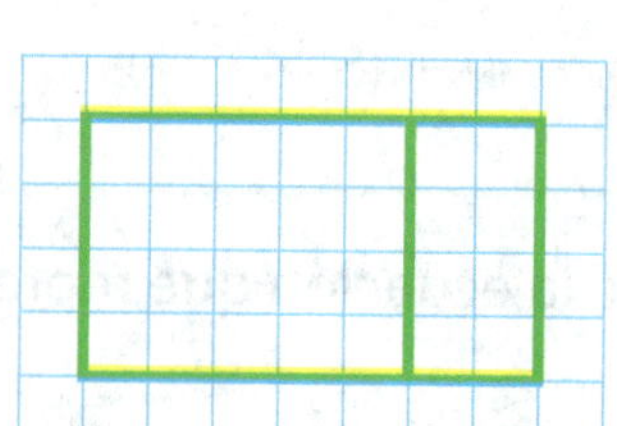

Ⓐ $4 \times 8 = 4 \times (6 + 2) = (4 \times 6) + (4 \times 2)$

Ⓑ $4 \times 7 = 4 \times (3 + 4) = (4 \times 3) + (4 \times 4)$

Ⓒ $4 \times 7 = 4 \times (4 + 3) = (4 \times 4) + (4 \times 3)$

Ⓓ $4 \times 7 = 4 \times (5 + 2) = (4 \times 5) + (4 \times 2)$

Copyright © Savvas Learning Company LLC. All Rights Reserved.

Nombre ______________________________

Tarea y práctica 6-5

Usar propiedades: El área y la propiedad distributiva

¡Revisemos!

Puedes usar la propiedad distributiva para descomponer operaciones de multiplicación para hallar el producto.

Puedes dividir un rectángulo en dos rectángulos más pequeños y el área total será igual.

Puedes escribir la operación de multiplicación que representa el área del rectángulo grande.

$4 \times 5 = 20$

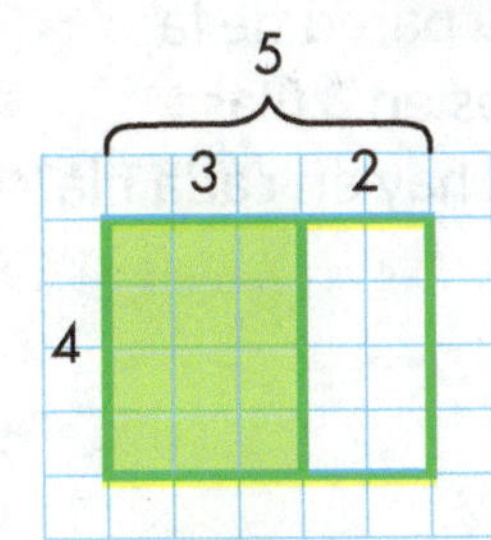

Puedes escribir las operaciones de multiplicación que representan el área de los rectángulos más pequeños.

$4 \times 5 = 4 \times (3 + 2)$
$4 \times 5 = (4 \times 3) + (4 \times 2)$
$4 \times 5 = 12 + 8 = 20$

Escribe la ecuación que representa el dibujo en los Ejercicios **1** a **4.**

1.

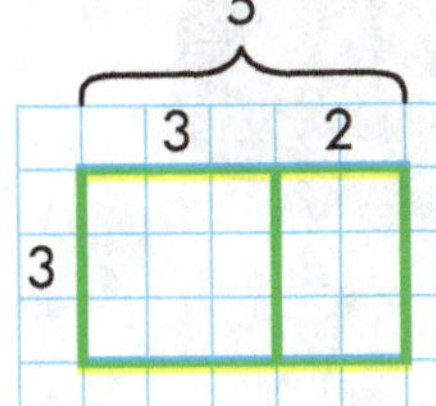

3 × ☐ = ☐ × (3 + ☐)
3 × ☐ = (3 × ☐) + (☐ × 2)
3 × ☐ = ☐ + ☐ = 15

2.

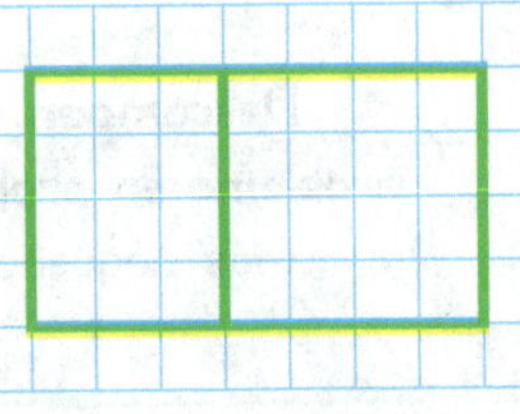

☐ × 7 = ☐ × (☐ + 4)
☐ × 7 = (☐ × 3) + (4 × ☐)
☐ × 7 = ☐ + ☐ = 28

3.

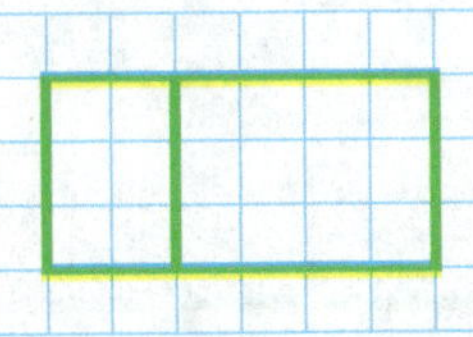

3 × ☐ = ☐ × (2 + ☐)
3 × ☐ = (3 × ☐) + (☐ × 4)
3 × ☐ = ☐ + ☐ = 18

4.

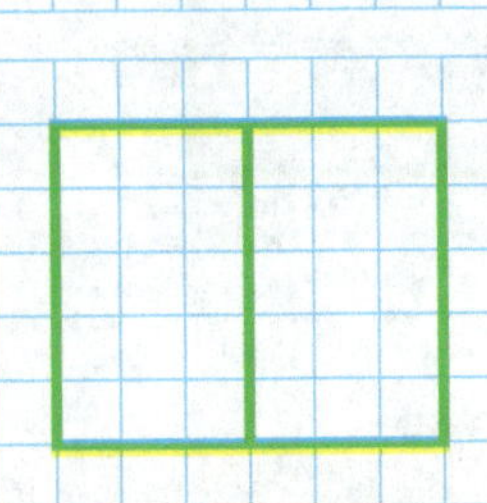

☐ × 6 = ☐ × (☐ + 3)
☐ × 6 = (☐ × 3) + (5 × ☐)
☐ × 6 = ☐ + ☐ = 30

El área de los rectángulos grandes es igual a la suma del área de los rectángulos más pequeños.

5. Rita dividió el rectángulo de la derecha en dos partes más pequeñas. Muestra otra manera de dividir el rectángulo en dos partes más pequeñas. Escribe la ecuación que puedes usar para hallar el área de los dos rectángulos más pequeños.

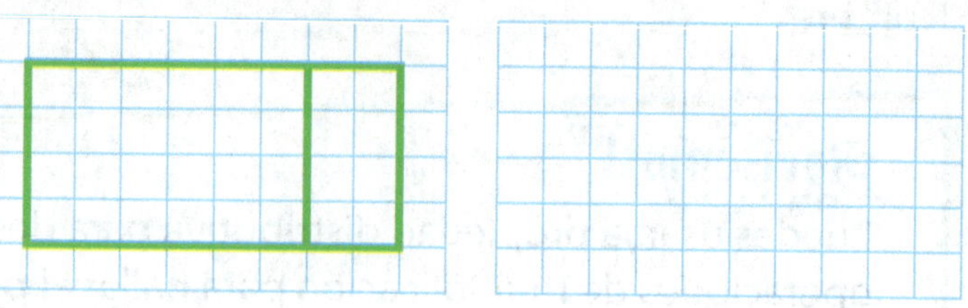

6. **Evaluar el razonamiento** Luis quiere colocar 48 fotografías en una pared de la escuela. Coloca las fotografías en 8 filas iguales. ¿Cuántas fotografías hay en cada fila?

7. **Razonamiento de orden superior** George tiene 1 hoja de papel. La corta en 6 pulgadas por 5 pulgadas y en 3 pulgadas por 6 pulgadas. ¿Cuáles son las dimensiones y el área total de la hoja de papel original? Explícalo.

8. **Usar la estructura** Darren tiene un pedazo de madera que mide 7 pulgadas por 8 pulgadas. Explica cómo puede dividir este rectángulo grande en dos rectángulos más pequeños.

9. ¿Qué ecuación representa el área total de las figuras verdes?

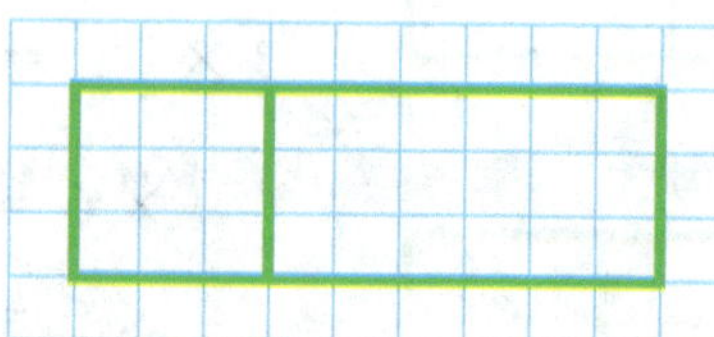

Ⓐ $3 \times 10 = 3 \times (3 + 6) = (3 \times 3) + (3 \times 6)$

Ⓑ $3 \times 9 = 3 \times (4 + 5) = (3 \times 4) + (3 \times 5)$

Ⓒ $3 \times 9 = 3 \times (3 + 6) = (3 \times 3) + (3 \times 6)$

Ⓓ $3 \times 9 = 3 \times (2 + 7) = (3 \times 2) + (3 \times 7)$

Copyright © Savvas Learning Company LLC. All Rights Reserved.

Nombre ______________________

Lección 6-6

Usar propiedades: El área de figuras irregulares

Puedo...
usar propiedades para hallar el área de figuras irregulares descomponiendo la figura en partes más pequeñas.

También puedo buscar patrones para resolver problemas.

Resuélvelo y coméntalo El escritorio de la Sra. Marcum tiene la forma del dibujo del centro de la página. Se da la longitud de cada lado en pies. Halla el área del escritorio de la Sra. Marcum. ***Resuelve este problema de la manera que prefieras.***

Puedes **buscar relaciones**. Piensa en cómo puedes descomponer el problema en partes más sencillas. *¡Muestra tu trabajo en el espacio que sigue!*

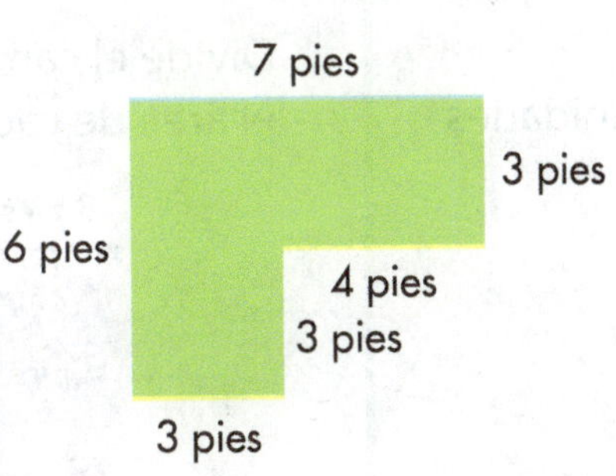

¡Vuelve atrás! **Entender y perseverar** ¿Cómo puedes comprobar tu respuesta? ¿Hay más de una manera de resolver este problema? Explícalo.

Pregunta esencial

¿Cómo hallas el área de una figura irregular?

A

El Sr. Fox quiere cubrir un campo de minigolf con pasto artificial. Cada cuadrado de pasto artificial es de 1 pie cuadrado. ¿Cuál es el área del campo que el Sr. Fox necesita cubrir?

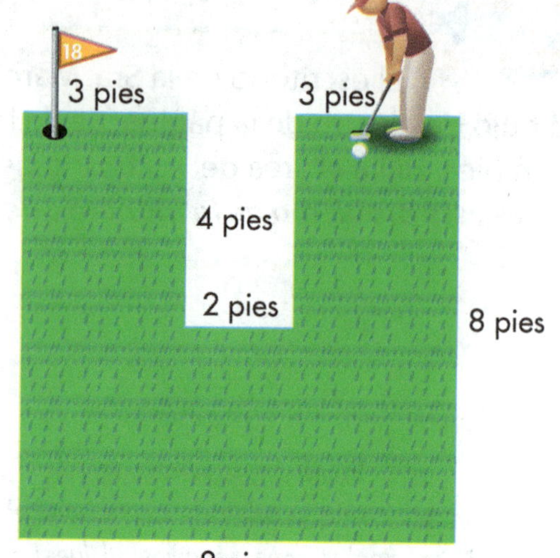

Busca relaciones.
Piensa en las figuras más pequeñas que son partes de la figura más grande.

B

Una manera

Puedes dibujar la figura en papel cuadriculado. Luego, cuenta las unidades cuadradas para hallar el área.

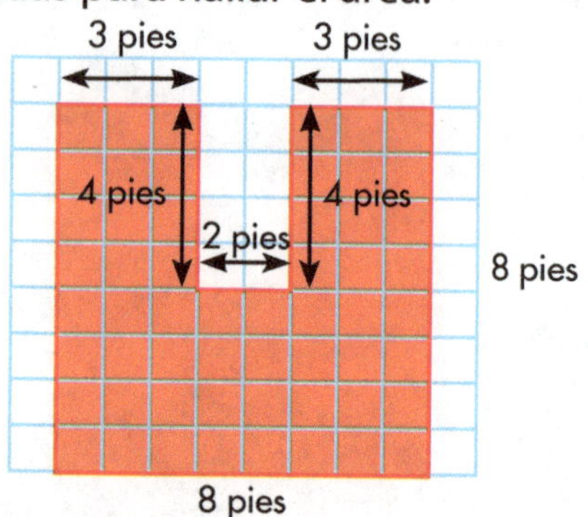

El área del campo de minigolf es de 56 pies cuadrados.

C

Otra manera

Divide el campo de minigolf en rectángulos. Halla el área de cada rectángulo. Luego, suma las áreas.

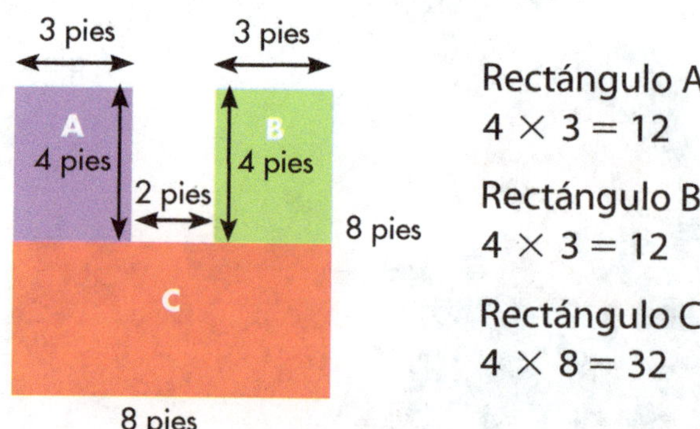

Rectángulo A
$4 \times 3 = 12$

Rectángulo B
$4 \times 3 = 12$

Rectángulo C
$4 \times 8 = 32$

$12 + 12 + 32 = 56$. El área del campo de minigolf es de 56 pies cuadrados.

¡Convénceme! **Usar la estructura** Halla otra manera de dividir el campo de minigolf en rectángulos más pequeños. Explica cómo hallas el área del campo de minigolf usando esos rectángulos más pequeños.

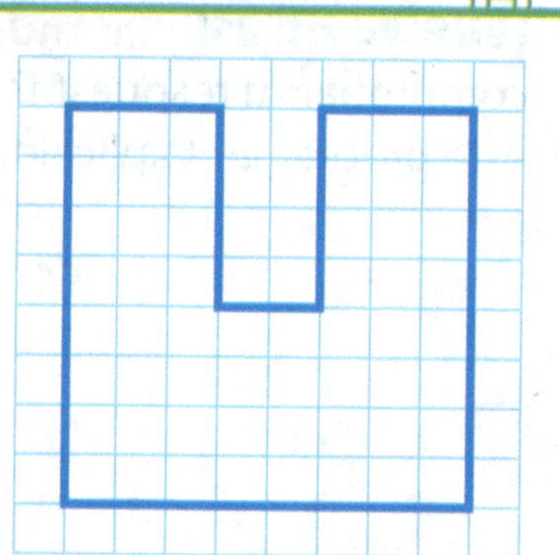

Copyright © Savvas Learning Company LLC. All Rights Reserved.

Nombre

Práctica guiada*

¿Lo entiendes?

1. Explica por qué puedes hallar el área del campo de minigolf de la página 332 usando rectángulos diferentes.

2. **Generalizar** Explica qué operación usaste para hallar el área total de los rectángulos más pequeños.

¿Cómo hacerlo?

Halla el área de las figuras en los Ejercicios **3** y **4.** Usa papel cuadriculado como ayuda.

3.

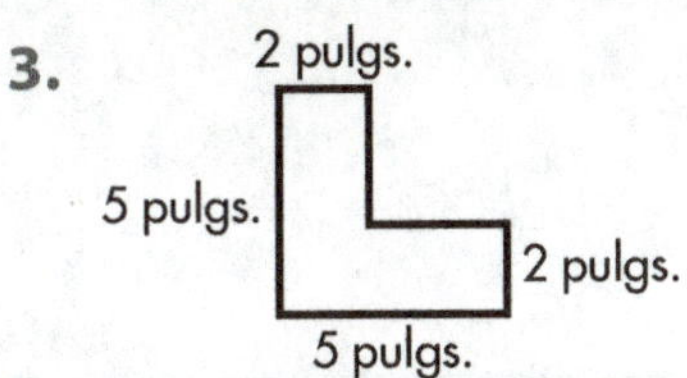

4.

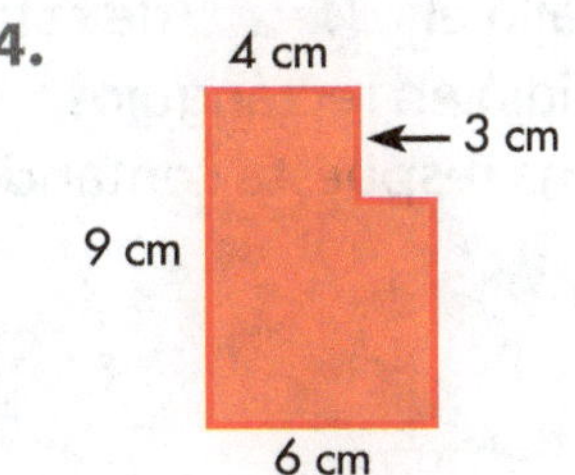

Práctica independiente

Halla el área de las figuras en los Ejercicios **5** a **8.** Usa papel cuadriculado como ayuda.

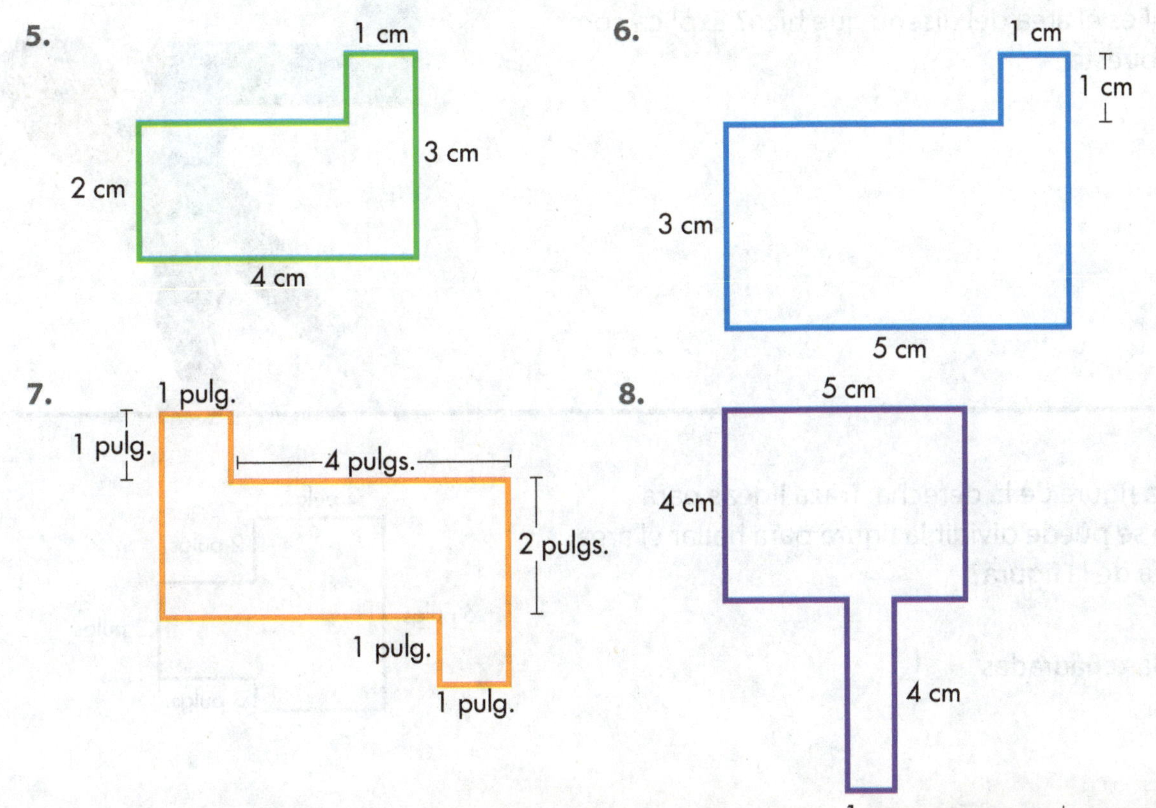

*Puedes encontrar otro ejemplo en el Grupo F, página 348.

Resolución de problemas

9. **Razonar** El Sr. Kendel está haciendo el plano de una casa como se muestra a la derecha. ¿Cuál es el área total? Explica tu razonamiento.

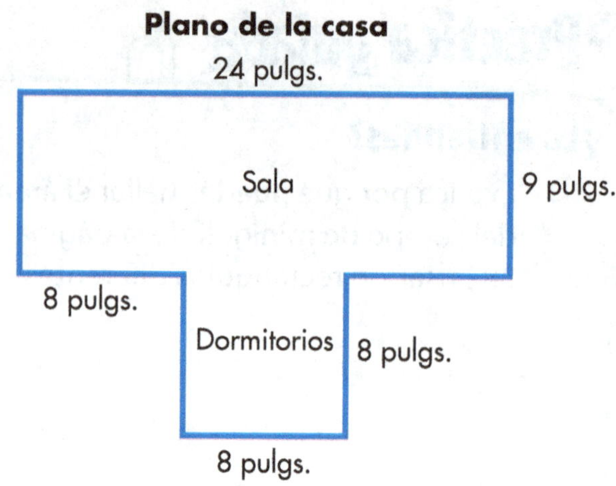

10. **Vocabulario** Completa los espacios en blanco. Mandy halló el ________ de esta figura cuando la dividió en rectángulos. Félix obtiene la misma respuesta contando ________________.

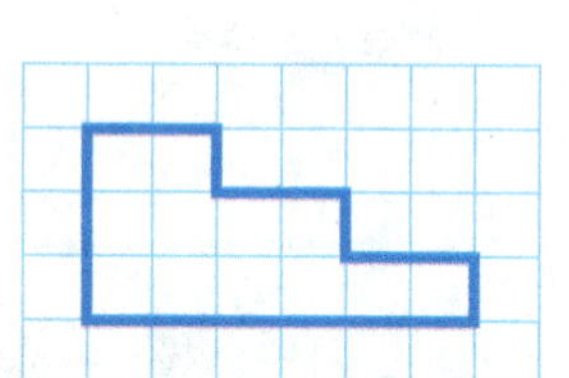

11. **Álgebra** Escribe un signo de interrogación para representar la incógnita o cantidad desconocida en la frase "seis por un número es igual a 24". Resuelve la ecuación.

12. **Razonamiento de orden superior** La Sra. Delancy usó fichas cuadradas de 3 pulgadas para hacer el diseño de la derecha. ¿Cuál es el área del diseño que hizo? Explica cómo hallaste la respuesta.

Evaluación

13. Jared dibujó la figura de la derecha. Traza líneas para mostrar cómo se puede dividir la figura para hallar el área. ¿Cuál es el área de la figura?

☐ pulgadas cuadradas

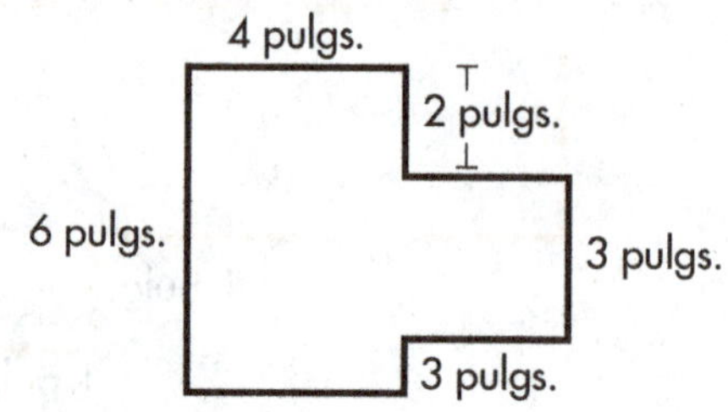

Copyright © Savvas Learning Company LLC. All Rights Reserved.

Nombre ______________________________

Tarea y práctica 6-6

Usar propiedades: El área de figuras irregulares

¡Revisemos!

¿Cómo puedes hallar el área de la figura irregular que se muestra en el siguiente recuadro?

Coloca la figura en papel cuadriculado. Luego, puedes contar las unidades cuadradas.

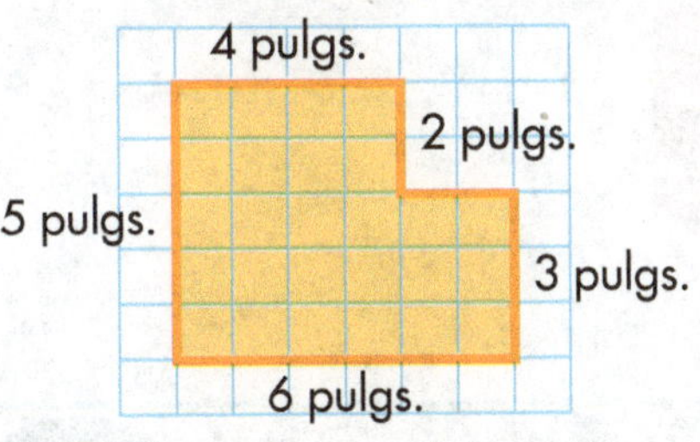

El área de la figura irregular es de 26 pulgadas cuadradas.

Puedes dividir la figura en rectángulos. Halla el área de cada rectángulo y luego suma las áreas.

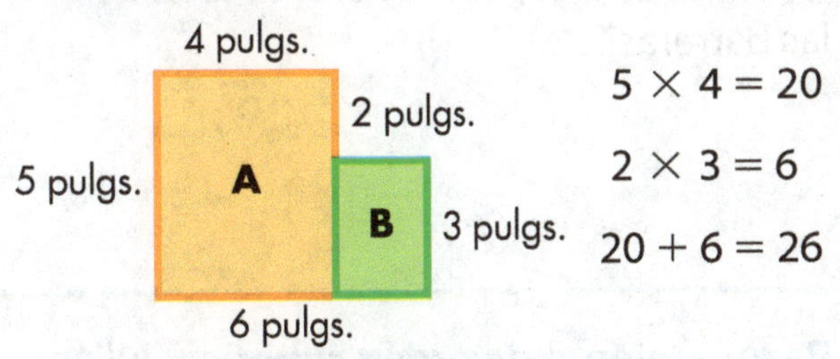

$5 \times 4 = 20$

$2 \times 3 = 6$

$20 + 6 = 26$

El área de la figura irregular es de 26 pulgadas cuadradas.

Halla el área de las figuras irregulares en los Ejercicios **1** a **4.** Usa papel cuadriculado como ayuda.

1.

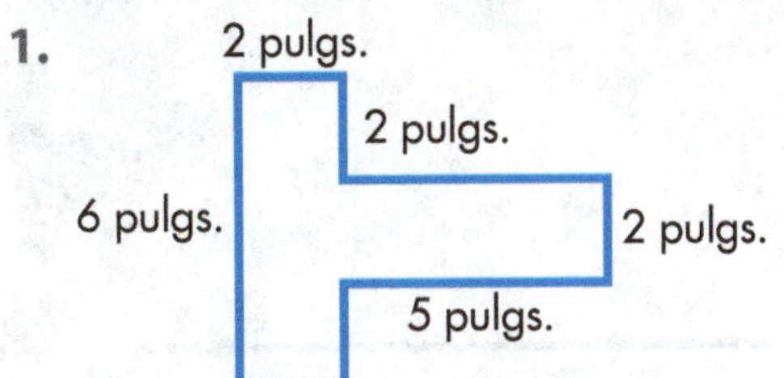

2.

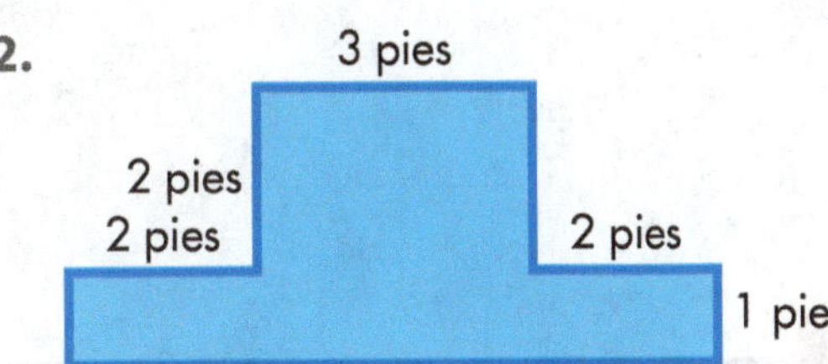

3.

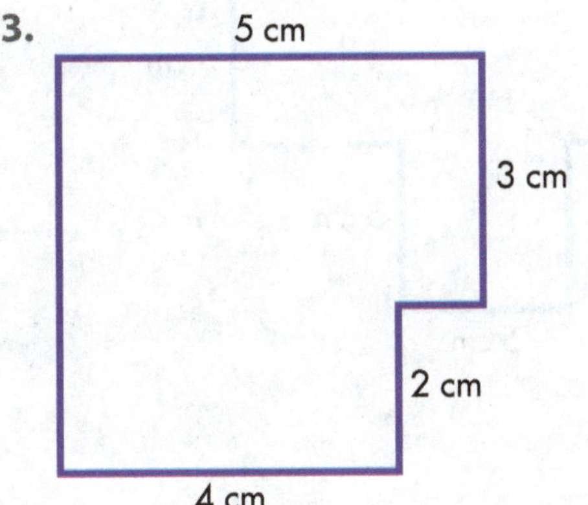

4.

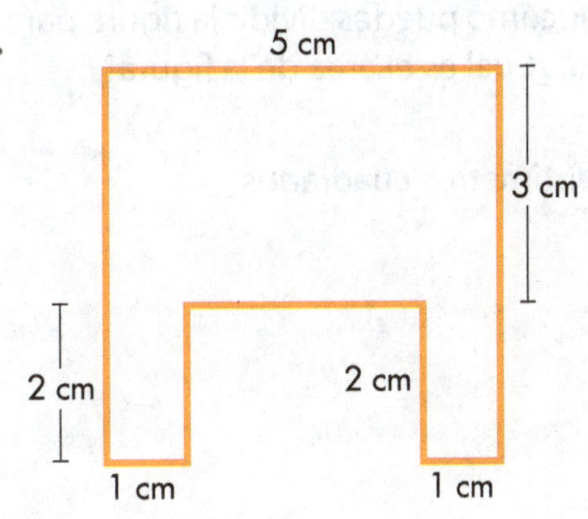

5. **Razonar** Tony hizo este diagrama de su huerto. ¿Cuál es el área total? Explica tu razonamiento.

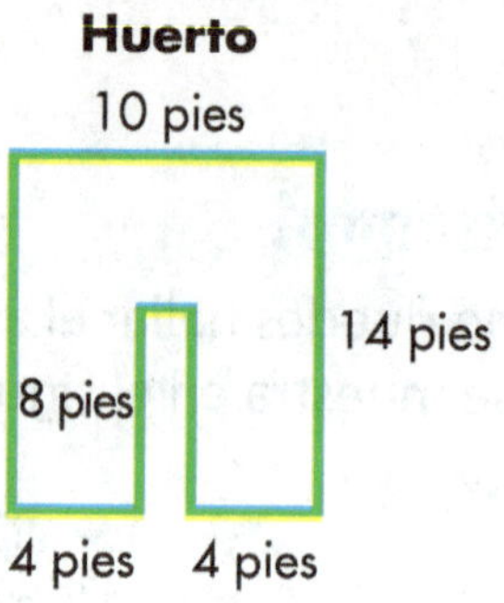

6. **Matemáticas y Ciencias** El Sr. Thomson quiere instalar una barrera de defensa contra inundaciones para proteger su garaje. Conecta 2 barreras con un lado junto al otro. Cada barrera mide 9 pies de longitud por 2 pies de altura. ¿Cuál es el área total de las barreras?

7. **Sentido numérico** Hadori hizo este sólido doblando una hoja de papel. ¿Cuál es el nombre del sólido que hizo? ¿Cuántas caras, aristas y vértices tiene?

8. **Razonamiento de orden superior** Julián hizo esta figura con tres pedazos cuadrados de tela. ¿Cuál es el área total de la figura que hizo Julián? Explica cómo hallaste la respuesta.

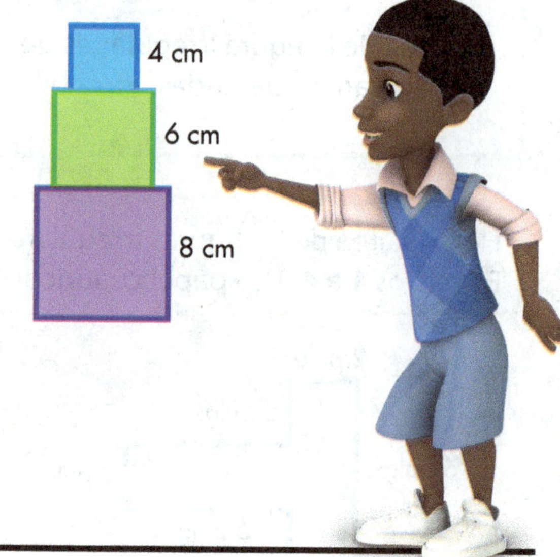

9. Daniel dibujó la figura de la derecha. Traza líneas para mostrar cómo puedes dividir la figura para hallar el área. ¿Cuál es el área de la figura?

☐ centímetros cuadrados

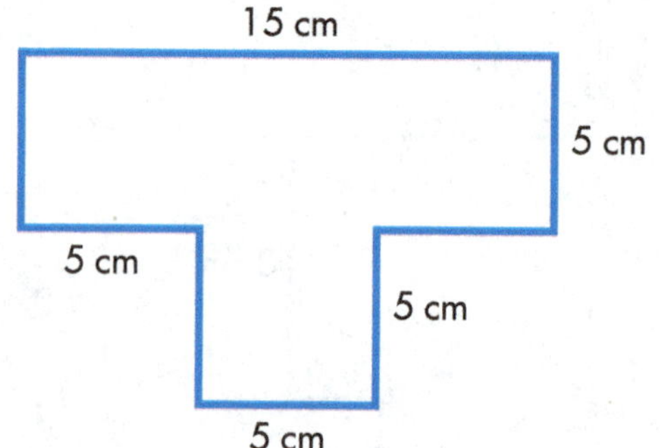

Copyright © Savvas Learning Company LLC. All Rights Reserved.

Nombre ______________________

Resuélvelo y coméntalo

El Sr. Anderson quiere colocar baldosas en la cocina. No necesita baldosas para las áreas que cubren la isla y el mesón de la cocina. ¿Cuántos metros cuadrados de baldosas necesita el Sr. Anderson?

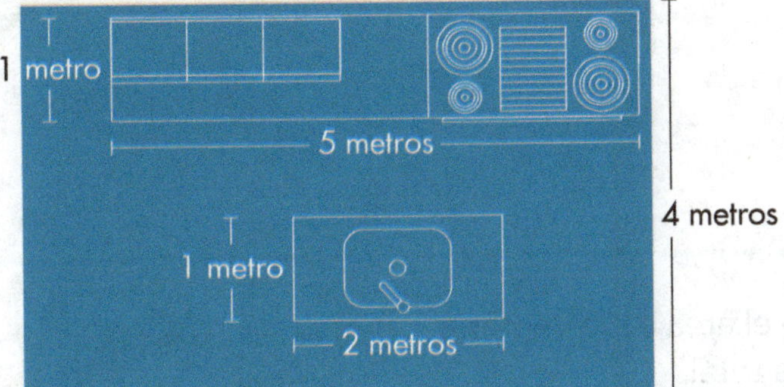

Resolución de problemas

Lección 6-7

Buscar y usar la estructura

Puedo...

usar las relaciones entre las cantidades para descomponer un problema en partes más sencillas.

También puedo resolver problemas sobre área.

Hábitos de razonamiento

¡Razona correctamente! Estas preguntas te pueden ayudar.

- ¿Qué patrones puedo ver y describir?
- ¿Cómo puedo usar los patrones para resolver el problema?
- ¿Puedo ver las expresiones y los objetos de una manera diferente?

¡Vuelve atrás! **Usar la estructura** ¿Es el área cubierta por baldosas mayor que o menor que el área total de la cocina?

¿Cómo puedes usar la estructura para resolver problemas?

A

Janet quiere pintar una puerta. Necesita pintar toda la puerta menos la ventana.

¿Cuál es el área de la parte de la puerta que Janet necesita pintar?

Puedes usar la ilustración como ayuda para ver la estructura.

¿Qué necesito hacer para resolver este problema?

Necesito hallar el área de la puerta sin la ventana.

B

¿Cómo puedo usar la estructura para resolver este problema?

Puedo

- descomponer el problema en partes más sencillas.
- hallar expresiones equivalentes.

C

Restaré el área de la ventana del área total.

Este es mi razonamiento...

Hallo el área de la puerta entera.
4 pies × 9 pies = 36 pies cuadrados

Hallo el área de la ventana.
2 pies × 2 pies = 4 pies cuadrados

Resto para hallar el área que necesito pintar.
36 − 4 = 32 pies cuadrados

El área de la parte de la puerta que necesito pintar es de 32 pies cuadrados.

¡Convénceme! **Usar la estructura** Janet piensa en una manera diferente de resolver el problema. Dice: "Puedo dividir el área que necesito pintar en 4 rectángulos más pequeños. Luego, hallo el área de estos 4 rectángulos más pequeños". ¿Tiene sentido la estrategia de Janet? Explícalo.

Copyright © Savvas Learning Company LLC. All Rights Reserved.

Nombre ______________________________

Práctica guiada*

Usar la estructura

Lil pegó cuentas en el borde del marco. ¿Cuál es el área de la parte que decoró con cuentas?

1. ¿De qué manera puedes pensar en el área total del marco?

2. Usa lo que sabes para resolver el problema.

Práctica independiente

Usar la estructura

Un teclado tiene 10 teclas de caucho. Cada tecla mide 1 centímetro por 2 centímetros. El resto es de plástico. ¿Es el área de plástico mayor que el área de las teclas de caucho?

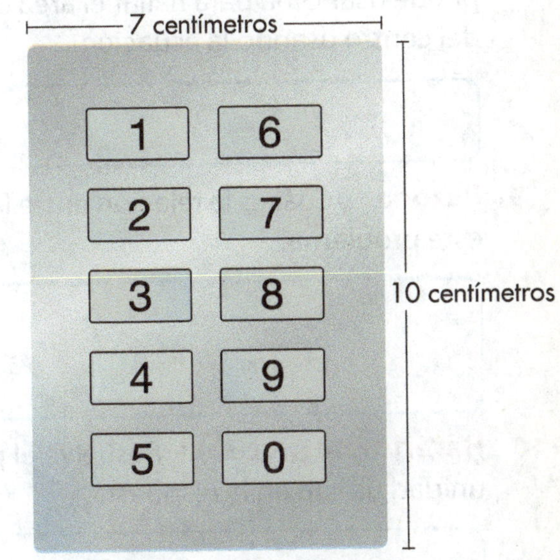

3. ¿Cómo puedes descomponer el problema en partes más sencillas? ¿Cuál es la pregunta escondida?

4. ¿Cómo puedes hallar el área de todas las teclas de caucho?

5. Usa lo que sabes para resolver el problema.

*Puedes encontrar otro ejemplo en el Grupo G, página 348.

Resolución de problemas

Evaluación del rendimiento

Mantel individual

Gina está diseñando un mantel individual. El centro mide 8 pulgadas por 10 pulgadas. Un borde que va alrededor del centro es de 2 pulgadas. Gina corta las esquinas del mantel para crear un octágono. Quiere hallar el área total del mantel individual.

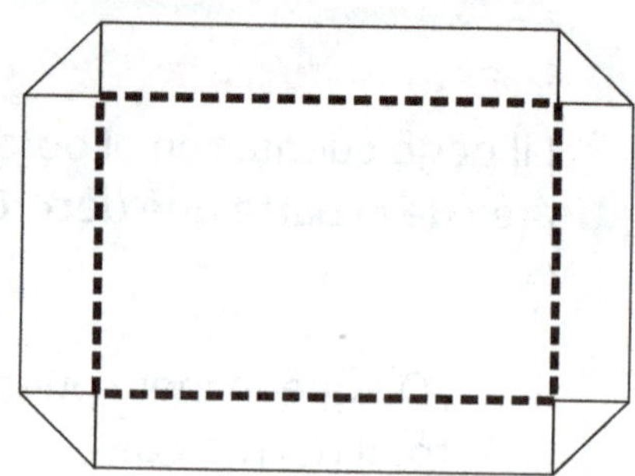

6. **Usar la estructura** ¿Cuáles son las longitudes y los anchos de las partes rectangulares del borde?

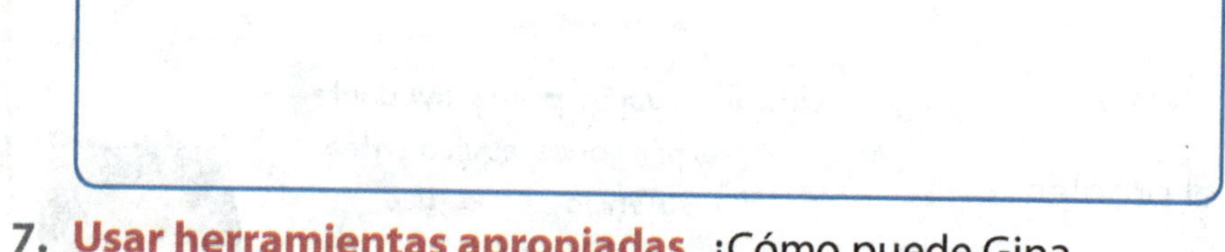

7. **Usar herramientas apropiadas** ¿Cómo puede Gina hallar el área exacta de las 4 esquinas usando papel cuadriculado?

8. **Representar con modelos matemáticos** ¿Qué ecuación puede usar Gina para hallar el área del centro? Halla el área del centro usando la ecuación.

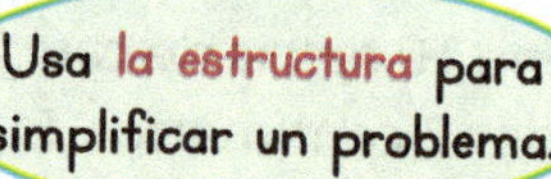

9. **Razonar** ¿Cuál es la relación entre las cantidades en este problema?

10. **Hacerlo con precisión** Resuelve el problema. Explica qué unidad usaste en la respuesta.

Copyright © Savvas Learning Company LLC. All Rights Reserved.

Nombre ____________________

Tarea y práctica 6-7

Buscar y usar la estructura

¡Revisemos!

¿Cómo puedes hallar el área de la parte coloreada de la figura de la derecha?

8 cm
5 cm
2 cm
3 cm

Indica cómo puedes usar la estructura para resolver el problema.

- Puedo descomponer el problema en partes más sencillas.
- Puedo hallar expresiones equivalentes.

Usa la estructura para pensar en una figura compleja como figuras más sencillas.

Resuelve el problema.

El área coloreada es igual al área total menos el área no coloreada.

Halla el área del rectángulo grande.	$5 \times 8 = 40$ pulgs. cuadradas
Halla el área del rectángulo pequeño.	$2 \times 3 = 6$ pulgs. cuadradas
Resta para hallar el área de la parte coloreada.	$40 - 6 = 34$ pulgs. cuadradas

El área de la parte coloreada es de 34 pulgadas cuadradas.

Usar la estructura

Una tableta digital tiene un borde de plástico alrededor de la pantalla que mide 1 pulgada de ancho. ¿Cuál es el área del borde de plástico?

1. Indica cómo puedes usar la estructura para resolver el problema.

2. Halla dos maneras diferentes para expresar el área de la pantalla.

3. Usa estas expresiones equivalentes para resolver el problema.

Evaluación del rendimiento

Área de juego

El Sr. Velásquez construyó un área de juegos. El área tiene una sección con tobogán y otra sección con columpios. Un sendero une las dos áreas. El tobogán mide 2 metros de altura. Las áreas y el sendero están asfaltados. El Sr. Velásquez quiere saber qué parte del área de juego está cubierta de asfalto.

Sección	Longitud (metros)	Ancho (metros)	Área
Columpios	8	3	
Tobogán	8	2	
Sendero	5	1	

4. **Razonar** Completa la tabla anterior para mostrar el área de cada sección. Usa la cuadrícula para dibujar un posible diagrama del área de juegos.

5. **Construir argumentos** Halla el área total con asfalto. Explica tu razonamiento usando matemáticas.

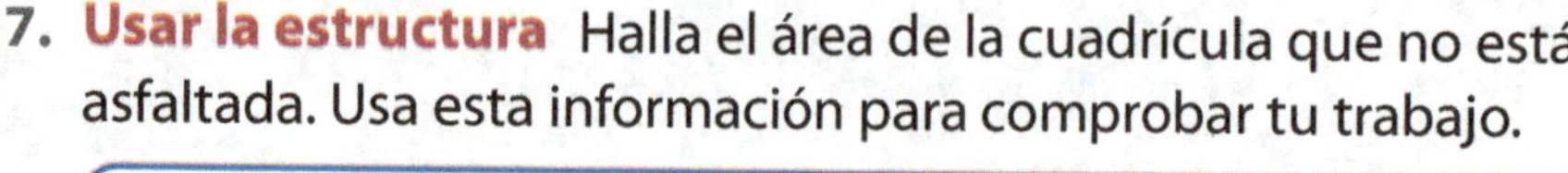

6. **Entender y perseverar** ¿Sumaste o restaste para resolver el problema? ¿Podrías haber usado otra operación? Explícalo.

7. **Usar la estructura** Halla el área de la cuadrícula que no está asfaltada. Usa esta información para comprobar tu trabajo.

Usa la estructura para hallar diferentes maneras de analizar el área.

Copyright © Savvas Learning Company LLC. All Rights Reserved.

Nombre ___________________________

Sombrea una ruta que vaya desde la **SALIDA** hasta la **META.** Sigue los cocientes que sean números impares. Solo te puedes mover hacia arriba, hacia abajo, hacia la derecha o hacia la izquierda.

Puedo...
dividir hasta 100.

Salida

15 ÷ 5	45 ÷ 5	40 ÷ 8	36 ÷ 4	6 ÷ 3
28 ÷ 7	12 ÷ 2	90 ÷ 9	63 ÷ 9	0 ÷ 8
48 ÷ 8	50 ÷ 5	81 ÷ 9	9 ÷ 3	56 ÷ 7
20 ÷ 5	48 ÷ 6	42 ÷ 6	10 ÷ 5	6 ÷ 1
30 ÷ 3	16 ÷ 8	35 ÷ 7	45 ÷ 9	56 ÷ 8

Meta

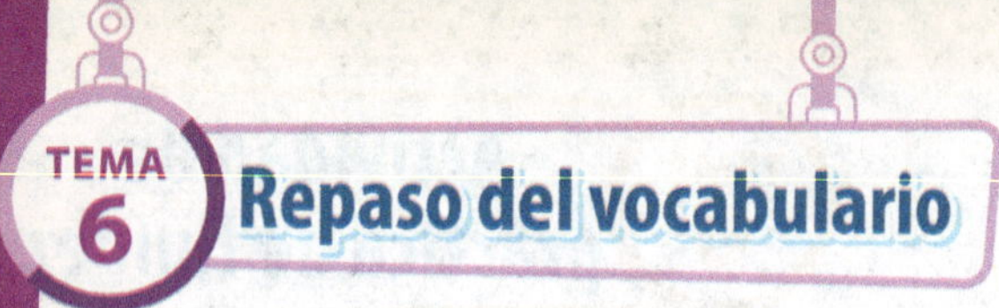

Lista de palabras

- área
- columna
- fila
- hacer una estimación
- multiplicación
- producto
- propiedad distributiva
- unidad cuadrada

Comprender el vocabulario

Escoge el mejor término de la Lista de palabras. Escríbelo en el espacio en blanco.

1. Una ________________ tiene lados que miden 1 unidad de longitud cada uno.

2. El ________________ es la cantidad de unidades cuadradas que cubre una región o figura.

3. Puedes usar la ____________________ para descomponer operaciones y hallar el ________________.

4. Una unidad cuadrada tiene un área de 1 ________________.

5. Si puedes ________________, entonces estás dando una respuesta aproximada.

Escribe *siempre, a veces* o *nunca.*

6. El *área* ________________ se mide en metros cuadrados.

7. La *multiplicación* ________________ incluye la unión de grupos iguales.

8. El *área* de una figura ________________ puede representarse como la suma de las *áreas* de rectángulos más pequeños.

Usar el vocabulario al escribir

9. ¿Cuál es el área de este rectángulo? Explica cómo resolviste el problema. Usa por lo menos 3 términos de la Lista de palabras en tu respuesta.

Copyright © Savvas Learning Company LLC. All Rights Reserved.

Nombre ____

Refuerzo

Grupo A páginas 301 a 306

Una unidad cuadrada tiene lados que miden 1 unidad de longitud.

Cuenta las unidades cuadradas que cubren la figura. El conteo exacto es el área de la figura.

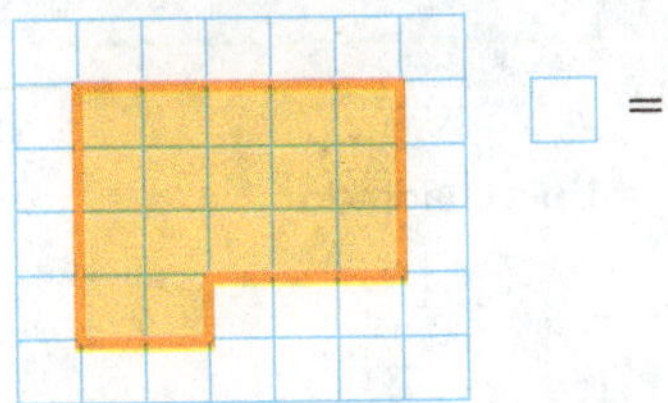

= 1 unidad cuadrada

Hay 17 unidades cuadradas que cubren la figura. El área de la figura es de 17 unidades cuadradas.

A veces necesitas hacer una estimación para hallar el área. Primero, cuenta los cuadrados completos. Luego, estima los cuadrados que están parcialmente cubiertos.

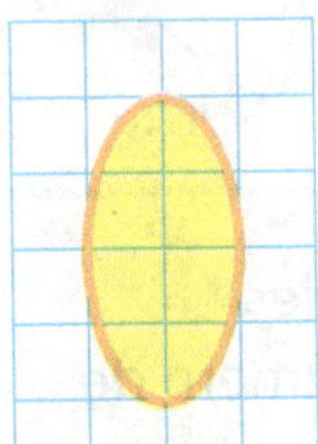

Aproximadamente 6 unidades cuadradas cubren la figura.

Recuerda que el área es la cantidad de unidades cuadradas que se necesitan para cubrir una región sin espacios o sobreposiciones.

Cuenta para hallar el área en los Ejercicios **1** y **2.** Indica si el área es exacta o es una estimación.

1.

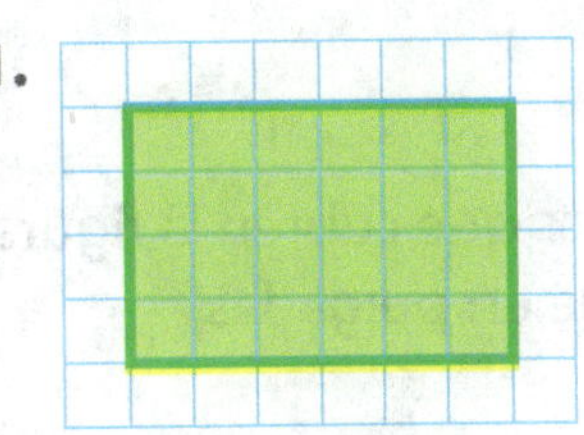

2.

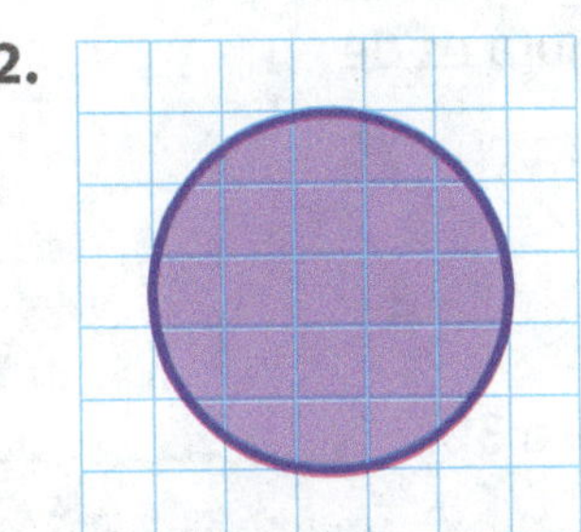

Grupo B páginas 307 a 312

Las unidades cuadradas pueden ser de diferentes tamaños. El tamaño de una unidad cuadrada determina el área.

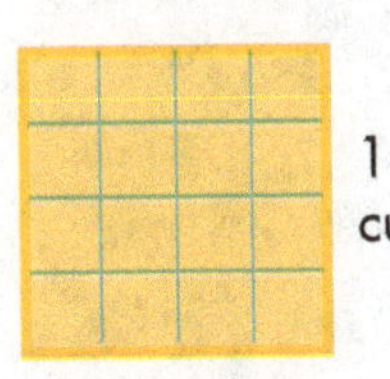

16 unidades cuadradas

4 unidades cuadradas

= 1 unidad cuadrada

= 1 unidad cuadrada

Área = 16 unidades cuadradas

Área = 4 unidades cuadradas

Las medidas son diferentes porque se usaron tamaños diferentes de unidades cuadradas.

Recuerda que puedes usar unidades cuadradas para medir el área.

Dibuja unidades cuadradas para cubrir las figuras y halla el área. Usa las unidades cuadradas que se muestran.

1.

2.

= 1 unidad cuadrada

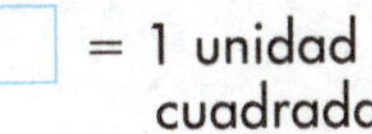

= 1 unidad cuadrada

Grupo C páginas 313 a 318

Las unidades cuadradas de abajo representan pulgadas cuadradas.

¿Cuál es el área de la figura de abajo?

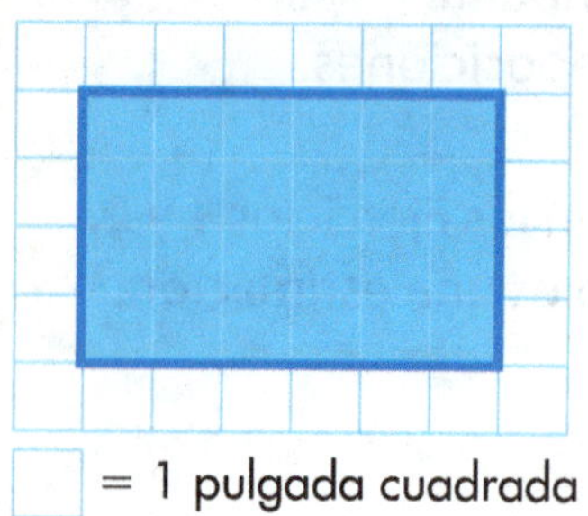

= 1 pulgada cuadrada

Hay 24 unidades cuadradas que cubren la figura. El área de la figura se mide en pulgadas cuadradas.

Por tanto, el área de la figura es de 24 pulgadas cuadradas.

Recuerda que puedes medir la longitud de unidades cuadradas usando unidades estándar o unidades métricas.

Cada unidad cuadrada representa una unidad estándar en los Ejercicios **1** y **2.** Cuenta las unidades cuadradas y luego escribe el área.

1.

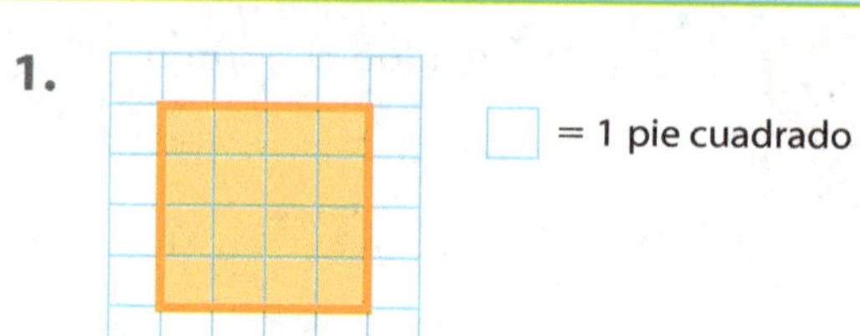

2.

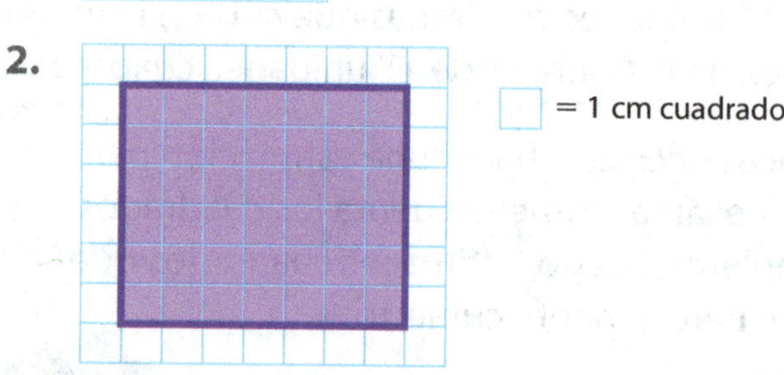

Grupo D páginas 319 a 324

Puedes hallar el área contando el número de filas y multiplicándolo por el número de cuadrados en cada fila.

Hay 5 filas.
Hay 4 cuadrados en cada fila.

$5 \times 4 = 20$

El área de la figura es de 20 pulgadas cuadradas.

Recuerda que para hallar el área, puedes multiplicar el número de filas por el número de cuadrados en cada fila.

Halla el área de las figuras en los Ejercicios **1** a **3.** Usa papel cuadriculado como ayuda.

1.

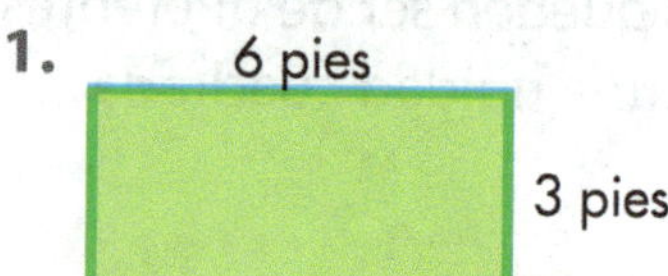

2.

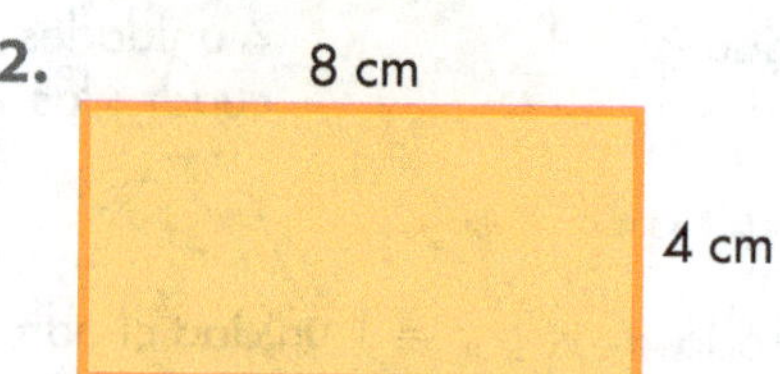

3.

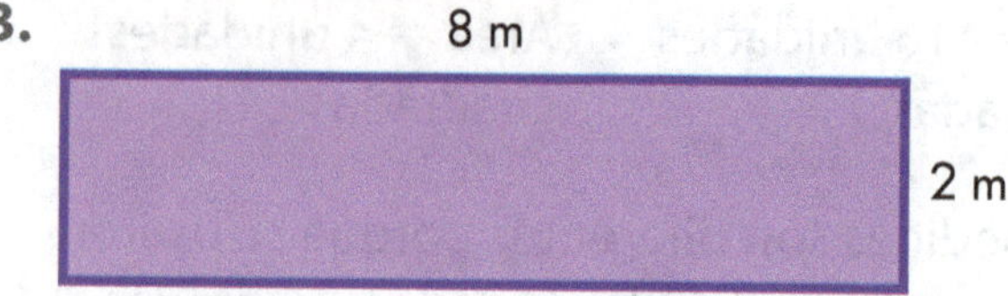

Copyright © Savvas Learning Company LLC. All Rights Reserved.

Nombre ____________________

TEMA 6

Refuerzo (continuación)

Grupo E páginas 325 a 330

Puedes usar la propiedad distributiva para descomponer operaciones y hallar el producto.

Separa el lado de 5 unidades en dos partes.

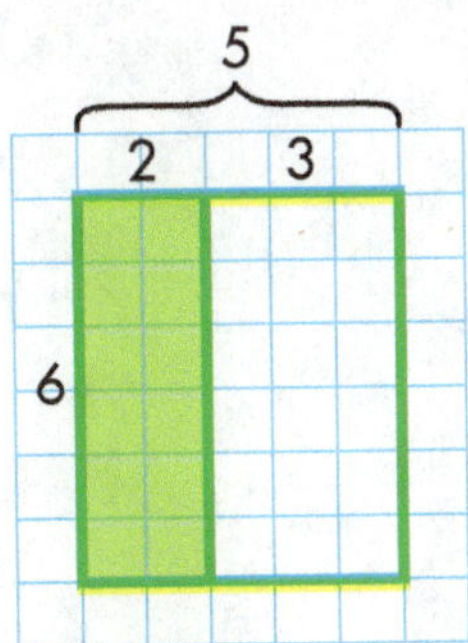

Área del rectángulo grande: $6 \times 5 = 30$

Áreas de los rectángulos pequeños:

$6 \times 2 = 12$

$6 \times 3 = 18$

Suma las dos áreas: $12 + 18 = 30$

Puedes escribir una ecuación para mostrar que el área del rectángulo grande es igual a la suma de las áreas de los dos rectángulos pequeños.

$6 \times 5 = 6 \times (2 + 3) = (6 \times 2) + (6 \times 3)$

¡Cuando divides un rectángulo en dos rectángulos más pequeños, el área total no cambia!

Recuerda que puedes separar un rectángulo en dos rectángulos más pequeños con la misma área total.

Escribe las ecuaciones que representan el área total de las figuras rojas en los Ejercicios **1** a **3.** Halla el área.

1.

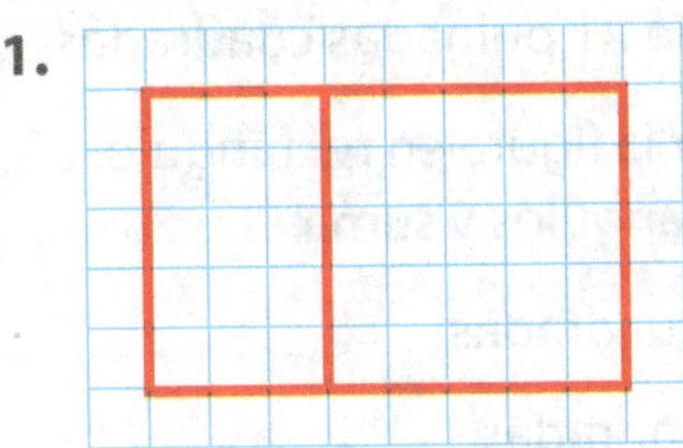

2.

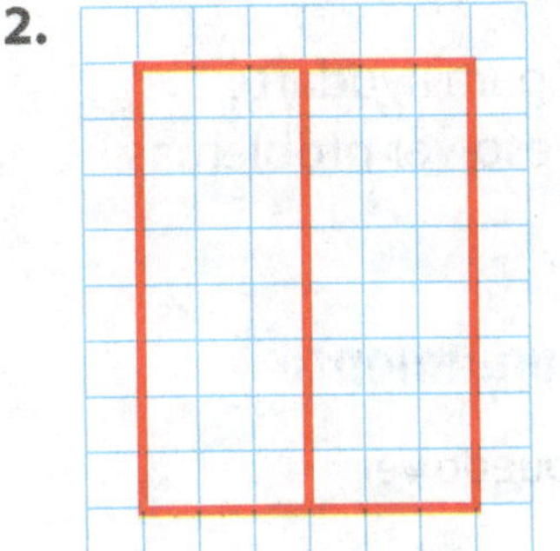

3.

Grupo F páginas 331 a 336

Halla el área de la figura irregular.

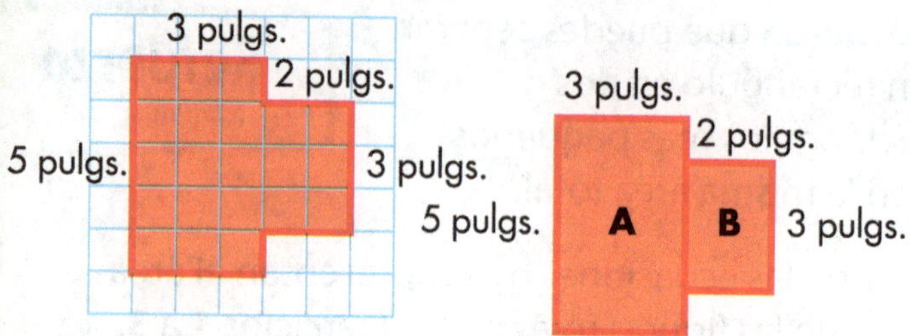

Puedes colocar la figura sobre papel cuadriculado y contar las unidades cuadradas. El área de la figura es de 21 pulgadas cuadradas.

También puedes dividir la figura en rectángulos. Halla el área de los rectángulos y suma.

$5 \times 3 = 15$ pulgadas cuadradas

$3 \times 2 = 6$ pulgadas cuadradas

$15 + 6 = 21$ pulgadas cuadradas

Recuerda que puedes sumar áreas más pequeñas para hallar un área total.

Halla el área de las figuras en los Ejercicios **1** y **2.**

1.

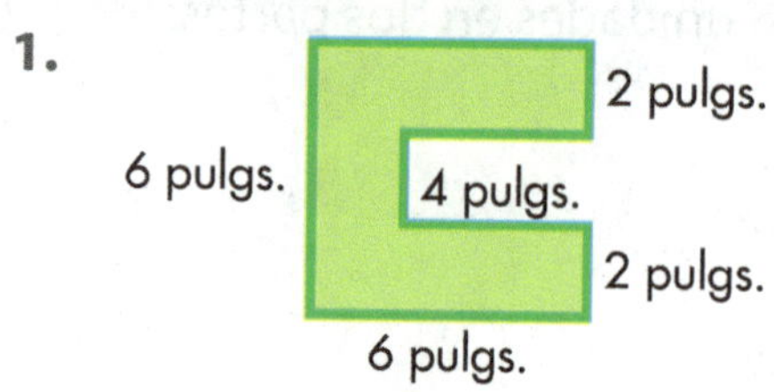

2.

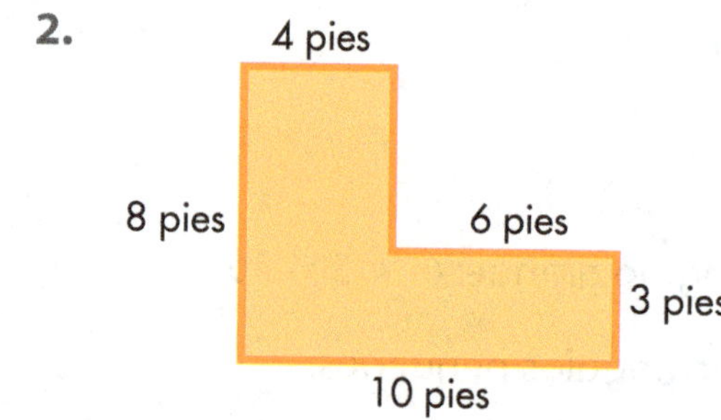

Grupo G páginas 337 a 342

Piensa en estas preguntas para ayudarte a usar **la estructura** para resolver problemas.

Hábitos de razonamiento

- ¿Qué patrones puedo ver y describir?
- ¿Cómo puedo usar los patrones para resolver el problema?
- ¿Puedo ver las expresiones y los objetos de una manera diferente?

Recuerda que puedes buscar maneras más sencillas de representar un área.

Debra hizo este diseño con fichas de 1 pulgada cuadrada. ¿Cuál es el área de las fichas azules?

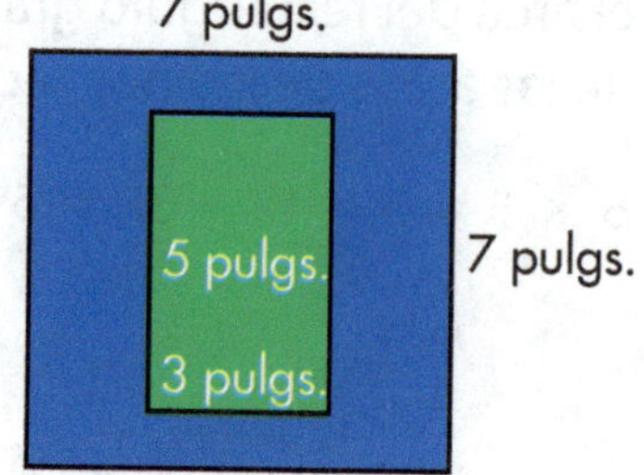

1. ¿Cómo puedes representar el área de las fichas azules?

2. Resuelve el problema y explica cómo lo resolviste.

Copyright © Savvas Learning Company LLC. All Rights Reserved.

Nombre ___________________________

TEMA 6

Evaluación

1. Cuenta para hallar el área de la figura. Indica si el área es exacta o es una estimación.

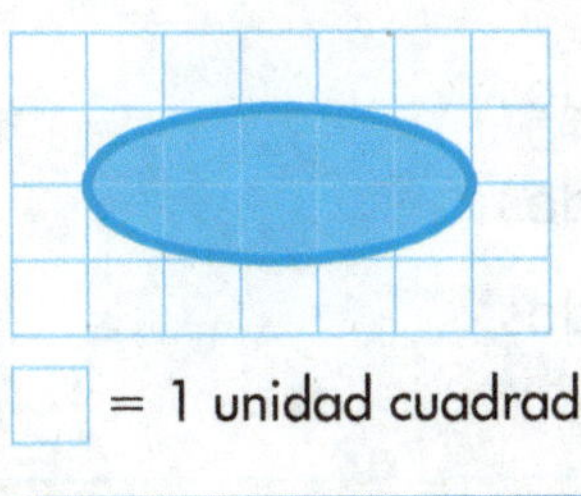

= 1 unidad cuadrada

2. Marca todas las opciones para descomponer el área del rectángulo grande en la suma de las áreas de dos rectángulos más pequeños.

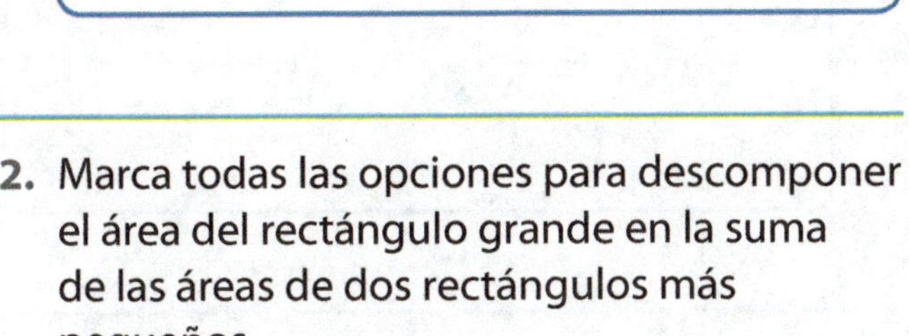

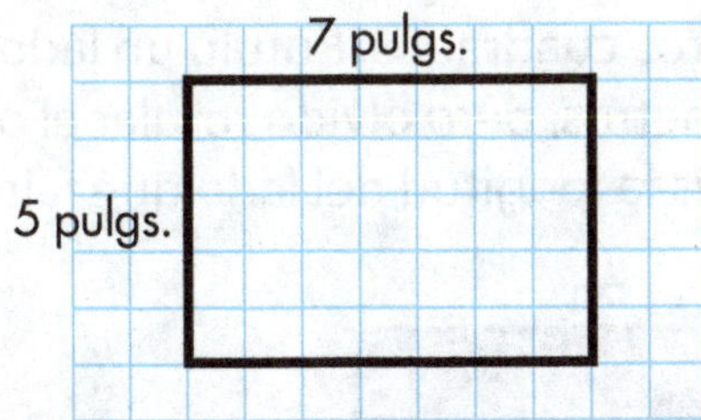

- [ ] $5 \times 7 = 5 \times (1 + 5) = (5 \times 1) + (5 \times 5)$
- [ ] $5 \times 7 = 5 \times (3 + 4) = (5 \times 3) + (5 \times 4)$
- [ ] $5 \times 7 = 5 \times (2 + 3) = (5 \times 2) + (5 \times 3)$
- [ ] $5 \times 7 = 5 \times (1 + 6) = (5 \times 1) + (5 \times 6)$
- [ ] $5 \times 7 = 5 \times (2 + 5) = (5 \times 2) + (5 \times 5)$

3. Luis dice que la siguiente figura tiene un área de 7 metros cuadrados. ¿Tiene razón? Explícalo.

= 1 cm cuadrado

4. Usa la propiedad distributiva para escribir la ecuación que representa el dibujo.

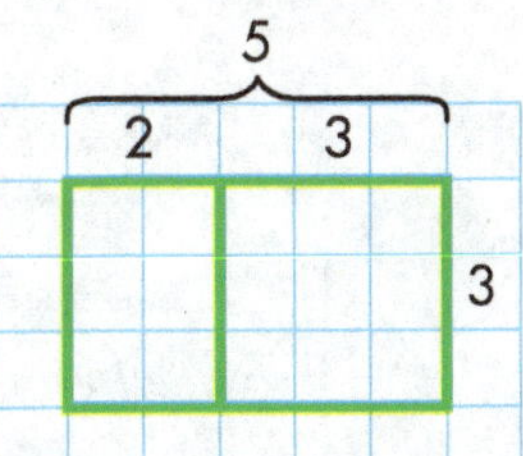

5. La Sra. Blanco hizo un diseño con pulgadas cuadradas usando papel cuadriculado de color como se muestra a continuación. ¿Cuál es el área total del diseño?

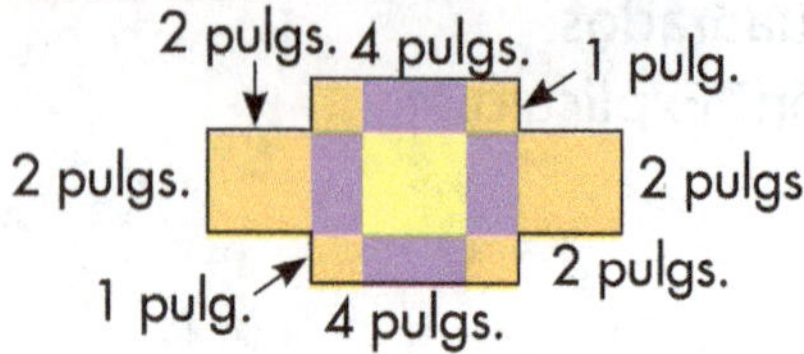

Ⓐ 16 pulgadas cuadradas

Ⓑ 20 pulgadas cuadradas

Ⓒ 24 pulgadas cuadradas

Ⓓ 32 pulgadas cuadradas

6. José dibujó un rectángulo. Explica cómo se halla el área.

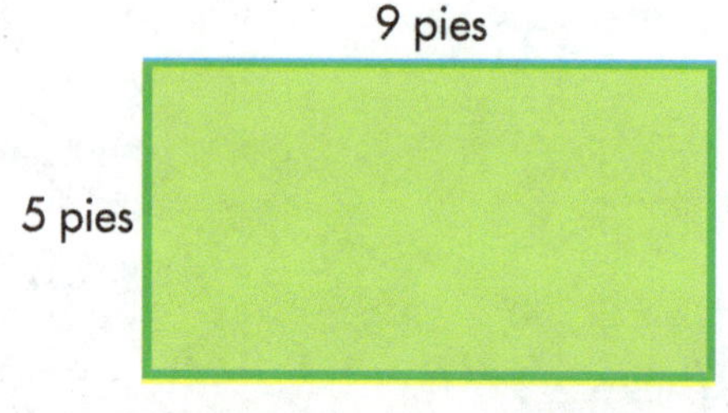

7. Fran tiene un jardín cuadrado. Un lado del jardín mide 3 pies de longitud. ¿Cuál es el área del jardín de Fran?

Ⓐ 9 pies cuadrados

Ⓑ 10 pies cuadrados

Ⓒ 12 pies cuadrados

Ⓓ 14 pies cuadrados

8. Halla la longitud del lado que falta. Luego, halla el área.

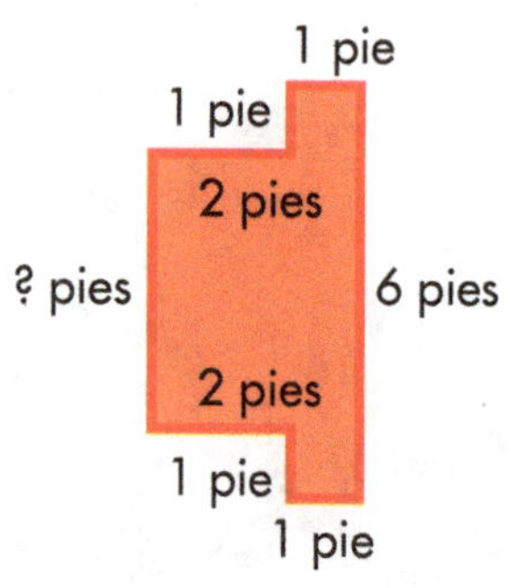

9. Estela dibujó un rectángulo con un área de 56 centímetros cuadrados. Rotuló un lado con 7 centímetros, pero olvidó rotular el otro lado. ¿Cuál es la longitud del lado que falta?

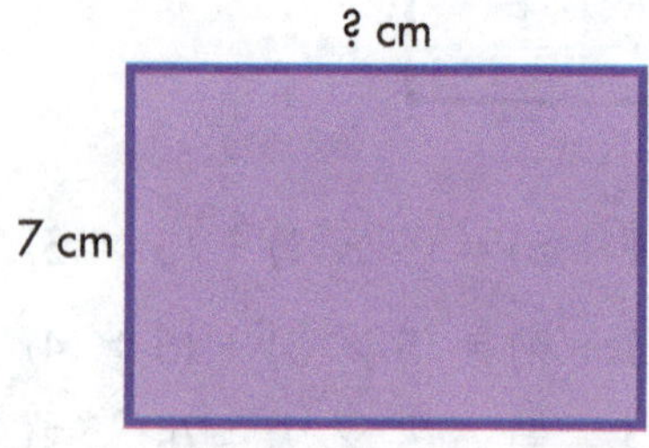

Ⓐ 5 cm

Ⓑ 6 cm

Ⓒ 7 cm

Ⓓ 8 cm

Copyright © Savvas Learning Company LLC. All Rights Reserved.

Nombre ______________________________

10. ¿Cuál es el área de la figura de Raúl?

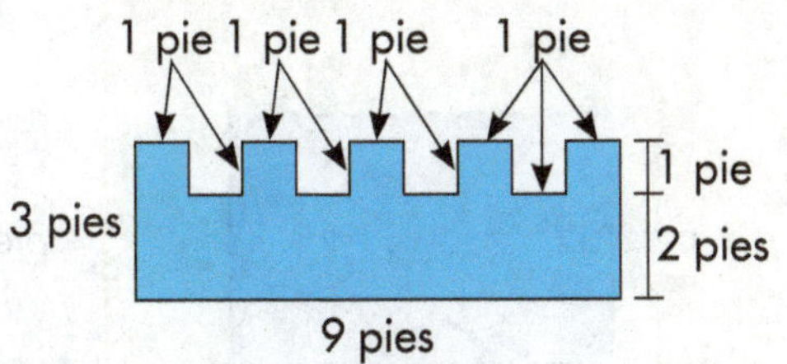

Ⓐ 20 pies cuadrados

Ⓑ 23 pies cuadrados

Ⓒ 32 pies cuadrados

Ⓓ 36 pies cuadrados

11. Mónica hizo un mosaico con cuadrados de vidrio de 1 pulgada, como el que aquí se muestra. ¿Qué color del mosaico tiene el área mayor?

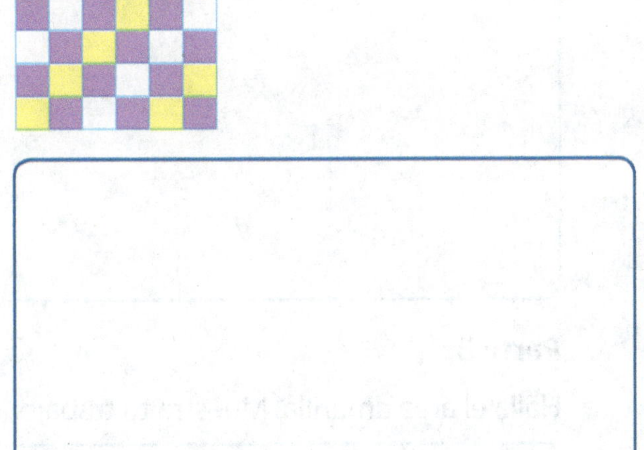

12. Traza líneas para emparejar cada longitud del lado de un cuadrado con su área.

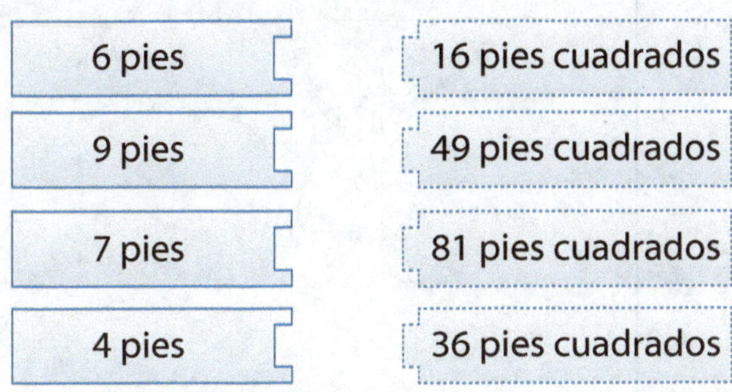

13. Ryan y Julia dibujaron un rectángulo en papel cuadriculado. Explica cómo se halla el área de los rectángulos.

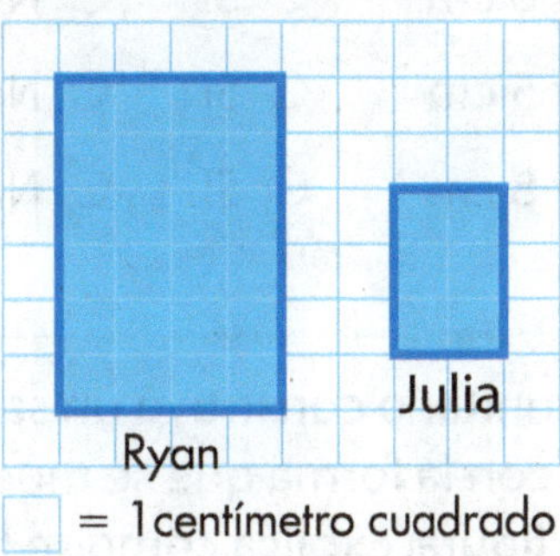

14. Unos estudiantes de Springfield construyeron una carroza con la letra *S* para un desfile. Traza líneas para dividir la figura en rectángulos. Luego, halla cuántos pies cuadrados tiene la letra.

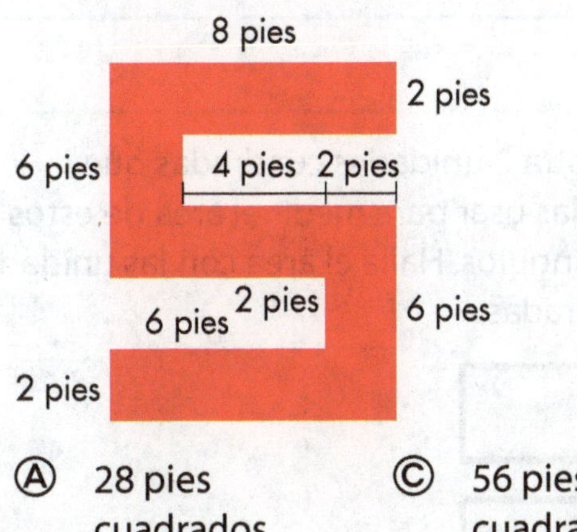

Ⓐ 28 pies cuadrados

Ⓑ 54 pies cuadrados

Ⓒ 56 pies cuadrados

Ⓓ 90 pies cuadrados

15. Max dibujó un rectángulo con un área de 24 centímetros cuadrados. En las preguntas 18a a 18d, selecciona *Sí* o *No* para indicar si las longitudes pueden ser las del rectángulo de Max.

18a.	4 cm por 7 cm	○ Sí	○ No
18b.	4 cm por 6 cm	○ Sí	○ No
18c.	4 cm por 5 cm	○ Sí	○ No
18d.	3 cm por 8 cm	○ Sí	○ No

16. Un centro comunitario construyó un salón de actividades con la forma que se muestra en la siguiente figura. Explica cómo se halla el área del salón y resuelve el problema.

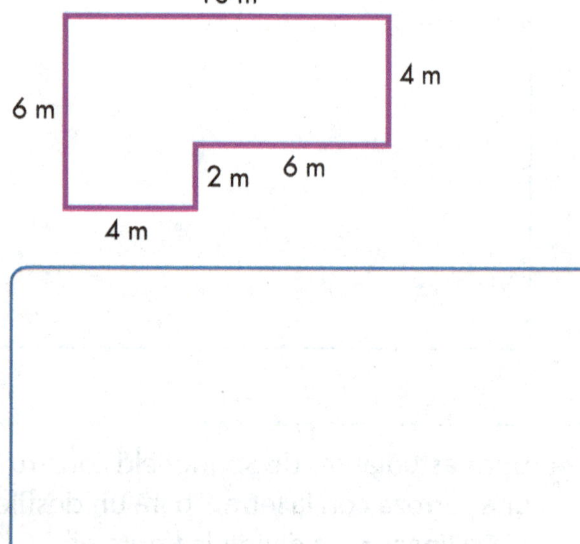

17. Muestra 2 unidades cuadradas que puedas usar para medir el área de estos rectángulos. Halla el área con las unidades cuadradas.

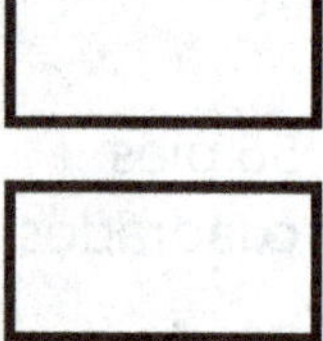

18. Esteban quiere saber el área de la parte amarilla de este diseño.

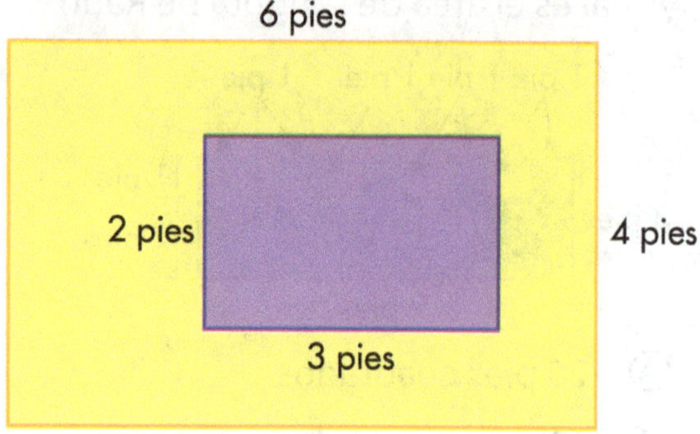

Parte A

Explica cómo puedes descomponer este problema en problemas más sencillos.

Parte B

Halla el área amarilla. Muestra tu trabajo.

Copyright © Savvas Learning Company LLC. All Rights Reserved.

Nombre ______________________________

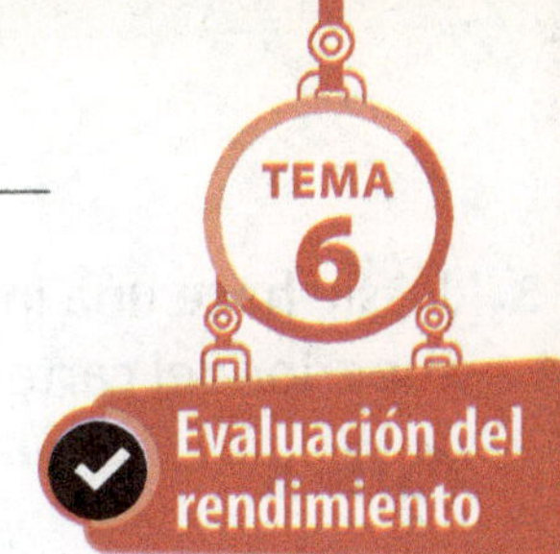

Diseño de cartel

Jessie está diseñando un cartel que tiene secciones rojas, azules y blancas. La lista de **Detalles del cartel** muestra las reglas de cada color. El diagrama **Cartel de Jessie** muestra las diferentes secciones del cartel.

Detalles del cartel

- Las secciones rojas deben tener un área total mayor que 40 pulgadas cuadradas.
- Las secciones azules deben tener un área total mayor que 30 pulgadas cuadradas.
- La sección blanca debe tener un área total menor que 40 pulgadas cuadradas.

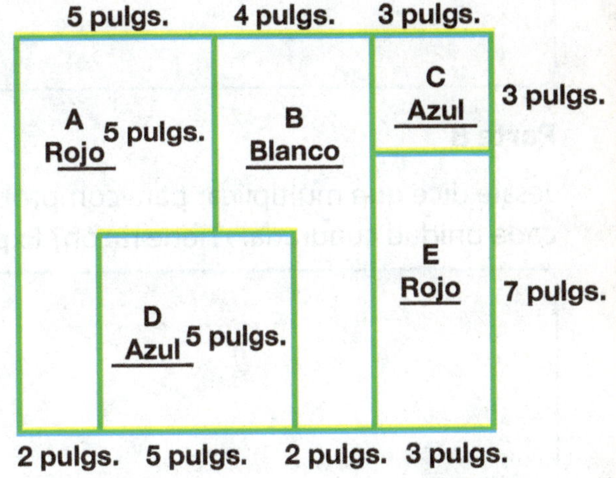

Usa el diagrama del **Cartel de Jessie**, que está a la derecha, para responder a la Pregunta 1.

1. Jessie hizo una tabla para comprobar si el cartel respeta las reglas. Completa la tabla usando la multiplicación y la suma si es necesario.

Sección	Color	Cómo se halla el área	Área
A	Rojo		
B	Blanco		
C	Azul		9 pulgadas cuadradas
D	Azul		
E	Rojo	7 × 3	

Usa la tabla anterior y la lista de **Detalles del cartel** para responder a la Pregunta 2.

2. ¿Está el cartel de Jessie dentro de los totales de la lista de **Detalles del cartel**? Explícalo.

3. Jessie hace una insignia cuadrada para colocar en la parte superior del cartel.

Parte A

Dibuja unidades cuadradas para cubrir la insignia. ¿Cuántas unidades cuadradas cubren la insignia?

La insignia de Jessie

= 1 cm cuadrado

Parte B

Jessie dice que multiplicar para comprobar el área es igual a contar cada unidad cuadrada. ¿Tiene razón? Explícalo.

4. Jessie usa dos colores para hacer la insignia. Los colores tienen áreas diferentes.

Parte A

Explica cómo se separa el cuadrado en dos rectángulos más pequeños con áreas diferentes. Usa la multiplicación para hallar el área de cada uno de los rectángulos más pequeños.

Parte B

¿Es el área del cuadrado igual al área total de los dos rectángulos más pequeños? Usa una ecuación para explicarlo.

Copyright © Savvas Learning Company LLC. All Rights Reserved.

Representar e interpretar datos

Pregunta esencial: ¿Cómo se pueden representar, interpretar y analizar los datos?

El estado del tiempo y la temperatura pueden cambiar mucho durante las diferentes estaciones.

Las estaciones pueden causar un gran impacto en nuestra vida diaria.

¡Es mejor que me prepare para la estación que viene! Este es un proyecto sobre las estaciones y los datos.

Proyecto de Matemáticas y Ciencias: Las estaciones

Investigar Usa la Internet u otros recursos para hallar información sobre los patrones de temperatura en las diferentes estaciones en el área donde vives. Incluye información sobre las temperaturas promedio mensuales y las temperaturas récord más altas y bajas.

Diario: Escribir un informe Incluye en tu informe lo que averiguaste, y también:

- anota las temperaturas más altas y bajas en el área donde vives por una semana. Haz una gráfica para representar esta información.
- halla la diferencia entre las temperaturas diarias más altas y más bajas de tu gráfica.

Nombre ______________________________

Repasa lo que sabes

Vocabulario

Escoge el mejor término del recuadro. Escríbelo en el espacio en blanco.

- grupos iguales
- múltiplos
- multiplicación
- recta numérica

1. Los __________ tienen el mismo número de elementos.

2. 0, 2, 4, 6 y 8 son __________ de 2.

3. La __________ se usa para hallar un total cuando se unen grupos iguales.

Multiplicación

Completa la ecuación en los Ejercicios **4** y **5**.

4. $5 \times 3 =$ ____

5. $3 \times$ ____ $= 21$

6. Haz un diagrama de barras para representar 4×6.

Multiplicación en la recta numérica

7. Ed compró 2 bolsas de toronjas. Hay 6 toronjas en cada bolsa. ¿Cuántas toronjas compró? Dibuja saltos en la recta numérica para hallar la respuesta.

____

8. Muestra la operación de multiplicación 3×4 en la recta numérica. Escribe el producto.

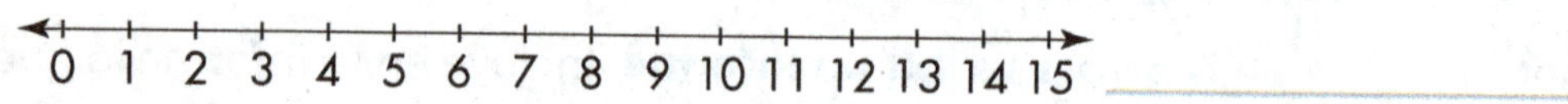

____

Hallar el área

9. Cuenta para hallar el área del rectángulo.

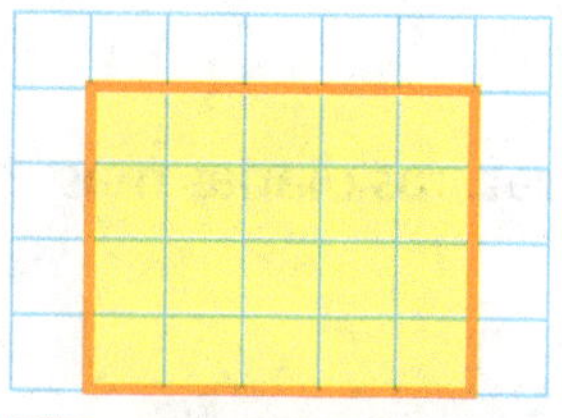

____

Copyright © Savvas Learning Company LLC. All Rights Reserved.

Mis tarjetas de palabras

A-Z Glosario

Usa los ejemplos de las palabras de las tarjetas para ayudarte a completar las definiciones que están al reverso.

pictografía con escala

clave

gráfica de barras con escala

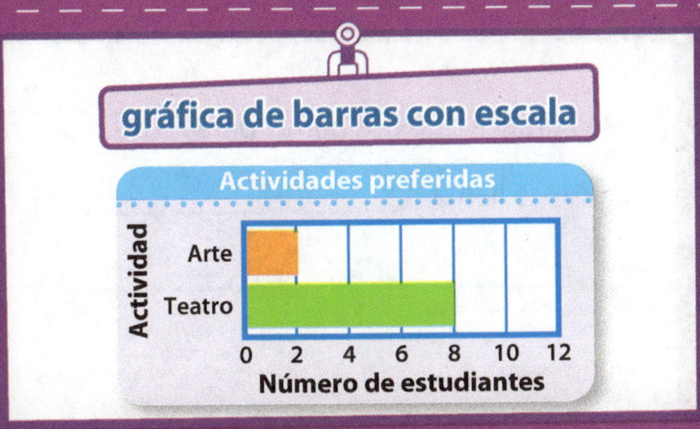

escala

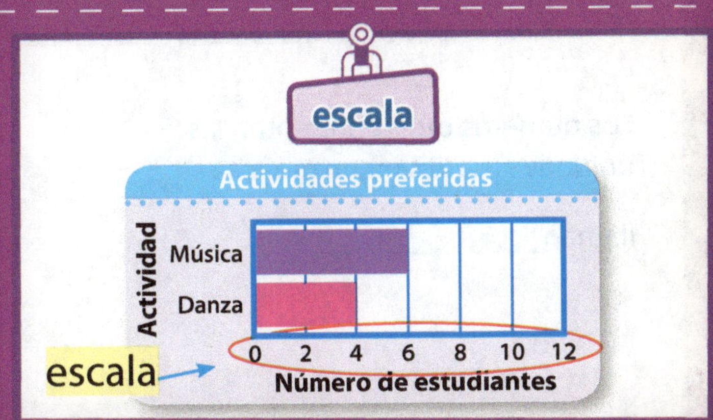

tabla de frecuencias

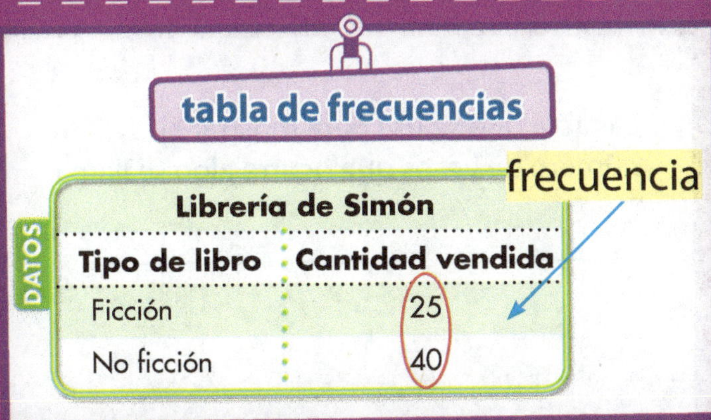

Librería de Simón

Tipo de libro	Cantidad vendida
Ficción	25
No ficción	40

datos

DATOS

Cadenas de papel de Enrico

Número de cadenas de papel	Longitud
3	6 pulgs.
2	7 pulgs.

datos

encuesta

Color preferido

Rojo	Verde	Amarillo	Azul	Anaranjado
𝍸	𝍸	//	𝍸	𝍸
𝍸	//			𝍸
𝍸				

Mis tarjetas de palabras

Completa cada definición. Para ampliar lo que aprendiste, escribe tus propias definiciones.

Una ____________ explica lo que representa cada símbolo en una pictografía.

Una gráfica que usa dibujos o símbolos para mostrar datos se llama

____________________________.

Los números que representan las unidades usadas en un gráfica se

llaman ______________.

Una gráfica que usa barras para mostrar

datos se llama ____________________

____________________________.

Las unidades de información se llaman

____________________________.

La tabla que se usa para mostrar el número de veces que ocurre algo se llama

____________________________.

Hacer la misma pregunta a un número de personas y anotar las respuestas para reunir información es una

____________________________.

Copyright © Savvas Learning Company LLC. All Rights Reserved.

Nombre ______________________________

Lección 7-1
Leer pictografías y gráficas de barras

Puedo...
usar pictografías y gráficas de barras para responder a las preguntas sobre conjuntos de datos.

También puedo buscar patrones para resolver problemas.

Resuélvelo y coméntalo Los estudiantes de la clase de Jorge hicieron una encuesta de sus cereales preferidos e hicieron esta pictografía para mostrar los resultados. Nombra al menos tres cosas sobre los datos de la gráfica.

Puedes usar la estructura. ¿Cómo puedes hallar el número de votos que tuvo cada tipo de cereal?

Cereales preferidos

Cereal	
Berry Crunch	
Granola y miel	
Corn Puffs	
Nueces y trigo	

Cada = 2 votos. Cada = 1 voto.

¡Vuelve atrás! **Hacerlo con precisión** ¿Qué representan los dos símbolos en la gráfica?

Aprende Glosario

Pregunta esencial

¿Cómo puedes leer pictografías?

A

¿Cuántos equipos hay en la liga Cascada Este?

Los **datos** son la información que recopilas. Una **pictografía a escala** usa dibujos o símbolos para mostrar los datos.

La **escala** es el número que cada dibujo o símbolo representa.

Equipos de hockey de cada liga

Cascada Este	
Cascada Norte	
Cascada Sur	
Cascada Oeste	

Cada = 2 equipos.
Cada = 1 equipo.

La **clave** explica la escala que se usó en la gráfica.

B Usa la clave.

Mira los datos para la liga Cascada Este.

Hay 3 y 1 .

Los 3 representan $3 \times 2 = 6$ equipos.

1 representa $1 \times 1 = 1$ equipo.

$6 + 1 = 7$

Hay 7 equipos en la liga Cascada Este.

C ¿Cuántos equipos más tiene la liga Cascada Este que la liga Cascada Sur?

Usa la pictografía para escribir las ecuaciones y comparar las dos filas.

Cascada Este
$3 \times 2 + 1 = 7$

Cascada Sur
$2 \times 2 = 4$

Resta: $7 - 4 = 3$

La liga Cascada Este tiene 3 equipos más que la liga Cascada Sur.

¡Convénceme! **Hacerlo con precisión** Comenta algo que puedas averiguar sobre cada liga en la pictografía.

Copyright © Savvas Learning Company LLC. All Rights Reserved.

Nombre ______________________________

Otro ejemplo

Una **gráfica de barras a escala** usa barras para representar y comparar información. Esta gráfica de barras muestra el número de goles que anotaron los diferentes jugadores de un equipo de hockey. La escala muestra las unidades usadas.

En esta gráfica de barras, cada línea representa dos unidades. Hay rótulos en las líneas alternas: 0, 4, 8 y así sucesivamente. Por ejemplo, la línea que se encuentra entre el 4 y el 8 representa 6 goles.

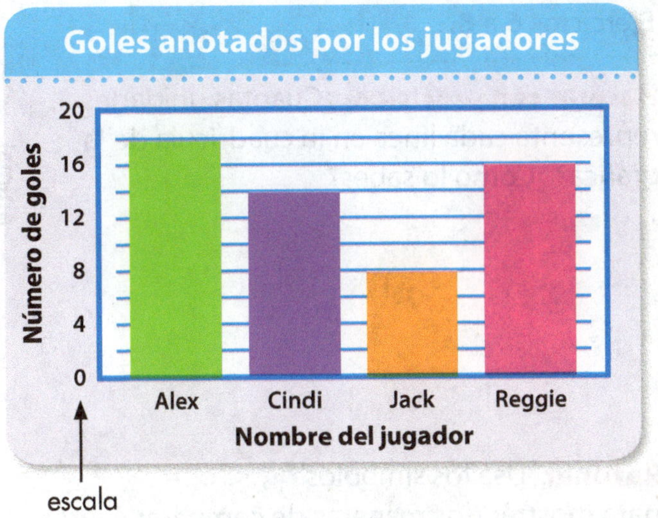

Práctica guiada*

¿Lo entiendes?

Usa la anterior gráfica de barras en los Ejercicios **1** y **2.**

1. ¿Cuántos goles anotaron Alex y Reggie en total?

¿Cómo hacerlo?

2. Explica cómo hallar cuántos goles más que Cindi anotó Alex.

Práctica independiente

Usa la pictografía en los Ejercicios **3** a **5.**

3. ¿Qué área tiene la luz prendida la mayor cantidad de horas por semana?

4. ¿Qué área tiene la luz prendida exactamente 50 horas por semana?

5. En una semana, ¿cuántas horas más está prendida la luz en la sala de ejercicios que en la piscina?

Horas de uso de la luz en el centro deportivo
Número de horas que la luz está prendida por semana

Sala de ejercicios	
Vestidores	
Piscina	
Cancha de tenis	

Cada = 10 horas. Cada = 5 horas.

*Puedes encontrar otro ejemplo en el Grupo A, página 391.

Resolución de problemas

Usa la gráfica de barras de la derecha en los Ejercicios **6** a **8.**

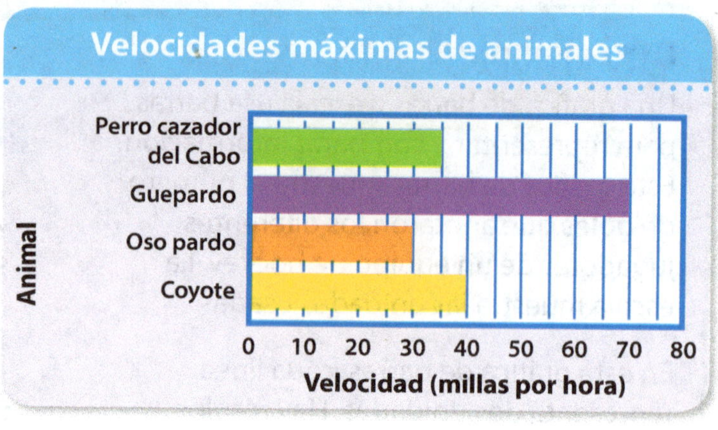

6. **Hacerlo con precisión** ¿Cuántas unidades representa cada línea en la cuadrícula de la gráfica? ¿Cómo lo sabes?

7. **Razonar** Usa los símbolos $>$, $<$ o $=$ para mostrar dos maneras de comparar las velocidades máximas del guepardo y el coyote.

8. **Razonamiento de orden superior** ¿Qué velocidades máximas de dos animales al ser combinadas son iguales a la velocidad máxima del guepardo?

Evaluación

Usa la pictografía en los Ejercicios **9** y **10.**

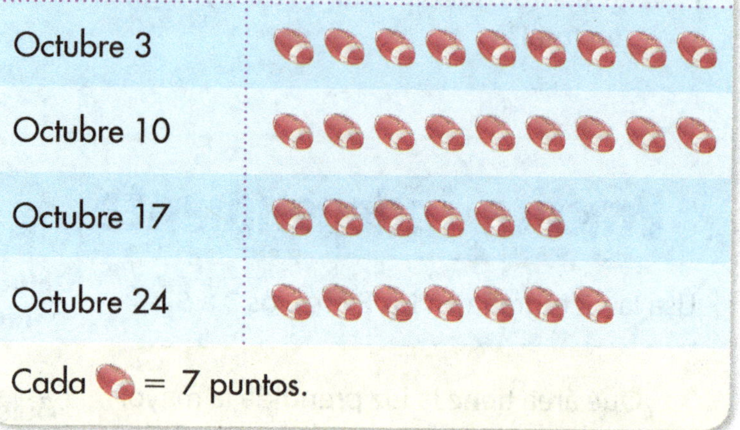

9. ¿En qué días puedes usar la ecuación 9×7 para hallar cuántos puntos se anotaron? Escoge todas las que apliquen.

   - ☐ Octubre 3
   - ☐ Octubre 10
   - ☐ Octubre 17
   - ☐ Octubre 24
   - ☐ Ningún día

10. ¿Qué días anotó menos de 50 puntos el equipo de futbol americano? Escoge todas las que apliquen.

   - ☐ Octubre 3
   - ☐ Octubre 10
   - ☐ Octubre 17
   - ☐ Octubre 24
   - ☐ Ningún día

Copyright © Savvas Learning Company LLC. All Rights Reserved.

Nombre ______________________

Tarea y práctica 7-1

Leer pictografías y gráficas de barras

¡Revisemos!

Puedes usar una pictografía o una gráfica de barras para representar e interpretar datos.

Las pictografías usan dibujos o partes de dibujos para representar datos.

Medallas de oro de los Juegos Olímpicos de Invierno de Vancouver, 2010

Suecia	
Francia	
Suiza	
Rusia	

Cada = 1 medalla de oro.

Las pictografías tienen claves para explicar la escala que usan y lo que representa cada dibujo.

Las gráficas de barras usan barras para representar datos.

Las gráficas de barras tienen escalas que muestran las unidades usadas.

Cada línea en esta gráfica de barras representa 2 medallas.

Usa la pictografía de la derecha en los Ejercicios **1** a **4**.

Número de casas construidas en 1 año

Ciudad A	
Ciudad B	
Ciudad C	
Ciudad D	
Ciudad E	
Ciudad F	

Cada = 10 casas. Cada = 5 casas.

1. ¿Cuántas casas se construyeron en la Ciudad B?

2. ¿Cuántas casas se construyeron en la Ciudad B y en la Ciudad F?

3. ¿Cuántas casas más se construyeron en la Ciudad D que en la Ciudad E en 1 año?

4. Pon las ciudades en orden de menor a mayor número de casas construidas.

Usa la gráfica de barras de la derecha en los Ejercicios **5** a **8.**

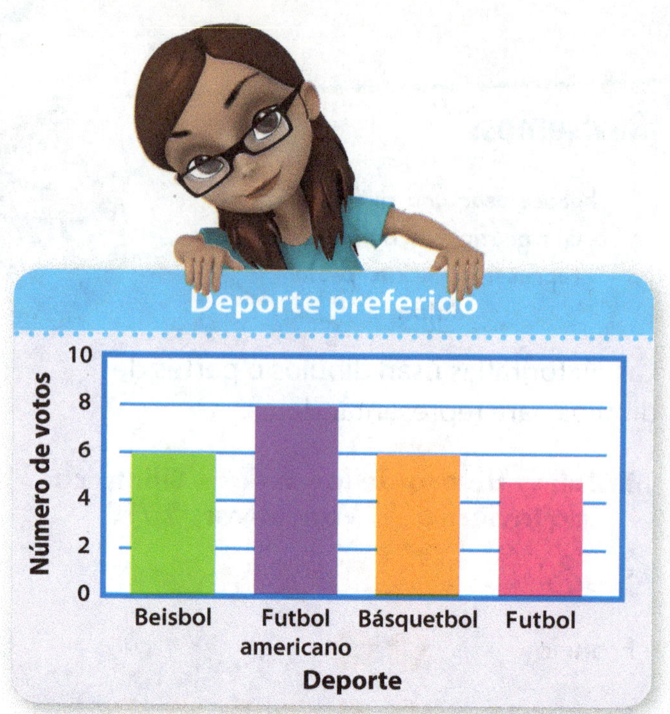

5. **Razonamiento de orden superior** ¿Cuántas personas más prefirieron el futbol americano o el futbol al beisbol o el básquetbol?

6. Compara los votos para futbol americano con los votos combinados para el beisbol y el futbol. Usa el símbolo $>$, $<$ o $=$.

7. ¿Qué deportes tuvieron el mismo número de votos? ¿Cómo lo sabes?

8. **Generalizar** ¿Cómo puedes saber qué deporte obtuvo más votos con solo mirar las barras? ¿Y el que obtuvo menos votos? ¿Qué deportes son?

Evaluación

Usa la pictografía de la derecha en los Ejercicios **9** y **10.**

Libros leídos

Nancy

Tamika

Jamal

Phil

Anders

Miguel

Cada ▯▯ = 4 libros. Cada ▯ = 2 libros.

9. ¿Qué estudiantes leyeron más libros que Phil? Escoge todas las que apliquen.

- ☐ Anders
- ☐ Jamal
- ☐ Nancy
- ☐ Miguel
- ☐ Tamika

10. ¿Qué estudiantes leyeron menos de 12 libros? Escoge todas las que apliquen.

- ☐ Anders
- ☐ Jamal
- ☐ Nancy
- ☐ Miguel
- ☐ Tamika

Copyright © Savvas Learning Company LLC. All Rights Reserved.

Nombre ____________________

Resuélvelo y coméntalo

Mary ayuda a su maestro a contar los nuevos artículos para el área de juego de la escuela. Anota los datos en una tabla de frecuencias. Usa los datos de la tabla para completar la pictografía. Escribe dos enunciados sobre la gráfica una vez que la hayas completado.

Lección 7-2
Hacer pictografías

Puedo...
hacer una pictografía para anotar información y responder preguntas sobre un conjunto de datos.

También puedo entender bien los problemas.

DATOS

Artículos para el área de juegos

Artículos	Conteo	Número
Pelotas de básquetbol	卌 卌	10
Cuerdas de saltar	卌 卌	10
Bates	卌	5
Pelotas de futbol	卌 卌 卌	15

____

Pelotas de básquetbol	
Cuerdas de saltar	
Bates	
Pelotas de futbol	

Cada (pelota) = 2 objetos. Cada (media pelota) = 1 objeto.

Puedes entender los problemas. ¿Cómo te pueden ayudar las marcas de conteo y la clave a representar los datos en la pictografía?

¡Vuelve atrás! Hacerlo con precisión ¿Cómo supiste el número de símbolos que tenías que dibujar para representar las cuerdas de saltar?

¿Cómo haces una pictografía?

A

Sam anotó el número de cada tipo de bicicleta que vendió una tienda durante un mes. Hizo una tabla de frecuencias. Usa la tabla para hacer una pictografía.

También puedes recopilar datos haciéndole preguntas a las personas con una encuesta.

DATOS

Tipos de bicicletas vendidas

Tipo de bicicleta	Conteo	Número
De niño	𝍸 𝍸	10
De niña	𝍸 𝍸 𝍸 𝍸	20
De entrenamiento	𝍸 𝍸 𝍸	15
De carreras	𝍸 𝍸	10

B

Escribe un título para la pictografía.

El título es "Tipos de bicicletas vendidas".

Escoge un símbolo para la clave. Decide lo que representa el símbolo y el medio símbolo.

Cada △ significa 10 bicicletas.

Cada ◺ significa 5 bicicletas.

Se usa un medio símbolo para representar 5 bicicletas porque 5 es la mitad de 10.

C

Prepara la gráfica y haz una lista de los tipos de bicicletas. Decide cuántos símbolos necesitas para cada número de bicicletas vendidas. Dibuja los símbolos.

Tipos de bicicletas vendidas

De niño	△
De niña	△ △
De entrenamiento	△ ◺
De carreras	△

Cada △ = 10 bicicletas.
Cada ◺ = 5 bicicletas.

¡Convénceme! **Representar con modelos matemáticos** Supón que también se vendieron 25 bicicletas de montaña. Dibuja símbolos para mostrar una fila para las bicicletas de montaña en la pictografía. Explica cómo lo decidiste.

Copyright © Savvas Learning Company LLC. All Rights Reserved.

Nombre ____________

Práctica guiada*

¿Lo entiendes?

Usa la pictografía de la página 366 en los Ejercicios **1** y **2.**

1. **Razonar** Explica los símbolos usados para el número de bicicletas de entrenamiento vendidas.

2. Si la clave fuera △ = 2 bicicletas, ¿cuántos símbolos se usarían para representar las bicicletas de niño vendidas? ¿Y para representar las bicicletas de niña vendidas?

¿Cómo hacerlo?

3. Usa la tabla para completar la pictografía.

DATOS

Almuerzo escolar preferido		
Almuerzo	**Conteo**	**Número**
Taco	//	2
Pizza	~~////~~ ///	8
Ensalada	///	3

Almuerzo escolar preferido	
Taco	
Pizza	
Ensalada	

Cada [bolsa] = 2 votos.
Cada [media bolsa] = 1 voto.

Práctica independiente

Usa los datos de la tabla en los Ejercicios **4** a **6.**

4. Completa la pictografía.

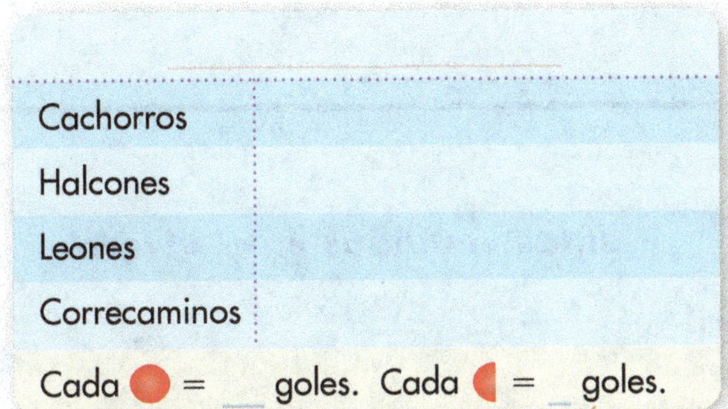

______	
Cachorros	
Halcones	
Leones	
Correcaminos	

Cada ● = ___ goles. Cada ◖ = ___ goles.

DATOS

Goles de cada equipo		
Nombre del equipo	**Conteo**	**Número**
Cachorros	~~////~~ ~~////~~	10
Halcones	~~////~~ ~~////~~ ~~////~~ ~~////~~	20
Leones	~~////~~ ~~////~~ ~~////~~ ~~////~~ ~~////~~ ~~////~~	30
Correcaminos	~~////~~ ~~////~~ ~~////~~	15

5. ¿Cuáles son los dos equipos que anotaron más goles: los Cachorros y los Leones o los Halcones y los Correcaminos?

6. Explica cómo decidiste cuántos símbolos hay que dibujar para mostrar los goles de los Correcaminos.

*Puedes encontrar otro ejemplo en el Grupo B, página 392.

Resolución de problemas

Usa la tabla de frecuencias de la derecha en los Ejercicios **7** a **9**.

7. **Representar con modelos matemáticos** Haz una pictografía para mostrar los datos de la tabla.

DATOS

Verduras preferidas		
Tipo	**Conteo**	**Número**
Maíz	////	4
Habichuelas verdes	//	2
Tomates	~~////~~	5

8. Pregúntale a seis estudiantes de tu clase cuál de las tres verduras es su favorita. Anota las respuestas en tu pictografía.

9. **Entender y perseverar** ¿Cuál es la diferencia entre el número impar y la suma de los números pares en la tabla?

10. **Razonamiento de orden superior** Supón que vas a hacer una pictografía para mostrar los datos de la tabla de la librería de Simón. Escoge un símbolo que represente 5 libros vendidos. Dibuja la fila de los libros de ficción vendidos. Justifica tu dibujo.

DATOS

Librería de Simón	
Tipo de libro	**Número vendido**
Ficción	25
No ficción	40
Poesía	20
Diccionario	15

Evaluación

11. En el vivero se vendieron 30 plantas en mayo, 35 plantas en junio y 25 plantas en abril. Completa la pictografía para mostrar estos datos. Escoge los símbolos que usarás.

Plantas vendidas en el vivero	
Abril	
Mayo	
Junio	

Cada ____ = 10 plantas. Cada ____ = 5 plantas.

Copyright © Savvas Learning Company LLC. All Rights Reserved.

Nombre ______________________

Tarea y práctica 7-2

Hacer pictografías

¡Revisemos!

La tabla de frecuencias muestra diferentes pedidos para el almuerzo. Sigue los pasos para aprender a hacer una pictografía.

Puedes mostrar los datos de una tabla en una pictografía.

DATOS

Pedidos		
Comida	**Conteo**	**Número**
Pasta	𝍸 /	6
Ensalada	////	4
Guiso	𝍸 𝍸	10
Pescado	𝍸 ////	9

Pedidos	
Pasta	🌽🌽🌽
Ensalada	🌽🌽
Guiso	🌽🌽🌽🌽🌽
Pescado	🌽🌽🌽🌽 ½

Cada 🌽 = 2 comidas.
Cada ½ = 1 comida.

Paso 1

Escribe un título que explique lo que muestra la pictografía.

Paso 2

Escoge un símbolo y una escala.

Paso 3

Dibuja en la gráfica el número de símbolos que se necesitan para cada pedido.

1. Completa la tabla de frecuencias para mostrar cómo votó la clase de la Srta. Hashimoto para escoger el tipo de película preferido.

DATOS

Tipo de película preferido		
Tipo	**Conteo**	**Número**
Acción	𝍸 ///	
Comedia	///	
Drama	𝍸 /	
Dibujos animados	𝍸 𝍸	

¿Cuáles son los dos tipos de película con más votos combinados: comedia y dibujos animados o acción y drama?

2. Usa la tabla del Ejercicio 1 para completar la pictografía.

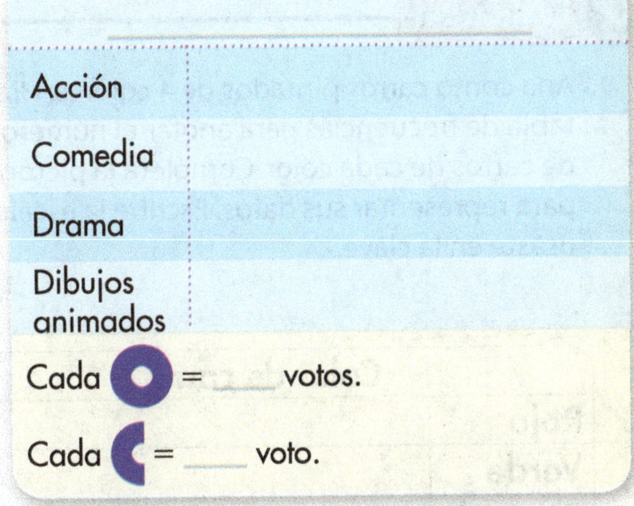

¿Cómo escogiste el número que representa cada símbolo?

3. **Matemáticas y Ciencias** Marzo y abril tienen 61 días. La Sra. Durán anotó 18 días soleados en marzo y 12 días soleados en abril. ¿Cuántos días no fueron soleados?

4. **Vocabulario** Una ______ también se puede usar para representar y comparar el mismo conjunto de datos usando barras en vez de dibujos o símbolos.

Usa la pictografía de la derecha en los Ejercicios **5** a **7**.

5. **Evaluar el razonamiento** Pamela hizo esta pictografía para mostrar las bebidas preferidas de 14 estudiantes. Dibujó 3 vasos para representar a 6 estudiantes que escogieron la leche chocolateada. ¿Es correcta la pictografía? Explícalo.

Bebidas preferidas	
Leche chocolateada	▯ ▯ ▯
Jugo de naranja	▯ ▯ ▯ ▯

Cada ▯ = 2 estudiantes.

6. **Razonamiento de orden superior** ¿Cómo cambiaría la pictografía de Pamela si 12 estudiantes escogieran jugo de uva como su bebida preferida?

7. **Entender y perseverar** ¿Cómo tendría que cambiar la escala si su pictografía mostrara las bebidas preferidas de 70 estudiantes?

Evaluación

8. Ana contó carros pintados de 4 colores. Hizo una tabla de frecuencias para anotar el número total de carros de cada color. Completa la pictografía para representar sus datos. Escribe la escala que usaste en la clave.

Color de carro	
Rojo	
Verde	
Plateado	
Negro	

DATOS

Color de carro

Color	Conteo	Número
Rojo	𝍸 𝍸 𝍸 /	16
Verde	𝍸 𝍸 𝍸 𝍸	20
Plateado	𝍸 𝍸 𝍸 𝍸 ////	24
Negro	𝍸 𝍸 ////	14

Copyright © Savvas Learning Company LLC. All Rights Reserved.

Nombre ______________________

Lección 7-3
Hacer gráficas de barras

Resuélvelo y coméntalo Usa los datos de la siguiente tabla para completar la gráfica de barras. ¿Qué conclusiones puedes sacar cuando analizas la gráfica de barras?

Puedo... hacer una gráfica de barras para anotar información y responder preguntas sobre conjuntos de datos.

También puedo entender bien los problemas.

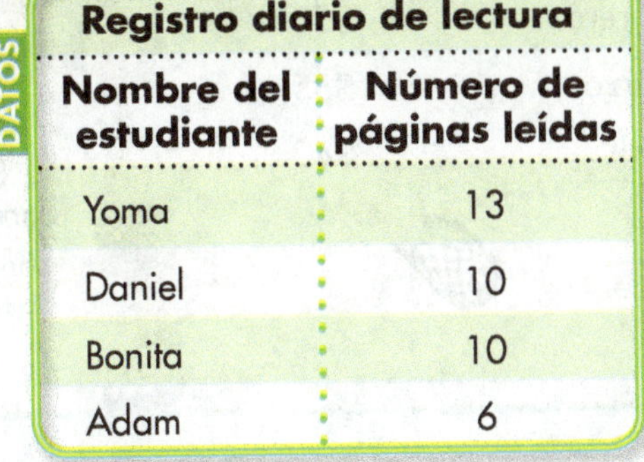

DATOS

Registro diario de lectura	
Nombre del estudiante	**Número de páginas leídas**
Yoma	13
Daniel	10
Bonita	10
Adam	6

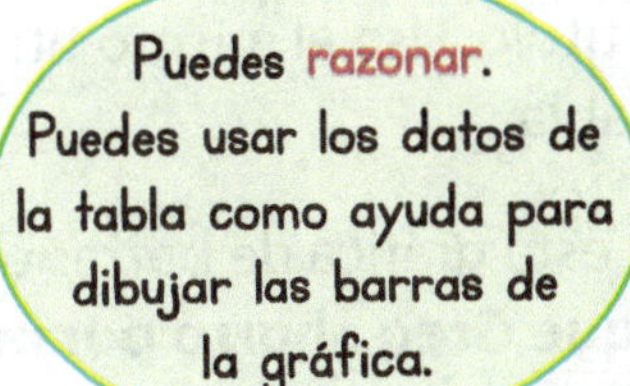

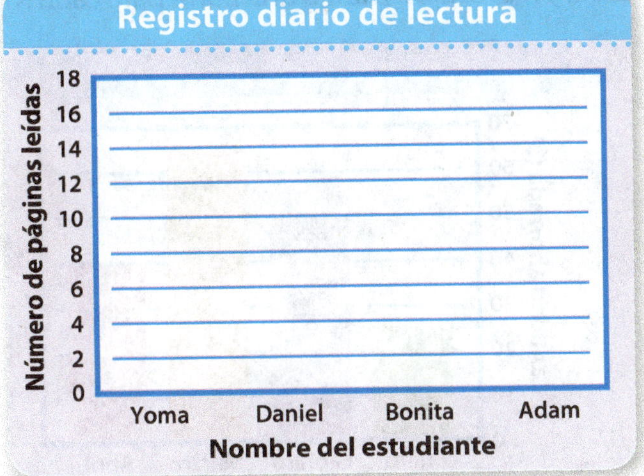

¡Vuelve atrás! **Usar herramientas apropiadas** ¿Cómo te pueden ayudar las herramientas, tales como una regla, a crear una gráfica de barras?

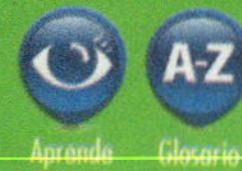

Pregunta esencial

¿Cómo haces una gráfica de barras?

A

Greg hizo una tabla para mostrar la cantidad de dinero que ahorró cada mes dando clases. Usa los datos de la tabla para hacer una gráfica de barras.

DATOS

Cantidad que Greg ahorró por mes

Mes	Cantidad ahorrada
Enero	$25
Febrero	$50
Marzo	$65
Abril	$40

B Escribe un título. Usa el mismo título que en la tabla.

El título de esta gráfica de barras es **Cantidad que Greg ahorró por mes.**

Escoge la escala. Decide cuántas unidades representa cada línea de la cuadrícula.

Cada línea de la cuadrícula representa $10.

C Haz la gráfica con la escala, los meses indicados en la tabla y los rótulos. Dibuja una barra para cada mes.

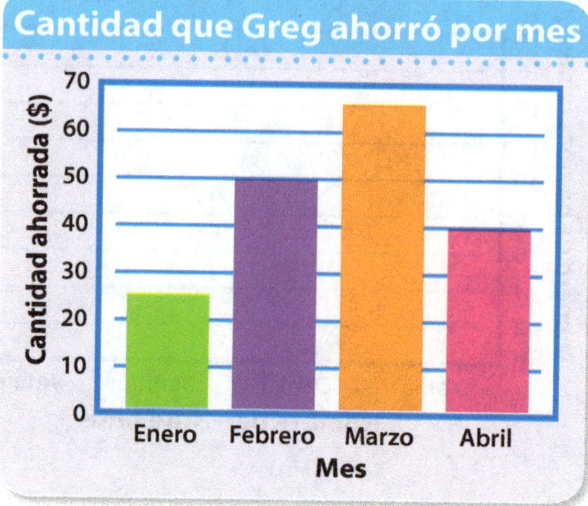

¡Convénceme! **Hacerlo con precisión** Escribe las nuevas cantidades que ahorró Greg en otros 4 meses. Considera la escala.

En mayo, Greg ahorró ______.

En junio, Greg ahorró ______.

En julio, Greg ahorró ______.

En agosto, Greg ahorró ______.

Dibuja barras en la gráfica para mostrar los nuevos datos.

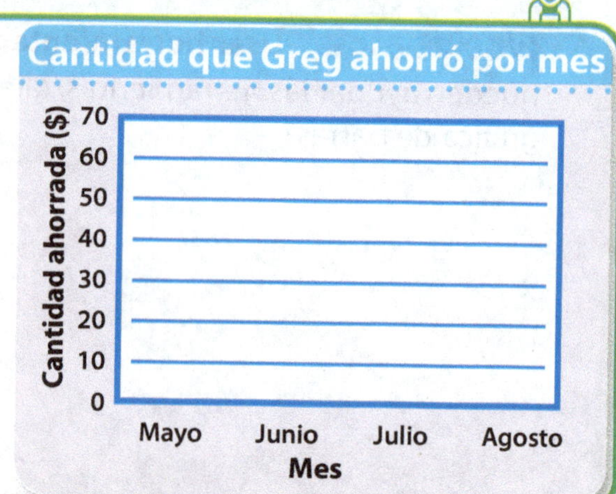

Copyright © Savvas Learning Company LLC. All Rights Reserved.

Nombre ______________________________

Práctica guiada*

¿Lo entiendes?

Usa la gráfica de barras de la página 372 en los Ejercicios **1** a **3.**

1. **Razonar** Explica por qué la barra de enero termina entre 20 y 30.

2. Supón que Greg ahorró $35 en mayo. ¿Entre qué líneas de la cuadrícula terminaría la barra de mayo?

3. ¿Cómo puedes saber cuánto más ahorró Greg en febrero que en abril?

¿Cómo hacerlo?

4. Usa la tabla para completar la gráfica de barras.

DATOS

Número de personas que se inscribieron en las clases

Clase	Conteo	Número de personas
Ajedrez	𝍸 /	6
Guitarra	𝍸 𝍸	10
Pintura	𝍸 //	7
Redacción	𝍸 ////	9

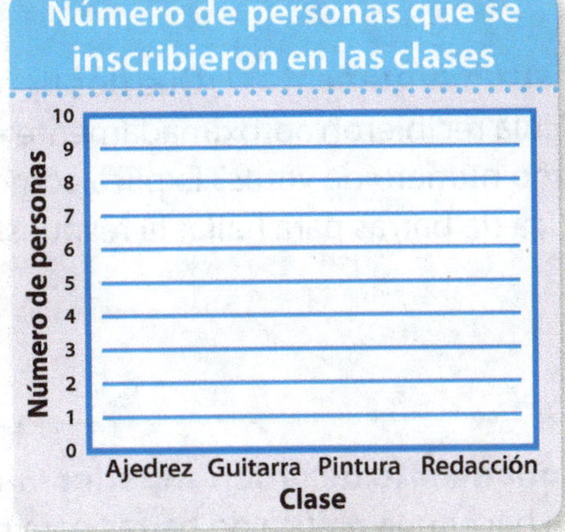

Práctica independiente

Usa la tabla de la derecha en el Ejercicio **5.**

5. Completa la gráfica de barras para mostrar los datos.

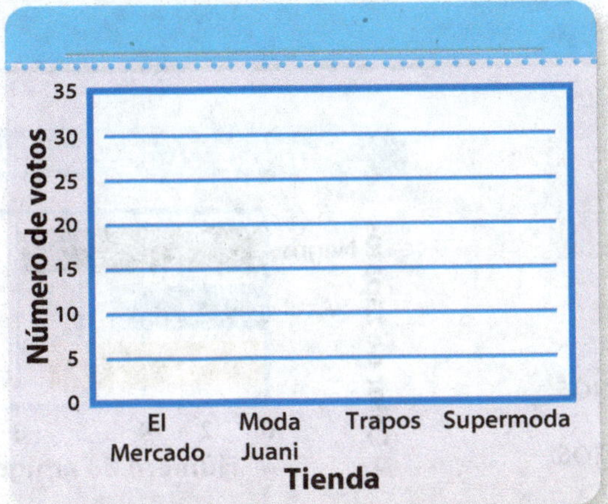

DATOS

Tienda de ropa preferida

Tienda	Conteo	Número de votos
El Mercado	𝍸 𝍸 𝍸	15
Moda Juani	𝍸 𝍸 𝍸 𝍸 𝍸 𝍸	30
Trapos	𝍸 𝍸 𝍸 𝍸	20
Supermoda	𝍸	5

Puedes encontrar otro ejemplo en el Grupo B, página 392.

Resolución de problemas

Usa la tabla de la derecha en los Ejercicios **6** a **8.**

6. **Representar con modelos matemáticos** Haz una gráfica de barras para mostrar los datos.

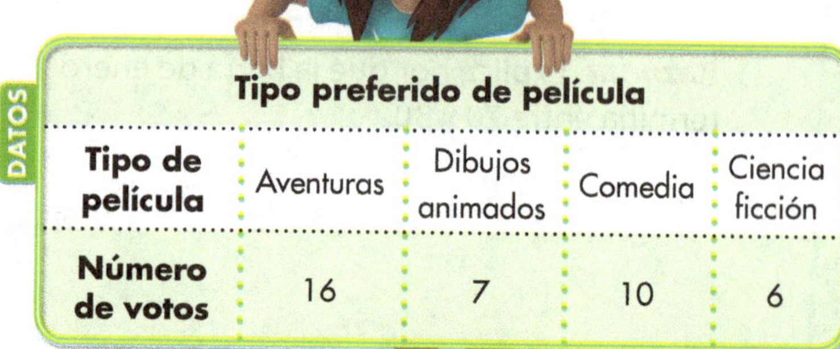

DATOS

Tipo preferido de película				
Tipo de película	Aventuras	Dibujos animados	Comedia	Ciencia ficción
Número de votos	16	7	10	6

7. **Construir argumentos** ¿Qué dos tipos de película recibieron aproximadamente el mismo número de votos? Explica cómo usar la gráfica de barras para hallar la respuesta.

8. **Entender y perseverar** Cada boleto de cine cuesta $8. Joel compra boletos para el número de personas que votaron por ciencia ficción. ¿Cuánto cambio le devuelven si paga con $50?

9. **Razonamiento de orden superior** Supón que vas a hacer una gráfica de barras para mostrar los datos de la tabla de la derecha. ¿Qué escala usarías? Explícalo.

DATOS

Velocidad de las aves	
Tipo de ave	**Velocidad de vuelo (millas por hora)**
Fragata	95
Halcón peregrino	180
Vencejo	105

Evaluación

10. ¿Qué información se necesita para completar la gráfica?

Ⓐ Cuántos amigos usaron zapatos rosados.

Ⓑ El color de los zapatos de la barra más larga.

Ⓒ El color de los zapatos de exactamente 8 amigos.

Ⓓ El color de los zapatos de exactamente 7 amigos.

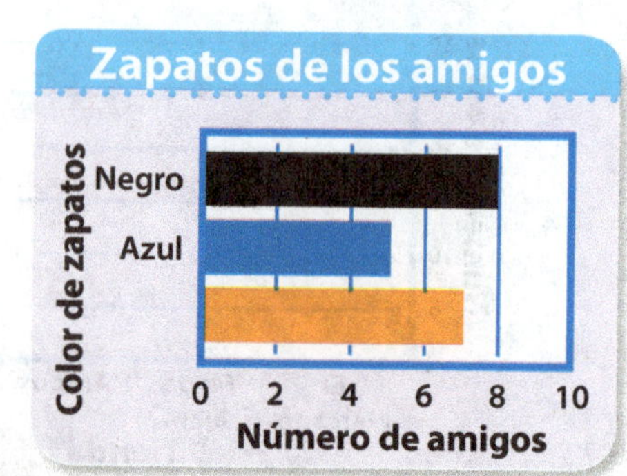

Copyright © Savvas Learning Company LLC. All Rights Reserved.

Nombre ______________________

Tarea y práctica 7-3

Hacer gráficas de barras

¡Revisemos!

La siguiente tabla muestra el número de aves que llegaron a un comedero para aves.

DATOS

Visitas al comedero para aves

Día	Número de aves
Lunes	12
Martes	8
Miércoles	14
Jueves	10
Viernes	5

Sigue los pasos para aprender a hacer la gráfica de barras de la derecha.

Paso 1

Escribe los días y coloca el rótulo "Día" en la base de la gráfica.

Paso 2

Escoge una escala. Numera la escala. Escribe en la escala el rótulo "Número de aves".

Paso 3

Dibuja una barra para cada día. Asegúrate de que la longitud de las barras coincida con los números de la tabla.

Paso 4

Escribe un título para la gráfica.

Usa la tabla de la derecha en los Ejercicios **1** a **3.**

1. Completa la gráfica de barras para mostrar los datos. Recuerda agregar un título.

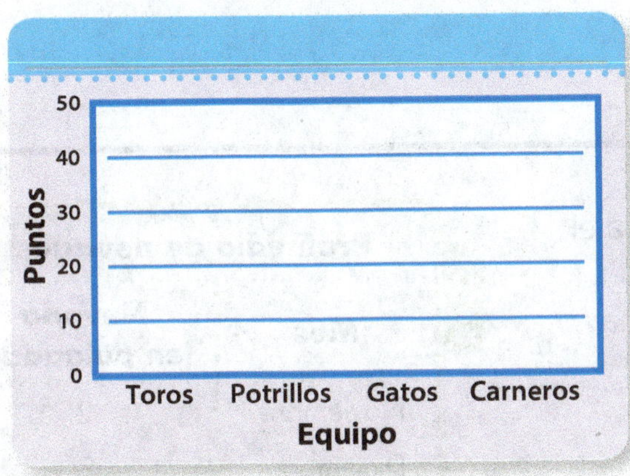

DATOS

Resultados del día deportivo

Equipo	Puntos
Toros	45
Potrillos	30
Gatos	25
Carneros	40

2. Explica cómo usas tu gráfica de barras para hallar el equipo que anotó más puntos.

3. ¿A qué equipo le corresponde la barra más corta en tu gráfica? ¿Por qué?

Usa la tabla de la derecha en los Ejercicios **4** a **6.**

4. Representar con modelos matemáticos Haz una gráfica de barras para mostrar los datos de la tabla.

DATOS

Estados preferidos para visitar	
Estado	**Número de votos**
Nueva York	25
Florida	35
California	30
Hawái	20

5. Construir argumentos Explica cómo usar tu gráfica de barras para hallar el estado con el menor número de votos. ¿Qué estado es?

6. Álgebra El número total de votos para dos estados se puede representar con la ecuación $35 + ? = 65$. ¿Qué estado hace que este enunciado sea verdadero?

7. Matemáticas y Ciencias Daniela hizo un avión de papel y después de 30 lanzamientos, midió en pies la distancia que voló. La distancia más larga que midió fue 45 pies. La distancia más corta fue 28 pies. ¿Cuántos pies más es la distancia más larga que la distancia más corta?

8. Razonamiento de orden superior Kim hace una gráfica de barras para anotar los votos de la mascota preferida de su clase. Cada línea de la cuadrícua representa 4 votos. Los peces tuvieron 10 votos. La barra de los hámsteres está 3 líneas más arriba que la barra de los peces. ¿Cuántos votos tuvieron los hámsteres?

Evaluación

9. Matemáticas y Ciencias La tabla de la derecha muestra el promedio de nevadas mensuales donde vive el Sr. Walker. ¿Cuál sería el mejor número para usar en la escala de una gráfica de barras con los datos?

Ⓐ 1

Ⓑ 2

Ⓒ 5

Ⓓ 10

DATOS

Promedio de nevadas	
Mes	**Nevada (en pulgadas)**
Noviembre	2
Diciembre	8
Enero	12
Febrero	10
Marzo	2

Copyright © Savvas Learning Company LLC. All Rights Reserved.

Nombre ______________________________

Lección 7-4

Resolver problemas verbales usando la información de gráficas

Puedo...
usar gráficas y otras herramientas para resolver problemas verbales.

También puedo entender bien los problemas.

Resuélvelo y coméntalo Los estudiantes de la clase de la Srta. Sánchez votaron por su sándwich preferido. ¿Cuántos estudiantes más votaron por el sándwich de mantequilla de maní que por el de queso? ¿Cuántos estudiantes menos votaron por el de atún que por el de mantequilla de maní?

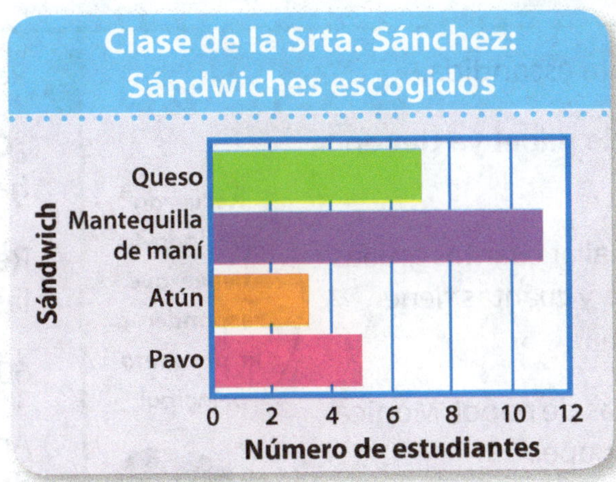

¡Vuelve atrás! **Hacerlo con precisión** ¿Cuál es la escala para esta gráfica? ¿Cómo sabes el número de votos que representa una barra si está entre dos líneas en esta gráfica?

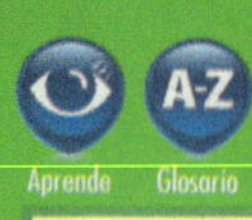

¿Cómo puedes resolver problemas usando las gráficas?

A

Ángela quiere darle un total de 60 grullas de papel a Carla y a Mónica. La gráfica de barras muestra cuántas grullas de papel ya tienen sus amigas. ¿Cuántas grullas de papel más necesita hacer Ángela para que Carla y Mónica tengan 60 grullas de papel en total?

¡Este problema tiene una pregunta escondida!

B Resuelve la pregunta escondida.

¿Cuántas grullas de papel ya tienen Carla y Mónica?

Usa la escala para hallar cuántas grullas de papel tiene Carla y cuántas tiene Mónica. Luego, suma.

Carla tiene 30 grullas de papel. Mónica tiene 10 grullas de papel.

$30 + 10 = 40$

Entre las dos tienen 40 grullas de papel.

Recuerda que todavía tienes que responder a la pregunta principal.

C Resuelve la pregunta principal.

¿Cuántas grullas de papel tiene que hacer Ángela?

Resta del total el número de grullas que las amigas ya tienen.

$60 - 40 = 20$

Ángela tiene que hacer 20 grullas de papel.

¡Convénceme! **Evaluar el razonamiento** Ángela dice: "Quiero que Ilana y Elsa también tengan 60 grullas en total. Puedo restar dos veces para hallar cuántas grullas más tengo que hacer para ellas". ¿Tiene razón Ángela? Explícalo.

Copyright © Savvas Learning Company LLC. All Rights Reserved.

Nombre ______________________________

Práctica guiada*

¿Lo entiendes?

1. Mira la gráfica en la página 378. Explica si sumarías, restarías, multiplicarías o dividirías para hallar cuántas grullas de papel más ya tiene Carla que Mónica.

2. ¿Cómo te ayuda la gráfica de barras a comparar datos?

¿Cómo hacerlo?

Usa la gráfica de barras en el Ejercicio **3.**

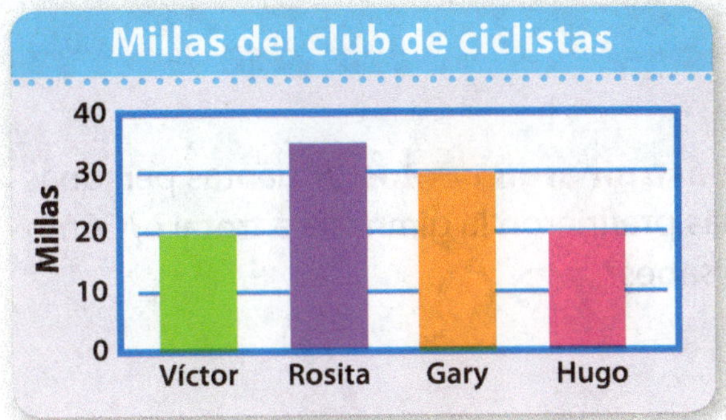

3. ¿Cuántas millas más recorrieron Hugo y Víctor que Rosita?

Práctica independiente

Usa la pictografía de la derecha en los Ejercicios **4** a **6.**

4. ¿Cuántas camisetas rojas más se vendieron en Última moda que en El ropero?

5. ¿Cuántas camisetas verdes menos se vendieron en El ropero que en Última moda?

6. ¿Cuántas camisetas azules y rojas más se vendieron en El ropero que camisetas verdes en Última moda?

Gran venta de camisetas

	El ropero	Última moda
Azul	👕 👕 ½👕	👕
Roja	👕 👕	👕 👕 ½👕
Verde	½👕	👕 👕 👕

Cada 👕 = 10 camisetas. Cada ½👕 = 5 camisetas.

*Puedes encontrar otro ejemplo en el Grupo C, página 393.

Resolución de problemas

Usa la gráfica de barras de la derecha en los Ejercicios **7** a **9**.

7. **Sentido numérico** ¿Cuántas personas votaron por su tipo de ejercicio preferido? ¿Cómo puedes hallar la respuesta?

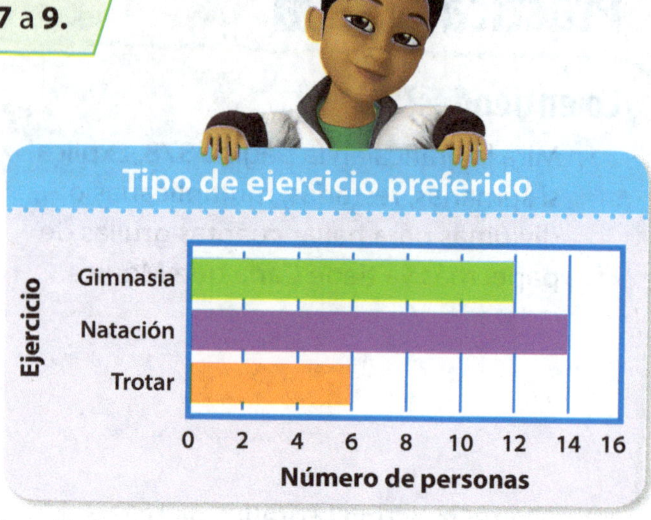

8. **Construir argumentos** ¿Cuántas personas más prefirieron la gimnasia a trotar? ¿Cómo lo sabes?

9. ¿Cuántas personas menos prefirieron natación a gimnasia y trotar?

10. **Entender y perseverar** Leslie entrega periódicos entre semana y los sábados. Entrega 6 periódicos cada día de la semana y 16 periódicos los sábados. ¿Cuántos periódicos entrega Leslie durante toda la semana?

11. **Razonamiento de orden superior** ¿Qué tipos de comparaciones puedes hacer cuando miras una gráfica de barras o una pictografía?

Evaluación

12. Darío hizo una gráfica de barras para anotar el número de libros que leyó cada miembro del club de lectura.

    ¿Cuántos libros menos leyó Alicia que Sandra y Darío? Explícalo.

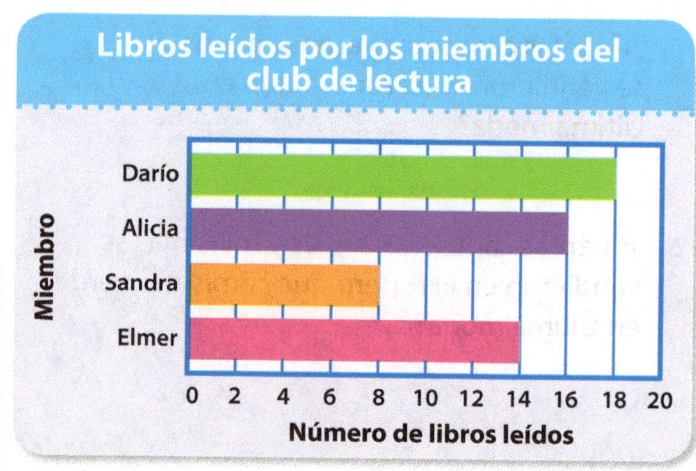

Copyright © Savvas Learning Company LLC. All Rights Reserved.

Nombre ______________________________

Tarea y práctica 7-4

Resolver problemas verbales usando la información de gráficas

¡Revisemos!

Los estudiantes respondieron una encuesta para escoger su tipo de perro preferido. La pictografía muestra los resultados de la encuesta.

Perros preferidos por los estudiantes

Perro	Número
Beagle	🐕 🐕 🐕
Collie	🐕 🐕 🐕 🐕 🐕
Pastor	🐕 🐕 ½🐕
Caniche	🐕
Dálmata	🐕 🐕

Cada 🐕 = 2 votos. Cada ½🐕 = 1 voto.

Puedes usar gráficas para comparar datos y sacar conclusiones.

Estas son algunas conclusiones que puedes sacar de la pictografía:

- El perro pastor fue escogido por exactamente 5 estudiantes.
- El beagle fue escogido por 2 estudiantes más que el dálmata.
- El collie fue escogido por la mayoría de los estudiantes.

Usa la gráfica de barras de la derecha en los Ejercicios **1** a **4**.

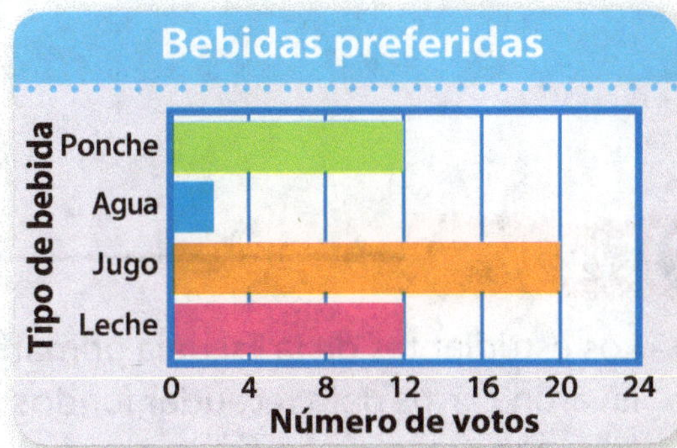

1. ¿Cuántos votos más obtuvo el ponche que el agua?

2. ¿Cuántos votos menos obtuvo la leche que el jugo y el agua?

3. ¿Cuántos votos más obtuvo el jugo que el ponche y el agua?

4. ¿Cuál es la diferencia entre el número de votos del jugo y el número de votos del agua y la leche juntos?

Usa la pictografía de la derecha en los Ejercicios **5** y **6.**

5. **Generalizar** ¿Qué tipo de zapatos se vendió menos en Solo zapatos? ¿Cómo lo sabes?

6. **Construir argumentos** ¿Cuántos pares de botas más que de tacones se vendieron en Solo zapatos? ¿Cómo hallaste la respuesta?

Usa la gráfica de barras de la derecha en los Ejercicios **7** y **8.**

7. **Razonamiento de orden superior** Jared, Alicia, Lidia y Tito son primos. Jared es 8 años mayor que Alicia. Lidia es 4 años menor que Tito. Tito es 18 años menor que Jared. Alicia tiene 22 años. Completa la gráfica para mostrar sus edades.

8. ¿Cuántos años mayor es Jared que Lidia?

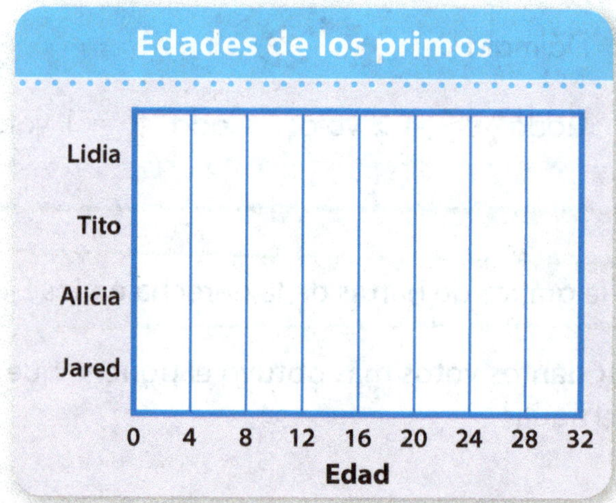

Evaluación

9. Los estudiantes de la Escuela primaria King lavaron carros para recaudar fondos para un viaje escolar.

¿Cuántos carros más lavaron los estudiantes de 4.° grado y 6.° grado que los estudiantes de 5.° grado? Explícalo.

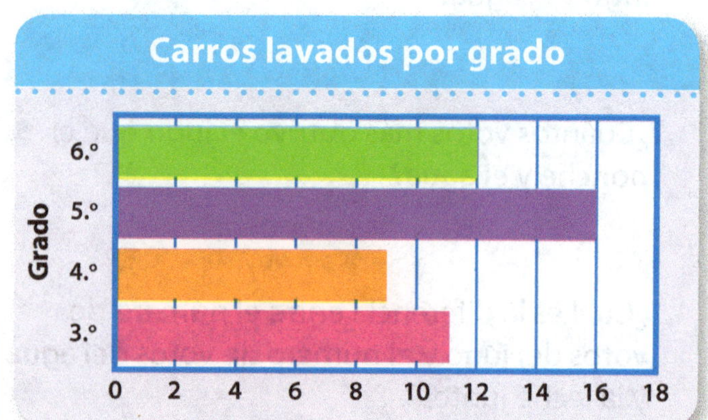

Copyright © Savvas Learning Company LLC. All Rights Reserved.

Nombre ______________________________

Resolución de problemas

Lección 7-5

Precisión

Puedo...
resolver problemas matemáticos con precisión.

También puedo usar datos de las gráficas.

Resuélvelo y coméntalo Los libros de acción y los libros de misterio cuestan $5 cada uno. Los libros de biografías cuestan $10 cada uno. Una bibliotecaria tiene $100 para gastar en libros nuevos. Ella recopiló información sobre los tipos de libros que los estudiantes sacaron de la biblioteca el mes pasado.

¿Cómo debe gastar el dinero la bibliotecaria? Usa palabras y símbolos matemáticos para explicar tu razonamiento.

Hábitos de razonamiento

¡Razona correctamente! Estas preguntas te pueden ayudar.

- ¿Estoy usando los números, las unidades y los signos o símbolos correctamente?
- ¿Estoy usando las definiciones correctas?
- ¿Estoy haciendo los cálculos con precisión?
- ¿Es clara mi respuesta?

¡Vuelve atrás! **Hacerlo con precisión** ¿Cómo usaste las palabras y los símbolos para explicar tu respuesta?

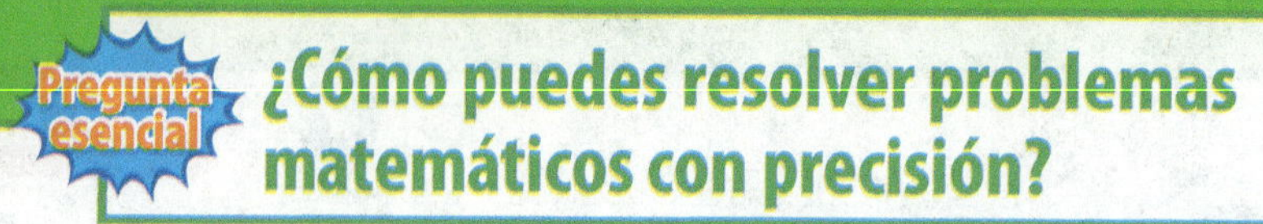

¿Cómo puedes resolver problemas matemáticos con precisión?

A

Isabela es dueña de una repostería. Va a usar los artículos de la repostería de la derecha para preparar una canasta de regalos valorada en $40. Isabela quiere que la canasta tenga más de uno de cada artículo de la repostería. Muestra una manera de preparar la canasta de regalos.

Artículos de la repostería disponibles

Artículo	
Panes de trigo ($4 cada uno)	
Bollos de canela ($2 cada uno)	
Pastelitos ($1 cada uno)	
Cada = 2 artículos	

¿Qué tengo que hacer para preparar la canasta de regalos?

Tengo que ser preciso. Voy a decidir cuántos de cada artículo voy a poner en la canasta para que el total sea exactamente $40.

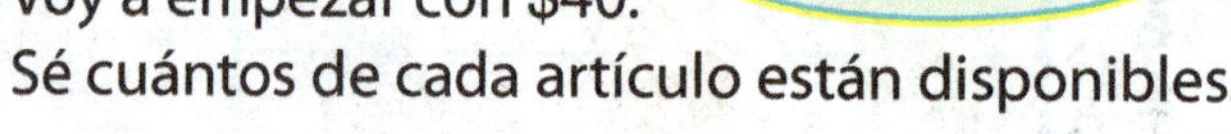

B

¿Cómo puedo resolver este problema con precisión?

Puedo

- usar la información dada correctamente.
- hacer los cálculos acertadamente.
- decidir si mi respuesta es clara y apropiada.
- usar las unidades correctas.

C

Voy a empezar con $40.
Sé cuántos de cada artículo están disponibles.

3 panes de trigo × $4 = $12
$40 − $12 = $28

9 bollos de canela × $2 = $18
$28 − $18 = $10

10 pastelitos × $1 = $10
$10 − $10 = $0

Todos los cálculos están correctos. Mi canasta de regalos tiene 3 panes de trigo, 9 bollos de canela y 10 pastelitos. El total es exactamente $40.

¡Convénceme! **Hacerlo con precisión** ¿Hay otra manera de preparar una canasta de regalos valorada en exactamente $40? Explícalo.

Copyright © Savvas Learning Company LLC. All Rights Reserved.

Nombre ______

Hacerlo con precisión

Usa la gráfica de la página 384. Supón que esta vez, Isabela quiere hacer una canasta de regalos valorada en $25. Esta canasta debe tener más panes de trigo que pastelitos. Muestra una manera en que Isabela puede preparar la canasta de regalos.

1. ¿Qué información dada usarás para resolver el problema?

2. Muestra y explica una de las maneras en las que Isabela puede preparar la canasta de regalos.

Práctica independiente

Hacerlo con precisión

Derek está creando un patrón con baldosas que medirá 30 pulgadas de longitud. La gráfica muestra cuántas baldosas de cada longitud tiene Derek. Él quiere usar más de una baldosa de cada longitud en su patrón. Muestra una manera de hacer el patrón.

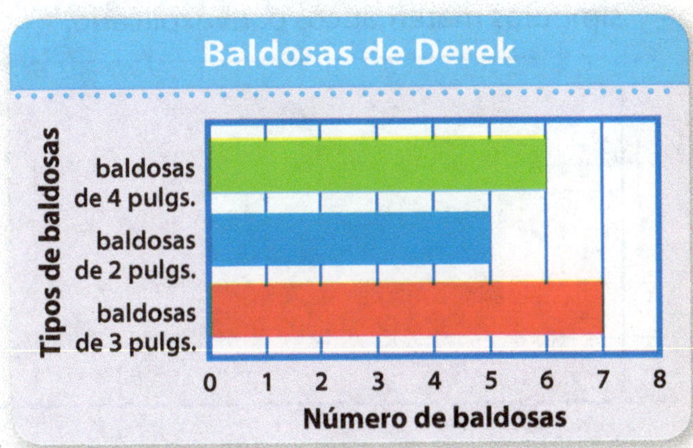

3. ¿Qué información dada usarás para resolver el problema?

4. Muestra y explica una manera en la que Derek puede crear el patrón.

*Puedes encontrar otro ejemplo en el Grupo D, página 394.

Resolución de problemas

Evaluación del rendimiento

Organización de dibujos

Marta tiene $50 para gastar en dibujos. Quiere mostrarlos en una matriz de 3 filas con 4 dibujos en cada fila. Marta quiere incluir cada tipo de dibujo por lo menos dos veces en su matriz.

Tipos de dibujos y precios	
Paisajes ($2 cada uno)	□ □ □ □ □ □ ⊏
Animales ($4 cada uno)	□ □ □ □
Retratos ($10 cada uno)	□ □ □ □ □ ⊏

Cada □ = 2 dibujos disponibles.
Cada ⊏ = 1 dibujo disponible.

5. **Razonar** ¿Cuántos dibujos quiere Marta?

6. **Entender y perseverar** ¿Cuál sería un buen plan para resolver el problema?

7. **Hacerlo con precisión** Muestra una manera en la que Marta puede comprar dibujos para hacer la matriz. Usa palabras y símbolos matemáticos para explicarlo.

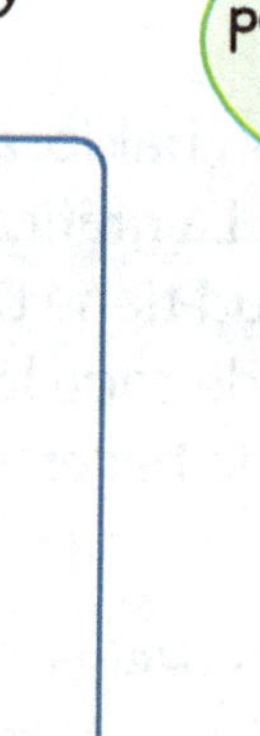

8. **Usar la estructura** Supón que Marta quiere crear una matriz de 4 filas con 3 dibujos en cada fila. ¿Funcionaría tu respuesta? Explícalo.

Copyright © Savvas Learning Company LLC. All Rights Reserved.

Nombre ______________________________

Tarea y práctica 7-5

Precisión

¡Revisemos!

Valentín hizo una pictografía para anotar la música que quiere descargar. Tiene $35 para gastar en música. Quiere comprar por lo menos 1 disco de cada tipo. Quiere comprar más sencillos que álbumes. ¿Cuál es una manera en la que Valentín puede gastar $35 en música?

Cuando eres **preciso**, usas los símbolos y el lenguaje matemático correctamente.

Di cómo puedes resolver este problema con precisión.

- Puedo usar la información dada correctamente.
- Puedo asegurarme de que mis cálculos sean acertados.

Música para descargar	
Sencillos ($2)	𝅗𝅥 𝅗𝅥 𝅗𝅥 𝅗𝅥
Álbumes ($6)	𝅗𝅥 𝅗𝅥 𝅗𝅥
Colecciones ($7)	𝅗𝅥 𝅗𝅥
Cada 𝅗𝅥 = 3 artículos.	

Resuelve. Usa palabras y símbolos matemáticos para explicar tu razonamiento.

5 sencillos × $2 = $10   35 − 10 = Quedan $25

3 álbumes × $6 = $18   25 − 18 = Quedan $7

1 colección × $7 = $7   7 − 7 = Quedan $0

Valentín ha gastado exactamente $35.
Ha comprado más sencillos que álbumes.

Hacerlo con precisión

Carla hizo una pictografía para anotar la calificación de los estudiantes de tercer grado en un examen. El grupo de la Sra. Wilson obtuvo 40 puntos en total. Hay 11 estudiantes en el grupo de la Sra. Wilson. ¿Cuál es una manera en la que el grupo de la Sra. Wilson pudo obtener 40 puntos?

1. Di cómo puedes resolver este problema con precisión.

2. Resuelve. Usa palabras y símbolos matemáticos para explicar tu razonamiento.

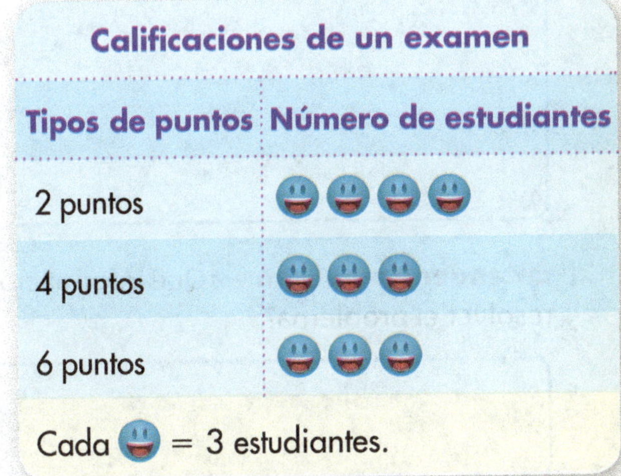

Calificaciones de un examen

Tipos de puntos	Número de estudiantes
2 puntos	😃 😃 😃 😃
4 puntos	😃 😃 😃
6 puntos	😃 😃 😃
Cada 😃 = 3 estudiantes.	

Evaluación del rendimiento

¡Fiesta de pizza!

La Srta. Chávez está planeando una fiesta para su clase. Hay 28 estudiantes invitados a la fiesta. Ella quiere comprar por lo menos 1 pizza de cada tipo y tener suficiente para que cada estudiante reciba 2 porciones. La entrega se toma 20 minutos. La Srta. Chávez tiene $55 para gastar.

Telepizza a domicilio

Tipo de pizza	Número de pizzas disponibles
Queso ($6 cada una)	
Pepperoni ($8 cada una)	
Suprema ($10 cada una)	

Cada 🍕 = 8 porciones.

3. **Razonar** ¿Cuántas porciones de la pizza de queso hay disponibles? ¿Cómo lo sabes?

4. **Entender y perseverar** ¿Cuántas porciones de pizza necesita la Srta. Chávez? Explícalo.

5. **Representar con modelos matemáticos** Muestra cómo hallar el número de pizzas que la Srta. Chávez debe pedir.

Hazlo con precisión.
Asegúrate de que tu respuesta sea clara y apropiada.

6. **Hacerlo con precisión** Muestra un manera en la que la Srta. Chávez puede ordenar suficientes pizzas. Usa palabras y símbolos matemáticos para explicar tu razonamiento.

7. **Entender y perseverar** ¿Qué información no necesitabas para resolver el problema?

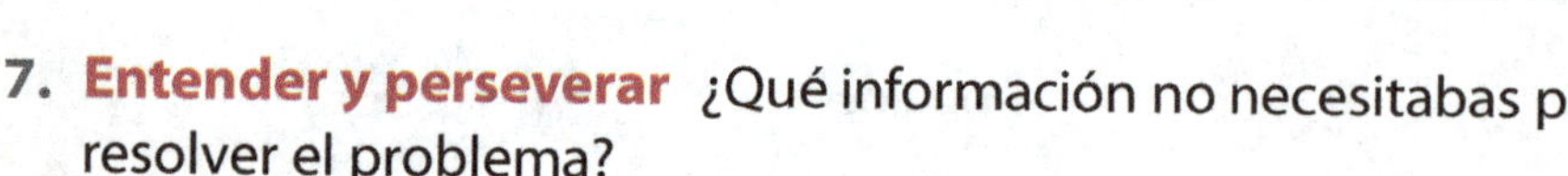

Copyright © Savvas Learning Company LLC. All Rights Reserved.

Nombre ______________________________

TEMA 7 Actividad de práctica de fluidez

Puedo...

multiplicar hasta 100.

Trabaja con un compañero. Necesitan papel y lápiz. Cada uno escoge un color diferente: celeste o azul.

El Compañero 1 y el Compañero 2 apuntan a uno de los números negros al mismo tiempo. Ambos multiplican esos números.

Si la respuesta está en el color que escogiste, puedes anotar una marca de conteo. Sigan la actividad hasta que uno de los compañeros tenga siete marcas de conteo.

Compañero 1

5, 8, 4, 3, 10

48	90	35	20
50	72	27	9
60	30	12	15
45	18	27	25
36	28	21	56
40	56	70	24

Compañero 2

7, 3, 9, 5, 6

Marcas de conteo para el Compañero 1	Marcas de conteo para el Compañero 2

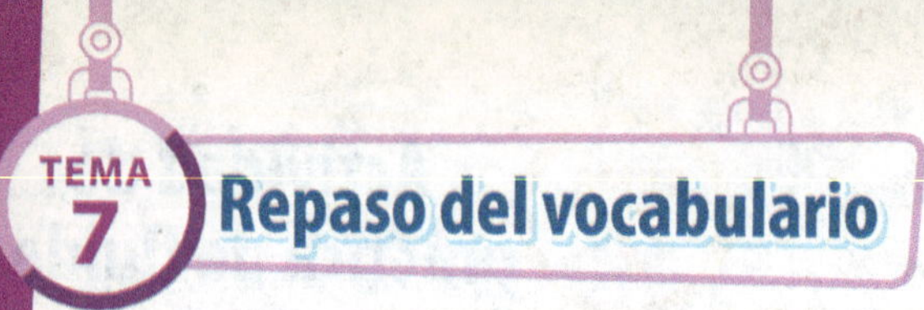

TEMA 7 Repaso del vocabulario

A-Z Glosario

Lista de palabras

- clave
- datos
- encuesta
- escala
- gráfica
- gráfica de barras a escala
- pictografía a escala
- tabla de frecuencias

Comprender el vocabulario

Días lluviosos

Abril	
Mayo	
Cada = 2 días	

Gráfica A

Completa cada oración con *pictografía a escala, gráfica de barras a escala, clave* o *escala.*

1. La ________________ en la Gráfica A muestra que cada paraguas representa 2 días.

2. La Gráfica A es una ________________.

3. La ________________ en la Gráfica B aumenta por 5.

4. La Gráfica B es una ________________.

Gráfica B

Escribe V si la oración es *verdadera* o F si es *falsa.*

______ 5. Una encuesta es la única manera de recopilar datos.

______ 6. Las gráficas de barras tienen una clave.

______ 7. Los datos de una tabla de frecuencias se pueden usar para hacer una gráfica de barras.

Usar el vocabulario al escribir

8. Supón que te enteras del número y del tipo de mascotas que tienen tus compañeros de clase. Explica cómo puedes presentar esa información. Usa por lo menos tres términos de la Lista de palabras en tu respuesta.

Copyright © Savvas Learning Company LLC. All Rights Reserved.

Nombre ______________________________

Refuerzo

Grupo A páginas 359 a 364

Las pictografías usan dibujos o partes de dibujos para representar datos.

La escala es el número que representa cada dibujo. La clave explica la escala que se usa.

Gran venta de gorras

Beisbol	
Básquetbol	
Carreras	

Cada = 10 gorras. Cada = 5 gorras.

Las gráficas de barras usan barras para representar datos. Puedes usar una escala para hallar cuánto representa una barra.

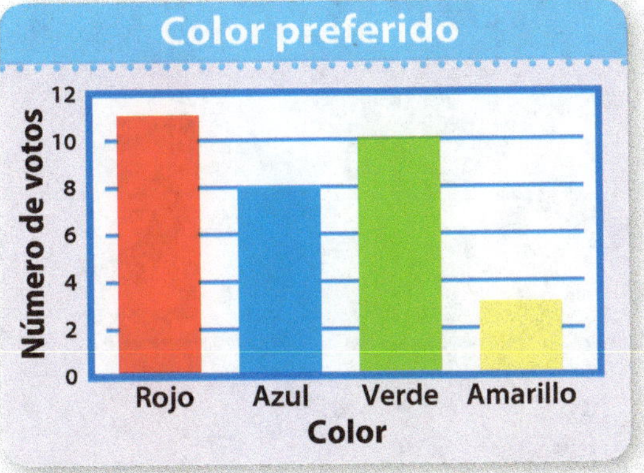

Cada línea de esta gráfica de barras representa 2 votos.

Recuerda que debes usar una clave o escala. El número de dibujos en las pictografías y la longitud de las barras en las gráficas de barras pueden ayudarte a comparar datos.

Usa la pictografía de la izquierda en los Ejercicios **1** a **3**.

1. ¿Cuántas gorras más de beisbol hay que de carreras?

2. ¿Cuántas gorras más de beisbol hay en oferta que de básquetbol y de carreras?

3. ¿Cuántas gorras menos de básquetbol hay en oferta que de beisbol?

Usa la gráfica de barras de la izquierda en los Ejercicios **4** a **7**.

4. ¿Qué color obtuvo más votos? ¿Cuántos votos obtuvo ese color?

5. ¿Cuántos votos menos obtuvo el amarillo que el verde?

6. ¿Cuántos votos más obtuvo el rojo que el azul?

7. ¿Cuál es la diferencia entre los votos que obtuvo el rojo y los votos del azul y el amarillo juntos?

Grupo B páginas 365 a 376

Esta tabla de frecuencias muestra datos sobre el número de monedas que tiene Mark.

Monedas de Mark		
Moneda	Conteo	Número de monedas
1 ¢	𝍸 ///	8
5 ¢	𝍸 𝍸	10
10 ¢	𝍸 /	6

Puedes usar los datos para hacer una pictografía. Las pictografías incluyen un título, un símbolo y una clave para mostrar la escala.

Monedas de Mark	
Moneda	Número de monedas
1 ¢	● ● ● ●
5 ¢	● ● ● ● ●
10 ¢	● ● ●

Cada ● = 2 monedas.

En esta pictografía, cada símbolo es igual a 2 monedas.

También puedes usar los datos para hacer una gráfica de barras.

1. Rotula la parte de abajo y el lado de la gráfica.
2. Escoge una escala.
3. Dibuja una barra para cada tipo de moneda.
4. Incluye un título.

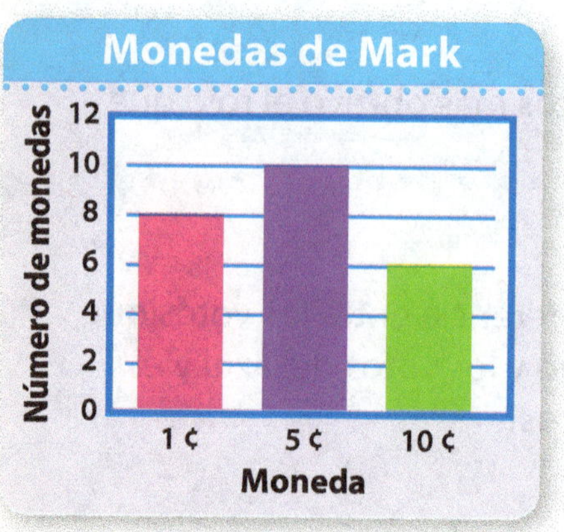

Recuerda que una tabla de frecuencias incluye marcas de conteo o números. Una pictografía usa dibujos para mostrar datos.

Usa la siguiente tabla de frecuencias en los Ejercicios **1** y **2.**

La clase de Daniel votó por su mascota preferida. Los resultados se muestran en esta tabla de frecuencias.

Mascota preferida		
Mascota	Conteo	Número
Pájaro	////	
Perro	𝍸 𝍸 ////	
Pez	𝍸 /	
Gato	𝍸 ///	

1. Completa la tabla de frecuencias.

2. Usa los datos en la tabla de frecuencias para hacer una pictografía.

3. Usa los datos de la tabla para hacer una gráfica de barras.

Copyright © Savvas Learning Company LLC. All Rights Reserved.

Nombre ______________________________

Refuerzo (continuación)

Grupo C páginas 377 a 382

Puedes usar los datos de gráficas de barras o pictografías para sacar conclusiones.

Erica anotó el número de revistas leídas en una pictografía. ¿Cuántas revistas más leyó en abril y mayo que en junio?

Puedes resolver problemas de datos de 2 pasos.

Hay 6 símbolos para abril y mayo. Hay 3 símbolos para junio.

$6 - 3 = 3$. Hay 3 símbolos más para abril y mayo.

Cada símbolo representa 2 revistas.
$3 \times 2 = 6$. Erica leyó 6 revistas más en abril y mayo que en junio.

Recuerda que puedes usar tablas y gráficas para hacer comparaciones. A veces tendrás que buscar y responder a preguntas escondidas.

Usa la siguiente pictografía en los Ejercicios **1** a **6.**

1. ¿Cuántos arces más que olmos hay?

2. ¿Cuántas hayas menos que arces hay?

3. ¿Cuántos árboles **NO** son arces?

4. ¿Cuántos arces y hayas más que robles hay?

5. ¿Cuántos robles menos que hayas y olmos hay?

6. Si la ciudad quiere tener 24 olmos, ¿cuántos olmos más se tienen que plantar? Explica cómo resolverlo.

Grupo D páginas 383 a 388

Piensa en estas preguntas para ayudarte a **prestar atención a la precisión.**

Hábitos de razonamiento

- ¿Estoy usando los números, las unidades y los signos o símbolos correctamente?
- ¿Estoy usando las definiciones correctas?
- ¿Estoy haciendo los cálculos con precisión?
- ¿Es clara mi respuesta?

Usa la siguiente gráfica de barras para resolver los Ejercicios **1** y **2.**

Recuerda que puedes usar palabras, números y símbolos para mostrar tu razonamiento.

Usa la gráfica de barras de la izquierda para resolver los Ejercicios **1** y **2.**

Jackie tiene $50 para gastar en libros. Hizo una gráfica de barras para mostrar el número de cada tipo de libro que la tienda tiene disponible. Jackie quiere comprar por lo menos 2 de cada tipo de libro. Muestra una manera en la que Jackie puede gastar $50 en libros.

Los libros de acción cuestan $5.

Las biografías cuestan $10.

Los libros de misterio cuestan $5.

1. ¿Qué información dada usarás para resolver el problema?

2. Muestra una manera en la que Jackie puede gastar $50 en libros. Usa palabras y símbolos matemáticos para explicar tu razonamiento.

Copyright © Savvas Learning Company LLC. All Rights Reserved.

Nombre ______________________________

1. Usa los datos de la tabla de frecuencias para hacer una pictografía.

DATOS

Sándwiches preferidos		
Sándwich	**Conteo**	**Frecuencia**
Pavo	~~IIII~~ ~~IIII~~ IIII	14
Jamón	~~IIII~~ I	6
Atún	II	2
Huevo	IIII	4

Parte A

Encierra en un círculo la clave que vas a usar.

 = 1 sándwich
= 2 sándwiches

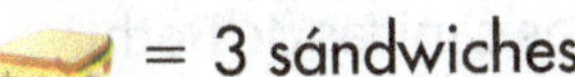 = 3 sándwiches
= 4 sándwiches

Parte B

Haz una pictografía.

2. Usa los datos de la pictografía que hiciste en la Pregunta 1. ¿Cuántos estudiantes **NO** escogieron el sándwich de pavo como su preferido?

Ⓐ 10
Ⓑ 12
Ⓒ 13
Ⓓ 14

3. La clase de Jaime hizo una pictografía para mostrar cuántas horas hicieron trabajo voluntario cada semana. ¿Durante qué semana o semanas hizo la clase trabajo voluntario por 9 horas?

Horas de trabajo voluntario en octubre	
Semana 1	
Semana 2	
Semana 3	

Cada = 2 horas. Cada = 1 hora.

Ⓐ Semana 1
Ⓑ Semana 2
Ⓒ Semana 3
Ⓓ Semanas 1 y 3

4. Mira la pictografía de arriba. ¿Cuántas horas en total hizo la clase trabajo voluntario?

5. ¿Cuántas horas más hizo la clase trabajo voluntario en las Semanas 2 y 3 que en la Semana 1?

6. La clase del Sr. Thomas hizo una gráfica de barras del número de hermanos y hermanas que tiene cada estudiante. ¿Cuántos estudiantes de la clase tienen 1 hermano o hermana?

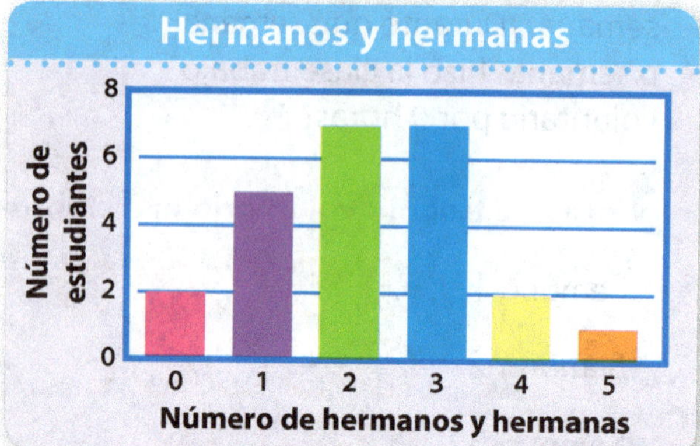

Ⓐ 2

Ⓑ 5

Ⓒ 7

Ⓓ 1

7. Escoge el número de hermanos y hermanas que es más común en la clase del Sr. Thomas. Puedes marcar más de una respuesta.

☐ 0

☐ 1

☐ 2

☐ 3

☐ 5

8. ¿Cuántos estudiantes en la clase tienen 2 o más hermanos y hermanas?

9. Beth está haciendo una gráfica de barras para comparar cuántas canicas de cada color tiene. Ella tiene 25 canicas azules, 35 canicas rojas, 5 canicas verdes y 15 canicas amarillas. ¿Qué escala tiene más sentido para que Beth la use en su gráfica?

Ⓐ Cada línea de la gráfica es igual a 1 canica.

Ⓑ Cada línea de la gráfica es igual a 2 canicas.

Ⓒ Cada línea de la gráfica es igual a 5 canicas.

Ⓓ Cada línea de la gráfica es igual a 20 canicas.

10. Usa la información de la Pregunta 9 para hacer una gráfica de barras de las canicas de Beth.

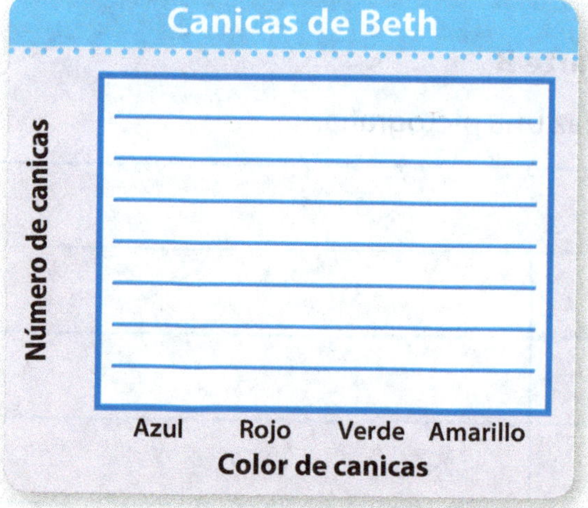

11. Escoge *Sí* o *No* para decidir si cada oración es verdadera en los Ejercicios **11a** a **11d.**

11a. Beth tiene más canicas verdes y amarillas que azules.
○ Sí ○ No

11b. Beth tiene más canicas rojas que azules y verdes.
○ Sí ○ No

11c. Beth tiene menos canicas amarillas que azules y verdes.
○ Sí ○ No

11d. Beth tiene menos canicas rojas que verdes y amarillas.
○ Sí ○ No

Copyright © Savvas Learning Company LLC. All Rights Reserved.

Nombre ____

12. La escuela organizó una función para recaudar fondos durante la primera parte del año escolar. ¿En qué mes recaudó más dinero la escuela?

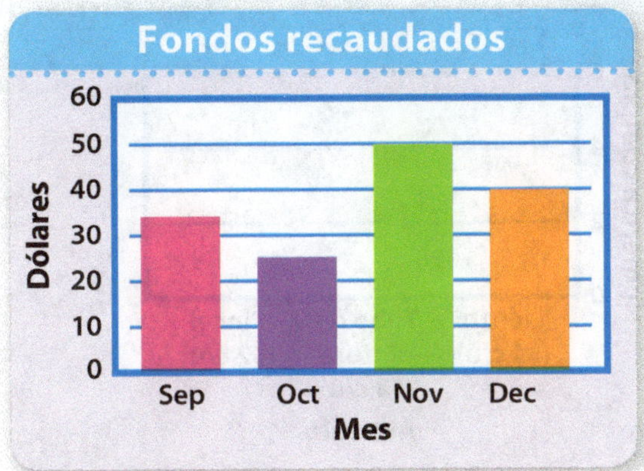

Ⓐ Septiembre

Ⓑ Octubre

Ⓒ Noviembre

Ⓓ Diciembre

13. Mira la anterior gráfica de barras. Supón que se recaudaron $45 en enero. ¿Dónde terminaría la barra?

14. ¿Recaudó la escuela más dinero en septiembre y octubre que en noviembre? Explícalo.

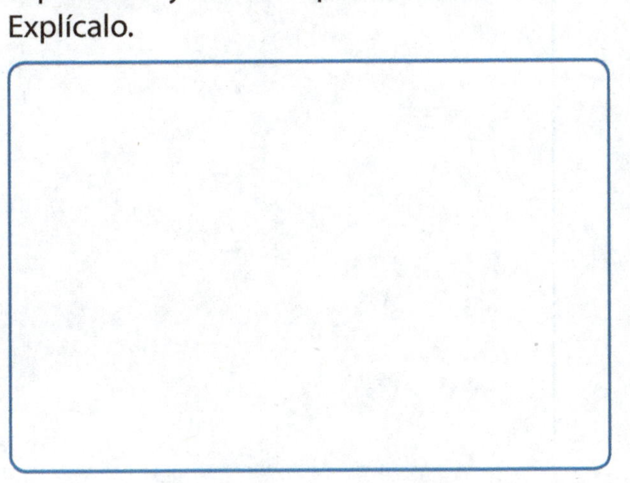

15. La siguiente tabla de frecuencias muestra el tiempo que Kelly saltó la cuerda durante una semana. Usa los datos para hacer una pictografía.

Minutos que Kelly saltó la cuerda		
Día	**Conteo**	**Número de minutos**
Lunes	𝍸 𝍸 𝍸	15
Martes	𝍸 𝍸 𝍸 𝍸	20
Miércoles	𝍸 𝍸	10
Jueves	𝍸	5
Viernes	𝍸 𝍸 𝍸 𝍸	20

Parte A

Encierra en un círculo la clave que vas a usar.

= 2 minutos = 5 minutos

= 10 minutos = 15 minutos

Parte B

Haz una pictografía.

Minutos que Kelly saltó la cuerda	
Lunes	
Martes	
Miércoles	
Jueves	
Viernes	

16. Mira las siguientes pictografías. ¿Qué tipo de libro fue escogido por el mismo número de estudiantes en cada clase?

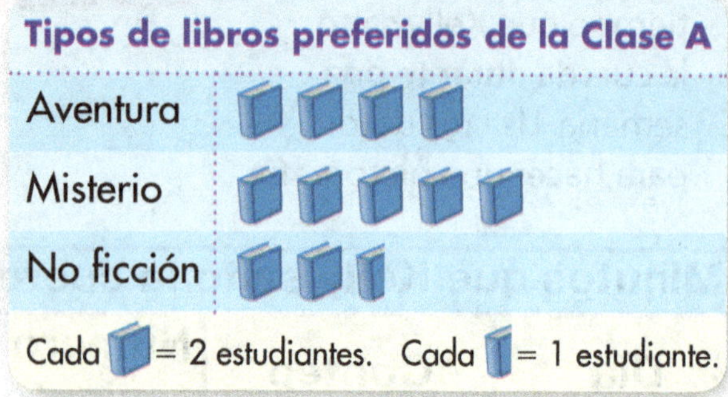

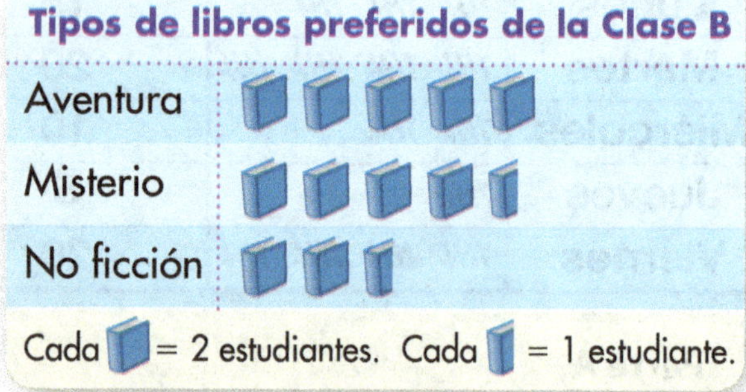

Ⓐ Aventuras

Ⓑ Misterio

Ⓒ No ficción

Ⓓ No está aquí

17. En la Clase A, ¿a cuántos estudiantes menos les gustan los libros de misterio que los de aventuras y no ficción juntos?

18. Elena tiene $22 para gastar en materiales de arte. Quiere comprar al menos un lienzo, un tubo de pintura y un pincel. ¿Qué materiales puede comprar con todo el dinero que tiene?

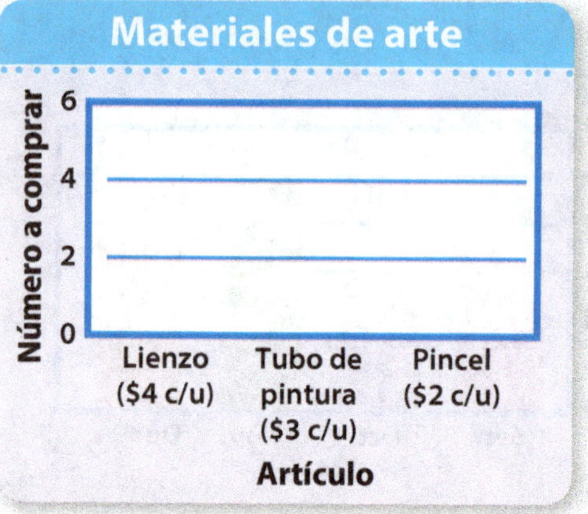

Parte A

¿Qué información usarás para resolver el problema?

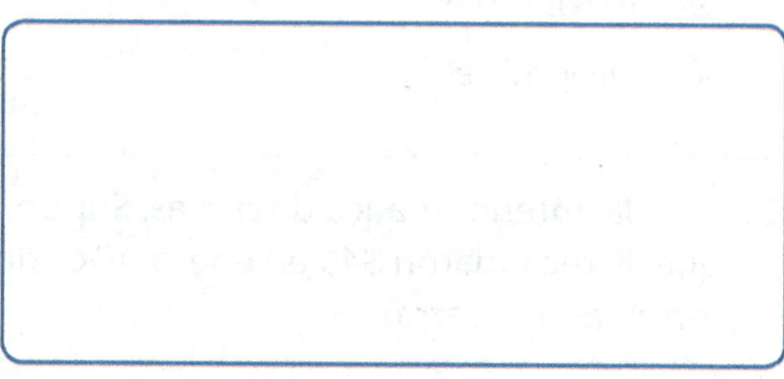

Parte B

Explica tu razonamiento y muestra en la gráfica los materiales que puede comprar.

Copyright © Savvas Learning Company LLC. All Rights Reserved.

Nombre ______________________________

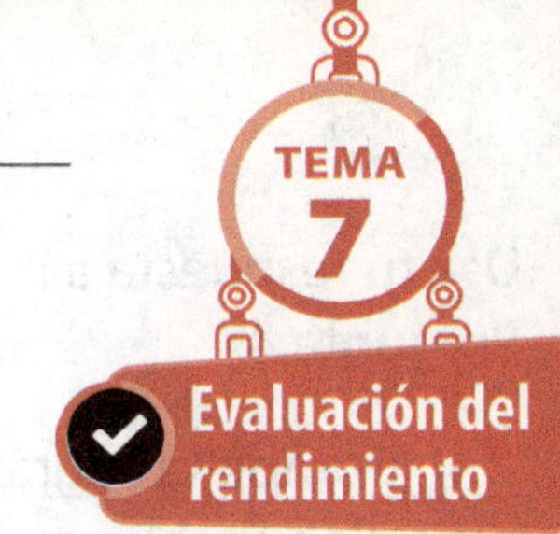

Figuras con globos

Arturo torció globos para crear figuras de animales diferentes en la fiesta de cumpleaños de su hija. La pictografía **Globos usados** muestra los diferentes colores de globos que usó.

Usa la pictografía **Globos usados** para responder a las Preguntas 1 y 2.

1. ¿Cuántos globos verdes más que globos amarillos usó Arturo? Explícalo.

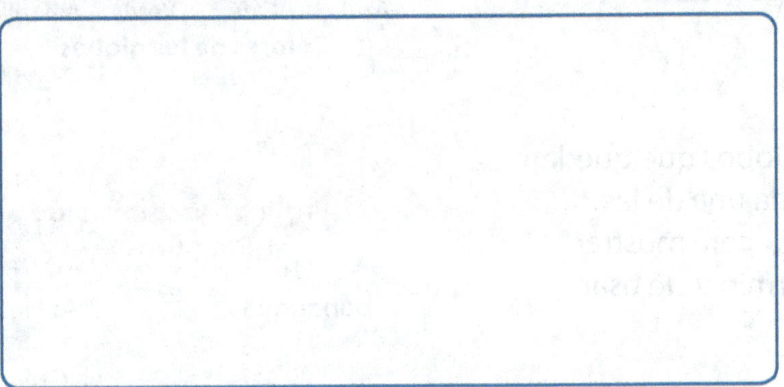

2. ¿Cuántos globos azules menos que todos los demás colores juntos se usaron? Explícalo.

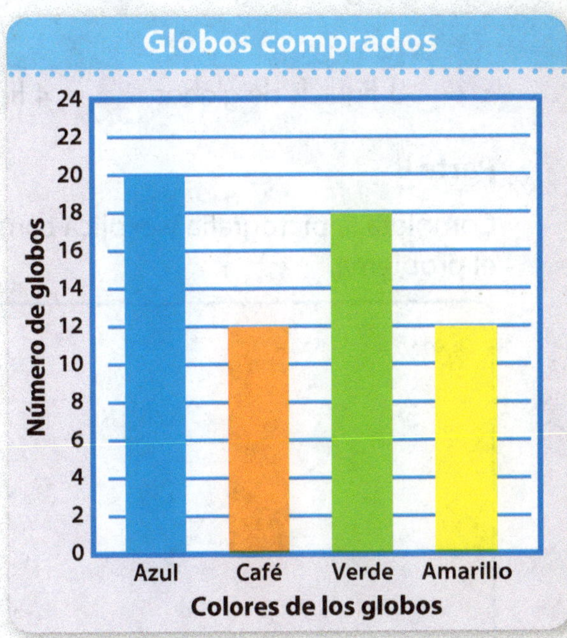

Usa la pictografía **Globos usados** y la gráfica de barras **Globos comprados** para responder a la Pregunta 3.

3. ¿Cuántos globos le quedan a Arturo? Completa la tabla de abajo.

Color	Comprados	Usados	Sobran
Azul			
Café			
Verde			
Amarillo			

Usa tu respuesta a la Pregunta 3 para responder a la Pregunta 4.

4. Completa la gráfica de barras para mostrar cuántos globos sobran.

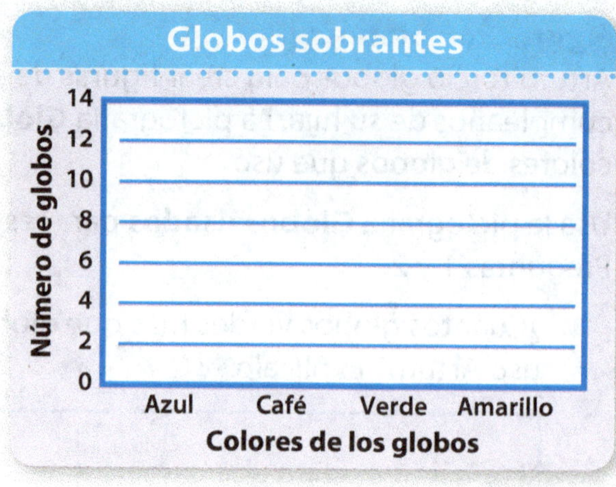

La tabla **Figuras y colores de los globos** muestra el número y los colores de los globos que Arturo necesita para hacer cada figura de animal. Usa tu respuesta a la Pregunta 4 y la tabla **Figuras y colores de los globos** para responder a la Pregunta 5.

Figuras y colores de los globos

papagayo	2 Azules
mono	1 Café 1 Amarillo
rana	2 Verdes
delfín	1 Azul

5. Arturo tiene planes de usar todos los globos que quedan y quiere hacer por lo menos una de cada una de las figuras de animales. Haz una pictografía para mostrar una manera en la que Arturo puede terminar de usar los globos.

Parte A

Encierra en un círculo la clave que vas a usar.

= 1 figura de globo  = 2 figuras de globos

 = 3 figuras de globos  = 4 figuras de globos

Parte B

Completa la pictografía y explica cómo resolviste el problema.

Figuras de animales con globos

Papagayo	
Mono	
Rana	
Delfín	

Copyright © Savvas Learning Company LLC. All Rights Reserved.

Glosario

a. m. Tiempo entre la medianoche y el mediodía.

ángulo Figura que se forma por dos lados que se encuentran.

ángulo agudo Ángulo que está menos abierto que un ángulo recto.

ángulo llano Ángulo que forma una línea recta.

ángulo obtuso Ángulo que está más abierto que un ángulo recto.

ángulo recto Ángulo que forma una esquina cuadrada.

ángulo unitario Ángulo con una medida de 1 grado.

área Número de unidades cuadradas que se necesitan para cubrir una región.

arista Segmento de recta donde se encuentran 2 caras en un sólido.

capacidad (volumen líquido) Cantidad que cabe en un recipiente, medida en unidades líquidas.

cara Superficie plana de un sólido que no rueda.

centímetro (cm) Unidad métrica de longitud.

cilindro Sólido con 2 bases circulares.

clave La explicación de qué significa cada símbolo en una pictografía.

cociente Respuesta a un problema de división.

columna Ordenación de objetos o números, uno encima de otro.

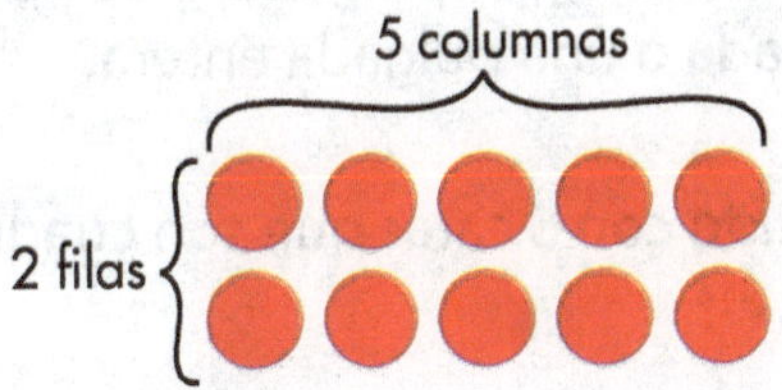

comparar Decidir si un número es mayor o menor que otro número.

compensación Escoger números cercanos a los números de un problema para facilitar el cálculo y, luego, ajustar la respuesta a los números escogidos.

componer Combinar partes diferentes.

conjetura Enunciado que se considera cierto, pero no se ha verificado.

cono Sólido con un círculo como base y una superficie curva que converge en un punto.

cuadrado Paralelogramo con 4 ángulos rectos y todos los lados de la misma longitud.

cuadrilátero Polígono con 4 lados.

cuarto Una de las 4 partes iguales de un entero.

cuarto de galón (cto.) Unidad usual de capacidad. Un cuarto es igual a 2 pintas.

cuarto de hora Unidad de tiempo igual a 15 minutos.

cuarto de pulgada más cercano Medición que termina con $\frac{1}{4}$ de pulgada, $\frac{2}{4}$ de pulgada, $\frac{3}{4}$ de pulgada o una pulgada entera.

cubo Sólido con 6 caras que son cuadrados idénticos.

D

datos Información.

denominador Número que está debajo de la barra de fracción en una fracción, que muestra el número total de partes iguales.

descomponer Dividir un número en partes. *Ejemplo:* $\frac{2}{5}$ se puede descomponer en $\frac{1}{5} + \frac{1}{5}$.

diagrama de puntos Manera de organizar datos en una recta numérica.

diferencia Respuesta de la resta de un número de otro.

dígitos Los símbolos 0, 1, 2, 3, 4, 5, 6, 7, 8 y 9 se usan para escribir números.

dividendo Número que se divide.
Ejemplo: $63 \div 9 = 7$
↑ Dividendo

división Operación que muestra cuántos grupos iguales hay o cuántos hay en cada grupo.

divisor Número por el cual se divide otro número.
Ejemplo: $63 \div 9 = 7$
↑ Divisor

Copyright © Savvas Learning Company LLC. All Rights Reserved.

ecuación Oración numérica que usa el signo igual (=) para mostrar que el valor de la izquierda es el mismo que el valor de la derecha.

en palabras, número Número escrito en palabras.
Ejemplo: 325 = trescientos veinticinco

encuestar Recolectar información haciendo la misma pregunta a varias personas y anotando sus respuestas.

escala Números que representan las unidades utilizadas en una gráfica.

esfera Sólido con forma de pelota.

estimar Dar una respuesta o un número aproximados.

factores Números que se multiplican entre sí para obtener un producto.
Ejemplo: 7 × 3 = 21
(7: Factor; 3: Factor)

familia de operaciones Grupo de operaciones relacionadas que usan los mismos números.

fila Ordenación de objetos o números, uno al lado de otro.

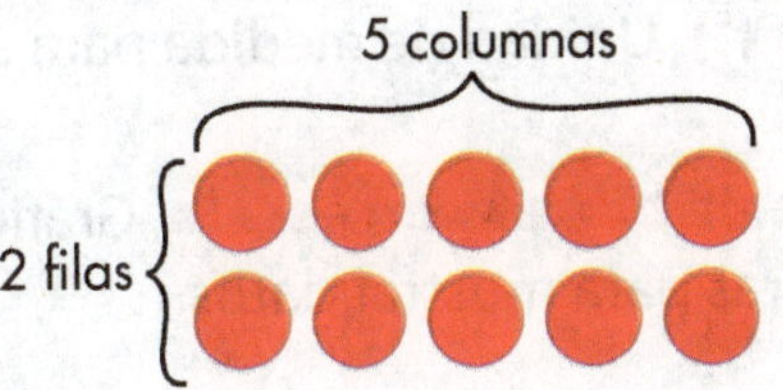

forma desarrollada, número en Número escrito como la suma del valor de sus dígitos.
Ejemplo: 476 = 400 + 70 + 6

forma estándar, número en Manera de escribir un número mostrando solo sus dígitos.
Ejemplo: 845

fracción Símbolo, como $\frac{1}{2}$, que se usa para nombrar una parte de un entero, una parte de un conjunto o una ubicación en una recta numérica.

fracción de referencia Fracción de uso común, como $\frac{1}{4}$, $\frac{1}{3}$, $\frac{1}{2}$, $\frac{2}{3}$ y $\frac{3}{4}$.

fracción unitaria Fracción que representa una parte de un entero que se dividió en partes iguales; siempre tiene un numerador de 1.

fracciones equivalentes Fracciones que nombran la misma parte de un entero o la misma ubicación en una recta numérica.

grados (°) Unidad de medida para ángulos.

gráfica de barras con escala Gráfica que usa barras para mostrar datos.

gramo (g) Unidad métrica de masa, la cantidad de materia en un objeto.

grupos iguales Grupos que tienen el mismo número de objetos.

hexágono Polígono con 6 lados.

hora Unidad de tiempo igual a 60 minutos.

igual (igualdad) Cuando los dos lados de una ecuación tienen el mismo valor.

incógnita Símbolo que representa un número en una ecuación.

intervalo de tiempo Cantidad de tiempo.

kilogramo (kg) Unidad métrica de masa, la cantidad de materia en un objeto. Un kilogramo es igual a 1,000 gramos.

kilómetro (km) Unidad métrica de longitud. Un kilómetro es igual a 1,000 metros.

lado Segmento de recta que forma parte de un polígono.

lados paralelos Lados de un polígono que se dirigen en la misma dirección; si los lados se cruzan al hacerlos más largos, no son paralelos.

libra (lb) Unidad usual de peso. Una libra es igual a 16 onzas.

litro (L) Unidad métrica de capacidad. Un litro es igual a 1,000 mililitros.

marca de conteo Marca que se usa para anotar datos en una tabla de conteo. *Ejemplo:* 𝍸 = 5

Copyright © Savvas Learning Company LLC. All Rights Reserved.

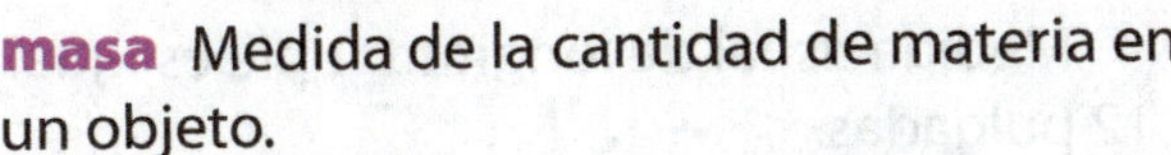

masa Medida de la cantidad de materia en un objeto.

matriz Manera de mostrar objetos en filas y columnas iguales.

media hora Unidad de tiempo igual a 30 minutos.

media pulgada más cercana Medición que termina con $\frac{1}{2}$ pulgada o una pulgada entera.

medida del ángulo Grados de un ángulo.

medio Una de las 2 partes iguales de un entero.

metro (m) Unidad métrica de longitud. Un metro es igual a 100 centímetros.

mililitro (mL) Unidad métrica de capacidad.

milímetro (mm) Unidad métrica de longitud. 1,000 milímetros = 1 metro.

milla (mi) Unidad usual de longitud. Una milla es igual a 5,280 pies.

minuto Unidad de tiempo igual a 60 segundos.

multiplicación Operación que da el número total cuando se unen grupos iguales.

múltiplo Producto de un número dado y cualquier otro número entero distinto de cero.
Ejemplo: 4, 8, 12 y 16 son múltiplos de 4.

no igual Cuando los dos lados de una oración numérica no tienen el mismo valor.

numerador Número sobre la barra de fracción en una fracción, que muestra cuántas partes iguales se describen.

número impar Número entero que no es divisible por 2 sin que quede un residuo.

número mixto Número con una parte de número entero y una parte fraccionaria.
Ejemplo: $2\frac{3}{4}$

número par Número entero que es divisible exactamente por 2 sin quedar residuo.

números compatibles Números que son fáciles de sumar, restar, multiplicar o dividir mentalmente.

octágono Polígono con 8 lados.

octavo Una de 8 partes iguales de un entero.

onza (oz) Unidad usual de peso.

operaciones inversas Dos operaciones que se cancelan entre sí.

ordenar Organizar números de menor a mayor o de mayor a menor.

p. m. Tiempo entre el mediodía y la medianoche.

paralelogramo Cuadrilátero con 2 pares de lados paralelos.

pentágono Polígono con 5 lados.

perímetro Distancia alrededor de una figura.

peso Medida del peso de un objeto.

pictografía con escala Una gráfica que usa imágenes para mostrar datos.

pie Medida usual de longitud. 1 pie es igual a 12 pulgadas.

pinta (pt) Unidad usual de capacidad. Una pinta es igual a 2 tazas.

polígono Figura cerrada formada por segmentos de recta.

prisma rectangular Sólido con 6 caras rectangulares.

prisma triangular Sólido con dos caras triangulares.

producto Respuesta a un problema de multiplicación.

propiedad asociativa (o de agrupación) de la multiplicación La agrupación de los factores se puede cambiar y el producto permanece igual.

propiedad asociativa (o de agrupación) de la suma La agrupación de los sumandos se puede cambiar y la suma permanece igual.

propiedad conmutativa (o de orden) de la multiplicación Los números se pueden multiplicar en cualquier orden y el producto permanece igual.

propiedad conmutativa (o de orden) de la suma Los números se pueden sumar en cualquier orden y la suma permanece igual.

Copyright © Savvas Learning Company LLC. All Rights Reserved.

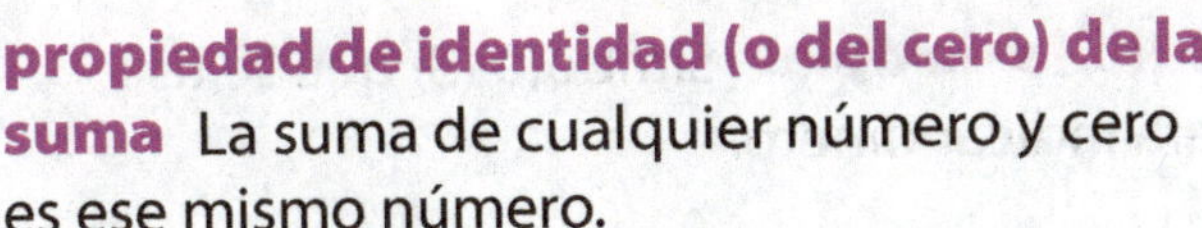

propiedad de identidad (o del cero) de la suma La suma de cualquier número y cero es ese mismo número.

propiedad de identidad (o del uno) de la multiplicación El producto de cualquier número y 1 es ese mismo número.

propiedad del cero en la multiplicación El producto de cualquier número y cero es cero.

propiedad distributiva Una multiplicación se puede descomponer como la suma de otras dos multiplicaciones.
Ejemplo: $5 \times 4 = (2 \times 4) + (3 \times 4)$

pulgada (pulg.) Unidad usual de longitud.

punto Posición exacta, generalmente señalada con una marca o un punto.

reagrupar (reagrupación) Nombrar un número entero de una manera diferente.
Ejemplo: 28 = 1 decena 18 unidades

recta Línea derecha de puntos que es infinita en ambas direcciones.

recta numérica Recta que muestra números en orden usando una escala.
Ejemplo:

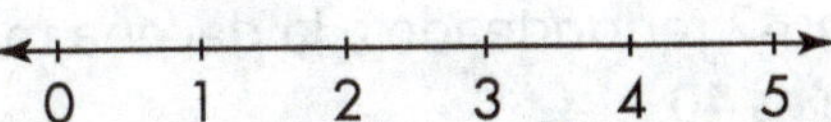

recta numérica vacía Recta numérica que solo muestra los números que se calculan.

rectángulo Paralelogramo con 4 ángulos rectos.

rectas intersecantes Rectas que se cruzan en un punto.

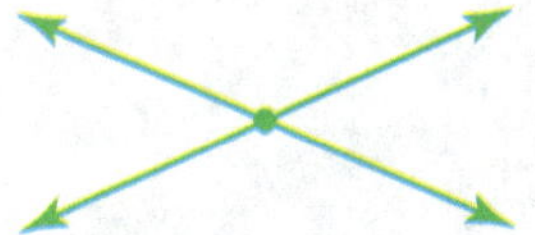

rectas paralelas Rectas que nunca se cruzan.

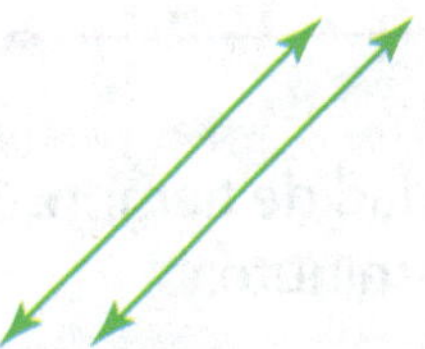

rectas perpendiculares Dos rectas que se intersecan y forman ángulos rectos.

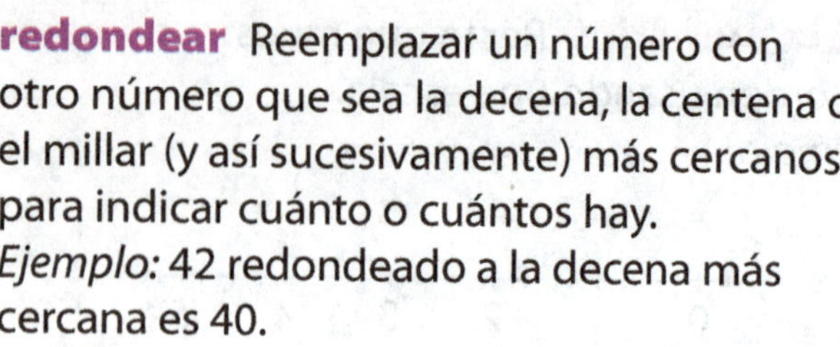

redondear Reemplazar un número con otro número que sea la decena, la centena o el millar (y así sucesivamente) más cercanos para indicar cuánto o cuántos hay.
Ejemplo: 42 redondeado a la decena más cercana es 40.

residuo Número que sobra después de una división.
Ejemplo: $31 \div 7 = 4$ R3
Residuo

rombo Paralelogramo con todos los lados de la misma longitud.

S

segmento de recta Parte de una recta que tiene 2 extremos.

segundo Unidad de tiempo. 60 segundos son iguales a 1 minuto.

semana Unidad de tiempo igual a 7 días.

semirrecta Parte de una recta que tiene un extremo y continúa hasta el infinito en una dirección.

sexto Una de 6 partes iguales de un entero.

símbolo de dólar Símbolo ($) que se usa para indicar dinero.

sólido Cuerpo que tiene longitud, ancho y altura.

suma Respuesta a un problema de suma.

sumandos Números que se suman para hallar un total.
Ejemplo: $2 + 7 = 9$
Sumando Sumando

tabla de frecuencias Tabla que se usa para mostrar el número de veces que ocurre algo.

tercio Una de 3 partes iguales de un entero.

tiempo transcurrido Cantidad total de tiempo que pasa desde el momento de inicio hasta el momento final.

trapecio Cuadrilátero con solo un par de lados paralelos.

triángulo Polígono con 3 lados.

triángulo equilátero Triángulo en el que todos los lados tienen la misma longitud.

Copyright © Savvas Learning Company LLC. All Rights Reserved.

unidad cuadrada Cuadrado con lados de 1 unidad de longitud, usado para medir áreas.

valor de posición Valor que se da a la posición de un dígito en un número. *Ejemplo:* En 946, el valor de posición del dígito 9 es el de las *centenas*.

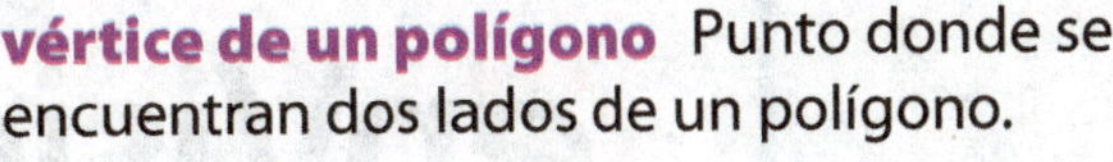

vértice de un polígono Punto donde se encuentran dos lados de un polígono.

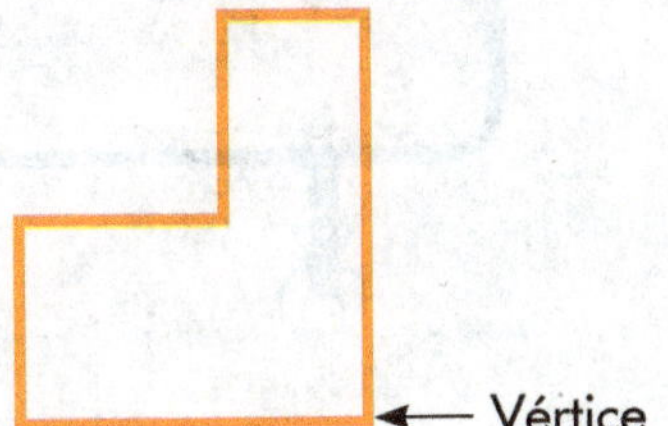

yarda (yd) Unidad usual de longitud. Una yarda es igual a 3 pies o 36 pulgadas.

Fotografías

Photo locators denoted as follows: Top (T), Center (C), Bottom (B), Left (L), Right (R), Background (Bkgd)

F34 Eric Isselée/Fotolia; **001** Gemenacom/Shutterstock; **028** Corbis; **057** Jacek Chabraszewski/Fotolia; **105** pk7comcastnet/Fotolia; **165** Christopher Dodge/Shutterstock; **297** Marques/Shutterstock; **355** Barbara Helgason/Fotolia; **401** Erni/Shutterstock; **436** Corbis; **456** Rabbit75_fot/Fotolia; **471** Arnold John Labrentz/ShutterStock; **488** KennStilger47/Shutterstock; **494B** imagebroker/Alamy; **494TL** hotshotsworldwide/Fotolia; **494TR** imagebroker/Alamy; **496T** John Luke/Index open; **508** David R. Frazier Photolibrary/Alamy; **535** Sam D'Cruz/Fotolia; **542** Palou/Fotolia; **571** Nancy Gill/ShutterStock; **605** B.G. Smith/Shutterstock; **669** Cathy Keifer/ShutterStock; **742B** Getty Images; **742T** Getty Images; **759TL** photolibrary/Photos to go; **759TR** Simple Stock Shot; **760BR** Simple Stock Shot; **768** Jenoe/Fotolia; **771BL** Jupiter Images; **771CL** Getty Images; **771TR** Stockdisc/Punch Stock; **805** Amy Myers/Shutterstock; **843** Photocreo Bednarek/Fotolia; **856** Jupiterimages/ThinkStock; **916** Oleksii Sagitov/ShutterStock; **932** Photos to go.